## 读客中国史入门文库

顺着文库编号读历史,中国史来龙去脉无比清晰!

# 功过汉武帝

王觉仁 著

河南文艺出版社
·郑州·

## 图书在版编目（CIP）数据

功过汉武帝 / 王觉仁著 . — 郑州：河南文艺出版社，2023.9（2024.10 重印）
（读客中国史入门文库）
ISBN 978-7-5559-1609-3

Ⅰ.①功… Ⅱ.①王… Ⅲ.①汉武帝（前156-前87）- 人物研究 Ⅳ.① K827=341

中国国家版本馆 CIP 数据核字 (2023) 第 161386 号

# 功过汉武帝

| 著　　者 | 王觉仁 |
|---|---|
| **责任编辑** | 王战省 |
| **责任校对** | 殷现堂 |
| **特约编辑** | 王佳鑫　王珺　乔佳晨 |
| **策　　划** | 读客文化 |
| **版　　权** | 读客文化 |
| **封面设计** | 陈晨 |
| **插画设计** | 张遥 |
| **出版发行** | 河南文艺出版社 |
| **印　　刷** | 三河市龙大印装有限公司 |
| **开　　本** | 710mm×1000mm　1/16 |
| **印　　张** | 23 |
| **字　　数** | 357 千 |
| **版　　次** | 2023 年 9 月第 1 版 |
| **印　　次** | 2024 年 10 月第 2 次印刷 |
| **定　　价** | 59.90 元 |

如有印刷、装订质量问题，请致电 010-87681002（免费更换，邮寄到付）
**版权所有，侵权必究**

# 序
# 汉武时代的得与失

汉武帝刘彻七岁被立为太子，十六岁登基，在位共五十四年，占西汉王朝四分之一的时间，是整个汉朝（西汉和东汉）在位最久的皇帝，也是中国历史上在位时间排第三的皇帝。

除此之外，汉武帝也是中国历史上知名度最高、对后世影响最大的皇帝之一。后人惯以"秦皇汉武，唐宗宋祖"并称，便是明证；且论及历史上的巅峰王朝时，后人也惯以"汉唐"并举，其中汉朝的主要代表就是汉武帝。

还有，在中国历代数百位皇帝中，要论性格的多面性、复杂性，人物本身的话题性，以及后世评价的争议性，汉武帝恐怕都能名列前茅。

这样的一个人，其一生的功过得失，绝非三言两语可以简单论断。而后世史学家对他的评价，更是呈现出典型的两极分化，以致千古争讼，至今犹然。

历史上，对汉武帝持高度正面评价的代表性人物，就是《汉书》的作者班固。盖棺论定之际，他给了汉武帝这样一段赞语：

> 汉承百王之弊，高祖拨乱反正，文景务在养民，至于稽古礼文之事，犹多阙焉。孝武初立，卓然罢黜百家，表章《六经》，遂畴咨海内，举其俊茂，与之立功。兴太学，修郊祀，改正朔，定历数，协音律，作诗乐，建封禅，礼百神，绍周后，号令文章，焕焉可述。后嗣得遵洪业，而有三代之风。如武帝之雄材大略，不改文景之恭俭以济

斯民，虽《诗》《书》所称何有加焉！（《汉书·武帝纪》）

汉朝承继历代君王留下的积弊，由高祖刘邦平定天下，使社会恢复正常秩序；文、景二帝重在尚农务本，与民休息；至于古代的礼乐教化之事，仍付诸阙如。直到武帝即位，以卓识远见罢黜百家，表彰儒家《六经》，征召四海之内的才俊之士，共同建立功业。而后，设立太学，主持祭祀，改易正朔，确定历法，调整音律，制诗作乐，封禅泰山，礼敬诸神，继承周礼，振兴文学辞赋，一切成果均焕然显著，颇可称道。其后人得以遵循如此宏大的事业，才出现了夏、商、周三代之遗风。像武帝这样雄才大略之人，若不是改变了文、景二帝恭谨勤俭、爱护人民的政策，纵然是《诗经》《尚书》所称道的圣主，也无法超过他。

如果单独看这段赞语，会觉得有失片面，似乎只罗列了汉武帝的"皇皇文治"，却未提及他开疆拓土、鹰扬国威的"赫赫武功"。因为提及后者，就不免要涉及汉武帝犯下的许多错误。也许是出于"为尊者讳"的立场，所以在专属武帝的个人传记（《汉书·武帝纪》）里，班固就以称赞和歌颂为主；只在这段赞语的末尾，才用十分委婉的语气稍微批评了一下武帝的不足，即暗示他不够勤俭爱民。

而对汉武帝其他事功的陈述和评价，以及相应的批评，班固则放在了《汉书·西域传》中。他列举了汉武帝抗击匈奴、经略西域、征伐四夷的一系列功绩，也提及了大兴土木、过度巡游、赏赐太滥、不惜物力等问题；继而指出，这一切共同导致了"用度不足""民力屈，财力竭""寇盗并起"等严重后果。所以，才有了武帝末年"遂弃轮台之地，而下哀痛之诏"的悔过表现。

尽管在《汉书·西域传》中，班固并不讳言汉武帝的种种缺点和错误，可最后还是高度称赞武帝晚年的悔过之举，称其为"仁圣之所悔"。也就是说，在班固看来，武帝的文治和武功都堪称"雄材大略"，虽然有过错，但只要悔过并改正了，也还是既仁且圣。

说白了，汉武帝所有的优点都值得高度肯定——就连改正缺点这件事，也成了值得表扬的又一大优点。可见，班固从总体上，对汉武帝的评价是非常正面而积极的。

与之形成鲜明对照的，则是北宋司马光在《资治通鉴》中对汉武帝的看法：

> 孝武穷奢极欲，繁刑重敛，内侈宫室，外事四夷，信惑神怪，巡游无度，使百姓疲敝，起为盗贼，其所以异于秦始皇者无几矣。然秦以之亡，汉以之兴者，孝武能尊先王之道，知所统守，受忠直之言，恶人欺蔽，好贤不倦，诛赏严明，晚而改过，顾托得人，此其所以有亡秦之失而免亡秦之祸乎！（《资治通鉴·汉纪十四》）

汉武帝一生，穷奢极欲，严刑峻法，横征暴敛，大兴土木，征伐四夷，迷信神仙，巡游无度，使百姓疲惫困窘，被迫揭竿而起。汉武帝的所作所为，简直跟秦始皇相差无几。然而，秦朝之所以灭亡，汉朝之所以兴盛，其因就在于，汉武帝能遵循先王之道，明白治国的要领，愿意接受忠直的谏言，最厌恶被人欺骗，渴求人才，赏罚严明。尤其是晚年改过，且托孤得人，这也许就是汉武帝犯了跟暴秦一样的错误却能避免亡国之祸的原因吧。

显而易见，司马光的措辞与班固截然相反——班固是大力赞扬汉武帝的各种功绩，最后再捎带批评一下；司马光则是一上来就劈头盖脸一顿痛骂，几乎把所有能想到的批判暴君的词都用上了，然后才回头肯定他的优点。

必须承认，司马光对汉武帝的批判尽管猛烈，却都是实有其事，丝毫没有冤枉他——即使武帝本人听了，估计也无法反驳。而且，司马光的评语基本上还是做到了一分为二，并不因为汉武帝犯了这么多错误就将他全盘否定。总体上看，司马光对汉武帝的评价应该说是准确而客观的。

不过，同样要承认，司马光的措辞还是偏激烈了，整体基调失之严苛，且不够全面，"选择性忽视"了汉武帝的许多重大历史功绩。

综观两代史学家的说法，班固所描述的汉武帝，无疑是雄才大略、功勋彪炳且勇于改过的一代明君；而在司马光的描述中，汉武帝的人物形象却是偏负面的——即使不是一个暴君至少也算半个，或者说是暴君与雄猜之主的混合体，总之就是跟明君不沾边儿。

那么，时至今日，我们又该如何看待汉武帝一生的功过得失呢？

评价一个历史人物，尤其是汉武帝这样的一代雄主，必须把他放在所处的时代中，看时代给他提供了怎样的背景和条件，又给了他什么样的课题和使命；再看他是如何应对的，以及应对的结果对他的时代发挥了怎样的作用，并对后来的历史产生了怎样的影响。

只有在这样的框架下考察和评判，才不会无的放矢，也才不会被论史者的个人立场左右。

上天给汉武帝安排的，注定是一个极不平凡的大时代。一方面，武帝继承了历任汉家天子（尤其是文、景二帝）积累下的雄厚国力；另一方面，他又必须面对社会发展所带来的种种问题和弊端。

当时的大汉帝国，至少有四大积弊和隐患亟待消除：

其一，经过六七十年黄老之学的"无为而治"，汉朝的各项制度和法律渐渐废弛，权贵阶层强势崛起，土地兼并和贫富悬殊现象日益突出，政治和经济秩序遭到破坏。

其二，在"郡国并行制"之下，诸侯逐渐坐大，与朝廷离心离德，甚至分庭抗礼、兵戎相见，对中央集权构成极大挑战。

其三，地方豪强与基层政府相互勾连，形成利益共同体，"武断乡曲"，横行不法，欺压良善，令基层政权日渐弱化并在一定程度上黑帮化，破坏了社会安定和国家的统治秩序。

其四，汉朝自立国后，一直对匈奴采取妥协、退让的"和亲"政策，导致匈奴越发猖獗，连年入寇，烧杀抢掠，严重威胁汉朝的国防安全；同时，许多四夷小国名为臣藩，实则阳奉阴违、各自独立，且经常相互攻伐，令汉朝中央权威受损，四方边境不宁。

这四者，前三是内忧，最后是外患，而无一不是时代交给汉武帝的课题和历史赋予他的使命。对此，武帝有着清醒的认知，所以才会对卫青说那段话："汉家庶事草创，加四夷侵陵中国，朕不变更制度，后世无法；不出师征伐，天下不安。"（《资治通鉴·汉纪十四》）

正是基于这样的历史自觉和强烈的使命感，才有了一个恢宏壮阔、狂飙突进的"汉武帝时代"。

汉武帝一登基，就开启了一场声势浩大的改革运动，致力于对国家的意识形态和统治思想进行彻底变革；虽然遭到窦太后阻挠而一度受挫，但最终还是以董仲舒提出的"天人三策"为基本蓝图，确立了"罢黜百家，独尊儒术"的治国思想（严格讲应该是"尊奉儒术，悉延百家"）。同时，汉武帝又开创性地建立了"外儒内法""霸王道杂之"的"汉家制度"，即儒家的"德治仁政"与法家的"严刑峻法"杂糅互补。这样一种颇具创造性的治国之道，在实践中被证明是十分有效的，从此被历朝历代统治者继承，成为古代中国延续两千余年的政治传统。

此后，汉武帝又为各个学派、不同阶层的人才打开了仕途的大门，唯才是举，选贤任能。他还以雷霆万钧之势对帝国的各种顽症痼疾开刀：对内，以"推恩令"分化、削弱诸侯，以"迁徙令"打击豪强游侠，任用酷吏整治不法权贵和既得利益阶层；对外，破格提拔任用卫青、霍去病等不世出的将才，对匈奴展开全面反击，取得了"封狼居胥"等一系列辉煌战果，重创匈奴，迫使其远遁漠北，一度销声匿迹。

与此同时，汉武帝又以超越前人的远大目光和开拓精神，派遣张骞出使西域，对那片遥远而陌生的土地进行探险，逐步与西域诸国建立外交关系，缔结战略同盟，做出了"凿空西域"、开辟丝绸之路的历史性贡献，从而开阔了中国人的国际视野，扩大了汉朝在国际社会的政治和文化影响力，并对世界交通史、贸易史和文化交流史产生了深远的影响。

汉武帝的开疆拓土是朝各个方向展开的。在北伐匈奴、经略西域外，又南平两越、东定朝鲜、打通西南，继而设置郡县，先后将河套平原、河西走廊、岭南、闽越、东北、西南等地纳入中央直接管辖，使其中大部分地区成为中国的永久性领土，从而极大地拓展并基本奠定了古代中国的疆域和版图。

而当连年用兵、征伐四夷导致国库空虚、用度匮乏时，汉武帝又及时出台了一系列经济和财政政策，如货币改革、盐铁官营、"算缗告缗"、平准均输等，有效缓解了国家的财政危机，保障了既定国策的持续推行。这些经济和财政政策，也多被后世所继承。

通过上述一系列"外攘夷狄，内修法度"（司马迁语）的重大举措，汉武帝成功地巩固了中央集权，也强化了皇权和国家的统治力，解决了困扰汉朝多年的边患，并扩张了领土和势力范围，提升了汉朝的国际影响力。

所有这些，都可谓"大有为"之政，其中相当一部分足以称得上是划时代的、开创性的历史贡献。这些决策不仅消除了当时的各种积弊和隐患，完成了时代交给他的课题，而且对后来的历史产生了许多根本性的影响，没有愧对上天交给他的历史使命。

从这个意义上讲，汉武帝的确当得起"雄才大略"、"冠于百王"（东汉应劭语）、"功越百王"（三国曹植语）等历史评价。总而言之，汉武帝既拥有高屋建瓴、总揽全局的政治智慧，又拥有雷厉风行、乾纲独断的魄力和手腕，还有慧眼如炬、知人善任的领袖才干，所以才能缔造出震古烁今、彪炳史册的文治武功。

然而，世间万事总是利弊相生的，有阳光的地方一定有阴影，给一个系统"做功"必然会给另一个系统制造"熵增"。

汉武帝为了完成属于他的"大考"，所付出的代价和产生的副作用，几乎和他创造的历史功绩一样巨大，影响同样深远。

汉武帝把儒学定于一尊，确立为国家的意识形态和统治思想，在当时肯定有其合理性与必要性，其益处和正面作用参见前文，此不赘述。而其弊端，主要有以下三个方面：首先，汉武帝尊奉的儒学，经过了董仲舒的改造，其中大量掺杂了先秦各家尤其是法家思想，鼓吹君权至上，强化等级尊卑，背离了先秦儒学"民贵君轻""从道不从君"的民本思想和人格独立精神。其次，儒学的"法家化"进一步发展，就成了"外儒内法""霸王道杂之"的汉家制度，这就为汉武帝中年以后施行酷吏统治和严刑峻法铺平了道路，也为此后两千余年的皇权专制奠定了根基。最后，不论汉武帝尊奉的是儒学还是别的什么学，只要定其为一尊，就必然会禁锢学术自由，妨碍思想的多元化，扼杀士人的独立思考能力，最终形成"万马齐喑"的文化专制，严重制约一个国家和民族的思想创造、学术创新和文明进步。

再来看汉武帝打击豪强和游侠。其利是在一定程度上遏制了土地兼并与贫富悬殊现象，阻止了基层政权的黑帮化，保护了弱势群体的利益，强化了国家的统治力，维护了正常的法律和社会秩序。而其弊端则在于，国家能力的过度膨胀，必然导致"社会自治"的严重萎缩乃至彻底消亡。事实上，一定程度的社会自治对国家是必要且有益的，是对公权力的合理补充；它可以在政府"不在场"或管理失效的时候发挥作用，实现自我调节，保护民众的合法权益。中国自春秋战国以降，便形成了相当程度的社会自治，出现了"游侠"这一民间自组织力量，却在实行中央集权的秦朝一度遭到严重破坏，至汉武帝二度打击后就基本消亡了。标志事件是"郭解之死"。典型表现则是自此之后，以墨家为代表的游侠组织便不复存在，彻底退出了历史舞台。

汉武帝为了挽救国家财政，在经济上实行的一系列改革和国有垄断政策，固然一时增加了政府的财政收入，代价却是沉重打击了民间经济。表面上，汉武帝并未给百姓增加赋税，事实上却是一方面通过"官营企业"与民争利，另一方面通过税收政策对社会各阶层进行"财富洗劫"。其实质，就是国家对民间社会的过度汲取，结果必然导致国富民穷、国强民弱的局面。武帝末年大面积爆发的民间起义，其主要根源之一正是在此。

而汉武帝的一系列经济和财政政策，在被后世统治者不同程度地继承后，历代朝廷对民间的榨取能力就一直很强大。往往只在朝代初年为了医治战争创伤，不得不有所收敛，此后必定朝着过度强化的趋势发展，最终使民间不堪忍受，揭竿而起；于是王朝崩溃，一切推倒重来。从经济史的角度看，这未尝不是中国历代王朝总是无法逃脱"治乱循环"的主要原因之一。汉武帝若非晚年及时悔过并改弦易辙，汉朝恐怕就要在他这一代终结了。

汉武一朝的对外扩张，赞同者誉之为"雄才大略""开疆拓土""威震百蛮"，反对者批评他"好大喜功""穷兵黩武""劳民伤财"。这取决于论史者的立场和观察角度的不同，无所谓谁对谁错。或者说，这是一枚硬币的两面，它们同时存在，都是事实。从大历史、国家民族主义、英雄史观的角度出发，看见的往往是正面；而从当时的百姓、人文人本主义、平民史观的角度出发，看见的很可能是反面。

在此，我们或许只能对前者（国家本位者）说，任何共同体，不论是国家的、民族的、文化的，其存在的前提，都是一个个活生生的人；而其存在的意义，也是为了一个个有血有肉的人。所以，为了共同体的利益，有时候或许要牺牲个体的利益乃至生命——但这只是迫不得已，绝非天经地义。永远要记住：具体的个人一旦被消解，任何抽象而高蹈的宏大叙事都是可疑的；离开了个体，任何共同体都将是无源之水、无本之木。

同时，我们也要对后者（个人本位者）说，我们今天读历史，当然大可不必为尊者讳，更不必为"肉食者"唱赞歌；但在坚持个人本位和平民史观的同时，却不能失去家国情怀。毕竟，任何个人都不可能超然于共同体之外。更何况，这个世界其实从古至今一直是"战国"——从国际战略的角度讲，弱肉强食的丛林法则始终是这个世界亘古不变的底色。所以，没有共同体的强大与兴盛，个人的安全与幸福也终究是没有保障的。

有关汉武帝功过得失的争议，主要集中在上述几方面。至于他中晚年时期的许多作为，如任用酷吏、滥杀大臣、迷信神仙、大兴土木、巡游无度、逼杀太子等，在历史上几乎遭到了清一色的批判，可谓恶评汹汹，不绝于耳。

当然，他在生命最后几年中的悔过表现和政策转向，还是得到了多数后人的同情、谅解和肯定。

金无足赤，人无完人。我们说过，有阳光的地方就有阴影，"做功"的同时一定在制造"熵增"。

可即便有阴影，人总还是要心向光明，朝着有阳光的地方走去；即便宇宙终必死于"热寂"，人类依旧要顽强地在混沌中寻找出路，从无序中创造有序。

汉武帝的一生所为，不外乎如此；而我们每个人的一生，乃至整个人类历史，不也都是在同样的困境中做着同样的努力吗？

# 目 录

**第一章　入主东宫** / 001

　　王娡的传奇人生：一切皆有可能 / 001

　　七国之乱：晁错成了背锅侠 / 006

　　后宫争夺战：改写刘彻命运的女人 / 014

　　太子是怎样"炼"成的 / 021

　　夺储引发的血案：袁盎之死 / 026

**第二章　君临天下** / 034

　　无箸之筵：直臣周亚夫的悲剧结局 / 034

　　太子登基：刘彻开启帝王生涯 / 041

　　帝国灵魂的变革：儒学登场 / 048

　　夭折的锋芒：少年天子对决太皇太后 / 055

　　飞鹰走马：刘彻的青葱岁月 / 061

**第三章　刘彻亲政** / 069

　　亲政初体验：当皇帝那些事儿 / 069

　　马邑之谋：细节决定成败 / 077

外戚之争：田蚡与窦婴 / 084

灌夫骂座：冲动的惩罚 / 090

## 第四章　征匈奴，分诸侯，抑豪强 / 098

张汤牛刀小试，李广死里逃生 / 098

攻取河南地：卫青屡建奇功 / 109

主父偃发迹，"推恩令"颁布 / 116

郭解之死：游侠时代的落幕 / 121

主父偃被斩：一个政坛暴发户的败亡 / 130

## 第五章　文臣武将 / 137

从"猪倌"到御史大夫：大器晚成的公孙弘 / 137

社稷之臣：汲黯与武帝的"相爱相杀" / 142

凿空西域：张骞的伟大探险 / 150

从奴仆到大将军：卫青的人生逆袭 / 156

霍去病登场：自古英雄出少年 / 161

## 第六章　狂飙突进 / 168

淮南王刘安：一个"重度拖延症患者" / 168

一场横跨十七年的谋反闹剧 / 173

扫平河西：无往不胜的霍去病 / 180

生财有道：疯狂运转的财政机器 / 188

从"盐铁专营"到"算缗告缗" / 193

第七章 　**外扬国威，内固皇权** / 200

"李广难封"：坏运气酿成的人生悲剧 / 200

封狼居胥：一代战神霍去病 / 207

兔死狗烹：酷吏的逻辑终局 / 215

一切都在天子的掌控之中 / 221

张汤之死：出来混，迟早是要还的 / 226

第八章　**开疆拓土** / 232

断匈奴右臂：张骞二次出使西域 / 232

平定南越：一个独立王国的覆灭 / 239

蔓延的战火：征服西南和闽越 / 247

东征朝鲜：一波三折的远征 / 253

第九章　**武帝的另一面** / 263

雄主也昏聩：迷信神仙，巡游无度 / 263

都是"宝马"惹的祸：李广利西征 / 273

汉匈博弈：从文斗到武斗 / 280

二征大宛：一场代价惨重的胜利 / 286

苏武牧羊记：铮铮铁骨，屹立千秋 / 292

血战千里：李陵的光荣与耻辱 / 300

致命的谎言：英雄后人为何叛国？ / 308

第十章　大时代落幕 / 314

血腥的帝国：叛乱纷起，"巫蛊"发端 / 314
巫蛊之祸：酷吏江充的恐怖阴谋 / 320
喋血长安：太子刘据兵变始末 / 328
李广利之死：又是巫蛊惹的祸 / 334
《轮台罪己诏》：一代雄主的最后忏悔 / 338
临终托孤：武帝安排身后事 / 344

# 第一章
# 入主东宫

**王娡的传奇人生：一切皆有可能**

汉景帝前元元年（公元前156年），刘彻出生于长安的未央宫。

关于刘彻的出生，史上一直流传着两条"八卦"。

第一条，是刘彻的出生日期。

据《汉武故事》记载，刘彻生于这一年的七月七日，即中国传统的七夕节。若此记载属实，那么刘彻的出生似乎就自带了某种浪漫色彩。尤其是联想到他后来与卫子夫、李夫人、钩弋夫人的浪漫爱情故事，这个出生日期就更显得意味深长了。只可惜，据学界考证，这大概率是后人的附会。《汉武故事》只是托名为班固所著，且笔法类似于笔记，不可作为信史。所以刘彻生于七夕的说法，于史无征，不足采信。

第二条，是刘彻的名字。

据《汉武帝内传》记载，某日，景帝刘启在宫中的崇芳阁小憩，忽然梦见一头红毛猪从天而降，径直落入了殿阁之中。醒来后，刘启即召宫廷卜者姚翁前来解梦。姚翁掐指一算，赶紧眉飞色舞地告诉刘启，说此阁中将诞生一位伟人，未来当为汉家盛世之主。刘启大喜，当天就把崇芳阁改名为"猗兰殿"，并命夫人王娡入住此殿。不久，王娡诞下一子，刘启便为他取名为"彘"。

"彘"的意思就是猪——文字虽然粗鄙，却寄托着"盛世之主"的深远寓意。

那么，关于刘彻初名刘彘的说法，又是否可信呢？

很遗憾，跟《汉武故事》一样，《汉武帝内传》也是托名班固的伪作，大概率是魏晋时人所撰，可信度较低。且此事在《史记》《汉书》中皆不见记载，所以大概率也是八卦。

事实上，刘彻的出生根本无须这两条八卦的渲染。在正史的记载中，这本身就是一件非常具有传奇色彩的事情。

刘彻的生母王娡在嫁入九重宫阙、成为刘启的太子妃之前，早已嫁为商人妇，而且是一个女孩的母亲了。按常理来说，已经身为人妇、人母的王娡，无论如何都不可能成为皇太子刘启的嫔妃，也就根本不可能生下刘彻。然而，历史就是经常违背常理、没有逻辑的。如果把上天看成是历史创作者，那么"他"的脑洞，无疑比世上任何一个小说作者都大得多。

王娡的命运之所以发生如此戏剧性的转折，都要归功于她的母亲，即刘彻的外祖母臧儿。

臧儿曾经有过非常显赫的家世背景。她的祖父，便是秦朝末年声名赫赫的义军领袖臧荼。他早年追随项羽，因战功卓著被封为燕王，后来受韩信所迫，归降高祖刘邦。由于臧荼不是高祖的旧班底，始终未获信任，所以汉朝建立刚刚半年，他就再次起兵反叛了。在当时的异姓王中，他是第一个扯起反旗的。高祖御驾亲征，仅用两个月便将其平定。臧荼兵败被俘，家道从此败落。他的孙女臧儿，自然就从贵族变成了平民，成年后只能嫁到槐里（今陕西省兴平市东南），丈夫是一个叫王仲的地位卑下的小商人。

臧儿跟王仲生有一子二女，儿子王信，长女就是王娡，次女王儿姁。没过几年，王仲因病亡故，臧儿便带着儿女改嫁长陵（今陕西省咸阳市东）田氏，此后又生下两个儿子：田蚡和田胜。后世许多读者经常弄不清楚，为什么武帝刘彻的母亲姓王，舅舅却姓田——其缘由正是在此。

王娡长大后，嫁给了同乡一个叫金王孙的人。此人名字像个贵族，实际上根本不是什么王孙公子，而是跟王仲一样没有社会地位的商人。没多久，王娡就生下了一个女儿。

尽管当时的人都说，嫁出去的女儿就是泼出去的水，可臧儿并不认为女儿的命运从此就覆水难收了。于她而言，童年时代那种肥马轻裘、钟鸣鼎食的贵族生活虽已恍如隔世，却依旧深深烙印在记忆之中。所以，尽管在底层社会生活了这么多年，臧儿始终没有放弃重返贵族阶层的梦想。

而要实现这一梦想，唯一的办法，就是让两个女儿都嫁入豪门。

然而现在，已过适婚年龄的长女王娡迫于世俗的压力，已无可奈何地嫁作商人妇。生米早就做成了熟饭，还能怎么办？

也许有人会说，大女儿反正就这样了，你就认命吧，没必要再瞎折腾，到时候让小女儿好好嫁个高门大户就行了。

可臧儿不是一个认命的人。对于长女的这桩婚事，她一直心存不甘。因此，臧儿特地去找了一个算命先生，给两个女儿都算了一卦，结果让她大受鼓舞。算命先生说，她的两个女儿日后都将贵不可言！

就是在这一刻，臧儿有了一个大胆的想法——让女儿离婚再嫁，另攀高枝！

说干就干，臧儿立刻把王娡强行接回了家中，然后宣布王娡要跟金王孙离婚。可怜的金王孙搞不懂这是在唱哪出戏，当然是又惊又怒，死活不同意。可这阻止不了臧儿。她施展浑身解数，愣是跟长安皇宫中负责选美女的官员搭上了线，然后把王娡精心打扮了一番，就这样奇迹般地把女儿送进了当朝太子刘启的寝宫。（《史记·外戚世家》："臧儿卜筮之，曰两女皆当贵。因欲奇两女，乃夺金氏。金氏怒，不肯予决，乃内之太子宫。"）

当然，臧儿隐瞒了王娡已嫁人生女的事实。理论上讲，作为王娡的合法丈夫，金王孙是完全有理由也有权利戳破这一谎言的，问题是借他十个胆儿他也不敢啊！因为在这个世界上，还没有一个平头百姓敢走进皇宫，对里面那些高高在上的人说："嘿，你们好，我来找我的妻子……"

没多久，臧儿就复制了这一成功模式，把小女儿王儿姁也送入了太子宫。

就这样，臧儿从一个破落贵族之女、商人之妇，摇身一变就成了当朝太子的双料丈母娘。时隔不久，随着刘启的登基，她又成了皇帝的双料丈母娘。

王娡进入东宫的时候，刘启的身边早已是群芳竞艳、佳丽如云了。比如薄氏、栗姬、贾氏、程姬等，都是年轻貌美的女子。其中，薄氏是刘启祖母薄太后的娘家人，最有背景，是太子的正妃。可想而知，要跟这样的一群女人争宠，绝不是一件轻松愉快的事。

不过，王娡还是迅速脱颖而出了。

在这座争奇斗艳的大花园中，王娡这株半路移栽的花朵顺利化解了水土不服的风险，博得了刘启的宠爱。

短短几年，王娡就为刘启生下了三个千金，她们就是后来的平阳公主、南宫公主和隆虑公主。然而，在"母以子贵"的后宫之中，没有儿子，后半生的富贵终究是没有保障的。

当时的王娡，当然迫切希望生一个儿子。

终于有一天，王娡做了一个梦，梦见一个光芒四射、熊熊燃烧的火球从天空中直射而下，瞬间没入了她的腹中。醒来之后，她蓦然发现自己又有身孕了。

王娡分明知道这个梦意味着什么，却故作不经意地跟刘启谈起。刘启闻言大喜，激动地说："此贵征也！"

此乃显贵的征兆啊！

这一"梦日入怀"的记载出自《史记·外戚世家》，虽然也充满了神秘色彩，但还是比《汉武故事》《汉武帝内传》中类似的记载靠谱一些。

在刘彻出生的一个月前，汉文帝刘恒驾崩，享年四十六岁。刘启继位，是为汉景帝。这一年是公元前157年。

景帝登基当天，便册立正妃薄氏为皇后，王娡和王儿姁都被封为夫人。汉承秦制，皇后以下诸妃，分为夫人、美人、良人、八子、七子、长使、少使等多个等级。王娡的妃位仅比皇后低一阶。随后，刘彻出生，在景帝的十四个皇子中排行第十。

景帝即位后，虽然第一时间就把皇后和嫔妃们都册封了，但在此后的几年中却迟迟没有册立太子。

究其原因，首先是因为皇后薄氏没有生育，缺少一个理所当然的太子人选。

尽管凭着优越的出身正位中宫，可薄皇后在刘启那儿很不得宠，直到被立为皇后，依旧没有生下一儿半女。这当然有可能是因为她本人的身体不佳，但更大的可能，则是因为刘启不喜欢她而很少与她同房。

依照礼制，国之储君要么"立嫡"，要么"立长"。如今薄皇后无子，立嫡自然无从谈起，而在景帝的十四个儿子中，栗姬之子刘荣最为年长。作为长子，本来是最有资格入主东宫的，然而，刘荣还是迟迟没有被立为太子。因为还有一个强大的竞争者，也一直在觊觎储君之位。

他，就是景帝刘启的弟弟——梁王刘武。

窦太后生有二子一女，长子是景帝刘启，女儿是馆陶长公主刘嫖，小儿子就是梁王刘武。在三个子女中，窦太后最疼爱刘武，而刘武也最会讨她欢心："孝王（刘武）慈孝，每闻太后病，口不能食，居不安寝，常欲留长安侍太后。太后亦爱之。"（《史记·梁孝王世家》）

刘武动不动就往长安跑，而且老想住下来——名义上是为了侍奉太后，其实是惦念储君之位。对此，景帝当然也是心知肚明。不过，他并没有因此而怪罪刘武。其原因，不仅是刘武深得太后之宠，更因景帝本身也很喜欢这个弟弟。

据记载，刘武的封地梁国（治所睢阳，今河南省商丘市）占据着天下膏腴之地，下辖四十余城，其府库的金钱数以亿计，拥有的珠宝玉器比景帝还多，甚至还贮藏了数十万副兵器弓弩。除此之外，他还广为延揽四方豪俊，吴人严忌、齐人公孙诡、蜀人司马相如等，都是他的门客。每次刘武入朝，景帝都会派出使节和御用车队，远赴数百里外的函谷关迎接。一到京师，景帝便与刘武入同辇、出同车，给予他无比的宠幸。就连随同刘武入朝的那些梁国属官，也拥有与中央官员一样的出入宫禁之权……

有这样一个势倾天下的弟弟，其实是一件危险的事情——可景帝却不以为意。

景帝即位第三年的冬天，梁王再次入朝。景帝当即设宴，为他接风洗尘。那一天的宴会上，景帝喝高了，一时兴起，忽然对梁王说："千秋万岁后，传于王。"

这话的意思相当直白，就是说等他死后，要把皇位传给梁王。

此言一出，在场众人无不错愕。

梁王受宠若惊，连忙起身叩谢。与梁王同样惊喜的，还有坐在上首的窦太后。

当时，窦太后患有眼疾，基本上已经看不见东西了，但是她的耳朵，却比以前任何时候都更加灵敏。景帝话音刚落，她老人家的脸上就露出了无比欣慰的笑容。

如果两个儿子能够先后登上大汉天子的宝座，那么她这一生就没有任何遗憾了。

正当在场的大臣们面面相觑的时候，有个人忽然起身离席，端着一杯酒走到景帝面前，朗声道："天下者，高祖之天下，父子相传，汉之约也；上何以得传梁王？"（《资治通鉴·汉纪八》）

这个人，就是窦太后的堂侄、时任朝廷詹事的窦婴。

窦太后万万没料到，关键时刻，居然是自己的侄儿坏了她的好事。

此刻，景帝的酒已经全醒了。他心中懊悔不迭，不知该说什么好，只好强作笑颜，招呼众人继续喝酒，以此掩饰内心的尴尬。

当天的酒宴一罢，怒火中烧的窦太后就找了个借口，免了窦婴的官职，还把他的"门籍"（出入宫廷的凭证）缴了，命他从此不得朝觐。

景帝刘启酒后失言，客观上无疑助长了梁王刘武的夺储之心。

正当景帝为此大伤脑筋之际，大汉帝国爆发了一场大规模的诸侯叛乱，迫使他不得不暂时搁置立储之事，以全力对付这场突如其来的叛乱⋯⋯

## 七国之乱：晁错成了背锅侠

这场叛乱以吴王刘濞（高祖之侄）为首，共有吴、楚、赵、济南、菑川、胶西、胶东七国参加，史称"七国之乱"。

那么，这七个诸侯国为何会联手发动叛乱呢？

冰冻三尺非一日之寒，一切都要从高祖刘邦建立汉朝时的政治制度说起。

众所周知，秦始皇吞并六国、统一天下后，便废除了先秦分封诸侯的"分封制"，创立了中央集权的"郡县制"。可惜秦朝并未因此长治久安，反倒二世而亡。刘邦建立汉朝后，很多人认为，若无四方诸侯作为屏藩，中央政府很容易孤弱而亡。因此，刘邦便汲取秦朝灭亡的教训，采取了折中的办法，在京畿及部分地区实行郡县制,由朝廷统一管辖;在其他地方实行分封制,分封宗室子弟为王,让他们各自建立藩国,如众星拱月般拱卫中央。

这样一个全新的制度安排,被称为"郡国并行制"。

诚然,分封诸侯的好处是显而易见的——一旦国家发生叛乱,诸侯可以帮助中央平定叛乱,避免重蹈秦朝孤弱而亡的覆辙。然而,任何制度都不是完美的,刘邦设计的"郡国并行"二元体制亦然。因为分封诸侯的最大弊端,就在于诸侯都是独立王国,在政治、经济、军事各方面都拥有自决权。那些地盘大、人口多、资源丰富的大国,就有可能因势力膨胀而日渐坐大,最终对中央政府构成严重威胁。

比如刘濞的吴国,就是四方诸侯中的老大。吴国地处长江中下游,国内既有铜山又有盐场,丰腴富饶,经济发达——按司马迁的说法,就是"即山铸钱,煮海水为盐"(《史记·吴王濞列传》),可谓富甲一方,势可敌国。像这样的诸侯,汉朝中央当然不能任其坐大,必须想办法进行遏制。

汉文帝时,一代名士、著名政论家贾谊就向朝廷上了一道奏疏,称为《治安策》,核心思想便是"欲天下之治安,莫若众建诸侯而少其力"——把天下的各大诸侯国分割成若干小诸侯,通过削除封地的办法,削弱各诸侯国的实力。

文帝采纳了这个策略,于公元前164年迈出了"削藩"的重大一步,将齐国分割为齐、济北、菑川、胶东、胶西、济南六个小国;将淮南国分割为淮南、衡山、庐江三个小国。然而,对于实力强大的吴国,文帝却不敢贸然采取行动,而是暂时搁置——很可能是想等吴王刘濞死后,再顺势将其封地分割。不过,还没等刘濞"翘辫子",文帝自己就先归天了,这个棘手的难题被留给了景帝。

巧合的是,景帝刘启跟吴王刘濞之间,居然还有一桩私仇。

刘启当太子时,有一天与吴国太子刘贤弈棋,二人起了争执,且刘贤的态度颇为骄慢。刘启一怒之下,拿起棋盘砸在了他的头上——不料这一砸竟然把刘贤给砸死了。吴王刘濞平白无故死了儿子,内心的仇恨和怨念可想而知。他虽然没有当即造反,但从此便称病不朝,以示抗议。

文帝自知理亏,只好替吴王开脱,说他年纪大了,可以不必入朝觐见;还派人给他送去了坐几和拐杖，以表朝廷优容忍让的态度。

"弈棋事件"虽然表面上就这么过去了，但在吴王刘濞的心里却始终没有翻篇。而景帝即位后，又开始重用晁错，锐意削藩——于是朝廷跟吴王之间的新仇旧恨、公愤私怨就这么搅在一起，最后当然会来一个总爆发。

晁错是颍川（今河南省禹州市）人，自少研习申不害、商鞅的刑名法术之学。稍长，晁错通过太常寺的考试，进入仕途，担任太常掌故，此后历任太子舍人、博士、太子家令等职。晁错颇受文帝赏识，也备受刘启（时为太子）的倚重，被东宫上下称为"智囊"。

刘启即位后，晁错被擢为内史，不久又升任御史大夫，"幸倾九卿，法令多所更定"。也就是从这个时候起，晁错开始把"削藩"提上了议事日程，屡屡向景帝上疏，"请诸侯之罪过，削其地，收其枝郡"（《史记·袁盎晁错列传》）。

景帝采纳了晁错的建议，随即向吴、楚、赵、胶西等诸侯开刀。对此，诸侯当然不会坐以待毙。于是，以吴王刘濞为首的七国诸侯，便以"清君侧，诛晁错"为口号，悍然起兵，仅吴国一国就集结了二十余万大军。

七国反叛的战报传到长安，满朝震恐。

当时，汉家天下承平日久，一下子爆发这么大规模的叛乱，朝野上下都有些慌了手脚，景帝更是忧心如焚。按理说，作为景帝最倚重的大臣，也是"削藩之策"的首倡之人，面对诸侯大举叛乱的危急形势，晁错理应一肩挑起平叛重担，拿出切实可行的应对策略。然而，此刻的晁错非但没有表现出一个政治家应有的冷静与从容，反而昏招频出、一再犯错，以致一步一步走向了身死族灭的悲惨深渊。

晁错犯的第一个错误，是有远谋而无近虑。

他力主削藩，这一政策目标固然没错，可他却没有相应的实际操作能力，以至于叛乱一起，就乱了方寸，竟然向景帝提出了两条匪夷所思的建议。

第一条，是"令上自将兵，而身居守"，意思就是让景帝御驾亲征，由晁错坐镇京师；第二条，是"徐、僮之旁吴所未下者可以予吴"，意思是徐县、僮县一带（今江苏省泗洪县、安徽省泗县一带）尚未被吴国攻下的地方，可以割给吴国。

很显然，这是两条荒谬至极的主意。

晁错为何会想出这种馊主意呢？

即便我们用最大的善意揣度，也只能勉强替他找到这样的理由：

首先，晁错让景帝御驾亲征，估计是为了提振军队士气，就像当年异姓王叛乱，刘邦便亲自披挂上阵一样。可问题在于，景帝是个"生于深宫之中，长于妇人之手"的太平天子，从来没上过战场，更没带过一兵一卒，岂能与戎马一生、血染征袍的高祖同日而语？再者，晁错身为臣子，让景帝出去打仗，置人君于万险之地，自己却在长安躲清闲，并以留守之职统揽朝政——实在是显得居心叵测。

其次，晁错说要把"徐、僮之地"割让给吴国，估计是想向吴王投掷烟幕弹，故意示弱以麻痹吴王。但是，晁错一方面让景帝御驾亲征，一方面却又故意向敌人示弱，这不是自相矛盾吗？假如景帝真的这么做了，只能是长他人志气，灭自己威风，徒令天下人耻笑而已。

因此，景帝断然否决了晁错的提议。

晁错犯的第二个错误，是心胸狭隘，容不下异己。

没有人能否认，晁错是个难得的忠臣。他之所以不惜得罪天下诸侯，力排众议，锐意削藩，根本目的是巩固中央权威，希望大汉天下长治久安。然而，往往越是忠直之臣，越有一个毛病，就是容不下与他政见相悖或性情不合的人。司马迁在评价晁错的性格时，就说他"为人峭直刻深"。这个词的意思，说好听点儿叫作刚正严明，说难听点儿就是执拗、刻薄。

当时，晁错在朝中有一个不共戴天的政敌，名叫袁盎。

袁盎原任吴国丞相，与晁错素来不睦。早在文帝时期，二人就是水火不容的死对头。凡是有晁错在的场合，袁盎立马拍屁股走人；而只要有袁盎在场，晁错的反应也如出一辙。景帝即位后，晁错一升任御史大夫这个纠察百官的职位，便以袁盎收受吴王贿赂为由，欲治袁盎死罪。随后，景帝将袁盎贬为庶人，却赦免了他的死罪。

晁错没能除掉袁盎，一直耿耿于怀。此次吴国带头作乱，晁错便抓住这个把柄，再度指控袁盎与吴王暗中勾结。但是，晁错此举却遭到了朝中同僚的反对。他们认为，袁盎任吴国丞相已是几年前的事了，这几年一直住在京师，应该不会与吴王通谋；此外，就算袁盎有问题，也应该在叛乱爆发之前抓他——这样或许还能搞到点儿有用的情报。如今七国既已反叛，抓袁盎也没有多大的意义。

晁错得不到同僚支持，手中又没有什么证据，无法整治袁盎，只好悻悻作罢。

很快，袁盎就听说了晁错要整死他的消息，顿时大为恐惧。他意识到，再不奋起反击，自己迟早会死在晁错手里。

然而，此时的袁盎只是一介布衣，如何对付手握重权的晁错呢？

乍一看，跟晁错比起来，袁盎几乎没有任何优势可言。他要跟晁错斗，不亚于蚂蚁战大象，几乎是不可能赢的。可是，在这个变幻无常的世界上，没有什么事是不可能的。尤其政治，更是世界上最善变、最不可捉摸的事物。上一秒，你也许权倾天下、位极人臣，下一秒，可能就家破人亡、身死族灭了。这其中的转捩点，就在于时势。

时势这种东西，跟大自然中的气流一样，看不见、摸不着，却拥有摧枯拉朽、移山填海的巨大能量。深谙时势并善加利用者，便有如鲲鹏展翅，可扶摇直上九万里；昧于时势并与之相悖者，便如同怒海狂涛中的一叶孤舟，随时会被恶浪一口吞噬。

如今，站在"七国之乱"这个历史的风口浪尖上，晁错显然就是昧于时势、即将覆没的一叶孤舟；而袁盎则已经看懂了时势，只要顺势而为，必能一举将晁错置于死地，从此咸鱼翻身、否极泰来。

心意已决，袁盎随即找到与他私交甚笃的窦婴，请他帮忙向景帝求情，希望面陈平叛之策。窦婴也是跟晁错不和的人，于是欣然帮了袁盎的忙。

袁盎入宫觐见景帝的那一天，晁错刚好在殿上和景帝讨论前线军务。袁盎进来的时候，看也不看晁错一眼，径直走到景帝面前，跪地行礼。

景帝问："如今吴、楚反叛，你有何看法？"

袁盎答："不足为虑。"

景帝对这个回答当然很不满意，道："刘濞有矿山可以铸钱，有海水可以制盐，占尽地利，且集结了四方豪杰，兼得人望。如今到了白首之年才悍然起事，若事先没有周密计划，岂能轻易发动？你居然认为不足为虑？"

袁盎不慌不忙地说："吴国诚然拥有铸钱和制盐的财源，可投靠他的那些人，却称不上是英雄豪杰。若是真英雄，必会辅佐他走上正道，不会怂恿他兴兵作乱。那些人，充其量不过是一帮地痞流氓、亡命之徒而已。"

景帝问："你有何良策？"

袁盎说："请陛下屏退左右。"

景帝示意在场的宦官和宫女退下。于是一众闲杂人等皆退，只有晁错站着不动。

袁盎瞟了纹丝不动的晁错一眼，说："臣所言，人臣不得知也。"

景帝旋即屏退了晁错。晁错无奈，只好退到了东边的偏殿，内心大为恼恨。（《史记·吴王濞列传》："错趋避东厢，恨甚。"）

此时的晁错绝对不会想到，这一生，他将再也不能迈进大殿一步了。

晁错走后，袁盎说出了他的平叛良策。他毫不迟疑地把晁错称为"贼臣"，并把七国之乱的责任全部归到了晁错头上。他认为，要不是晁错一意削藩，不断削夺诸侯封地，七国也不会反叛。所以，而今之计，就是把罪魁祸首晁错斩了，然后赦免吴、楚七国，归还削夺的封地，如此便可兵不血刃地弭平这场叛乱。

袁盎说完，景帝沉默了很久。

他并不是在思索袁盎的话对不对，而是在最后一次说服自己——为了天下太平，对晁错痛下杀手是应该的，也是值得的。

事实上，早在七国叛乱的战报传到长安时，景帝心里就已经在酝酿"政治解决"的方案了。所谓"政治解决"，说白了就是把晁错抛出去，丢车保帅。因为在景帝看来，解铃还须系铃人。既然力主削藩的人是晁错，七国叛乱的矛头也直指晁错，那么最简便的化解危机的办法，当然就是把晁错抛出去了。若能就此令七国罢兵，那么牺牲晁错一人以换取天下安宁，就是一笔非常合算的买卖。

说穿了，就是必须让晁错来当这个"背锅侠"。

所以，景帝召见袁盎的目的之一，其实就是想借他的口，来做杀人的刀！换句话说，万一将来有人为晁错鸣冤叫屈，景帝就可以拿袁盎当挡箭牌，以免自己成为众矢之的。

正因为景帝已经动了诛杀晁错的心思,所以最后,他只是轻描淡写地说了一句:"我不会宠爱一人而愧对天下。"

晁错的悲剧命运,就在这句话中一锤定音了。

当天,景帝便任命袁盎为太常,命他秘密离京,去吴国跟刘濞谈这笔政治交易。

晁错身为政治家,难道从来没有预料过削藩的不利后果吗?难道他从来没有想过,一旦得罪天下诸侯,最终很可能招来众怒、引火烧身吗?

事实上,早在晁错刚刚提出削藩之策时,其父便已料定此举是在玩火,特地从颍川老家赶到京师,对晁错说:"皇上刚刚登基,你刚掌握大权,第一件事就是削藩——这无异于离间天子骨肉,使天下人的怨恨都集中到你一人身上,你图的是什么?"

晁错说:"我固然明白这一点。但是,倘若不这么做,天子就没有尊严,社稷也不会安宁。"

由此可见,晁错不是没有预料到削藩的后果,而是明知不可为而为之。

这,就是晁错犯的第三个错误:工于谋国而拙于谋身。

眼看晁错的态度如此坚决,其父只能悲愤而无奈地撂下一句话:"刘氏安矣,而晁氏危!"说完就回了颍川,旋即服毒自尽,死前留下遗言:"吾不忍见祸逮身。"

谁也没有想到,短短几个月后,老人家的话就一语成谶了。

当然,从国家利益的角度讲,晁错"工于谋国而拙于谋身"非但不是缺点,反而是一种难能可贵的品质。但是,"谋国"与"谋身"并不必然是冲突的。一个真正成熟的政治家,应该在"谋国"与"谋身"之间取得平衡,而不必在非此即彼的两难境地中抉择。道理很简单,要达成任何一种政治理想,前提都是要先保住自己的性命——否则出师未捷身先死,又何谈"谋国"呢?

然而,晁错却没有做这样的冷静思考。即便是他父亲的"死劝",也无法浇灭他那飞蛾扑火般的政治热情。

于是,就在景帝召见袁盎的十几天后,景帝便授意丞相陶青、中尉陈嘉、廷尉张欧联名上疏，对晁错发起了弹劾。他们给晁错拟定的罪名是："不称陛下德信，欲疏群臣百姓，又欲以城邑予吴，亡臣子礼，大逆无道。"建议将晁错腰斩，并且其"父母、妻子、同产无少长皆弃市"（《汉书·晁错传》），意思就是所有亲人，只要还没分家，无论老幼通通砍头。

景帝看过奏疏，当即批了一个字："可。"

很显然，这是一个异常严厉、近乎残忍的处置办法。后世读史者，很多对此不以为然。他们认为，要杀晁错，往脖子上"咔嚓"一刀足矣，何必动用"腰斩"这种极刑呢？这种刑罚的目的不仅是要让人死，更是要让人在极端痛苦中死。所以人们不禁要问：对晁错施以如此残酷的刑罚，有必要吗？此外，要杀就杀他一个人好了，何必把他一家老小通通杀光呢？这不是滥杀无辜吗？

倘若你也这么认为，那只能说明一个问题：你虽然很善良，却不懂政治。

当时，景帝杀晁错的真正目的是丢车保帅，促使七国罢兵。这个动机，后世的读者都很清楚，但关键的问题是——当时的大多数老百姓并不知情。我们都知道，晁错的官职是御史大夫，位列三公，相当于副丞相。要杀这样一个高官，如果不给他扣上非常严重的罪名，老百姓肯定是会胡思乱想的。而朝廷最怕的事情就是老百姓这样。所以，景帝必然要给晁错扣上"亡臣子礼，大逆无道"的罪名，从而为诛杀晁错的行动披上一件合法的外衣。换言之，只有把事情做绝，对晁错施以极刑、满门抄斩，老百姓才会相信晁错真的是死有余辜，才不会怀疑景帝的杀人动机。至于这么做算不算残忍，是不是滥杀无辜，那就不在景帝的考虑范围之内了。

景帝前元三年（公元前154年）正月二十九日，中尉陈嘉奉景帝之命，找到晁错，召他即刻入宫觐见。晁错以为皇帝要找他商议政务，没有多想，匆匆穿上朝服就跟着陈嘉走了。

行至东市时，陈嘉忽然命左右把晁错从车上拽了下来，死死摁在了地上。很快，一副寒光逼人的铡刀就摆在了当街。惊惶错愕的晁错被七手八脚摁在铡刀下，然后就被"咔嚓"一刀，铡成了两截。

同日，晁错家里的老老少少也全部被朝廷抄斩，一个不留。

## 后宫争夺战：改写刘彻命运的女人

晁错虽然死了，但并没有给景帝带来他希望的那个结果——吴、楚七国并未因晁错之死而偃旗息鼓、休兵罢战。当袁盎带着景帝的密诏去见吴王刘濞，并要求他跪地接诏时，刘濞肆无忌惮地狂笑道："我已经是东方的皇帝，还要向谁跪拜呢？"

很显然，刘濞起兵的目的根本不是什么"清君侧，诛晁错"，而是要跟景帝分庭抗礼，乃至争夺天下！遗憾的是，在这一点上，景帝太过乐观了，或者说是侥幸心理过于严重了，居然以为牺牲晁错就能与七国化干戈为玉帛。

如今，一切都明摆着，吴王刘濞"醉翁之意不在酒"。所以，晁错不仅死得冤，而且死得毫无价值。至于景帝试图用政治手段化解这场危机的想法，也无异于痴人说梦。

看来，要消灭这场叛乱的唯一办法，就只有战争了。

随后，景帝命元勋之后周亚夫为太尉，统率三十六位将军出征，迎战吴、楚联军；又命曲周侯郦寄、将军栾布率部出击赵国和齐国；同时起用刚刚被窦太后免官的窦婴，拜其为大将军，命其率部进驻荥阳（今河南省荥阳市），构筑第二道防线。

七国要西进关中，梁国是必经之地。所以，吴、楚联军一发动，首要的攻击目标就是刘武的梁国。叛军兵临城下后，刘武一边拼死抵御，一边赶紧派人向太尉周亚夫求救。

出人意料的是，面对梁国十万火急的求救信，周亚夫却视若无睹，始终按兵不动。

他并不是消极怯战或见死不救，而是出于战略上的考虑。周亚夫的计划是：让梁国在正面牵制叛军主力，消耗叛军的有生力量；他再率领朝廷军绕到叛军后方，出其不意地切断吴、楚联军的补给线，然后坚壁清野、固守不战——待叛军疲敝涣散、粮尽援绝，再伺机决战，对叛军予以致命一击。

周亚夫的计划得到了景帝的支持。

随后，周亚夫率领大军绕到了叛军后方，兵锋直指昌邑（今山东省巨野县城南）；同时派出一支轻骑兵，南下渡过淮河，一举切断了吴、楚联军的补给线。与此同时，梁王刘武在叛军正面独力苦撑，被打得焦头烂额，多次求救又不被理睬，遂频频遣使向景帝告状。景帝不忍，命周亚夫发兵救援，周亚夫却拒不从命，始终没有派出一兵一卒。

此举分明把梁王往死里得罪了，但周亚夫却由此掌握了战场的主动权，从而在很大程度上保证了这场平叛战争的胜利。

前元三年二月末，周亚夫与吴、楚联军在下邑（今安徽省砀山县）附近展开决战，并将其一举击溃。吴王刘濞带着残部乘夜逃亡，楚王刘戊在绝望中自杀。数日后，刘濞逃至丹徒（今江苏省镇江市东），被东越人诱杀，首级旋即传送长安。

随后，参与叛乱的齐王刘将闾、胶西王刘卬相继自杀；胶东王刘雄渠、菑川王刘贤、济南王刘辟光全部被逮捕处死。

七国之乱就此平定，前后历时不过三个月。

叛乱平定后，让景帝苦恼不已的那个立储问题自然又回来了。

这一回，问题更恼人了。因为，梁国虽然在战争中付出了惨重的代价，但梁王刘武却通过战争获得了前所未有的功勋和声望。事后朝廷统计战果，共斩杀叛军十余万人，其中仅梁国杀死和俘虏的叛军人数，就占到总数的一半。

这不能不说是一个骄人的战绩。

面对如此卓越的战功，景帝当然要论功行赏。不久，景帝便赐给梁王一面天子旌旗，并拨给他战车一千辆、骑兵一万人，作为警卫之用。这一切，无不让梁王夺储的野心越发膨胀。此后，刘武每回出行，总是前呼后拥、千乘万骑；队伍前列还高举那面天子旌旗，其气势和规格几与皇帝无异。

在此情势下，景帝终于意识到——再不册立太子，必将引发无穷祸患！

前元四年（公元前153年）四月，景帝正式下诏，册立长子刘荣为皇太子，彻底断绝了梁王和窦太后的念想。当然，同时也断绝了其他嫔妃和皇子的念想。

景帝在册立太子的同时，也把刘彻封为胶东王。此时，刘彻年仅四岁，自然不可能前往封国就任，只能是名义上的遥领。

在刘彻之前，已有八个皇子封王。他们名下的封国，土地大小、户口多寡、贫富程度都有不小的差距。而诸王封地的肥瘠优劣，直接反映了景帝对诸位皇子的亲疏厚薄。跟其他皇子比起来，刘彻的封地虽然不算小，但也不是地广人多的那种。由此可见，在诸位皇子中，当时的刘彻并未独得景帝之宠。

假如没有后来发生的一系列事情，以及一个强势人物的积极介入，刘彻绝对不可能在短短几年后入主东宫，更不可能成为后人眼中的千古一帝。

这个从根本上改变刘彻一生的人，就是他的姑母——馆陶长公主刘嫖。

馆陶长公主是个心气很高的女人，虽然早已下嫁堂邑侯陈午，但对娘家的事务始终热情不衰，景帝的后宫生活，就是她颇为关注的焦点之一。在相当长的一段时间里，馆陶长公主总是像一只辛勤而忙碌的蝴蝶，在属于景帝的百花园里来回穿梭，还不断把更加新鲜娇艳的花朵送进来，生怕没有她的帮忙，景帝的后宫就不够热闹了。

许多年来，长公主刘嫖就是这样乐此不疲地充当着景帝的生活顾问。

假如你认为，长公主这么做仅仅是出于一个女人的特殊癖好，那你就错了。刘嫖真正关心的并不是弟弟的私生活，而是她自己的富贵、权势和影响力——说白了，这就是一个女人插手宫廷事务，乃至干预帝国政务的独特方式。

接下来，我们马上就会看到，馆陶长公主是怎样以她那非同寻常的影响力，介入当时的后位和储位之争的。

刘嫖有一个独生女，名阿娇，被她视为掌上明珠。只要是能让阿娇高兴的事情，没有什么是刘嫖不能做的。所以，为了能让女儿在未来的岁月中享有别的女人望尘莫及的幸福，她早早就替阿娇计划了一切。

在古代，一个女人所能拥有的最高幸福是什么？

当然是贵为皇后，母仪天下。

当刘荣被立为太子后，刘嫖第一时间找到了刘荣的母亲栗姬，主动表示要把阿娇许配给刘荣。对于这桩婚事，刘嫖自认为是十拿九稳的。一来，她对自己在后宫的影响力非常自信；二来，她觉得自己跟栗姬的关系不错——栗姬当初能博得景帝之宠，未尝没有她长公主的一份功劳。因此，刘嫖认为只要自己开口，这桩亲事就成了。

然而，她万万没想到，栗姬竟然一口回绝了。

栗姬生性善妒，而刘嫖这些年来给景帝输送了无数的美女，早就让栗姬怀恨在心。所以这一回，栗姬终于逮着了机会，以拒绝这门亲事的方式来发泄郁积已久的不满。

此时，薄皇后的唯一靠山薄太后已经去世，其地位岌岌可危，随时可能被景帝废掉。而在栗姬看来，最有资格取代薄皇后继位中宫的，非她莫属。她的儿子已经贵为帝国储君，还有谁比她更有资格继任皇后呢？

所以，她才敢如此肆无忌惮地打长公主的脸。

然而，栗姬太低估长公主的政治能量和影响力了。她这么做，等于是把唾手可得的皇后之位一举葬送了，同时葬送的，还有她儿子刘荣的太子之位。

诚然，栗姬的不满是情有可原的——长公主为了讨景帝欢心，不断把新的美女送到他的枕边，客观上确实伤害了栗姬和其他嫔妃。但是，栗姬应该知道，这就是她们的命运。因为古往今来，每一个皇帝的后宫都是佳丽如云，这就决定了他们喜新厌旧的本性。所以，就算长公主没有那么做，景帝照样会不断另觅新欢，不可能一辈子专宠任何一个女人。从这个意义上说，栗姬受到的伤害不单纯是长公主造成的，也是她身为嫔妃的命运使然。

遗憾的是，栗姬没有认识到这一点——或者说，她那刻薄善妒的性格，使她不愿意认清这一点。

被栗姬悍然拒绝，对心高气傲的长公主而言，无疑是极大的羞辱。从被拒的那一刻起，长公主生活中的其他事务就通通退居次要了。唯独一件事，是她认为非做不可的，那就是——重新物色一个"女婿"，再让"女婿"入主东宫，扳倒栗姬母子！

那些日子，长公主用她的火眼金睛在所有皇子中挨个扫视了一遍。

最后，她选中了刘彻。

之所以选中他，或许是以下三个因素起了作用：

首先，王娡当初那个"日入其怀"的梦，有可能让长公主相信，刘彻会成为未来的大汉天子。

其次，在景帝的所有嫔妃中，王娡虽然没有独得其宠，但至少也能跟栗姬平分秋色——这就为长公主的易储之谋提供了必要的先决条件，让她有信心把刘彻推上储君之位。

最后，可能也是长公主最为看重的一点，就是刘彻自幼就显现出了超越常人的"聪睿明彻"。

据《汉武帝内传》说，大约在刘彻三岁那年，有一天，景帝把他抱在膝上，逗他说："儿乐为天子否？"

这是个很难回答的问题。要是说"乐意"，以他"非嫡非长"的身份，难免有僭越之嫌；要是说"不乐意"，又显得太过笨拙，会扫了景帝的兴致。

此时，聪明的刘彻居然给出了这样的回答："这种事只能由天意，不由儿胡思乱想。儿只愿长居宫廷，每日在陛下膝前承欢，但也不敢放逸骄纵，失去人子之道。"

听见这番话，景帝顿时开怀大笑。一个乳臭未干的三岁小儿，居然能把话说得这么巧妙得体，实在是令人惊诧，足以让景帝感受到刘彻的天赋异禀。

这件事当然不一定是史实——不过鉴于武帝后来的雄才大略，说他从小聪慧，应该是大致符合事实的。

随后，长公主就找到王娡，提出了这门婚事。

王娡的脑子比栗姬清醒得多，当然不会拒绝这种送上门来的富贵，马上就一口答应了。

从此，刘彻与阿娇的命运，就被这桩政治婚姻紧紧绑到了一起。多年以后，发生在刘彻和阿娇身上的那一幕情感悲剧，也在此刻埋下了伏笔。

当然，两个母亲出于各自的利益包办这场儿女婚姻的时候，刘彻和阿娇都还年幼，根本不懂得男女之情是怎么回事，更不可能知道这桩姻缘会如何改变他们未来的命运。对于刘彻和阿娇来说，身边能够多出一个年龄相仿的玩伴，就是最开心的事了。

那些日子，长公主几乎天天带着阿娇跟刘彻"培养感情"，两个小孩很快就玩得形影不离了。那时，在两个母亲和未央宫所有人的眼中，刘彻和阿娇肯定是天造地设的一对。

也许是为了确认这一点，有一天，长公主忽然把刘彻抱在膝上，煞有介事地问他："儿欲得妇否？"

刘彻点了点头。

长公主笑了笑，指着侍立在侧的一溜宫女，一一问他喜不喜欢。刘彻自然是大摇其头,都说不喜欢。最后,长公主才指着阿娇问他:"阿娇好否?"刘彻顿时咧嘴一笑,大声说:"好!若得阿娇作妇,当作金屋贮之。"(《汉武故事》)

这就是"金屋藏娇"这个典故的出处。

此刻,眉开眼笑的长公主自以为替女儿找到了终身幸福,可她万万没料到,她为阿娇找的这间"金屋",只是一个黄金打造的高级囚笼。若干年后,阿娇将在这个囚笼中变成一个面目可憎的深宫怨妇,最后在难以排遣的嫉妒和愤怒中抑郁而终。

前元六年(公元前151年)冬,有名无实的薄皇后终于被景帝废黜,皇后之位空了出来。未央宫中的所有女人顿时眼冒绿光,齐刷刷地把目光射向了这个她们垂涎已久的位子。只有栗姬显得气定神闲。因为她认为,这个位子非她莫属。

关键时刻,馆陶长公主终于攘袂登场了。

那些日子,她几乎天天往宫里头跑,不厌其烦地对景帝施加影响,极力贬低栗姬母子,同时不断称颂王娡的贤良和刘彻的聪慧。

一直以来,长公主的话对景帝都是很有影响力的,这一次当然也不会例外。景帝经不住长公主的一再"轰炸",逐渐感觉栗姬母子确实有些面目可憎。然而,后位和储位的废立毕竟都不是小事,所以景帝一时也下不了决心。

最后,有个人帮景帝下定了决心。

这个人,就是栗姬自己。

这个刻薄善妒、愚蠢无比的女人,又一次在接近巅峰的时刻,把自己推向了深渊——换言之,如果说栗姬母子的坟墓是馆陶长公主给挖的,那么最后的纵身一跳,却是栗姬自己完成的。

那年冬天,景帝有一段时间偶染微恙,情绪有些低落。有一天,景帝用一种略带伤感的语调,跟栗姬谈起了诸多嫔妃和皇子,然后冷不防冒出一句:"百岁后,善视之。"(《史记·外戚世家》)

"我百年以后,希望你能善待他们。"

很显然,这是景帝借生病之机在对栗姬进行试探。傻瓜也听得出来,景帝这么说，就是要把皇后之位许给栗姬了。假如栗姬的心胸不那么狭隘，顺水推舟说几句大度得体的话，说不定景帝就真把她立为皇后了。

只可惜，栗姬一句好话也没说，而且还用十分怨毒的口气，把其他嫔妃和皇子数落了一番——听她那口气，要是哪一天她儿子登基为帝，她不把昔日的竞争者赶尽杀绝就算大发慈悲了；要让她对她们好，那是痴心妄想！

听完栗姬的话，景帝差点没背过气去。

这一刻，别说立栗姬为后，景帝恐怕连杀她的心都有了。

但是，栗姬却对此毫无察觉。现在，她的眼中除了薄皇后曾经拥有的地位和荣耀，似乎再也看不见任何东西。

栗姬的刻薄无情让景帝对她彻底绝望，皇后之位也就此与她擦肩而过。可是，景帝还是迟迟没有废掉太子刘荣。

就在这个节骨眼儿上，王娡毫不犹豫地出手了。

要是你以为，王娡会跑到景帝面前说栗姬母子的坏话，那你就错了。一直以来，当长公主不遗余力地攻击栗姬母子时，王娡都是以一种淡定的姿态冷眼旁观——既没有跟着长公主一起发飙，也没有表现出一丝一毫的觊觎后位之心。之所以如此，是因为王娡深知：越是这种关乎命运的重大时刻，越要保持常人莫及的克制和冷静；别人越是急不可耐、上蹿下跳，你越是要韬光养晦、如如不动。只有这样，才能让景帝发自内心地认为——这个淡泊自持、气度雍容的女人，才是最有资格母仪天下的。

"夫唯不争，故天下莫能与之争。"

老子这句话的本意是要劝诫世人无欲无争，而王娡把它拿来作为一种高明的伪装、一种实用的生存之道，以掩盖更大的野心。

其实，正是因为王娡在这场白热化的后宫争夺战中始终表现得与人无争，长公主称颂王娡如何贤良的那些话，才能句句说到景帝的心坎里。换言之，在这场后宫争夺战中，长公主和王娡可谓一动一静，一刚一柔，一明一暗，一巧一拙，配合得那叫一个默契！

不过，任何事情都要把握一个度。假如王娡一直这么示人以拙，什么都不做，到最后恐怕就真的弄巧成拙了。所以，当景帝迟迟下不了决心废黜刘荣的时候，王娡就出手了。

当然，王娡没有亲自出面，而是派了一个可靠的人，去怂恿朝中的大行令，让他向景帝进言，劝景帝早立皇后，以安人心。

劝景帝立谁呢？

要是你以为王娡是向大行令毛遂自荐，那你又错了。王娡确实向大行令推荐了一个人，但那个人不是她自己，而是栗姬。

王娡为什么要帮栗姬？

她不是在帮栗姬，而是要尽快置她于死地。

这个逻辑很简单：当时，景帝正对栗姬极度不满，若大行令偏偏在这时候请立栗姬，只能是火上浇油，让景帝对她更加痛恨。而且，景帝很容易认定，大行令此举必是栗姬在背后授意——这样性质就更严重了。因为，后宫与朝臣联手谋求后位，是最犯皇帝忌讳的事情，不管是谁犯了这个天条，都绝对没有好果子吃。

所以，王娡采取的这个行动，就是对栗姬最后的致命一击。

当时，后宫的是非恩怨既微妙又复杂，大行令并不知晓具体内情。在他看来，栗姬既然是太子之母，立为皇后也是顺理成章的事，所以没有多想，随即向景帝奏称："'子以母贵，母以子贵'，今太子母无号，宜立为皇后。"

景帝一见奏疏便雷霆大怒："是而所宜言邪？！"（《史记·外戚世家》）

这种事是你可以插嘴的吗？！

就在景帝的一声怒吼中，可怜的大行令稀里糊涂地丢了脑袋。而刘荣头上的那顶太子之冠，也在同一时刻应声落地。

前元七年（公元前150年）十一月，景帝下诏，将太子刘荣废为临江王。时任太子太傅的窦婴极力劝谏，却丝毫改变不了景帝的决定。随后，悲愤无比的窦婴便以生病为由辞去了官职。

## 太子是怎样"炼"成的

刘荣被废，对栗姬来讲无异于世界末日。很快，她就在这个打击下一病不起，十几天后就咽气了。

第一章　入主东宫　021

不过，微妙的是，因之获益的母子却不只有王娡和刘彻。另一对母子，也正为此拊掌而笑。

那就是窦太后和梁王刘武。

当初刘荣被立为太子，这对母子失望已极。如今储位再度虚悬，窦太后和梁王的夺储热情自然就再度高涨了。

事有凑巧，就在刘荣被废的一个月前，朝廷举行正旦大典（汉初沿用秦历，以十月为岁首，十月初一称"正旦"），梁王与其他诸侯王皆依例入朝。大典过后，其他诸侯王都老老实实地打道回国，不敢擅留，唯独梁王倚仗太后宠爱，赖在长安不走。景帝心里虽然不舒服，但碍于太后情面，还是不得不跟他入同辇、出同车，一副手足情深的样子。

不久，刘荣被废，梁王心中窃喜，越发不想离开长安。窦太后也巴不得这个小儿子赶紧成为储君，便找了个机会，跟景帝打开天窗说亮话了。

窦太后在长乐宫设宴，把两个儿子叫到一块，母子三人举杯畅饮。一开始，太后谈笑风生，兴致很高；待酒过三巡，忽然一声长叹，称一家人聚少离多，而她年事渐高，像这种共叙天伦、其乐融融的日子，只能是过一天少一天了，每思及此，不觉悲从中来。

梁王会意，赶紧红着眼眶说："我宁可不当这个藩王，也愿意朝夕陪伴在母后身边。"

太后说："难得我儿一片孝心，只是人生在世，各有其分。若你不当这个藩王，又能当什么呢？"

母子二人一唱一和，配合默契，然后就等着当皇帝的大儿子兼大哥给他们一个满意的答复了。

景帝只好装糊涂说："可让梁王在长安多住些日子，只要母后高兴。"

窦太后懒得再绕圈子了，索性抛出了这么一句："吾闻殷道亲亲，周道尊尊，其义一也。安车大驾，用梁孝王为寄。"（《史记·梁孝王世家》）

这句话的用典实在古奥，就连景帝这种自幼饱受宫廷教育的人，仓促之间也没听明白。但是，他又不好意思说他没听懂，更不便当面驳了太后的面子，只好含含糊糊地应了一声："诺。"

一回到未央宫，景帝马上把袁盎等人叫了过来，问他们太后这话是什么意思。

袁盎一听脸色就变了，忙道："殷道亲亲者，立弟；周道尊尊者，立子。周道，太子死，立嫡孙；殷道，太子死，立其弟。太后之意，是想让陛下立梁王为储。"

景帝沉默了。许久，他才有气无力地说："依你们看，该怎么办？"

袁盎等人异口同声地说："方今汉家法周，周道不得立弟，当立子。"

景帝长叹："太后心意甚坚，能奈其何？"

景帝当然不想立弟，但问题是他已经稀里糊涂地答应了太后，若要反悔，实在有些难以启齿。因为汉朝以孝治天下，若违背母命，便有不孝之嫌。所以，现在唯一的办法，就是要有人出面，去劝说太后收回成命。

袁盎马上明白了皇帝的意图，当即自告奋勇，愿往长乐宫劝谏太后。

此时的袁盎虽说对景帝忠心耿耿，但他显然没有考虑到，作为一个臣子，这么深地介入立储之争，绝不是明智的做法，对他而言也绝非好事。

一见到太后，袁盎便开门见山道："听说太后欲立梁王，微臣有一事不明。"

"你说。"太后镇定自若。

"梁王百年之后，又该立谁？"

"吾复立帝子。"太后说得自信满满，仿佛她可以活三百岁似的。

袁盎嘴角掠过一丝不易觉察的笑意。他并不是因为太后无视自然规律，并且大言不惭、空口许诺而发笑，而是因为太后无意中已经掉入了他的话语陷阱。接下来，袁盎不紧不慢地给太后讲了一个故事。

故事发生在春秋时期。宋宣公临死前，没有把王位传给儿子，而是传给了弟弟。弟弟宋穆公在位九年，因感念其兄之德，临死前便把王位传给了兄长的儿子，而让自己的儿子避居郑国。如此一来，穆公之子自然极为不满，后来便与大臣联手刺杀了宣公之子，夺回了王位。

最后，袁盎对太后说，宋国之所以发生后来的一系列祸乱，就是当初宋宣公"传弟不传子"造成的。所以，后世之人当以此为鉴，断不可重蹈覆辙。

听完这个故事，太后的脸色变得非常难看。

当然，她并不是被袁盎的故事吓住了。因为太后也是深谙历史的人，她很清楚，当初宋国的祸乱是许多因素共同造成的，不能仅仅归咎于宋宣公那个"传弟不传子"的决定。袁盎之言，未免有些危言耸听。不过话说回来，正因为太后了解历史，所以她也不得不承认，"传弟不传子"确实酿成了很多手足相残、兄弟阋墙的惨祸。从这一点来讲，袁盎的警告也是不无道理的。

除此之外，更让太后担心的，就是袁盎等人的介入。在她看来，就算景帝心甘情愿把皇位传给梁王，朝中必然会有一帮像袁盎这样的大臣心存不服。到时候，梁王能不能坐稳皇位，社稷会不会因此爆发动乱，实在是很难说。

经过一番激烈的思想斗争，太后的政治理性终于战胜了爱子之情——或者说，她终于不敢拿汉家江山去冒险，遂无奈地接受了袁盎的劝谏。

窦太后最终的改弦易辙，让景帝摆脱了两难处境，同时也为王娡、刘彻母子的最终胜出扫清了障碍。前元七年四月，王娡终于被景帝册立为皇后。短短十二天后，年仅七岁的刘彻被立为太子，正式入主东宫。

一场旷日持久的后宫之争和储位之争，至此总算是尘埃落定了。

王娡，这个昔日的平民之女和商人之妇，终于用她那常人莫及的勇气和头脑，做到了世人做梦也不敢想的事情，赢得了她想要的东西。

有人曾经说过，宫廷和妓院是世界上最肮脏的地方。话虽然有些不雅，但话糙理不糙，确实一语道破了宫廷中人心的厚黑与险恶。自古以来，所有的宫廷斗争都是不择手段、你死我活的，而最终被淘汰出局的失败者，也几乎没有一个会有好下场。

栗姬母子的命运便是如此。刘荣被废后，栗姬立马抑郁而终。没过多久，刘荣也迎来了自己的末日。

按理说，刘荣虽然丢了太子位，但总归还可以做一个富贵无忧的逍遥王爷，断不至于有性命之祸。可问题在于，王娡绝不可能让他好好活着。

在王娡看来，虽然刘荣已经被自己的儿子取而代之，但世事难料，谁也不敢保证他日后不会卷土重来。所以，要想让刘彻坐稳太子位，并在未来顺利继承大统，就必须斩草除根，杜绝任何刘荣翻盘的可能性。

因此，自从刘荣被贬临江（治所在今四川省忠县）后，王娡就派人暗中紧盯着他，准备随时搜集他的"黑材料"。中元二年（公元前148年）三月，刘荣扩建王宫,一不留神过了界,稍稍占用了文帝宗庙前的一点儿空地。王娡立刻抓住机会,授意亲信向景帝告了御状。

侵占宗庙土地这种事情,说大也大,说小也小。往大了说,可以把当事者抓来砍头;往小了说,可以啥事都没有。其中的奥妙,就要看当事者是谁,以及他和皇帝的关系了。比如前元二年(公元前155年),朝中也曾发生一起类似事件,结果却不了了之,原因就在于当事人是当时正大红大紫的晁错。

当时,晁错担任京兆尹,由于每天到京兆府上班都要绕远,就让人在自家南墙开了一个门,修了一条路,大大缩短了上班路程。结果,丞相申屠嘉马上参了他一本,说他破坏了高祖宗庙的庙垣,应该斩首。当时晁错正得宠,丞相申屠嘉大权旁落,所以一心想整死晁错。申屠嘉呈上奏章后,景帝却轻描淡写地说:"晁错并未动到高祖的庙墙,只不过占了些空地,没关系。"申屠嘉恼恨成疾,不久便一病而亡了。

如今,刘荣犯的虽然是跟晁错一样的事儿,但他的身份是失宠的废太子,所以后果就截然不同了。

景帝接到弹劾刘荣的奏章后,即刻下旨,让刘荣回长安中尉府接受审讯。当时的中尉是名闻天下的酷吏郅都,景帝把刘荣交到他手里,用意不言自明。

刘荣一回长安,马上被郅都扔进了监狱。刘荣自忖凶多吉少,便恳求狱吏给他一副刀笔,打算写一封谢罪书,希望景帝念及父子之情饶他一命。可是,郅都却严禁狱吏给刘荣任何东西。后来,与刘荣有过师生之谊的窦婴去探监,跟刘荣抱头痛哭了一场,然后暗中给他搞了一副刀笔。

在监狱的最后一晚,万念俱灰的刘荣握紧刀笔,一笔一泪地刻下了绝命书。刻完,刘荣用尽最后的力气,把刀笔插进了自己的喉咙,当场毙命。

事后,窦婴肯定懊悔不迭。因为当他把刀笔送进狱中的时候,绝对没有想到,这个东西不但是一种书写工具,也是一种绝好的自杀工具。

不过话说回来,就算窦婴不把刀笔送进去,刘荣肯定也会用别的办法自杀。换言之,对刘荣来说,要逃离囚禁他身体的监狱是不可能的;但是要逃离囚禁他生命的这个世界,却是很简单的。

刘荣死后,偌大的天下,偌大的宫廷,唯一记挂他的人,也许就只有他的祖母窦太后了。刘荣虽说不是直接死于酷吏郅都之手,但毕竟死于他掌管的监狱。窦太后找不到泄恨的对象，从此便对郅都恨之入骨。

几年后，景帝迫于太后的压力，把郅都外放为雁门太守。匈奴人也恨治军严整的郅都，便设了一个反间计陷害他。事发后，太后要求将郅都绳之以法。景帝说："郅都是忠臣。"太后说："难道你儿子刘荣不是忠臣？"

景帝语塞，遂斩郅都。

郅都曾经用严酷的刑罚扼杀了许多生命，可到头来，他自己也没能逃过法网。

## 夺储引发的血案：袁盎之死

自从刘彻被立为太子后，远在封国的梁王就像一条丢失了肉骨头的饿犬，整日里茶饭不思，坐卧不宁。

他万万没想到，眼看已经唾手可得的储君之位，竟然再次与他失之交臂。一种强烈的挫败感将他深深笼罩，但是，梁王并不想就此收手。

很快，不甘失败的梁王又打出了一张牌。

他向景帝呈上一道奏疏，请求从他的国都睢阳修筑一条甬道，直达长安的长乐宫，以便随时朝见太后，恪尽人子之孝。

乍一看，梁王的这张牌似乎了无新意，还是老一套的亲情牌，其目的无非是想继续怂恿太后帮他夺储。但是，稍微往深了一想，就会发现这里头大有文章。

首先，从睢阳到长安的直线距离是一千二百多里，实际距离更是远远大于这个数字，要修筑一条这么长的甬道，其间又要跨越许多山脉、河流，需要动用多少人力、财力、物力？尽管梁王声称不从中央财政拿一分钱，所有人工和物资都由梁国自己筹措，可是，梁国的百姓难道不是大汉的子民吗？梁国从百姓那里收缴的赋税，难道就不是大汉的民脂民膏吗？可想而知，如此规模庞大的超级工程，一旦实施，必定耗时费力、劳民伤财。到时候，不但梁国的百姓不堪重负，有可能激发民变，而且甬道所经的诸多郡县也必然会与梁国产生一系列利益冲突和矛盾纠纷——如此种种，都无异于把朝廷架在火炉上烤。由此可见，梁王的这项提议实在是居心叵测。

其次，就算上面列举的所有问题都不存在，可甬道一旦筑成，也无疑会对帝京长安构成潜在的威胁。原因很简单：梁王想要修筑的这条甬道，其所承载的运力远远大于一般道路（类似今天的高速公路），这固然方便了梁王的入京朝觐，可关键的问题在于，万一哪天梁王因夺储梦碎而狗急跳墙，骤然集结大军挥师西向，这条甬道不就成了他直取长安、篡位夺权的"绿色通道"了吗？

也许正是出于上述顾虑，景帝没有同意梁王的请求，而且还把奏疏拿给了袁盎等人，表面上说是征求他们的意见，实际上就是想借大臣之口，否决此事。

结果不言而喻——袁盎等人极力反对。梁王的如意算盘彻底落空了。

一次次的失败，让梁王的愤怒达到了顶点。

他决定要做点儿什么，来抚慰自己屡屡受伤的心灵。当然，他不可能把怒火倾泻到景帝身上，只能找其他的替罪羊。

找谁来泄愤呢？

梁王念头一动，他豢养的谋士公孙诡、羊胜立刻凑上前来，将一个暗杀计划放在了他的面前。他们列举了一张暗杀名单，名单上的第一个人就是袁盎，另外还有十几个一贯反对梁王的大臣。

随后，梁王拿出重金，让公孙诡和羊胜招募了十几个身手了得的刺客，命他们即刻前往长安，执行暗杀任务。

第一个刺客进入关中后，开始暗中搜集袁盎的情报。令他没有料到的是，袁盎在百姓中的口碑居然很好。刺客犹豫多日，最终还是不忍下手，遂直接找到袁盎，说："我拿了梁王的钱，本来要取你性命，没想到老百姓个个都说你好，我不忍杀你。不过在我后面还有十几个刺客，你要多加小心。"

袁盎大为惊讶。

有道是明枪易躲，暗箭难防。在朝堂上跟政敌死磕，袁盎谁都不怕，可要跟一帮职业刺客过招，他心里实在是一点儿底也没有。刺客离去后，袁盎在家里苦思良久，终究没想出什么对策，最后只好叫下人备车，到城外去找高人占卜问卦。

可袁盎万万没料到，就在他回城的时候，刚走到安陵门，就被暗中跟踪的第二名刺客砍掉了脑袋。

袁盎遇刺当天，十几个朝廷大员也遭遇了跟他相同的命运。当有关部门接二连三地把大臣遇刺的奏报送到景帝的御案上时，景帝震惊得半晌说不出话来。

竟然有人敢在帝国的首善之区、天子的眼皮底下，取走十几个朝廷大员的脑袋，这在汉朝历史上绝对是头一遭！景帝震怒之下，责令有关部门，务必在最短时间内将凶手缉拿归案，给满朝文武和京师百姓一个交代。

然而，那十几个刺客早就逃之夭夭了。饶是有关部门调动京师的卫戍部队把长安城翻了个底朝天，还是连刺客的影子都没见着。不过，朝廷的办案人员也不是吃素的。凶手虽然没抓到，但他们还是找到了一些有价值的线索。当所有线索汇总到景帝那里后，景帝很快就发现，诸多疑点最后都集中到了一个人身上——这一系列惊天血案的幕后真凶，很可能就是他的亲弟弟梁王刘武。

这个发现不仅让景帝大为惊愕，更让他感到深深的无奈和悲凉。如果说在此之前，景帝对梁王的手足之情尚未因政治因素而有所减损的话，那么经过这次事件，梁王算是彻底把景帝的心伤透了。在景帝看来，梁王此举不仅砍掉了那十几个大臣的脑袋，更是斩断了他们兄弟之间的血脉亲情。

景帝心痛不已。但是国法无情，一切都只能公事公办。

随后，景帝派遣了两个特使田叔、吕季主前往梁国，全力侦办此案。田、吕二人根据已经掌握的线索，一到睢阳就把目标锁定在案件的策划者公孙诡和羊胜身上。只要逮捕这两个人，就不愁把案件弄个水落石出。

然而，公孙诡和羊胜却好似人间蒸发一样，从田、吕二人抵达睢阳的那一天起，他们就消失得无影无踪了。田叔和吕季主抓不到人，只好据实向皇帝奏报。景帝大怒，一连派出了十几拨特使赶赴睢阳，严厉督促梁国官员缉拿公孙诡和羊胜。

梁国国相轩丘豹和内史韩安国不敢怠慢，随即动员所有力量，在梁国全境展开了掘地三尺的大搜捕——但整整搜了一个月，结果仍旧一无所获。

这两个家伙能躲到哪儿去呢？

内史韩安国一连数日苦思冥想。就在他几乎快要放弃的时候，忽然间灵光一现，一个答案跃入了他的脑海——远在天边，近在眼前。

既然整个梁国，上自丞相及所有二千石官员的府邸，下至老百姓家的老鼠洞，全都翻遍了还是找不着，那么公孙诡和羊胜的藏匿之所，就只能是那个唯一没有被搜过的地方——梁王的王宫。

如果梁王真的窝藏了这两个人，那无异于自杀。韩安国不敢耽搁，即刻面见梁王，声泪俱下道："大王手下无良臣，包括我韩安国在内，都是酒囊饭袋，所以才搞到今天这个地步。古人说主上受辱，臣下就该受死。如今既然抓不到公孙诡和羊胜，臣只能请求大王将臣免职，然后将臣赐死！"

梁王有些意外："何至于此？"

韩安国没回答，而是反问道："大王，依您看，您与临江王刘荣，哪一个跟皇帝更亲？"

梁王道："他们是父子，我当然不如。"

韩安国道："刘荣贵为太子，只因为典客说错了一句话，便遭废黜，此后更因所谓的侵占宗庙土地一事而被逼自尽。大王是否想过，这是为什么？"

梁王默然不语。

韩安国接着道："原因很简单，治理天下者，绝不会以私害公。皇上与刘荣虽是父子，但特殊情况下，父子情面也没什么用。如今，大王位列诸侯，却听信佞臣之言，冒犯皇上禁令，无视律法尊严。皇上因太后之故，不忍问罪于大王。臣听说，太后为此日夜涕泣，希望您能幡然改过，可惜直到今天，大王还是没有醒悟。臣斗胆问大王一句，一旦太后晏驾，您还能靠谁？"

最后这句终于惊醒了梁王。他黯然泣下，无奈道："不必说了，我今天就把他们交出去。"

梁王本来还心存侥幸，以为朝廷抓不到证据就不能把他怎么样，可韩安国的一席话让他明白了，自己的所作所为已经突破了皇帝的底线，如果不把公孙诡和羊胜交出去，他最终只能把自己交出去。

当天，梁王就勒令公孙诡和羊胜自杀了，然后把尸首交给了特使田叔等人。

田叔也是聪明人，知道这个案子到此就该画上句号了，于是即刻启程回京。一路上，田叔的脑子一直在高速运转，片刻也没有停过。因为，这个案子的牵涉面实在太大了，除了要给皇帝、满朝文武和袁盎等死者的家属一个交代，还必须考虑皇帝、太后和梁王之间复杂而微妙的关系。所以，这个案子究竟该以什么样的方式了结,不仅是在考验他的政治智慧,更将决定他后半生的政治命运。

田叔回到长安向景帝复命时,二人有如下一场对话。

景帝问:"梁王有罪吗?"

田叔答:"有,死罪。"

景帝又问:"证据在哪儿?"

田叔却答非所问道:"臣恳请陛下不要再追究此事。"

景帝诧异道:"为何?"

田叔答:"今梁王不伏诛,是汉法不行也;如其伏法,而太后食不甘味,卧不安席,此忧在陛下也。"(《史记·田叔列传》)

田叔的意思是,如果一定要追究梁王作为元凶首恶的罪责,那么接下来只有两个选择:一、饶恕梁王——但如此一来,就违背了汉朝律法,会严重损害朝廷的威信和律法的尊严;二、诛杀梁王——但这又会极大地伤害窦太后。所以,最明智的做法,就是让这个案子到此为止,这样景帝才能避开这个两难抉择。

这就是做下属的智慧。既要尽力让老板得知全部的事实真相,又要主动帮老板消除由此引发的不良后果。缺了其中哪一环,都不算好下属。

景帝对这个处理方式非常满意,便把收尾工作交给了田叔。

所谓收尾工作,当然就是让窦太后彻底安心了。这些日子,太后因梁王的事跟景帝闹起了绝食——景帝使尽浑身解数也没能让她开口吃饭,正急得如同热锅上的蚂蚁。

田叔下殿之后,直奔长乐宫谒见太后,说:"据臣查实,梁王对这起刺杀案一无所知,整个案子都是佞臣公孙诡和羊胜策划实施的。如今二人均已被处决,梁王安然无恙,请太后宽心。"

太后本来在锦榻上半躺着,脸上一片愁云惨雾,一听见田叔的话,猛然从榻上坐起,那双失明的眼睛仿佛也闪动着惊喜的光芒。

袁盎等人遇刺案的圆满解决,为田叔赢来了一个辉煌的仕途。不久,田叔便连升数级,出任鲁国国相。与此同时,景帝、太后和梁王也都把一颗悬着的心放了下来。

不过，梁王的心并没有放得很彻底。

因为，他始终担心景帝会跟他秋后算账。

为了刺探景帝的真实想法，同时也为了表明自己真诚悔过的态度，梁王随即上书请求入朝。在这个敏感时期，景帝当然不便拒绝。那年秋天，当梁王带着一大帮随从和侍卫快到函谷关的时候，景帝照例派出天子车驾前去迎接。看上去，一切好像都跟往常并无不同。然而，当使臣抵达函谷关时，出人意料的事情发生了——浩浩荡荡的梁国车队停在关前休息，而梁王本人却已不见踪影。

使臣大惊失色，立刻回朝禀报。太后闻讯，蓦然发出一声凄厉的哭喊："帝杀吾子！"

听到梁王失踪的消息，景帝也惊呆了，慌忙下令搜寻梁王下落。

就在朝廷上下为此乱成一团的时候，梁王忽然自己出现了。

他独自一人，身上背着刀斧和砧板，跪伏在未央宫的北阙之下，一副真心忏悔、惶恐待罪的模样。景帝闻报，赶紧前往北门，亲手把梁王扶起。兄弟二人四目对望，相拥而泣，一切尽在不言中。太后得知梁王无恙，也是激动得老泪纵横。

事后，人们才终于了解梁王"失踪"的来龙去脉。当时，他一进函谷关，就换乘了一辆不起眼的布车，仅带两名骑兵，抄小道进入长安，躲进了馆陶长公主的府邸，又脱下尊贵的亲王服，上演了"伏斧质于阙下谢罪"的一幕。

梁王之所以自导自演这场"谢罪秀"，目的无非是想化被动为主动，以一种前所未有的低姿态，换取景帝和满朝文武对他的谅解和宽宥。

梁王的目的达到了吗？

表面上看，好像是达到了。因为随后的日子里，景帝对梁王仍然充满着兄长的慈爱，仿佛那些震惊朝野的血案从来没有发生过。而太后、景帝、梁王母子三人，也依旧像过去一样，时常聚宴欢饮，共叙天伦。不过，细心的人们不难发现，这一切，不过是掩人耳目的表象而已。事实上，景帝对梁王的态度已然今非昔比了。

有一件事，足以证明景帝态度的转变。

那是梁王回京的次日，景帝邀他一起前往长乐宫谒见太后。车驾备齐后，景帝没有像往常一样去拉梁王的手，而是一言不发地迈上了天子车辇。梁王很自然地想跟上去，却被一个内侍宦官拦了下来，不得不上了另一驾车。

那一刻，梁王的心遽然一沉，然后就什么都明白了。

他终于明白，他再也不能像过去那样跟景帝"入同辇、出同车"了。因为，在这个世界上，有些事情一旦发生就不可能被忘记，有些东西一旦破碎就不可能再恢复原状。换言之，尽管袁盎等十几个大臣的鲜血早已在风中飘散，但是梁王手上的血腥气息却永远不会消除；尽管景帝和梁王仍然是一母同胞的兄弟，但是梁王曾经从景帝那里得到的某种东西，却已经永远失落、无从寻觅了……

后来，随着时间的流逝，景帝对梁王的感情日渐淡薄。四年后的岁末，梁王入京参加正旦朝贺，请求景帝准许他在长安住一段时间，却被景帝一口回绝。梁王黯然神伤，朝贺一结束便匆匆返回自己的封国。仅仅过了半年，梁王刘武就在睢阳的王宫里忧愤成疾、抑郁而终了。

爱子亡故的噩耗传到长安，太后悲恸欲绝，在长乐宫里日夜哭喊："帝果杀吾子，帝果杀吾子！"景帝为此彷徨无措，只好去找馆陶长公主商量。在长公主的建议下，景帝将梁王的五个儿子全部封王，并把梁国分封给他们；同时另外划拨一批食邑，赐给了梁王的五个女儿。做完这一切，长乐宫中那声嘶力竭、令人心悸的哭喊才慢慢消歇了下去。

梁王之死让窦太后痛不欲生，却让宫中的另一个女人暗自窃喜、如释重负。

这个女人当然就是皇后王娡。

梁王的存在，是对刘彻储君之位的最大威胁。如今他死了，刘彻的地位即便不是稳如泰山，至少也在很大程度上摆脱了倾覆的危险。

这场储位争夺战到此虽然画上了句号，但并不意味着朝堂上的所有人从此就相安无事了。因为当初在废黜刘荣、改立刘彻的事情上，朝中有位重量级人物就曾坚决反对，多次跟景帝面抗廷争，搞得景帝颇为不悦。

这个人，就是平定七国之乱的功臣、时任丞相的周亚夫。

如今，易储之事虽已尘埃落定，但景帝却一直对此耿耿于怀。原因倒不是景帝小肚鸡肠，记恨忤逆他的大臣，而是他担心，周亚夫既然反对立刘彻为太子，那自己百年之后，周亚夫恐怕不太可能心甘情愿地辅佐刘彻。而以周亚夫的身份、地位，以及在朝野的威望和影响力，万一他想搞什么事，作为少主的刘彻肯定是对付不了的。

因此，要想让刘彻将来坐稳汉家天下，景帝就必须未雨绸缪，提前把周亚夫这根刺拔掉……

## 第二章
# 君临天下

## 无箸之筵：直臣周亚夫的悲剧结局

周亚夫出身于功臣之家，其父便是大名鼎鼎的大汉开国元勋周勃。

当年，吕氏乱政，几欲倾覆汉室江山。时任太尉的周勃攘袂而起，诛杀诸吕，并迎立代王刘恒为帝，为汉室立下了不可磨灭的功勋。有道是虎父无犬子，作为元勋之后，周亚夫继承了其父刚毅、勇武的品格，从年轻时起，便展现出了卓越的治军才能。

有一件事，足以证明周亚夫的才干和性情。

那是文帝后元六年（公元前158年），匈奴大举犯边。时任河内太守的周亚夫奉命进驻细柳（今陕西省咸阳市西南），与屯驻灞上的刘礼、屯驻棘门的徐厉共同拱卫京畿。文帝为了提振士气，亲往三座军营劳军。视察灞上和棘门的时候，刘礼和徐厉都是大开营门，领着所有部将跪迎圣驾，从头到尾毕恭毕敬，不敢有丝毫怠慢。而当文帝一行前往周亚夫的军营时，情况就全然不同了。

率先抵达细柳军营的是天子车队的前导。一到营门前，前导便惊得目瞪口呆。只见大门紧闭，营门两侧的门楼上站满了士兵，个个刀出鞘、弓上弦，一副戒备森严、如临大敌的模样。

这帮大头兵是不是瞎了，连天子旌旗都看不见？！

前导连忙扯着嗓子大喊:"天子就快到了!"

然而,门楼上的士兵却置若罔闻,始终纹丝不动。片刻后,把守营门的都尉才回话道:"将军有令,军中只有将军令,没有天子令。"

前导气得差点吐血,只好掉转马头去禀报天子。随后,文帝车驾抵达,可营门照旧紧闭。文帝遂命大臣持节,向周亚夫传令。周亚夫这才下令打开大门。文帝好不容易进了军营,可刚一进门,守门军官马上又说:"将军有令,军营之中,不允许车马奔驰。"文帝只好命所有车马放慢速度,按辔徐行。

天子车队到达中军大帐时,周亚夫才出来见礼,身上居然还佩带着兵器。见此情景,文帝的随行大臣们无不惊愕。要知道,臣子携带武器觐见皇帝,可是严重违背礼制的行为。紧接着,更让大臣们惊讶的事情发生了。周亚夫走到銮驾前,居然没有跪地行礼,而是直挺挺地站着,说:"甲胄在身,不便跪拜,请允许臣用军礼参见皇上。"说完轻轻作了一揖(同辈礼节),就算是行完礼了。

随行大臣们再度面面相觑。

劳军结束后,在回京的路上,群臣纷纷表达对周亚夫的不满,只有文帝一个人不停赞叹:"嗟乎,此真将军矣!"(《史记·绛侯周勃世家》)

大臣们惊问何故。文帝说:"你们没看见吗?跟周亚夫的治军相比,灞上和棘门两军简直如同儿戏!那样的军队,迟早会被敌人偷袭,将军也得变成俘虏。至于周亚夫,谁有那个能耐动他?"

一个月后,匈奴退去,拱卫京畿的三军撤防,刘礼和徐厉都回任原职,只有周亚夫被文帝擢升为中尉。

从此,文帝对周亚夫刚直不阿的品行和严谨治军的才干念念不忘。临终前,文帝特意叮嘱景帝:"若有急难,周亚夫是真正可以领兵之将。"

文帝驾崩后,景帝旋即任命周亚夫为车骑将军。

数年后,七国之乱爆发,景帝想起文帝遗训,果断起用周亚夫为太尉,统领朝廷兵马。而周亚夫也不负众望,先是提出了"避敌锋芒,断敌粮道"的战略;继而亲率大军绕到敌后,采取了"坚壁清野,以静制动"的战术,从而一举击溃吴、楚联军。毋庸讳言,假如没有周亚夫,朝廷或许也能平定七国之乱;但必将旷日持久、劳师縻饷,绝不可能在短短三个月内结束战争。

平定七国之乱令周亚夫的功勋和威望迅速达到了顶点，不久便擢任丞相，一时间功盖朝野、位极人臣。

然而，世上的事情总是利弊相生。刚直不阿的品行成就了周亚夫的功名富贵，却也给他的悲剧命运埋下了伏笔。

易储之事，周亚夫触了天子逆鳞；而在平定七国之乱中，他又因战略需要，再三拒绝援救梁王，从而把梁王彻底得罪了。

事后，梁王每次入朝，都会在太后面前不遗余力地诋毁周亚夫。久而久之，太后对周亚夫也充满了厌恶。到了中元三年（公元前147年）秋，又发生了两件事，终于让周亚夫丢掉了丞相之位。

第一件事，是关于外戚王信的封侯问题。

王信是王娡之兄，虽然跟着母仪天下的妹妹一同飞黄腾达、鸡犬升天了，可美中不足的是始终没有封侯。自家兄长富而不贵，外戚势力便会大打折扣。王娡很不满意，当然要下功夫去运作一下。

但王娡并非没头脑的人，她很清楚，扩充外戚势力历来是很敏感的事，稍有不慎就会引发皇帝的猜忌，弄巧成拙，自取其祸。

所以，王娡没有选择向皇帝吹枕边风，而是拐了一个弯，在某天侍奉窦太后时，佯装无意地提了一嘴，说自家兄长王信尚未封侯。老太后没想太多，当即主动揽下此事。

很快，窦太后就向景帝提起，让他把这事办了。

景帝一听就面露难色，道："先帝在时，始终没有分封窦彭祖和窦广国，直到儿臣即位，才将他们封侯。故儿臣以为，王信封侯之事，也应留待将来。"

窦彭祖是太后之兄窦长君之子，窦广国是太后最小的弟弟。

景帝打心眼儿里不希望外戚势力坐大，自然不想封王信，只好拿窦氏隔代封侯的事来当挡箭牌。

太后不悦，道："一代人有一代人的做法。当初窦长君在世时，没有封侯，直到死后才由儿子受封。对这件事，我一直引以为憾。如今为王信封侯，也是为了不让皇后将来跟我一样抱憾。"

景帝踌躇良久，最后只好说了一句："待儿臣与丞相商议之后，再做定夺。"

随后，景帝便把周亚夫找来商议——结果不难猜到，周亚夫明确表示反对。他说："当初高皇帝曾立下誓约'非刘氏不得王，非有功不得侯，不如约，天下共击之'。王信虽是皇后之兄，但对国家没有功劳。若封侯，就是违背了高皇帝的誓约。"

既然连丞相都强烈反对，景帝便顺势把这件事情搁置了。

很显然，景帝是不想直接违逆太后，就把皮球踢给了周亚夫，让他去当这个恶人。而周亚夫认为自己是秉公直言，也就不怕得罪谁——何况他向来不惧权贵，就算明知皇帝有意把他推出去当"背锅侠"，恐怕他也不会在乎。

于是，王信封侯之事就此不了了之。

之前，周亚夫已经得罪了天底下最有权势的两个男人——皇帝和梁王；如今，他又成功得罪了天底下最有权势的两个女人——太后和皇后。做直臣做到这份上，官帽注定是保不住了，甚至连脑袋也随时可能搬家。

然而，周亚夫却对此毫无察觉。

导致周亚夫罢相的第二件事，是关于匈奴降王徐卢等人的封侯问题。

当时，以徐卢为首的六个匈奴酋长归降大汉。景帝打算将他们全部封侯，以此作为政治号召，促使更多匈奴人前来归附。但是，此事再次遭到周亚夫的反对。他说："徐卢等人背叛其主，陛下却将他们封侯——这将给国人树立什么榜样？日后又如何要求人臣为陛下尽忠守节？"

景帝闻言，顿时拉下脸来："丞相此议未免迂阔，不可用！"随即下诏，把徐卢等六人全都封为列侯。周亚夫见状，这才意识到自己已经失去皇帝的信任，顿觉心灰意懒，索性称病不朝。

景帝一看，正中下怀。既然是你自己撂了挑子，那就别怪朕不念君臣之义了。很快，景帝便顺水推舟，罢免了周亚夫的相职。

周亚夫被罢了相，成了一个无职无权的闲人——按说对未来的少主刘彻应该没有威胁了吧？

不，景帝并不这么看。

作为一个名震朝野的功臣元勋，即使已经下台，他的政治威望和影响力依然不容小觑。倘若他心存怨恨，对大汉社稷和未来的天子就始终是个潜在的威胁。

可是，如何才能证明周亚夫真的心存怨恨呢？

办法很简单，景帝从帝王权术的"工具箱"里随便扒拉一个，略施小计，就足以刺探出周亚夫的真实内心。

景帝后元元年（公元前143年）秋，也就是周亚夫被罢相整整四年后，一直在家中闲居的周亚夫忽然接到了宫中使者的传召，让他入宫去赴筵。

周亚夫很清楚，筵无好筵。可明知如此，他还是得去。

当心中忐忑的周亚夫跟随使者上殿后，眼前的情景令他颇感诧异。因为这场酒筵只有二席，皇帝端坐上席，下席正空着。

带着疑虑，周亚夫行礼入座。景帝笑容可掬地看着他，命侍者传膳。

说是传膳，但令周亚夫越发疑惑的是，侍者只给他端上了一盘肉，然后就什么都没有了。而且，那肉还不是切成片的，而是圆滚滚的一大块。此外，更让周亚夫莫名其妙的是——侍者居然没给他上筷子。

难不成让我当着皇帝的面，用手去撕肉？！

周亚夫顿时火起，对身旁的侍者没好气道："给我拿双筷子。"可侍者却纹丝不动，仿佛根本没听见，连眼皮都没抬一下。

就在这时，景帝忽然大笑着说了一句："此不足君所乎？"（《史记·绛侯周勃世家》）

"这还不能满足你的需要吗？"

作为天子，我有权赐给你肉；但你别忘了，就算肉已经到了你的嘴边，我也有办法让你吃不成。换言之，我可以赐给你权力和富贵，但也可以随时将其剥夺。作为臣子，你应该时刻牢记这个道理。如果你忘了这个道理，那我只能让你"吃不了兜着走"了。

就是说，景帝设计这场意味深长的"无箸之筵"，目的就是敲打周亚夫并观察他的反应。而不出景帝所料，周亚夫表现出愤愤不平之色，说明他心里有很大的怨气。

虽然那一天，周亚夫很快就意识到了自己的失态，赶紧免冠谢罪——可是一切都已无从挽回了。

看着伏地谢罪的周亚夫，景帝只淡淡地说了一个字："起。"然后周亚夫才惊魂未定地躬身退出。

据《史记·绛侯周勃世家》记载，景帝那天目送着周亚夫远去，最后说了这么一句："此怏怏者非少主臣也。"

这个怏怏不悦的家伙，不是少主的臣子。

这句话，已经宣判了周亚夫的死刑。

自从"无箸之筵"后，景帝便决心铲除周亚夫了。不过，要诛杀这样一位功高望重的名将，绝对需要一个够分量的把柄。虽说皇帝要杀人，从来不愁找不到把柄，可如果周亚夫及其家人始终谨言慎行、低调做人，景帝一时半会儿也找不到杀他的借口。

没想到，很快就有人自动送把柄上门了。

这个人就是周亚夫的儿子。

事情缘于周亚夫之子想要为老爹预备死后的殉葬品。周亚夫作为一代名将，他的墓葬当然少不了兵器之类的东西。根据汉代律法，官府是允许民间持有刀剑等一般兵器的，并不算犯禁。可问题在于，周亚夫之子偏偏孝心爆发，不仅想要陪葬兵器，还想陪葬甲胄。于是他便不顾后果，暗中向朝廷的营造署（工官）购买了五百副盔甲和盾牌。

这就属于自寻死路了。因为汉代虽不禁百姓持有刀剑，但严禁民间私藏甲胄！

为何会有如此奇葩的规定呢？

其实并不奇怪。这在古代称为"禁甲不禁兵"，原因是甲胄的造价比一般兵器昂贵得多，可以给士兵提供极高的防御保护，因而属于军方的特殊装备，绝不允许民间买卖或私藏。

营造署的官员明知此事违法，却还是碍于周亚夫的面子，把东西卖给了他儿子。当然，这笔交易是秘密进行的，只要当事人不把自己捅出去，朝廷也无从得知。可偏偏周亚夫之子不知哪根筋搭错了，在雇用民工搬运这批甲胄之后，竟然想黑了这些民工的血汗钱。

这就属于典型的坑爹了。

民工多次讨薪不果，便把这个赖账的官二代告到了官府，借此指控周家人私藏甲胄，企图谋反。有关部门一见此案牵涉周亚夫，赶紧上报景帝。景帝正愁找不到把柄呢，即命司法部门立案调查。有关官员找到周亚夫，他却仍旧端着高官的架子，拒绝回答任何问题。官员无奈，只好据实回报。

景帝勃然大怒，说："算了，朕不要他的口供了！"旋即下诏，命廷尉将周亚夫逮捕入狱。

把案件交到廷尉手里，周亚夫就难逃一死了。因为廷尉是中央的最高司法长官，若非大案，无须动用；而一旦廷尉出马，则表明事情已无可转圜。

周亚夫对此也是心知肚明，所以当廷尉派人去抓他时，他的第一反应就是自行了断，以免受辱。不过，他的妻子却仍抱有一丝幻想，便苦苦劝阻，打消了他自杀的念头。

周亚夫入狱后，廷尉问他："你想造反吗？"

周亚夫说："我买的器物都是殉葬品，岂能说是造反？"

廷尉看着周亚夫，冷冷道："君侯纵不反地上，即欲反地下耳。"（《史记·绛侯周勃世家》）

你纵然不在活着的时候造反，也会在死了以后造反。

对于这样的流氓逻辑，周亚夫还有什么话好说呢？人为刀俎，我为鱼肉啊！

要怪也只能怪自己太过耿直，这些年把不该得罪的人全得罪光了；还有就是怪自己的儿子太坑爹，办个陪葬品都可以把老爹提前送进阴曹地府去。

为了免遭狱卒的凌辱，周亚夫从入狱的第一天就开始绝食。此后，他一连五日水米未进。到了第六天，形销骨立、气息奄奄的周亚夫突然口吐鲜血，一头栽倒在地，从此再也没有了声息。

一代名将、帝国功臣，就这么凄凉地结束了自己的生命。

许多年前，周亚夫尚未发迹的时候，有个叫许负的相士曾经为他看相，说："三年后，你将封侯；又过八年，你会出将入相，位极人臣；再过九年，你将饿死。"

周亚夫闻言大笑，说："我的兄长已经继承家父的爵位，就算他死后，也有儿子袭爵，怎么可能轮到我呢？还有，就算托您吉言，我有朝一日功名盖世、富贵绝顶,又怎么可能饿死?请先生指教。"

许负盯着他的脸看了许久,说:"你的嘴边有竖纹入口,这是饿死之相。"

此后,周亚夫的人生果然一步步印证了许负的预言:先是其兄绛侯周胜之因罪除爵,由周亚夫承袭爵位,被封为条侯;几年后,周亚夫又由河内太守、车骑将军升至太尉,进而成为一人之下、万人之上的丞相;如今,周亚夫的结局,果然又被许负不幸言中。

不知道临终之前,周亚夫会不会想起许负的预言。

抛开相士精准的预言不论,我们也可以说,其实周亚夫的悲剧从一开始就注定了。

理由很简单——性格决定命运。周亚夫这种不畏权贵、刚直敢言的性格,其实是很不适合混官场的。假如他终其一生只是一个带兵打仗的将军,不要太深地介入朝堂政治,或许结局会好一些,但他却偏偏功名盖世,又出将入相。那么,他的性格和处世之道,就注定会给他带来灾难。

## 太子登基:刘彻开启帝王生涯

周亚夫被逼自杀的这一年,刘彻十四岁,已经在太子的位子上坐了七年。

七年来,景帝给他提供了最好的宫廷教育。他为刘彻选定的第一任太傅,名叫卫绾。卫绾是当时朝野知名的忠厚长者。早在文帝时期,时任中郎将的卫绾便因敦厚质朴而颇受文帝赏识,所以文帝临终前,特意叮嘱景帝:"绾长者,善遇之。"(《汉书·卫绾传》)

然而,景帝登基后,好像忘了文帝的嘱咐,很长一段时间都把卫绾晾在一边。

其实,景帝并不健忘。他之所以这么做,其因有三。

首先,早在景帝还是太子时,卫绾就曾在无意中得罪过他。这个心结,景帝始终没有解开。事情缘于一次宴会。当时,景帝为了跟文帝左右的大臣增进感情,时常邀请他们到东宫赴宴。有一次,卫绾也在受邀之列。可就是那一次,其他客人都到了,唯独卫绾以生病为由,婉拒了景帝的邀请。对此,景帝极为不悦。当然，景帝也知道，卫绾不来，是因为避免"私交太子"之嫌——而这一点，恰恰也是他生性忠谨的表现。可即便了解卫绾的苦衷，景帝心里还是生出了芥蒂。

其次，景帝之所以迟迟不重用卫绾，是有意通过一段时间的"冷藏"，来进一步考验卫绾的品质。卫绾在当时虽以纯朴、忠厚著称，但很难说，这不是他为了沽名钓誉而刻意进行的道德伪装。在历史上，为博取清誉而上演道德秀的人并不少见。所以，要了解卫绾是否真的配得上他享有的名誉，就有必要让他坐坐冷板凳，看看他的表现。

于是，景帝登基后，对文帝一朝的大臣几乎都有重用，唯独对卫绾不闻不问。可是，卫绾却毫无怨言，仍旧在本职岗位上表现得兢兢业业。身为朝中资格最老的中郎将，卫绾非但没有倚老卖老，反而比一些后进更为谦逊。凡是和同僚一起做事，出了错就揽在自己身上，有了功劳则全部让给别人，其敦厚、恭谨之状一如既往。

景帝把一切都看在了眼里。终于有一天，他到上林苑狩猎，特意召卫绾前来"参乘"。所谓参乘，就是随驾同行的意思，这可是天子近臣才有的荣宠。

"你知道，朕为何召你参乘吗？"景帝问。

"臣不知。"卫绾答。

"当初，朕在东宫，请你赴宴，你为何不来？"景帝旧事重提，不仅是想解开当初的心结，也是想试探一下卫绾，看他时至今日，会不会有什么新的说辞替自己辩解。

"臣当时抱病在身，不便赴宴，请陛下治臣不敬之罪。"

卫绾仍旧坚持当时的说法，既无辩白之意，更无阿谀之容。

景帝一听，表面上没说什么，心里却已经对卫绾平添了几分敬重和信任。因为，既然卫绾明知景帝对他一直心存芥蒂，却仍旧不改当年说辞，那就足以说明，他并不认为自己当初那么做是错的——而且足以见出，他并不是一个见机行事、没有原则的人。进而言之，既然当初卫绾能够绝对忠于文帝、不与太子私下结交，那么现在，以他那始终如一、其介如石的品格与操守，无疑也会把同样的忠诚毫无保留地献给景帝。

这样的人，当然是值得信赖的。

不过，尽管景帝已经在心里原谅了卫绾，但还是没有立即委以重任，而是给了他一个河间王太傅的职位。从官阶上说，这是升迁；可要论实权，一个藩王太傅显然不如一个京官。所以，这样的安排对卫绾而言，无异于明升暗降。

这又是为何呢？既然景帝已经认可了卫绾，为什么还不重用他？

这就要谈到第三点——帝王的用人之术。

自古以来，帝王的用人之术，皆脱不开"恩、威、刑、赏"四个字。就是说，要获得臣子的忠诚和拥戴，就得"恩、威、刑、赏皆自天子出"。卫绾虽为忠良，但毕竟是前朝旧臣，其功名、富贵皆文帝所赐，并非来自景帝。因此，景帝在重用卫绾之前，必然要先挥舞一下恩威的大棒，才能真正收服其心。换言之，不论一个皇帝从前任那里继承了多少人才资源，都必须花心思进行收揽人心的工作，否则，权力的基础终究是不稳固的。

从这个意义上说，皇帝并不像世人想象的那么好当——你固然可以从上一任天子那里继承权力和人才资源，但要如何使用权力、如何驾驭人才，就只能看你自己的本事了。自古以来，很多帝王守不住祖宗的江山，原因固然有很多，但其中最重要的，恐怕就是缺乏帝王之术和驭人之才了。

因此，景帝故意把卫绾外放为藩王太傅，就是想树立恩威。他这么做，等于在告诉卫绾：不论你在前朝有过怎样的资历和贡献，从此一切归零；往后，如果你干得好，朕可以给你更大的权力（恩），要是干得不好，朕也可以随时让你回家抱孩子（威）。

还好，卫绾最终还是没有回家抱孩子。因为他的运气不错，刚刚调任河间，大显身手的机会便不期而至——七国之乱爆发了。于是，卫绾临危受命，被景帝封为将军，组织河间军队抗击叛军，立下了不小的战功。平定叛乱后，卫绾终于迎来仕途辉煌，被景帝擢升为中尉（首都卫戍司令），不久又封为建陵侯。

刘彻当上太子后，卫绾旋即被景帝选定为太子太傅。在卫绾的言传身教之下，刘彻的学业和品行都得到了很好的教导和熏陶，逐渐成长为景帝心目中合格的储君。与此同时，卫绾也得到了景帝极大的宠信。"天子以为（卫绾）敦厚，可相少主，尊宠之，赏赐甚多。"（《汉书·卫绾传》）

卫绾在东宫教了刘彻三年，随后升任御史大夫；几年后终于位极人臣，官拜丞相。从卫绾手中接过东宫教鞭的人，是刘彻的第二任老师、太子少傅王臧。

跟卫绾比起来，王臧任职东宫的时间要短得多；可他所传授的某些东西，却对刘彻产生了极为深远的影响，同时也对此后的中国历史产生了无与伦比的决定性影响。

王臧所传授的，正是儒学。

众所周知，大汉自开国以来，一直以黄老之学为最高的统治思想。所谓黄老之学，就是奉黄帝、老子为鼻祖，以道家思想为主体，结合法家、阴阳家、墨家等诸家学说而成的一种哲学思想。

秦亡汉兴之际，天下凋敝，财竭民穷，亟须恢复并发展社会经济，而黄老思想所倡导的"与民休息，无为而治"的治国理念，正好顺应了当时的形势，因而被汉家君臣奉为圭臬。到了景帝一朝，黄老思想依然占据统治地位。尤其是窦太后，更是将其视为治国安民的无上法宝，要求皇族成员和窦氏族人都要读其书、尊其术。

可是，就在这样一个唯黄老思想独尊的环境之下，儒者王臧居然阴差阳错地成了刘彻的第二任老师。

当然，王臧给刘彻开的课，表面上还是以黄老之学为主；但在传道授业的过程中，还是有意无意地在刘彻的精神土壤中植入了一些儒家思想的种子。后来，当窦太后和景帝蓦然发现这个错误，想赶紧撤掉王臧的时候，儒学的种子早已在刘彻心中悄然发芽了。

除了给刘彻提供最好的宫廷教育外，景帝还特意给他安排了许多参与朝政的机会，以此考察并锻炼他的能力。而自幼就"聪明睿彻"的刘彻，当然不会令景帝失望。

有一次，廷尉呈报了一桩案子。这是一起凶杀案，凶手名叫防年，被害人是防年的继母。该案的案情并不复杂：起因是防年的继母陈氏与人私通，被防年之父发现；陈氏恼羞成怒，将其父毒死；防年得知后，愤而杀死陈氏，为父亲报了仇——按照汉律，杀母是大逆之罪，应处极刑，廷尉便据此判了防年大逆之罪。

景帝看完卷宗，没做任何表态，而是把案子转给了刘彻，让他谈谈看法。刘彻翻开卷宗，迅速扫了一眼，马上就有了结论。

他告诉景帝：世人常说，"继母如母"，可见继母其实不如生母；只因父亲对继母之爱，才将其比作生母。如今，防年的继母不守妇道，且亲手毒杀其父，在下手的那一刻，防年与继母的亲情便已断绝。所以，防年杀她，就跟杀普通人一样，不宜以大逆之罪论处。

景帝听完，立刻露出了欣慰的笑容。

很显然，太子的看法正与他所想的不谋而合。随后，景帝便以一般杀人罪判处了这桩案子。满朝文武听说后，都认为此案断得公允，并对太子的表现赞不绝口。

后元三年（公元前141年）正月，景帝刘启突然患病，且病势沉重。他自知不久于人世，遂于弥留之际做了一件意义重大的事情——为刘彻举行了"冠礼"。

所谓冠礼，是古代贵族子弟的一种成人仪式。按照周朝传下来的礼制，男子必须年满二十才能加冠。加冠之后，才算正式迈入成人的行列；若是君王，也必须加冠之后才能亲政。而景帝为刘彻加冠的这一年，刘彻只有十六岁。很显然，景帝这么做，就是要抢在辞世之前，为刘彻的登基和顺利行使皇权铺下最后一块不可或缺的砖石。同时，这么做也是景帝对朝野上下的一种公开表态——皇太子刘彻虽然年仅十六，但他的智慧和能力却远远超过同龄人，足以和成人比肩，因而完全有资格亲自执掌朝政，统治这个广土众民的帝国。

景帝做出这样的表态，绝非可有可无。因为，刘彻的祖母窦太后和母后王娡都不是简单的女人，她们都有干预朝政的能量。何况汉初的"吕氏之乱"殷鉴不远，景帝不能不对此予以防范。

为刘彻举行冠礼，耗尽了景帝的最后一点儿心力。

后元三年正月十七日，行冠礼；正月二十七日，景帝在未央宫驾崩，享年四十八岁。同日，刘彻在景帝的灵柩前登上了大汉天子的宝座，是为"汉孝武皇帝"。

一个全新的时代，一个深刻影响此后中国历史两千年的"汉武帝时代"，就在这一天拉开了序幕。

在武帝刘彻之前，中国历史一直没有帝王年号，上自先秦，下迄汉高祖，都是直接以君王在位的年数纪年；哪怕是到了文帝和景帝这里，也仍然是采用"前元""中元""后元"这种模糊的纪年方式。而刘彻甫一登基所做的第一件事，就是为帝国创建了一个年号。从此，中国历史才开始以帝王年号进行纪年。

刘彻使用的第一个年号，称为"建元"，此后还陆续使用了"元光""元朔""元狩""元鼎""元封""太初"等年号。他一生在位五十四年，总共使用了十一个年号，平均大约五年更换一个。

刘彻登基后所做的第二件事，就是对身边最亲近的人进行了册封：祖母窦太后受封太皇太后，母亲王娡受封皇太后，太子妃陈娇受封皇后，外祖母臧儿受封平原君，舅舅田蚡受封武安侯、田胜受封周阳侯（另一个舅舅王信已于周亚夫死后受封盖侯）。

做完这一切，刘彻就该好好审视一下景帝留给他的这座江山了。

大汉立国之初，承秦末之乱，天下萧然，民生凋敝。据班固在《汉书·食货志》中记载，连高祖刘邦的御驾想要凑齐四匹毛色相同的马都找不到，最后只好随便拉几匹凑合。满朝文武的代步工具也大多是牛车，根本坐不起马车。至于普通百姓，更是家徒四壁，穷得没有隔夜之粮。

为此，自高祖以下的历代汉家天子，才会尊崇黄老无为而治的思想，实行轻徭薄赋、与民休息的治国之策。到了文帝和景帝的时代，更是以"清静恭俭，安养天下"著称，所以才有了备受后世史家称颂的"文景之治"。

到了刘彻即位的这一年，大汉立国已六十五年，昔日那个财竭民穷的天下，早已变得物阜民丰、繁荣富庶。司马迁在《史记》中，就以饱蘸热情的笔墨，记载了当时（武帝即位数年后）的社会盛况：

> 汉兴七十余年之间，国家无事，非遇水旱之灾，民则人给家足，都鄙廪庾皆满，而府库余货财。京师之钱累巨万，贯朽而不可校。太仓之粟陈陈相因，充溢露积于外，至腐败不可食。众庶街巷有马，阡陌之间成群，而乘字牝者傧而不得聚会。守闾阎者食梁肉，为吏者

长子孙，居官者以为姓号。故人人自爱而重犯法，先行义而后绌耻辱焉。

大汉立国七十余年间，国家大多数时候太平无事，如果不遇到水灾旱灾，百姓一般能够丰衣足食。城乡仓廪都装满了粮食，郡县府库财货充盈；而中央金库里的钱更是多达数百千万，很多穿钱的绳子都朽断了，铜钱散乱得无法统计。国家储备粮一年一年地反复堆积，以至仓库都放不下，只好露天存放，最后发霉腐烂而不能食用。城郭间巷的百姓家家有马，乡村阡陌之间更是马匹成群；偶尔有人骑母马或小马，就会被人笑话，聚会都不叫他。在"街道居委会"上班的，三餐都有好酒好肉；基层的小公务员，也都对自己的福利待遇很满意，所以一干就是大半辈子，连子孙都已长大成人也无意升迁；至于那些大一点儿的官，就更加热爱自己的本职岗位了，有些人爱到连自己本来的姓都不要了——比如粮食局长就改姓"仓"，财政局长就改姓"库"（参见《汉书·货殖传》）。在这样一个繁荣富庶、安定团结的社会里，人人都很自爱，很少犯法，凡事都以仁义为先，不屑去干耻辱的勾当。

这就是汉武帝即位之初，大汉天下呈现出的太平景象。

然而，任何事物都有两面性。不论一个时代看上去多么光明，它肯定会有阴暗面。所以，司马迁在赞颂这个时代的繁荣与富足时，并没有忘记揭露它的问题和隐患。于是，就在写完上面那段话后，他便笔锋一转，接着写道：

当此之时，网疏而民富，役财骄溢，或至兼并豪党之徒，以武断于乡曲。宗室有土公卿大夫以下，争于奢侈，室庐舆服僭于上，无限度。物盛而衰，固其变也。

正当汉家天下在经济上一派繁荣的时候，法律制度却逐渐变得宽松和废弛。社会上先富起来的那些人，大都挥金如土、骄奢淫逸；而最严重的问题是，财富和土地都集中到了少数人手里。于是，既得利益阶层倚仗手中的权势和财富，与黑恶势力勾结，在社会上横行霸道，肆意欺压弱势群体。由于皇族和宗室成员都享有分封的土地，而那些朝廷高官，如公、卿、大夫们，也都享有制度赋予的特权,所以就在财富积累和生活享受方面竞相攀比,奢侈无度。很多皇亲国戚和政府高官住的房子、坐的车子、穿的衣服等,都大大超过了其身份和等级规定的限度。有道是盛极而衰、物极必反,当一个社会的上层普遍陷入奢靡腐败之时,巨变的时刻也就悄然到来了。

刘彻登基之时,面对的就是这样一个历史格局:一方面,他继承了历任汉家天子积累下的雄厚国力;另一方面,他又面对着社会发展所带来的种种问题和弊端。

因此,刚一登上天子大位,刘彻便强烈地意识到——清静无为、缺乏进取精神的黄老之学,已经不足以应对新时代的新问题了,因而也就不再适合作为汉家天下的统治思想,改弦更张势在必行。

这个帝国,急需一种新的意识形态,急需一场灵魂上的变革。

## 帝国灵魂的变革:儒学登场

建元元年(公元前140年)十月(此时仍用秦历,以十月为岁首),刘彻颁布了即位后的第一道诏书,在全国范围内选举"贤良方正、直言极谏之士";且由他本人亲自主持策试,策论的题目是《古今治道》,即探讨古往今来的治国之道。

在这个大题目下,刘彻提出了事关国家治乱兴衰的一系列问题:

五百年来,无论是高居庙堂的君王,还是草泽乡野的有识之士,皆欲效法先王,拯救万民;为何最后总是失败的多、成功的少?

都说三代是受命于天,有什么证据?

这世上灾异不断,是什么原因?

人的寿命有长有短,品行有好有坏,又是为什么?

朕希望天下能有淳朴的风气,法令能得到有效的执行,百姓安居乐业,官员清正廉明,刑罚减轻,奸佞改过,风调雨顺,五谷丰登……要实现这一切,朕该怎么做?

其实刘彻也知道,面对这样一些至大至深的问题,答案肯定是言人人殊、见仁见智的，所以，他并不指望得到什么放诸四海而皆准的答案。他抛出这些问题，只是想让对策者们借题发挥，各自亮出思想观点而已。而刘彻真正的目的，是希望通过此次策试，让不同学派都能发出自己的声音，进而汇聚成一股有声有势的政治思潮，冲击日渐僵化的黄老思想，为即将进行的观念革命与制度改革摇旗呐喊。

这既是一种舆论上的造势，也是对旧有意识形态的一次火力试探。除此之外，刘彻当然也希望通过这次策试，从诸子百家的学说中找到最合乎需要的一套治国理论。

诏书颁布后，各地共推举了一百多位学有专精的知识分子，其中既有儒家学者，如辕固、公孙弘等人；也有法家、纵横家等各家学派的代表人物，如严助、冯唐等人。而在所有参加策试的人中，最令刘彻激赏的，莫过于大儒董仲舒了。

董仲舒，广川（今河北省景县广川镇）人，从少年时代起便研习《春秋》，为学精严专纯，心无旁骛，有"三年不窥园"之说（长年在书房中专注于学，乃至不往花园里多看一眼）。其门下弟子众多，许多人无法得其亲授，只能从师兄处间接问学；虽恭列门墙，却连老师长什么样都没见过。景帝在位后期，董仲舒的声望已遍及朝野，景帝慕名将其征召入京，立为"博士"。此次策试，董仲舒便是以博士身份参加的。

看完董仲舒的策论，刘彻顿觉耳目一新，大有相见恨晚之感，"天子览其对而异焉"。（《汉书·董仲舒传》）

于是，刘彻迫不及待地下了第二道诏书，希望董仲舒进一步阐明儒家的治国思想。董仲舒不负所望，立刻挥毫，呈上了第二道对策。刘彻看完之后意犹未尽，遂再下诏书。很快，董仲舒又呈上了第三道对策。如此三问三答，总算让刘彻对儒家的政治哲学有了一个较为深入的了解；而董仲舒先后呈上的三道策论，则被后人称为"天人三策"，从此在中国思想史上占据了重要地位。

综观董仲舒的三道对策，其核心思想不外乎三个：天人感应、礼乐教化、大一统。

所谓天人感应，就是说上天是人间的最高主宰，具备赏善罚恶的能力。若秉承天命的帝王逆天虐民、昏庸无道，上天就会降下灾祸示警；倘若依旧执迷不悟，上天必施以严厉惩罚，使其败亡。用董仲舒的话说就是："国家将有失道之败，而天乃先出灾害以谴告之，不知自省，又出怪异以警惧之，尚不知变，而伤败乃至。"（《汉书·董仲舒传》）

很显然，这是一种典型的神权政治理论。这个理论的前提是"君权神授"，就是把帝王视为上天在人间的代理人，从而赋予其至高无上的特权和统治万民的合法性。只有当这个代理人违背上天意志的时候，其特权与合法性才会被剥夺。

"天人感应"的学说，首先是为统治者服务的；但与此同时，它也对君权形成了某种程度的制约，令统治者不敢为所欲为，而要有所忌惮、心存敬畏。尽管对于君临天下、富有四海的帝王而言，这种内在的道德约束是很微弱的；可即便帝王本人不把它当一回事，至少有良知的士大夫可以把它作为一种理论批判的武器，尽最大努力对统治者进行舆论监督，从而限制其对权力的滥用。

从现代人的眼光来看，要防止当政者滥用权力，最有效的方式还是把权力关进制度的笼子里。不过，指望古人在两千多年前就设计出一套科学的制度来约束统治者，显然是一种苛求。从这个意义上说，中国古代思想家通过"天人感应"学说迫使帝王心存敬畏，就是一件难能可贵的事情。

当然，最理想的状态，应该是制度约束与道德约束并重，二者相互补充。可是，如果受到历史条件限制，使得前者不可能实现的时候，也就只能退而求其次，尽量保有后者了。其实，最可怕的事情还不是二者当中缺了哪一个，而是制度约束与道德约束的双双缺位。

董仲舒的第二个核心思想，就是"礼乐教化"。

众所周知，"礼乐"是儒家伦理思想中最基本的概念之一。"礼"最初是指祭祀时的器物和仪式，到周朝时，则衍生为社会政治生活中的一整套典章、制度、规范；"乐"的本义是音乐，和"礼"并称时，即泛指宗法社会中人人必须遵循的行为规范和道德准则。

按照董仲舒的说法，帝王如欲实现天下大治，就必须对臣民施行礼乐教化。

他说:"道者,所由适于治之路也,仁、义、礼、乐皆其具也。故圣王已没,而子孙长久安宁数百岁,此皆礼乐教化之功也。……夫万民之从利也,如水之走下,不以教化堤防之,不能止也。是故教化立而奸邪皆止者,其堤防完也;教化废而奸邪并出,刑罚不能胜者,其堤防坏也。古之王者明于此,是故南面而治天下,莫不以教化为大务。立太学以教于国,设庠序以化于邑,渐民以仁,摩民以谊,节民以礼,故其刑罚甚轻而禁不犯者,教化行而习俗美也。"(《汉书·董仲舒传》)

这段话的大意是:"道"是实现天下大治的必由之路,仁、义、礼、乐都是达成这个目标的手段。所以在古时候,圣贤君王虽已去世,但子孙长存,且天下仍可太平数百年,这都是礼乐教化之功。老百姓都是追求物质利益的,这是亘古不变的人性,就像水总是往低的地方流一样;倘若不以教化作为堤防,就不能阻止人欲泛滥。古代君王明白这个道理,所以治理天下莫不以教化为首务:在京师设立太学,以教化全国;在地方设立各级学校,以教化城乡百姓;用仁的思想引导民众,用义的精神砥砺民众,用礼的规范约束民众。只要做到这一切,就算刑罚很轻,犯罪现象也会很少。因为礼乐教化一旦推行开来,民众素质就会提高,社会风气也会变好。

董仲舒所言,可谓深得刘彻之心。

一个时代有一个时代的问题,而每个时代必然都要寻求合适的应对之策来解决问题。战国之际,群雄争霸,秦国为了自身的强大并最终一统天下,就必须采用严苛猛厉的法家思想。大汉立国之初,民生凋敝,为了安养天下,就必须采用清静无为的黄老之学。而到刘彻即位之时,时代条件已经发生了巨大变化:表面上看,汉家天下经济繁荣、社会稳定;但就像司马迁所揭示的那样,一个数量庞大的权贵阶层已然崛起,这个既得利益群体既包括暴富的商人和地方豪强,也包括皇亲国戚和公卿百官。他们一方面聚敛财富、兼并土地、横行乡里、鱼肉百姓,一方面奢侈纵欲、挥霍无度、不守法纪、僭越犯上,破坏了国家的政治和经济秩序,给社会安定造成了严重威胁。在此情况下,董仲舒提出的儒家礼治思想及其相应的尊卑等级观念,就是解决当时社会问题的一剂良方。

所以,从见到"天人三策"的那一刻起,刘彻事实上已经暗下决心——必须把儒学作为国家的意识形态和治国思想。

董仲舒的第三个核心思想，就是"大一统"。

大一统是儒家政治思想的重要内容，指一个国家必须建立一个政治中心，也只能有一个中心，全国都要统一于这个政治中心。在董仲舒的思想中，大一统包括三个层面：一、反对诸侯分裂；二、加强中央集权；三、全国思想统一于儒学。简言之，就是领土的统一，政权的统一，人心的统一。

很显然，这个大一统思想，正是这个时代迫切需要的。

自高祖刘邦分封诸侯王的那一天起，大汉帝国便已埋下了分裂和动乱的隐患。诚然，高祖采取封国制的目的，是让宗室子弟镇抚一方、拱卫中央，以免像秦朝那样因孤立而败亡。但是，随着时间的推移，诸侯势力日益发展，与中央的离心力便逐渐加大。到了文、景之世，由于秉承黄老清静无为的治国理念，中央对日渐强势的诸侯王采取了姑息迁就的态度，所以分裂割据的态势进一步加剧了。

七国之乱，便是上述隐患积累到一定程度的一次总爆发。虽说叛乱很快就被平定了，但是，这并不意味着各诸侯国从此就没了与汉朝中央分庭抗礼的野心。到刘彻即位时，这种分裂与叛乱的危机仍然存在。所以，倘若不能从根本上解决诸侯王的问题，不能从制度上削弱诸侯力量，加强中央集权，那么，刘彻所继承的大汉帝国就不可能安如磐石，他的帝位自然也不会稳固。

因此，在此时的帝国提倡并推行儒家"大一统"的政治观，是理所应当、势在必行之举。而全面贯彻这样的治国理念，首先要做的，当然就是把儒家思想推上国家意识形态的宝座。用董仲舒的话说就是："《春秋》大一统者，天地之常经，古今之通谊也。今师异道，人异论，百家殊方，指意不同，是以上亡以持一统；法制数变，下不知所守。臣愚以为诸不在六艺之科、孔子之术者，皆绝其道，勿使并进。邪辟之说灭息，然后统纪可一而法度可明，民知所从矣。"（《汉书·董仲舒传》）

这段话的大意是说，《春秋》的大一统思想，是天地之间的大道，古今不变的大义。可当今之世，各种学说的师承不同，所持的见解各异，诸子百家各有各的治国方略，言人人殊，莫衷一是。所以执政者找不到统一的方向，致使法令制度屡屡变更，令臣民无从遵循。凡是不在六经（儒学的根本经典《诗经》《尚书》《礼经》《乐经》《易经》《春秋》）范围内的、与孔子思想相抵触的学说，都应该禁绝，不要让它们跟儒家思想并立于世。这些异端邪说灭绝了，国家的纲纪才能统一，政令才能明确，民众也才能切实遵守。

董仲舒在"天人三策"中最后的这段总结陈词，概括起来就是八个字——罢黜百家，独尊儒术。

事后来看，汉武帝刘彻接受了这项提议，并且全盘接受了董仲舒在"天人三策"中提出的一整套政治理念；进而在数年后时机成熟时，自上而下地掀起了一场"罢黜百家，独尊儒术"的政治思想运动；最终将儒学定于一尊，确立为国家的意识形态。

在数千年的中国历史上，这是划时代的一页。从此，儒家思想正式登上中国的政治舞台，不但一举奠定了在意识形态上的统治地位，而且把这个地位牢牢保持了两千年之久，从而塑造了中国文明的基本特征与中国文化的核心精神；并在此后的两千多年中，深刻影响了中国人的生活方式和民族性格。

不过，有必要指出的是，董仲舒的儒学思想其实在相当程度上经过了改造，并非原汁原味的孔孟儒学，而是明显杂糅了"阴阳五行""刑名法术"等其他学派的思想。尤其是在一些根本性的原则上，董仲舒极大地吸收了法家的思想理论。

其中最典型的，莫过于我们耳熟能详的"三纲说"："君为臣纲，父为子纲，夫为妻纲"，即君要做臣的表率，父要做子的表率，夫要做妻的表率；同时为臣、为子、为妻者，必须绝对服从于君、父、夫。这一君权社会的伦理准则，显然与人权平等的现代社会绝不相容。而经过五四新文化运动洗礼的现代中国人，普遍把"三纲"视为孔子的思想主张，因而对儒家口诛笔伐。

其实，这是莫大的误解。

最早提出这一主张的，是法家而不是儒家。如韩非所言："臣事君，子事父，妻事夫。三者顺则天下治，三者逆则天下乱，此天下之常道也。"（《韩非子·忠孝》）这是在单方面强调弱势一方要对强势一方尽义务，而无视了弱势者应有的权利。

反之，孔子对此的表述却跟韩非截然不同。他说的是"君君，臣臣，父父，子子"，意思是君要尽到君的职责，臣才要尽臣的职责；父要尽到父的职责，子才要尽子的职责。在此，权利与义务是完全对应的，彼此更像是一种契约关系——君、父所承担的义务，正是臣、子所享有的权利；同样，臣、子所承担的义务，也正是君、父所享有的权利。如果君不像君，父不像父，那就相当于破坏了契约；臣当然就可以不臣，子也可以不子。

正是在孔子这一思想的基础上，孟子才会提出"民贵君轻""闻诛一夫纣矣，未闻弑君也"等制约君权的民本主义思想；荀子才会提出"从道不从君，从义不从父"等充满独立人格精神的观念。

然而到了董仲舒这里，权责对应、道高于君的观念却被尊卑等级、君权至上的观念取代了。他认为，君主就像是人的心脏，而臣民就像是身体："君者，民之心也；民者，君之体也。"由这种尊卑主从关系出发，自然得出这样的结论："心之所好，体必安之；君之所好，民必从之。"（《春秋繁露》）心想要的，身体就必须满足它；君主想要的，臣民就必须顺从他。

同时，董仲舒还在《春秋繁露》中说："孝子之行，忠臣之义，皆法于地也。地事天也，犹下之事上也。"为子者就要向父尽孝，为臣者就要向君尽忠，这种"以下事上"的道理就跟天尊地卑一样自然，绝对是毋庸置疑的。

如此强调义务的单向性并将之绝对化，显然已经背离了孔孟之道，而跟韩非的法家思想合流了。韩非的最核心思想，就是要调动一切手段（法、术、势）强化君权，实现君主利益的最大化。而在强化君主威权上，董仲舒也继承了韩非的思想。他认为，"君之所以为君者，威也"，而"威不可分"，因为"威分则失权，失权则君贱"，即强调君权的至高无上和垄断性。所以，君主治国，一定要"立尊卑之制，等贵贱之差"（《春秋繁露》）。

正因为汉武帝刘彻"独尊"的是由董仲舒精心改造过的"儒法合流"的儒学，所以从汉武帝开始，延及两汉，乃至在此后两千多年的中国历史上，绝大多数皇帝表面上推行的都是儒家的"王道仁政"，实际操作时运用的却是法家的"霸道"和权谋之术。

这就是所谓的"外儒内法""儒表法里"。用日后汉宣帝刘询的话来说，

就是:"汉家自有制度,本以霸王道杂之,奈何纯任德教,用周政乎!"(《汉书·元帝纪》)

## 夭折的锋芒:少年天子对决太皇太后

看完"天人三策",刘彻对董仲舒大为赏识,立刻任命他为江都(今江苏省扬州市)国相。江都王刘非是刘彻的异母兄,是个生性骄狂的莽夫,一向好勇斗狠,不守法纪。刘彻之所以做出这项任命,一来是让董仲舒对刘非有所匡正;二来则是有意扔给董仲舒一块烫手山芋,以此考察他的实际工作能力。

董仲舒没有让刘彻失望。

他到江都之后,处处用儒家礼法约束刘非。刘非因此收敛了许多,对董仲舒也挺敬重。按理说,像董仲舒这样既有理论又有实践的人,迟早会被授予要职,乃至封侯拜相。然而,实际情况并非如此。短短几年后,董仲舒就因一道论述灾异的奏章触痛了刘彻敏感的神经,差点儿被砍了脑袋。董仲舒惶恐,不久便辞官归隐。后来,董仲舒虽一度复出,就任胶西国相,但为时只有四年,此后便再度辞官,回到老家闭门著书,终其一生再也没有重归政坛。

当然,这些都是后话。

年少气盛的刘彻如此兴师动众地搞"贤良策试",自然引起了窦太后的警觉。

老太后虽然年事已高,且双目失明,但她的脑子并不糊涂,心里跟明镜似的。她深知孙儿搞这些事情,矛头所指正是汉家天下七十年来信守奉行的黄老治国之策。

你想干啥?我老人家还没入土呢,岂能听任你这毛头小子肆意胡来?

很快,窦太后便授意一个人给刘彻上了道奏章。

这个人,正是刘彻的首任师傅、现任丞相卫绾。

卫绾在奏章中称:"所举贤良,或治申、商、韩非、苏秦、张仪之言乱国政者,请皆罢。"意思就是这次参加策试的人中,有不少法家和纵横家的信徒,其言足以扰乱国政,请皇帝一概罢退。

刘彻当然也知道，卫绾的背后站着那位居于深宫却耳目灵通的老祖母。迫于压力，刘彻批准了卫绾的奏章，罢退了大部分"贤良"，但还是留下了少数几个他看好的人才，比如董仲舒；再如治纵横术的严助，被任命为太中大夫；治儒学的公孙弘，被拜为博士。

老太后一看孙儿还算听话，没搞出什么幺蛾子，也就不再深究了。

可她并没料到，这只是刘彻的缓兵之计。

当年六月，也就是"贤良策试"结束还不到半年，刘彻就突然下诏，罢免了卫绾的相职；同时以魏其侯窦婴为丞相，武安侯田蚡为太尉。

这两个人，都是当朝外戚的代表人物。

前文已述，窦婴虽是窦太后的堂侄，可向来跟老太后不是一条心。当初窦婴就因公然反对立梁王为储君，遭到窦太后剥夺"门籍"、不得朝觐的处罚。此后，七国之乱爆发，窦婴临危受命，出任大将军，与周亚夫联手平定了叛乱，因功封侯，从此贵倾公卿。

窦婴是窦氏家族中的异类。尽管窦太后要求诸窦都要奉行黄老之学，可窦婴偏偏不听她的，一向倾心儒学。眼下刘彻要尊儒，当然要把既有身份背景又跟自己志趣相投的窦婴推到台前。

田蚡是刘彻的母舅，景帝后期任中大夫，位居要津；其思想成分虽说比较驳杂，但总体上也是倾向儒家的。《资治通鉴·汉纪九》就称："上（刘彻）雅向儒术，（窦）婴、（田）蚡俱好儒。"

任命了窦婴和田蚡这两个得力的外戚后，刘彻又迅速提拔了两个人做他们的副手：一个叫赵绾，出任御史大夫；另一个就是最早将儒学思想传授给刘彻的王臧，出任郎中令。

几乎在转瞬之间，刘彻便建立了自己的政治班底，一举控制了朝廷的政治、军事及监察和宫禁大权。

工欲善其事，必先利其器。要让儒学取代黄老之学成为帝国的统治思想，刘彻当然需要这么一个班底为他冲锋陷阵。

相对于窦婴和田蚡，赵绾和王臧几乎可以说是"纯儒"。他们有一个共同的老师，名叫申培，是享誉当世的儒学泰斗，也是儒家的正宗学派——"鲁学"的代表人物。申培时年已经八十多岁，还在家乡授徒讲学，被世人尊称为

"申公"。

作为大儒申公的高足,赵绾和王臧能够站在这场尊儒运动的前列,内心当然是倍感自豪的,并且充满了使命感。所以,刚一上任,他们便迫不及待地向刘彻提出了一项建议——兴建明堂。

所谓明堂,按《周礼》和《礼记》的相关记载,是上古帝王秉承天命、统驭万民的标志性建筑,也是祭祀上天、宣明政教的场所,在儒家的政治思想体系内拥有非常特殊的地位。若欲全面推行儒学,首先要做的事,当然就是在帝国的政治中心修建一座明堂了。

然而,由于年代久远,明堂的具体形制已经没有人说得清楚。为此,赵绾和王臧力劝刘彻邀请他们的老师申公出山,主持明堂的兴建事宜。

很快,刘彻就用最高礼节把申公请到了长安。刚一见面,年轻的天子便用一种谦逊和诚恳的态度,向申公请教治国之道。没想到,这位当世大儒闻言之后,捋了半天的白须,最后只说了一句:"为治者不在多言,顾力行何如耳!"(《资治通鉴·汉纪九》)

治理国家,关键不在多说话,而在多做事!

刘彻等了半天,以为申公还有下文,结果却没了下文。当时的气氛相当尴尬。刘彻颇觉扫兴,只好草草结束了这次召见。

其实刘彻也知道,申公的话正是孔子的遗教:"君子欲讷于言而敏于行。"

这话本身没错,问题是它太简单了,简单到在刘彻听来就跟没说一样。要知道,当时的武帝年仅十七岁,正是喜欢华丽辞藻和豪言壮语的年纪,怎么可能听得懂申公的"微言大义"呢?必须是像董仲舒那种汪洋恣肆、雄辩滔滔的文章和言辞,才合乎他的胃口。

虽然对申公没什么好感,但既然用"驷马安车"把人给请来了,总不能再把人赶回去。随后,刘彻便给申公安排了一个"太中大夫"的职务,让他负责"修明堂、改正朔、易服色"等相关事宜。

紧接着,窦、田、赵、王等人又在刘彻的全力支持下,紧锣密鼓地推出了一系列改革措施,其中较为重要的有三项:

一、令列侯就国。

二、以礼为服制。

三、举谪诸窦宗室无行者，除其属籍。

所谓"令列侯就国"，就是命令那些享有封邑的列侯离开京师，前往各自的封地居住。其实，这项法令从文帝时期就已颁布，却形同虚设，无人遵守。究其原因，就在于那些养尊处优的列侯总想"一根甘蔗两头甜"：既占有封邑带给他们的源源不绝的财富，又留在京师占得政治上的先机。

住在天子脚下，其近水楼台的优势是至为明显的。但凡朝廷有什么风吹草动，那些赖在京师不走的侯爷总能第一时间得知。个别手眼通天的家伙，甚至在政策酝酿阶段就能获悉一些关键情报——如此一来，无论朝廷出台什么政策，也无论这些政策对他们有利还是不利，侯爷们总能提前制定应对的策略，充分掌握主动权。

对于这样一些有法不依、骄纵难制的权贵，历任汉家天子都很头疼。刘彻此次重申这项法令，就是要借改革之机重塑朝廷权威，打击不法权贵。

再来看"以礼为服制"，其意就是从老百姓的婚丧嫁娶等日常生活入手，开始逐步建立儒家的礼法规范，直至推广到社会生活和政治生活的方方面面。

最后，所谓"举谪诸窦宗室无行者，除其属籍"，意思就是从窦氏族人和刘氏宗室中抓几个骄纵不法的家伙出来，削除他们的外戚和皇家族籍、剥夺他们的相应特权，从而杀鸡儆猴，震慑那些目无国法的权贵。

就像历史上所有的改革一样，这些措施一出台，如同一石激起千层浪，立刻在权贵阶层引起了前所未有的震动，也激起了无比强烈的反弹。

这是令刘彻始料未及的。

年仅十七岁的天子，显然低估了这些权贵的能量。

当然，关键倒不是这些权贵的能量有多强大，以至连天子都动不了他们；而是他们背后那个无比强大、没人可以撼动的靠山——窦太后。

对于少年天子及窦、田、赵、王的所作所为，窦太后当然不会无动于衷。

事实上，从刘彻把卫绾罢相并擢用窦婴、田蚡等人的那天起，窦太后就一直在默默观察他们的一举一动。她故意保持沉默，目的就是让刘彻他们去闹，闹得越欢越好。因为以老太后数十年的政治经验来看，刘彻等人的所谓尊儒改革运动，迟早会触动权贵们的利益，从而导致天怒人怨、朝野沸腾。

等他们走到这一步,老太后再从容出手也不迟。用通俗的话说,这就叫"别看今天闹得欢,小心将来拉清单";而用文雅一点的说法,这就叫欲擒故纵,后发制人。

不出窦太后所料,上述改革措施一出台,那些不愿"就国"的列侯,以及遭到打压的外戚和宗室成员,便立马抱成一团,轮番来向她告状。"时诸外家为列侯,列侯多尚公主,皆不欲就国,以故毁日至窦太后。"(《史记·魏其武安侯列传》)

表面上,刘彻是大汉帝国的天子;可实际上,他却是一只身不由己的风筝。不论他飞得多高多远,始终有一根无形的丝线拴在他的身上——而丝线的另一头,就紧紧攥在窦太后的手里。

尽管景帝临终前特意为刘彻加了冠礼,让他一即位就能亲政,但这丝毫阻止不了窦太后对朝政的监控——事实上,从刘彻登基的第一天起,窦太后就要求他,朝中无论大小事务,一律都要向她奏报。

刘彻敢说不吗?

他当然不敢。因为,他比任何人都清楚老太后对满朝文武的影响力,也比任何人都清楚她对这汉家天下的实际控制力。

对于少年天子的处境,他手下那几位改革干将都极为不平。他们意识到,要想让儒学取代黄老,首先必须让天子脱离窦太后的掌控。换言之,既然新旧思想的冲突已是既成事实,新旧势力的较量也已不可避免,那就索性撕破脸面,跟窦太后来一场巅峰对决。

为此,御史大夫赵绾当即上奏,建议刘彻乾纲独断——从今往后,一切政务都不要向窦太后奏报。

赵绾的目的,就是想利用这次冲突,一举剥夺窦太后的监国之权。

这无疑是在向窦太后宣战!

可想而知,此举纯属螳臂当车、蚍蜉撼树,只能加速这场尊儒改革运动的失败。

毕竟,当时的武帝只有十七岁,即位也才一年多,根本没有能力跟窦太后抗衡。他之所以敢发动这场改革,不过是出于年轻人的理想主义和一腔热血而已;事先既没有进行可行性分析,对改革必将遭遇的困难和阻力也没有思想准备，更没有任何应变方案。所以，当权贵们一抱团，缩到窦太后的羽翼下之后，刘彻事实上已经没辙了。

别说他不敢采纳赵绾的提议，跟窦太后撕破脸；就算他敢，结局也注定是失败。

此时，本已打算出手的窦太后，又接到眼线奏报，说赵绾怂恿皇帝向她发难。老太后顿时气不打一处来——一个小小的御史大夫，居然敢向她宣战。

窦太后勃然大怒道："此欲复为新垣平邪！"（《汉书·田蚡传》）

这个赵绾，想当新垣平第二吗？！

老太后所说的新垣平，是文帝时期的一个江湖术士，曾经用一些神神鬼鬼的伎俩骗取了文帝的信任；还怂恿文帝改正朔、易服色、祭祀鬼神等。后来有人揭发了他的骗术，文帝大怒，便将其诛杀，并夷灭三族。

此刻，窦太后把赵绾比作新垣平，显然是给这场尊儒改革运动定了性，同时也意味着要大开杀戒了。

很快，窦太后就命人暗中对赵绾和王臧进行了一番彻底调查，搜罗了一些二人贪赃枉法的"犯罪证据"，然后就把那堆证据扔到了刘彻面前；同时以"宠幸奸佞，妄改祖制"为由，把刘彻骂了个狗血喷头。

此刻的少年天子，满腔的雄心壮志早已化为乌有，只剩下恐惧和深深的无力感。

尽管刘彻并不认为赵绾和王臧是贪鄙之人，但谁都知道，官场上的人很少是干净的，赵、王二人当官这么多年，背后有些猫腻也属正常。况且窦太后一心想拿他们开刀，欲加之罪又何患无辞？

面对声色俱厉的太皇太后，少年天子只能"诺诺"连声，一句话也不敢反驳。

眼下，除了丢卒保车、壮士断腕，刘彻已经别无选择。

建元二年（公元前139年）十月，刘彻无奈地颁下诏书，把"修明堂，改正朔，易服色"等尊儒事宜全盘废止，包括那些整治权贵的改革举措也一齐罢废。同时，将赵绾和王臧逮捕下狱。几天后，两人就在狱中自杀了。稍后，丞相窦婴和太尉田蚡均被免职，大儒申公也被赶回了老家。而窦太后的人则立刻占据了权力中枢：许昌出任丞相，庄青翟出任御史大夫，石建出任郎中令。

　　一场雄心勃勃的改革运动就这么偃旗息鼓、无果而终了。
　　武帝刘彻就像一支不甘受困于囊中的利锥，迫不及待地想要刺破皮囊、崭露头角，没想到刚一露头，便被窦太后削掉了锋芒。
　　这是刘彻有生以来遭遇的第一次严重挫折。此后数年，这个少年天子明显消沉了下去，只能以飞鹰走马来自娱。当然，刘彻是一个内心强大的人，绝不会从此一蹶不振。在冷静下来后，他一定会对这场失败的改革进行复盘和思考，也一定会从这次失败中悟出一个道理：玩政治，不能靠理想和热血，而要靠手腕和实力。
　　如果说，一个人的成长通常会有一个标志性事件的话，那么，刘彻成长的标志，绝不是当初景帝为他举行的那场冠礼，而是十八岁这年祖母强加给他的这场挫折。
　　当一个年轻人蓦然发现这个世界并不总是那么友善的时候，他就长大了。

## 飞鹰走马：刘彻的青葱岁月

　　自从尊儒改革运动失败后，窦太后及其党羽把持了朝政，刘彻就成了一个有名无实的皇帝。在那段百无聊赖的日子里，他给自己找了一件最能消耗精力的事情——狩猎。
　　每当夜深人静之时，刘彻就会带上一帮精于骑射的年轻侍从，微服出宫，跃马扬鞭直奔终南山而去。在草木繁茂、野兽成群的终南山里，刘彻像脱缰的野马一样疯狂奔驰，亲手猎杀了无数的麋鹿、野猪、狐狸和野兔，尽情挥洒着过剩的生命能量。有时候玩得兴起，他甚至会扔掉弓箭，跳下马背，赤手空拳跟狗熊、野猪搏斗。
　　那些日子，刘彻淋漓尽致地体验了能量宣泄和杀戮征服的快感。也许，日后的汉武帝之所以能够开疆拓土，征讨四夷，缔造一个空前强大的帝国，从他这个激情飞扬、充满冒险精神的青春时代便可见出端倪了。

随着狩猎次数的增多,一座终南山已经远远不能满足刘彻的需求了。无形中,刘彻的"猎场"迅速扩张——北到池阳(今陕西省泾阳县),西到黄山宫(今陕西省兴平市西南),南到长杨宫(今陕西省周至县),东到宜春宫(今陕西省西安市东南),方圆数百里的地方全都进入了刘彻的射猎范围。

为了追逐猎物,刘彻和侍从们经常会策马冲进农田,把大片庄稼地践踏得面目全非。有一次,他们在鄠县(今陕西省西安市鄠邑区)附近围猎,不小心又冲进了庄稼地。正在田里劳作的农夫们怒不可遏,纷纷指着他们高声詈骂。刘彻正玩得兴起,便懒得理他们,没想到他们居然派人去报了官。片刻后,附近的鄠县和杜县县令就各自带上人马,一左一右把刘彻一行团团围住;农夫们也挥舞着锄头、镰刀围了上来。

瞧这架势,不把刘彻痛扁一顿再扔进大牢不算完。

眼看一场围殴天子的闹剧就要上演,左右侍从慌忙拔刀护住天子。刘彻又好气又好笑,遂命侍从亮出皇家信物,表明身份。两位县令拿过信物端详了半天,先是满腹狐疑,继而面面相觑,紧接着便双双跳下马背,趴在地上磕头不止。当地村民更是满脸错愕,搞不懂这唱的是哪一出。

刘彻慰勉了那两个县令几句,然后便带着手下人扬长而去了。

"鄠县被围"事件非但没能阻挡刘彻出行狩猎的脚步,反而进一步激发了他的玩性。

很快,刘彻的猎场就越过灞水,远远延伸到了华山以东。

有一天,刘彻和侍从们一路向东追逐猎物,竟然不知不觉跑到了柏谷(今河南省灵宝市西南)。等到刘彻回过神来,才发现天色早已漆黑,四周荒无人烟,一时竟不知身在何处。左右侍从燃起火把,簇拥着刘彻慢慢前行,走了很长的夜路,才在一座村子前面找到了一家客栈(当时称为"逆旅")。

此时的刘彻没有料到,比"鄠县被围"更惊险的一幕,已经在里面等待着他。

由于摸黑走了大半夜山路,刘彻一行都饥渴难耐;左右侍从一进客栈就高声吆喝,命店家赶紧弄些热汤来暖暖胃。没想到老板却一动不动,只冷冷地打量他们,然后从牙缝里迸出了一句:"无浆,正有溺耳!"(《资治通鉴·汉纪九》)

汤没有，尿倒是有一壶！

这说的是人话吗？你这开的是黑店吧！

左右侍从勃然大怒，跳起来就要揍他，旋即被刘彻用眼色制止了。刘彻知道，店老板见他们这伙人一个个挎刀带箭，而且三更半夜骑马乱窜，肯定非奸即盗，生出反感和防范之心也是在所难免——所以刘彻并不怪他，更不希望手下人惹出事端。

当晚，刘彻一行随便要了几间客房就草草睡下了。就在他们呼呼大睡之时，店老板悄悄召集了村里的一帮青壮，准备趁其不备把他们绑了送官。如果不是他老婆及时制止，恐怕一场恶斗就在所难免了。

客栈老板娘很有眼力，从刘彻进来的那一刻起，就觉得刘彻相貌出众，气质不凡，绝非贩夫走卒之辈，更非打家劫舍之徒。所以，她就对店老板说："这个住客不是一般人，而且左右随从个个精明彪悍，肯定有防备，不可轻举妄动。"

可店老板不听她的，执意要干这一票。老板娘情急之下，心生一计，温了几壶酒给她老公喝，以壮胆为由把他灌醉了，然后结结实实捆了起来，接着又把那帮青壮打发了。

次日一早，老板娘命下人杀鸡宰羊，准备了丰盛的酒席，热情款待了刘彻等人，并把昨晚的事原原本本说了，还代她老公向刘彻赔罪。刘彻这才知道，原来昨夜居然发生了这么惊险的一幕，想想真是既后怕又有趣。

当天，刘彻快马加鞭赶回了长安，随即命人把柏谷客栈的夫妇召进皇宫，赏赐了老板娘黄金一千斤——理由是她护驾有功，并任命她老公为羽林郎（禁军军官），理由是他警惕性高，适合担任宿卫宫禁之职。

"鄠县被围"和"柏谷涉险"虽然没对刘彻造成任何伤害，却让他意识到了自己的轻狂和鲁莽。考虑到自己毕竟是九五之尊，老是跟山野村夫如此零距离接触，难免会有不虞之祸。万一哪天真的撞进一家黑店，被人下药迷昏，然后一刀宰了也未可知。于是，刘彻遂责成有关部门，在他的主要狩猎区域修建了十二座行宫，以便随时都有安全、舒适的歇脚之地。

行宫建起来后，虽然比过去方便了很多，但周围仍旧住着很多老百姓——说到底还是有扰民之嫌，终非长久之计。刘彻后来想了想，最好的办法，就是在长安和终南山之间圈一块地，把当地百姓都迁出去，开辟一座天子专用的"皇家猎场"（上林苑）。这样一来，皇家猎场和老百姓就两不相碍了。

主意已决，刘彻即命有关官员，把阿房宫以南、盩厔县（今陕西省周至县）以东、宜春宫以西、终南山以北的大片地区划入禁苑范围；同时统计农田亩数，评估价格，由政府向百姓统一征购，然后拨出长安辖区内相应面积的荒地，补偿给鄠、杜两县的拆迁农户。

年轻的天子如此大兴土木，显然是劳民伤财之举。有两位近臣立刻进行了劝谏。

其中一位，就是以诙谐、幽默博得刘彻青睐的史上著名"谐星"东方朔；另一位，就是历史上以文学才华著称的司马相如。

针对上林苑的修建，东方朔以"上乏国家之用，下夺农桑之业"为由力谏，提出了"三不可"，即三条不宜修建的理由；最后还举了几个历史上亡国的例子，冒着杀头的危险力劝天子收回成命。他十分尖锐地说："夫殷作九市之宫而诸侯畔，灵王起章华之台而楚民散，秦兴阿房之殿而天下乱。"（《资治通鉴·汉纪九》）

东方朔是作为插科打诨的"段子手"获得天子宠信的。刘彻虽然喜欢他，但一直"以俳优畜之"，也就是把他当戏子一类的人养着；尽管赏赐甚厚，却从未授予他一官半职。可就是这次劝谏，让刘彻蓦然发现，原来自己一向轻视的这个东方朔，居然是一个伪装成"段子手"的直言切谏之士，看来以前小瞧他了。

随后，刘彻立刻任命东方朔为太中大夫、给事中，并赐黄金百斤。

如此看来，刘彻是打算接受劝谏、收回成命了？

不，他是虚心接受，坚决不改：一边接纳、重用上谏言的东方朔，一边继续推进上林苑的修建计划，两头不耽误。

跟东方朔同时，司马相如从狩猎的危险性出发，上疏劝谏说，刘彻身为"万乘之主"，不该过多从事狩猎这一危险活动，更不该动不动跟狗熊、野猪肉搏。奏疏末尾，司马相如总结说："明者远见于未萌，而知者避危于无形；祸

固多藏于隐微而发于人之所忽者也。故鄙谚曰'家累千金，坐不垂堂'；此言虽小，可以谕大。"(《资治通鉴·汉纪九》)

看完奏疏，刘彻也对司马相如表示了嘉许。然而结果还是一样，刘彻既没停止上林苑的修建，也丝毫不想放弃打猎的爱好。

最后，上林苑还是如期完工了。扩建后的禁苑周长三百多里，四周全部砌上围墙，与外界隔绝；苑内离宫七十多座，遍植名贵树木和奇花异卉，山间林下放养着各种珍禽异兽，俨然一座"国家级自然生态保护区"。

刘彻之所以狩猎无度，还大张旗鼓地扩建猎场，固然是因为窦太后把持了朝政，让他的精力无从发泄；此外，糟糕的婚姻生活，也是让他三天两头往宫外跑的原因。

刘彻和阿娇的婚姻本来就是一场政治交易，是王娡和馆陶长公主利益交换的产物。虽然刘彻和阿娇从小一起长大，算得上青梅竹马，即位后也兑现了"金屋藏娇"的承诺，把阿娇立为皇后；但事实上，两人之间根本没有爱情。

没有爱情的婚姻肯定是悲剧；而更悲剧的是，阿娇嫁给刘彻这么多年，始终没有生下一儿半女——这无疑是一个皇后最致命的缺陷。此外，馆陶长公主自以为当初帮刘彻夺嫡有功，便居功自傲，求请无厌，也令刘彻对她们母女更增了一层反感。所以，不管从哪个角度来说，阿娇都不可能获得刘彻的宠爱。

为了早日怀上龙胎，阿娇找遍了宫廷御医和江湖郎中，希望弄到生儿子的秘籍偏方。可折腾了好几年，前后花掉的钱甚多，还是徒劳无功。刘彻对阿娇失望已极，自然就冷落了她，把心思放到了别的嫔妃身上。阿娇便醋意大发，一再向她母亲抱怨。长公主一看宝贝女儿受了委屈，立刻向王娡告状。

为此，王娡不得不把儿子叫到面前一顿数落，说："你刚刚即位，威信未立，就急着搞什么儒家明堂，已经惹怒了太皇太后；如今又忤逆长公主，是想把长辈都得罪光吗？女人都是很容易哄的，你回去好好待阿娇，在这件事上千万要慎重！"

从那之后，刘彻对阿娇和长公主表面上热情了许多，然而却在心里把阿娇彻底打入了冷宫。

在事业和婚姻接连受挫的那些日子里，除了出宫狩猎能带来些许快乐外，刘彻的生活就只剩下苦闷和压抑了。

建元二年春,朝廷在灞上举行了一场祭祀活动。祭祀结束后,刘彻闲来无事,便顺道去姐姐平阳公主的府上做客。就是在这里,刘彻遇见了一个让他怦然心动的女人。

天子突然造访,让平阳公主惊喜莫名,赶紧命人张罗了一桌丰盛的宴席。席间自然少不了歌舞表演;而刘彻的目光,便被其中一位气质出尘、歌声动听的"讴者"(歌手)深深吸引了。

这个歌女就是卫子夫。

卫子夫出身微贱。她的母亲卫媪只是平阳侯府的奴婢,生有三女:长女卫君孺,次女卫少儿,三女卫子夫。不过,被天子看上的人,出身再卑微都不是事儿。

那天,离开平阳侯府时,刘彻赐给了平阳公主黄金千斤。平阳公主心领神会,数日后就把卫子夫送入了皇宫。

入宫后,刘彻对她"恩宠日隆",卫子夫很快就有了身孕。对此,失宠又不育的皇后阿娇自然是妒火中烧,便拿出悍妇的惯用手段,一哭二闹三上吊,"几死者数矣"(《史记·外戚世家》),把后宫闹得鸡犬不宁。

面对阿娇的拙劣表演,刘彻嗤之以鼻,越发对她不闻不问。阿娇只能找她母亲哭诉。馆陶长公主恨得牙痒,决意报复卫子夫。可她也知道刘彻对卫子夫的宠爱,不敢打她的主意,只好从卫子夫的亲人身上下手。

很快,长公主就锁定目标,制订了一个绑架计划。

被长公主锁定的这个复仇对象,就是卫子夫同母异父的弟弟、大汉帝国日后最杰出的军事统帅——卫青。

卫青是私生子,也是不世出的天才。

据说,史上有很多伟人和名人都是私生子,比如孔子、秦始皇(尚有争议)、古罗马君士坦丁大帝、英国女王伊丽莎白一世、达·芬奇、小仲马,还有"苹果之父"乔布斯,等等。由此可见,出身的不幸对有些人可能意味着灾难,但对另一些人来说,却可能变成他们奋发向上的动力。

卫青显然属于后者。他的一生极富传奇色彩,可以用一句话来概括:从奴隶到大将军。卫青之父名叫郑季，是平阳县的一名小吏，有一次到平阳侯府当差，跟当时已经孀居的卫媪暗生情愫、私通款曲，此后便生下了卫青。卫媪当时已经有了三个女儿，没有条件抚养卫青；郑季不得不硬着头皮把这个私生子带了回去。

郑季是有家室的人，家里老婆凶悍，孩子成群。可想而知，卫青作为一个来路不明的私生子，必然要遭受歧视和虐待。他在很小的时候就开始放羊。那些同父异母的兄弟都把他当奴仆，不但对他呼来喝去，而且动不动就拳脚相加。卫青就是在这种饱受屈辱的环境中长大的。然而，卑贱的身份与艰辛的生活并没有压垮卫青，反而赋予了他超越同龄人的成熟，磨炼了他的意志，造就了他沉毅、坚忍的性格。

卫青少年时，曾在路上偶遇一个会看相的人。那人盯着卫青的脸看了半天，惊叹道："贵人也，官至封侯！"卫青根本没当一回事，淡淡一笑道："人奴之生，得无笞骂即足矣，安得封侯事乎？"（《汉书·卫青传》）

身为家奴，不被鞭打责骂就心满意足了，哪敢奢望封侯？

此时的卫青当然不会料到，他日后不仅会"官至封侯"，而且还将率领千军万马踏平匈奴，并一跃成为帝国的大将军，满朝文武都要巴结他，很多大臣见了他都得行跪拜之礼。

卫青长大后，英俊挺拔，器宇不凡，颇受平阳公主青睐，遂被召入平阳侯府担任"骑奴"。所谓骑奴，就是为侯府看家护院的亲兵。虽然境遇有了很大改观，但身份终究还是家奴。假如不是天子刘彻对卫子夫一见钟情，卫青这个潜在的军事天才，只能被埋没终生。

随着卫子夫的入宫，卫青的身份从一个卑贱的家奴变成了皇帝的小舅子。但他并未一开始就受到刘彻重用。他得以走上仕途，说起来还要拜馆陶长公主所赐。换言之，恰恰是一心想置卫青于死地的长公主，客观上促成了他命运的转折。

馆陶长公主精心策划了一番，然后命手下劫持了卫青，把他关入了私牢。就在卫青命悬一线之际，他的好友、时任禁军军官的公孙敖打探到他的下落，马上带着一帮弟兄前去劫狱。劫狱的人跟长公主的人干了一仗，硬是把卫青从私牢里劫了出来。

刘彻得知此事后，料定长公主不会善罢干休，旋即下诏，把卫青召入宫中，任命他为建章监、侍中。卫青就此摇身一变，成了天子的近臣和侍从官。为了让长公主彻底死心，不久后，刘彻又正式册封卫子夫为夫人，同时擢升卫青为太中大夫。

如此一来，饶是长公主对卫家姐弟再怎么恨之入骨，也绝不敢再轻举妄动了。

当然，刘彻之所以重用卫青，绝不仅仅是因卫子夫而爱屋及乌。最重要的是，刘彻看出卫青是个难得的人才——他生性宽宏，谦恭克己，沉稳谨慎；且精于骑射，勇武过人。这样的人，只要给他一个用武之地，必将会有一番令人瞩目的作为。

事后来看，卫青显然没有辜负刘彻的期望。

# 第三章
# 刘彻亲政

## 亲政初体验：当皇帝那些事儿

建元六年（公元前135年）五月，即刘彻登基的第六个年头，在帝国政治舞台上活跃了将近半个世纪并长期干预朝政的窦太后，终于放下把持多年的权柄，驾鹤西去了。

这一年，刘彻二十二岁。

风华正茂的年轻天子，终于可以按照自己的意愿来打理这天下了。

刘彻收回天子大权后所做的第一件事，就是以"办丧不力"为由，罢黜了窦太后任用的丞相许昌和御史大夫庄青翟，旋即命武安侯田蚡继任丞相，稍后又命大农令韩安国继任御史大夫。

这一次，魏其侯窦婴没被复用。虽然他也崇奉儒学，但毕竟是窦氏外戚；随着窦太后的去世，他自然就被边缘化了。现在，刘彻更信任的，肯定是自己的母舅田蚡。

随着刘彻的亲政，朝廷在田蚡的主导下，重新展开了一度受挫的尊儒改革运动。《汉书·儒林传》称："及窦太后崩，武安君田蚡为丞相，黜黄老、刑名百家之言。"

尽管后世惯以"罢黜百家，独尊儒术"来描述和定义汉武帝的这场意识形态变革，但纵观武帝一朝的实际情况，这八个字并不十分准确——或者说实际情况并不完全像后人理解、想象的那样。

首先，儒学取代了黄老之学，成为唯一的官方意识形态，以黄老、法家为首的其他学派也丧失了与儒家竞争"官学"地位的资格，但这并不等于诸子百家从此就完全被汉武帝摒弃了。

实际上，在儒学被汉武帝定于一尊的同时，诸子百家并未销声匿迹，而是依旧活跃在当时的朝廷和民间；且研习诸子百家之学的一些代表人物，也依旧得到了武帝的重用。

对此，跟武帝生活在同一时代的司马迁，也许是最有发言权的。他说："至今上即位，博开艺能之路，悉延百端之学，通一伎之士咸得自效，绝伦超奇者为右，无所阿私。"（《史记·龟策列传》）

刘彻即位后，为才学、艺能之士广开门路，尽力延揽诸子百家之学，凡是有一技之长的人都能为朝廷效力；而能力超群者更能得到重用，没有任何偏袒。

诚如司马迁所言，武帝一朝得其重用的许多大臣，都不是儒家学者，如韩安国、张汤、杜周等人，皆法家信徒；主父偃、严安、徐乐等人，学的是纵横之术；汲黯、郑当时等人，是黄老的代表人物；还有武帝近臣东方朔，则属于杂家。

由此可见，从严格意义上讲，与其说汉武帝是"罢黜百家，独尊儒术"，不如说他是在"尊奉儒术"的同时"悉延百家"——一方面把儒学尊为国家的意识形态，一方面却又给诸子百家留下了生存发展的空间。如此既有了统一的治国思想，同时又兼收并蓄、博采众长，让一切思想学说皆能为其所用。

说白了，政治都是实用主义的。只要能为自己的统治服务，只要有助于解决国家、社会面临的诸多现实问题，武帝刘彻又何必让自己在一棵树上吊死呢？

在历史上，真正禁绝百家而一条道走到黑的人，其实是秦始皇。秦国利用法家的严刑峻法和军国主义政策强势崛起，统一了天下；而后始皇嬴政又把法家的统治思想推向极致，以"焚书坑儒"的方式强力实行愚民政策与思想专制。然而最终，也恰恰是法家的苛政和暴虐统治，导致了秦朝的二世而亡。

鉴于这样的历史教训，武帝刘彻又怎么可能只用一种思想学说来束缚自己，继而重蹈秦朝的覆辙呢？

关于这一点，班固在《汉书·艺文志》中有一段记载，就很能说明问题，也足以跟司马迁的上述说法相互印证：

> 战国从衡，真伪分争，诸子之言纷然淆乱。至秦患之，乃燔灭文章，以愚黔首。汉兴，改秦之败，大收篇籍，广开献书之路。迄孝武世，书缺简脱，礼坏乐崩，圣上喟然而称曰："朕甚闵焉！"于是建藏书之策，置写书之官，下及诸子传说，皆充秘府。

秦朝为了统一思想，一举终结了自春秋战国以来百家争鸣的局面，企图通过焚毁百家经典、不让百姓读书的专制手段来实行愚民统治，结果失败了。所以汉朝才会反其道而行之，广泛收集民间藏书，重新接续先秦百家争鸣、学术自由的传统。到了汉武帝一朝，更是建立了"国家图书馆"和"古籍研究院"，专门命人对那些"书缺简脱"的百家典籍进行搜集、整理、校对、研究，最后由国家统一收藏。

当然，说汉武帝"悉延百家之学"，并不意味着诸子百家在他心目中的地位是同等重要的。最被他看重的，当然还是儒、法二家。因为在当时，这两者最有利于强化中央集权，最有利于统一人心，从而最符合汉武帝的统治利益。在此，儒家提供了汉武帝所需的思想资源、道义资源和理论框架，法家则是作为实际政治操作中的秘籍和利器；二者相辅相成，缺一不可。

马克思说过："理论在一个国家实现的程度，总是决定于理论满足这个国家的需要的程度。"正是基于这样的实用主义态度，大汉帝国从汉武帝时代开始，逐渐形成了所谓"外儒内法""霸王道杂之"的"汉家制度"——儒家的"德治仁政"与法家的"严刑峻法"杂糅互补。

这样一种颇具创造性的治国之道，在实践中被证明是十分有效的。从此不仅被后来的汉家天子，也被历朝历代的统治者所继承，最终成了古代中国延续两千余年的政治传统。

尽管日后的汉武帝以雄才大略、乾纲独断著称，但在亲政之初，由于经验的缺乏，他却一度遭遇了皇权被架空的危机。

问题就出在他的母舅田蚡身上。

一开始，刘彻对田蚡非常信任，把帝国的日常政务全都交给他打理。田蚡每次入宫奏事，刘彻都会花很长时间听取他的报告，并跟他一起讨论。而他的所有建言献策，基本上都会得到刘彻的采纳；他推荐的官员，也都会得到提拔任用。

然而，没过多久，刘彻却无奈地发现——田蚡恃宠而骄，大有将他架空之势！

田蚡虽然有些才干，但生性骄奢，本来就不是一个淡泊的人，如今骤然获得丞相大权，其欲望和野心更是迅速膨胀。他一上位，便大肆修建豪华宅邸，并在京城内外搜刮了大批良田和极具升值潜力的土地。同时他还派人到各个郡县，以采办物品为由广收贿赂，顺带采择了大批美女。短时间内，田蚡的家中便姬妾成群、美女如云，金银珠玉堆积如山，各种奇珍异宝更是不可胜数。

如果田蚡仅仅是贪财好色，却能在朝政上秉持公心、尽忠竭力的话，刘彻或许还会睁一只眼闭一只眼。问题是田蚡得寸进尺，在大肆贪腐的同时还极力培植党羽——这就让刘彻无法容忍了。

凡是田蚡推荐的官员，一般情况下刘彻都会批准——但前提是这些人必须具有真才实学，并具备与其职位相应的行政经验。可田蚡却无视这一原则，动不动就把一些不学无术、资历甚浅的人提拔为二千石官员。不难发现，这些人或者跟他关系匪浅，或者给了他可观的贿赂。

对此，司马迁给出了四个字的评语——"权移主上"，意思就是权力从人主那儿被转移到田蚡手上了。

刘彻决定给田蚡敲敲警钟。

有一天，当田蚡又提交了一份长长的用人名单后，刘彻忽然说了一句："君除吏已尽未？吾亦欲除吏。"（《史记·魏其武安侯列传》）

你的人任命完了没有？我也想任命几个。

这话貌似平淡，其实充满嘲讽，无异于一巴掌抽在了田蚡脸上。

田蚡大为惭悚，许久不敢吭声。

刘彻原以为把话说到这份儿上了，田蚡一定会从此收敛——没想到这家伙依旧执迷不悟，没多久又提了一个要求，说要拿"考工室"的地皮盖房子。所谓考工室，就是皇家器械制造厂，专门制造各种御用物品，其中最主要的就是兵器。

田蚡竟然利欲熏心、肆无忌惮到这种地步，那就不能怪刘彻发飙了。

那天，刘彻生平第一次对田蚡发出了咆哮："君何不遂取武库！"（《史记·魏其武安侯列传》）

你何不把朝廷武器库也拿走算了！

面对天子的雷霆之怒，田蚡终于意识到了问题的严重性，慌忙伏地谢罪。

从这件事后，田蚡总算学会了收敛，也总算认识到——他这个年轻的外甥不是那么好糊弄的。

刘彻对田蚡颇感失望，却又不敢轻易罢黜他。因为窦太后虽然不在了，但刘彻上面还有他那精明过人的母后王娡。在当时的外戚中，最受王娡宠信的，就是她这个同母异父的弟弟田蚡。换言之，田蚡之所以敢为所欲为，就是仗着有太后为他撑腰。

被警告了几次后，田蚡在刘彻面前算是有所收敛；可在面对满朝文武的时候，却依旧是趾高气扬、不可一世。几年后，朝中有两个知名度很高的人物，就是因为得罪了田蚡，下场都极为凄惨：一个被满门抄斩，一个被斩首弃市。

前者是在七国之乱中立下战功的名将灌夫，后者就是昔日的显赫外戚窦婴。

当然，这是后话。

建元六年八月，一封来自帝国南部边陲的求救信，被快马送进了长安的未央宫。

求救信来自南越国（都城番禺，今广东省广州市），其国王赵胡声称遭到了闽越国（都城东冶，今福建省福州市）的攻击，请求大汉天子发兵救援。

"越"（也作"粤"）是中国古代南方的一个古老部族，支系众多，自先秦以来统称为"百越"，分布在东南沿海一带。据《汉书·地理志》记载："自交趾至会稽七八千里，百越杂处，各有种姓。"其分布范围相当于今天的江苏南部、上海、浙江、福建、广东、广西、海南等地。南越和闽越，便是其中的两个部落王国。

早在高祖时期，南越、闽越等国就已经成为大汉的藩属国，大体上既臣服于汉朝又相对独立。多年来，由于各种历史积怨，南越、闽越、东越等国彼此之间纷争不断，经常相互攻伐。

比如建元三年（公元前138年）秋，闽越国就曾悍然发兵，进攻其北边的东越国（都城东瓯，今浙江省温州市）。刘彻及时派兵援救，迫使闽越撤兵，东越才幸免于难。不久，东越国王害怕闽越再打过来，请求举国北迁；后经刘彻同意，被安置在江淮一带。

如今，闽越死性不改，又掉头入侵南越，显然没把大汉朝廷放在眼里。刘彻立刻下令，命大行令王恢、大农令韩安国各率一路大军，分别从豫章郡（今江西省南昌市）、会稽郡（今江苏省苏州市）出发，兵分两路讨伐闽越国。

闽越国王骆郢得到消息，当即派出精锐据守仙霞岭（今闽、浙、赣交界处）的险关要隘，大有跟汉军死磕到底之势。

眼看一场恶战已在所难免——可就在这个节骨眼儿上，闽越却爆发了一场内讧。

内讧的主导者，是闽越国王骆郢的弟弟骆余善。

此人早就在觊觎王位。如今见汉朝大兵压境，而闽越国内又人心惶惶，骆余善意识到篡位的时机已经成熟，遂暗中召集闽越国相和宗族首领们开了个会，对众人说："大王擅自发兵进攻南越，所以天子出动大军来讨伐我们。汉军兵力强大，就算我们侥幸打赢了，其后续部队也会源源不断，一直打到我们被灭国为止。而今之计，不如杀了大王以谢天子。天子若罢兵，咱们国家就保住了；若不肯罢兵，咱们就力战到底，就算败了，也可以逃到海上。"

众人也知道跟汉朝对抗是以卵击石，遂一拍即合。

于是，骆郢就在毫无防备的情况下被自己的弟弟和臣子们干掉了，其首级很快被送到了王恢手上。

此时汉军还未行至仙霞岭，就收到了骆郢的首级。王恢大喜，一边派人飞报朝廷、传首京师，一边赶紧通知另一路的韩安国停止进兵。

刘彻认为，既然罪魁祸首已然伏诛，那就没有再打下去的必要了，随即下诏班师。韩安国在这次回朝后，被擢升为御史大夫。

骆余善轻而易举就化解了一场灭国之灾，一时间威震国内，各部族首领纷纷归附。虽然取得了闽越国的实际控制权，但骆余善要想当上国王，必须得到大汉朝廷的册封。就在他眼巴巴等着册封的时候，朝廷的诏书到了——可上面的名字却不是他，而是闽越首任国王骆无诸的孙子骆丑（朝廷封其为越繇王）。

刘彻这是唱的哪一出？

骆余善顿时有些发蒙。

刘彻之所以这么做，是因为他对骆余善的野心洞若观火。之前骆郢到处搞事，这个骆余善其实没少跟着掺和；现在他悍然干掉骆郢，无非是为了自己上位，并不是出自对汉朝的忠诚。刘彻若是扶这样一个野心家上台，等于是在助长他的势力，也无异于在给朝廷自己制造不稳定因素。

所以，刘彻绝不可能把闽越国交给骆余善。

不过话说回来，对朝廷而言，骆余善诛杀骆郢也算是功劳一件；如果不给他任何回报，一来难以服众，二来也不利于闽越国的稳定——很可能骆余善一怒之下，就又把刚上位的骆丑干掉了。

对此，刘彻自然是有后手的。

就在册封骆丑后没几天，朝廷的第二道诏书就到了：册封骆余善为东越王——也就是把之前东越国北迁之后空出来的地盘给了他，免得他跟骆丑"一栖不两雄"，再度窝里斗。

如此一来，就能让骆丑和骆余善既各自独立，又相互制约。只有这样的羁縻之策，才最符合大汉朝廷的利益。

出兵闽越，稳定南方，只是刘彻征伐四方的前奏曲。

刘彻心里很清楚，帝国最大的忧患，不是南边的百越，而是北方的匈奴。

匈奴是古代生活在蒙古高原的一个游牧民族，兴起于阴山山脉（今内蒙古）的南麓。早在春秋战国时代，匈奴便已成为中原各国的劲敌；不过在战国末年，曾遭到赵国名将李牧的一次沉重打击，一度衰落。秦朝统一后，蒙恬率三十万大军北伐匈奴，夺取了河套地区，将匈奴驱赶到了漠北，使"胡人不敢南下而牧马"（《过秦论》）。

秦末汉初，匈奴的冒顿单于强势崛起，拥有控弦之士三十余万，东灭东胡，西平月氏，控制西域；并挥师南下，再度侵入河套地区，对刚刚立国的汉朝构成了严重威胁。

汉高祖七年（公元前200年），匈奴大举南侵，兵抵晋阳（今山西省太原市）。见国门洞开，形势危急，刘邦遂亲率大军北征，却在白登山（今山西省大同市东北）被围七天七夜，险些丧命。刘邦被迫采纳陈平之计，以重金贿赂匈奴阏氏（匈奴单于、亲王之妻的统称），才得以死里逃生。

白登之围，给汉朝君臣留下了极重的心理阴影。此后，汉朝只能委曲求全，长年向匈奴奉送美女和大量财物，以所谓的"和亲"之策换取帝国北疆的安宁。然而，这种安宁既是表面的，也是脆弱的。事实上，匈奴从未停止过对汉朝的侵扰和劫掠，始终是汉朝的心腹大患。遗憾的是，当时国力羸弱的汉朝无力改变这种局面。

就这样，从大汉立国之初就定下的和亲之策，一直延续到了武帝一朝。

对此，生性英武、血气方刚的刘彻极度不甘。如今的大汉帝国，经过七十余年的韬光养晦和休养生息，已经变得国富民强，刘彻本人实施的也是大有为之政。在他心中，可以说比任何人都更想讨平匈奴、一雪前耻。

建元六年冬，即平定闽越的几个月后，匈奴人遣使来到长安，再次向大汉请求和亲。说难听点儿，就是再一次"索贿"来了。

匈奴人如此贪得无厌、欲壑难填，这种屈辱的日子什么时候才是个头？

从个人角度来说，刘彻肯定是想一口回绝的；可身为天子，他却不得不以大局为重。为此，刘彻特意召集群臣开了个会，想看看文武百官究竟是什么态度。

专门负责外交事务的大行令王恢率先表态，他直截了当道："大汉每次与匈奴和亲，往往维持不了几年，他们就会背盟毁约。不如干脆拒绝他们的要求，出兵讨伐。"

王恢是燕地人，早前长期在边塞任职，非常熟悉匈奴人的情况——他敢提议开战，自然是有一定把握的。

然而，御史大夫韩安国当即表示反对。他说："匈奴人逐水草而居，像飞鸟一样到处迁徙，很难制服。若是开战，我军要跋涉数千里与其争锋，势必人马疲敝，而匈奴人则是以逸待劳。这是很危险的事，不如与匈奴和亲。"

群臣大部分都赞同韩安国，建议和亲，反对开战。

虽然眼下的大汉帝国早已今非昔比，但"白登之围"给人们留下的心理阴影依旧难以消除。换言之，强大的历史惯性和人的惰性，仍然支配着大部分朝臣——既然通过和亲就能跟匈奴相安无事，又何必改弦更张、冒险开战呢？

见此情形，刘彻深感无奈。

他意识到征讨匈奴的时机尚不成熟，只好继续隐忍，同意了和亲。

## 马邑之谋：细节决定成败

元光二年（公元前133年）夏天，也就是刘彻勉强同意与匈奴和亲的一年多后，一个讨伐匈奴的机会终于来了。

机会源于一个叫聂壹的豪商。聂壹是雁门郡马邑县（今山西省朔州市）人，马邑地处汉、匈边境，聂壹常年在此经商，与匈奴人多有接触，十分了解匈奴在这一带的情况。此外，他对匈奴人在边塞地区的烧杀抢掠深恶痛绝，遂一直在思索对付匈奴的办法。

经过一番斟酌，聂壹终于想出了一个可行之策，旋即给朝廷的大行令王恢写了一封密信。他在信中说："匈奴初和亲，亲信边，可诱以利致之；伏兵袭击，必破之道也。"（《资治通鉴·汉纪十》）

匈奴刚与我朝和亲，对我边塞之民信任不疑，可趁此机会以利诱之。然后埋伏重兵发动袭击，定可大破匈奴人。

此前，身为主战派的王恢就已多次建议刘彻出兵，却屡屡被韩安国等人顶了回来，心中甚是失落。见信后，王恢一扫沮丧的心情，立刻与聂壹取得联络，问他有何良策。

聂壹遂将计划和盘托出。他告诉王恢，可以假意把马邑献给匈奴的军臣单于，以此骗取匈奴人的信任；然后，朝廷可派遣大军在匈奴的必经之路上埋伏，必能将其一网打尽。

王恢大喜，当即入宫面圣。

刘彻闻报，也觉得这个计划可行，顿时跃跃欲试，当即召集群臣商议。

王恢首先发言，说："臣听说，战国时期的代国（今河北省蔚县），北有强胡之敌，南有晋国、燕国的威胁，却能够做到让百姓安居乐业，且仓廪充实，匈奴不敢轻易侵犯。如今陛下威德远扬，海内一统，而匈奴却屡屡南下，侵扰劫掠——没有别的原因，就是对我大汉毫无畏惧之心。臣以为，对匈奴就该强力反击，方为上策。"

主和派领袖韩安国自然又站出来反对了。

他针锋相对道："臣也听说，当初高皇帝被围困于白登山七天七夜，几近断粮；但解围脱险后并无愤怒之心，反倒与匈奴和亲。这就是圣人的气度，以天下大局为重，不以一己私愤而伤害天下。自从与匈奴和亲，我朝获得了长久和平的利益。故臣认为，不要轻启战端，才是上策。"

一场激烈的辩论就此展开。

王恢反唇相讥道："此言不然。高皇帝当年披坚执锐，征战天下，之所以不报平城之怨，并非力不能及，而是要让天下百姓休养生息。如今，匈奴连年入寇，边境一夕数惊，士卒伤亡惨重，运回来的柩车前后相望——这就是你说的和平吗？"

韩安国不接这个话茬，而是道："军事行动的原则，是以逸待劳，以治击乱。所以不论是大军对阵还是进攻城池，都要养精蓄锐，以静制动，设法让敌人疲惫——这才是圣人的用兵之道。如果我军贸然出兵，深入大漠，势必难以建功。因为，进军太快就会缺乏粮食给养，进军缓慢就会丧失有利战机——很可能我军还没走上一千里，便已人困马乏，粮草不继。正如兵法所言，派出军队，恰是送给敌人当俘虏。"

这话说得相当难听，却不能说他分析得没有道理。

不过，来自聂壹的这份计划，恰恰可以避开上述问题。所以，王恢成竹在胸道："臣所说的进攻，并不是深入大漠长途奔袭，而是用计进行伏击。匈奴单于贪得无厌，正好以利诱之，使其深入边境；我则遴选精锐埋伏在险要之处，只要他们一进包围圈，我军便可大举出击，或攻其左翼，或攻其右翼，或截其前锋，或断其后路——如此定可生擒单于，绝对万无一失。"

双方各执一词，谁也说服不了谁，最后当然只能由刘彻来拍板了。

其实刘彻早就有出兵的打算，只是苦于没有良机；如今王恢提出的这个计划，可谓正中下怀。所以，不管以韩安国为首的主和派如何反对，他都决定干这一票。被迫与匈奴和亲的屈辱日子，他早就受够了。

打！

刘彻的决定就这一个字。

朝廷的战争命令一下达，整个帝国就像一台机器，"隆隆"地运转了起来。

当年六月，大汉朝廷从各地集结了三十余万军队，连同大批的战车、马匹、武器、粮草等，都被源源不断地运送到雁门郡马邑县附近的山谷中。

大军一共兵分五路：以御史大夫韩安国为护军将军，卫尉李广为骁骑将军，太仆公孙贺为轻车将军，大行令王恢为将屯将军，太中大夫李息为材官将军，各领一部，分别进入预定地点埋伏，就等着匈奴人撞进这张天罗地网。

接下来，一场好戏就正式上演了。

这场戏的导演是刘彻，监制是王恢，编剧兼主演就是聂壹。

聂壹在戏中的角色，是一名叛逃者。故事一开场，聂壹就以一副失魂落魄的狼狈模样逃亡到了匈奴，然后拜见了军臣单于。他声称，自己常年与匈奴进行贸易，由于私运了一批汉朝禁止的货物给匈奴，遭到了马邑县衙的通缉。如今，自己走投无路，只能来投奔匈奴，为表诚意，要向单于献上一份厚礼。

军臣单于满腹狐疑，问他是何厚礼。

聂壹说："我能砍下马邑县令和县丞的首级，把整个马邑献给大单于，城中的所有财物皆归大单于所有。"

世上没有不偷腥的猫。金银财宝对于匈奴人，具有一种条件反射般无可抗拒的诱惑力。军臣单于自然是心动了，但他可没有蠢到轻易相信一个来路不明的人。

军臣单于表示，只要聂壹真的能拿下马邑县，他一定亲率大军前往，做聂壹的后盾，让他不必担心遭到汉军报复。

聂壹当即把胸脯拍得山响，发誓一定不让单于失望，旋即马不停蹄地出发了。

他的身后，当然多出了一条尾巴——军臣单于派出探子，一路悄悄跟着聂壹回到了马邑。

此时的马邑县城,表面上一切如常,实则城中百姓早已被转移,眼下的居民多是汉军士兵假扮的。匈奴探子一入城,立刻处于汉军的监视之中。

一切都在按计划进行,接着第二幕就上演了。

聂壹领着一帮手下,突然攻进了县衙,顺利斩杀了县令和县丞,然后砍下二人首级,把它们高高挂在了马邑城头。

这是他跟军臣单于事先约定好的,以表明他已经控制了马邑。

聂壹的整个行动,都被自以为躲在暗处的匈奴探子尽收眼底。探子一看,这姓聂的果然言而有信,而且是动真格的,看不出有丝毫作假的嫌疑,旋即火速回报军臣单于。

正如匈奴人看到的,那两颗血淋淋的人头,的确是真的,不是道具。只不过,它们的主人并不是县令和县丞,而是两名死囚。换言之,这两个死囚就是被拉来当了一回群演,跑了一回龙套。

得知聂壹果然拿下了马邑,军臣单于大喜,立刻亲率十万铁骑南下,越过长城防线,直扑马邑而来。

计划进行到这一步,离成功就只有一步之遥了。

此刻,刘彻、王恢、聂壹,以及参与此次行动的所有人,都万万没有料到,他们自以为天衣无缝的这个计划,却出现了一个小小的破绽。换言之,他们把所有精力和注意力都放在了计划的各个主要环节上,却忽视了一个毫不起眼的细节。

而恰恰就是这个细节上的小破绽,被军臣单于捕捉到了。于是这场大戏的第三幕,聚光灯便转而打到了这个精明的大反派身上。

当军臣单于率部赶到离马邑不足百里的地方时,忽然发现有些不对劲——成群结队的牛羊在原野上随处晃悠,但一个牧人的影子都没有。

这正常吗?

太不正常了!

匈奴人以游牧为生,他们就算丢掉自己半条命,也绝不会放任牛羊不管——所以这一幕对他们来讲,诡异得就跟大白天撞见鬼一样。

那么,汉军为何会出现这个百密一疏的破绽呢?

原因就在于他们想防止泄密，把马邑方圆百里内的百姓全都转移了，却来不及转移牛羊——结果就导致这一带牛羊成群却无人放牧。

军臣单于及时勒住了缰绳，下令部队停止前进。

虽然倍感蹊跷，但他还难以断定是不是聂壹在使诈。为了获取准确情报，军臣单于即刻派出侦察小队，在附近展开搜索，希望能抓一两条"舌头"。

很快，匈奴人发现了汉军的一座亭鄣（汉代的堡垒），马上攻了进去。亭鄣守军只有几十人，难以抵挡，悉数被杀，指挥官尉史被俘。尉史是汉代官名，边塞郡每百里置尉一人，尉史是副官，任巡逻警戒之职。

匈奴人把刀架上了尉史的脖子，这个贪生怕死的家伙当场就"竹筒倒豆子"，把整个马邑之谋的计划一五一十全撂出来了，包括三十多万大军在各处的埋伏情况。

军臣单于闻报，不由大惊失色道："我本来就怀疑其中有诈，没想到背后竟有这么大的阴谋！"他当即下令全军撤退。匈奴军队一路急行，唯恐汉军从背后偷袭；直到撤出塞外，才长长地松了口气。

匈奴大军绝尘而去后，埋伏在各处的汉军才陆续得到消息，赶紧向北追击——但可想而知，连匈奴人的影子都没见着。

其实，在伏击计划破产后，汉军仍然有机会在匈奴人背后捅上一刀。

丢掉这个机会的人，正是王恢。

在这次行动中，王恢的任务是率领三万精兵，埋伏在最北边的位置，截击匈奴的辎重部队，断其后路。当匈奴撤退之际，王恢所部是距离敌人最近的——如果他能当机立断，从背后咬住匈奴人，或许大事仍有可为。然而，王恢犹豫了一番后，还是放弃了。因为在他看来，就算追上了敌人，以三万人马对战人家十万铁骑，无异于鸡蛋碰石头，实在是胜算渺茫。

王恢的这一判断，乍一看好像很慎重，其实是太过保守了。因为军臣单于已经掌握了汉军的情报，必然忌惮继王恢之后的近三十万援军，绝对无心恋战；假使王恢出兵，必能有所斩获，也多少能给天子刘彻和参与行动的所有人一个交代。

遗憾的是，历史不能假设。五路兵马，三十多万大军，最后还是灰头土脸地班师回朝了。

耗费了大量人力、财力、物力，原本志在必得的这场伏击行动，就这样功亏一篑，以颗粒无收的结果尴尬收场。

"马邑之谋"的故事告诉我们——细节决定成败。

不论是多么完美的计划，也不论投入了多么巨大的成本，都可能由于一个小小的疏忽而前功尽弃，满盘皆输。所以，越是庞大的计划，越需要指定专人去死盯一些不起眼的细节。宁可吹毛求疵，鸡蛋里挑骨头，也好过百密一疏，让煮熟的鸭子飞了。

毫无疑问，马邑之谋的失败，王恢是第一责任人。

他既是该计划的主要发起者，也是最后收场时放弃追击的指挥官，不论从哪个角度来说，他都难辞其咎，罪无可恕。

刘彻对于此次失败的震怒是可想而知的。当他质问王恢为何不敢追击时，王恢辩解说，以三万人去追击十万铁骑，只能是自取其辱，还说："臣固知还而斩，然得完陛下士三万人。"（《史记·韩长孺列传》）意思是，他也知道回朝后自己论罪当斩，但他这么做，可以为皇帝保全三万将士的性命。

对这样的理由，刘彻当然不会接受，随后便把王恢交给了廷尉处置。

前面说过，案件只要交到廷尉手上，当事人通常难逃一死。廷尉很快就有了结论，说："恢逗桡，当斩。"（《史记·韩长孺列传》）就是王恢怯战避敌，论罪当斩。

王恢慌了，赶紧拿出黄金千斤去贿赂丞相田蚡，请他向天子求情。

田蚡拿人钱财，自然要替人消灾——但他之前因恃宠弄权已不受刘彻信任，现在更不敢直接去找刘彻，便去求自己的姐姐王娡，请她出面替王恢说情。田蚡还帮王娡想好了理由，说："王恢是马邑之谋的主要策划人，现在因计划失败就要杀他，这是在替匈奴报仇啊！"

随后，王娡便照田蚡的原话跟刘彻说了，希望能留王恢一命。

可刘彻却不为所动。

他说："正因为王恢是马邑之谋的首倡者，我才会发动天下精兵数十万，全部按照他的计划行动。而后，就算行动失败无法生擒单于，王恢所部至少应该按计划攻击匈奴的辎重部队——如此多少也能安慰一下满朝文武的失望之情。"

最后，刘彻宣布了他的决定："今不诛恢，无以谢天下。"（《史记·韩长孺列传》）

王恢得知后，万念俱灰，旋即自杀。

王恢之死，给这起事件画上了一个令人扼腕的黑色句号。

平心而论，"马邑之谋"在战略上是完全正确的，只是战术上出现了纰漏才导致功败垂成；而王恢极力主战，对大汉的忠心也值得肯定，其谋略更是可圈可点。如此种种，正是"马邑之谋"虽然失败，却仍然在历史上拥有很高知名度的主要原因。

然而，这并不意味着王恢就不该死。

他的死固然令人惋惜，但在当时的情势下，这样的悲剧结局几乎可以说是一种必然。

首先，"马邑之谋"的失败所导致的政治后果是相当严重的。因为这是自"白登之围"以来，汉朝首次主动发起对匈奴的军事行动，不论结果如何，都是在对匈奴宣战。而匈奴人的反应是可以想见的。据《史记·匈奴列传》记载："自是之后，匈奴绝和亲，攻当路塞，往往入盗于汉边，不可胜数。"

自"马邑之谋"后，匈奴便断绝了和亲，然后频频进攻汉朝的边塞和交通要道，且深入汉朝国境，其次数多到不可胜计。就是说，"马邑之谋"导致汉朝的边患更严重了，边境百姓的痛苦指数也随之飙升。相应地，大汉朝廷就要承受越来越大的政治和军事压力。

既然后果这么严重，那么这口黑锅应该由谁来背呢？

当然不能是天子刘彻，只能是"始作俑者"王恢。

其次，"马邑之谋"后，汉、匈之间的军事冲突注定会逐步升级，最终发展到全面战争；而王恢在此次行动中表现出的怯战避敌，无疑给此后的参战将士带来了很坏的影响。如果人人都以"替陛下保全将士"为由消极避战，那汉朝还有什么取胜的希望呢？

职是之故，刘彻就必须痛下杀手，借王恢的脑袋一用，来达到杀一儆百、惩前毖后的警示效果，彻底消除王恢的负面示范效应，从而激励大汉将士不惜代价、勇敢杀敌。

第三章 刘彻亲政 083

如果单纯从法律意义上讲，王恢可能罪不至死；但基于上述理由，当我们从政治的角度考量，却只能得出一个结论——身为背锅侠和反面教材的王恢，不能不死。

值得一提的是，马邑之谋的另一策划者聂壹，在行动失败后去了哪里、命运如何，《史记》《汉书》都没有记载。翻检史料，这个答案竟然意外出现在了陈寿的《三国志》中："张辽，字文远，雁门马邑人也。本聂壹之后，以避怨变姓。"（《三国志·张辽传》）

三国时代的曹魏名将张辽，居然就是聂壹的后人。从陈寿的记载可知，很可能正是在马邑之谋失败后，聂壹担心遭到匈奴人的报复，只好改名换姓，从此隐匿于江湖。

## 外戚之争：田蚡与窦婴

元光三年（公元前132年），大汉朝廷爆发了一场高层内斗。

争斗的双方，分别是新旧外戚的代表人物，一个是文景时代的外戚首领——魏其侯窦婴；另一个，就是武帝即位以来最风光的新外戚——武安侯田蚡。

在文景时代，窦婴的官运虽然并不顺畅，也曾屡起屡仆，但他毕竟是窦太后的侄子，是窦氏势力的代表人物，所以就算不时被贬，也能很快重返权力舞台。然而，随着窦太后的去世和新生代外戚田蚡的上位，以窦婴为首的前朝外戚就彻底靠边站了。

过去窦婴显赫的时候，朝野上下想要巴结他的人不可胜数，他的府上总是宾客如云、高朋满座；而今窦婴彻底失势，那些趋炎附势之徒便纷纷远离，转投田蚡门下。

想当初，窦婴贵为大将军时，田蚡不过是个小小的郎官，巴结窦婴最为卖力。田蚡不仅天天往窦府跑，而且每逢宴饮，必对窦婴执子侄礼，跪拜如仪。现在，田、窦二人调了个儿，窦婴的不甘与失落可想而知。

不过，让窦婴在炎凉世态中稍感安慰的是——当昔日的拥趸纷纷成为新丞相田蚡的粉丝时，只有一个人始终对他不离不弃。

这个人就是灌夫。

在中国历史上，很少有人因为骂人而名垂青史，而灌夫就是绝无仅有的一个。他给后世留下的那个著名典故，就是"灌夫骂座"。

灌夫，颍阴（今河南省许昌市）人，本姓张，其父张孟是西汉开国元勋灌婴的家臣，赐姓灌。七国之乱时，灌夫随父从军，其父战死。灌夫为报父仇，仅率十几骑杀入叛军营寨，毙敌数十人，身披十数创，悍不畏死，勇猛过人，从此名闻天下，被封为中郎将。

之后，灌夫历任代国国相、淮阳太守、燕国国相等职。他生性刚直、脾气暴烈，且一喝酒就爱耍酒疯，动辄得罪权贵，所以他经常遭人报复，在每个官位上都待不长久。窦婴失势之时，灌夫早已被罢去燕相之职，在长安家中赋闲。

灌、窦二人同为官场失意者，不免同病相怜、惺惺相惜。是故，当所有人都争先恐后地背弃窦婴时，唯独灌夫不但倾心结交，而且对他礼敬有加。窦婴仕宦一生，见多了锦上添花，却罕见雪中送炭，因而对灌夫的古道热肠也是感激不已。

于是，两人很快就成了相知恨晚的忘年之交。"两人相为引重，其游如父子然。相得欢甚，无厌，恨相知晚也。"（《史记·魏其武安侯列传》）。

当然，灌、窦二人相交也不是纯粹出于情义。

灌夫结交失意的窦婴，除了仗义任侠的秉性外，还有一个动因，就是想通过与窦婴的交往，抬高自己的声望。

灌夫自己虽然也当过好多年的官，但毕竟没有封侯，严格说来还算不上名流，平日与那些趾高气扬的公侯卿相交往，难免被压一头。而窦婴虽已失势，但瘦死的骆驼比马大，魏其侯的身份在那儿摆着，公开场合谁也不敢轻视、怠慢他。

所以，灌夫与窦婴深交，目的就是想借此跻身上流社会，从而在以后的各种社交场合中，取得与那些跋扈权贵平起平坐的资格。

反观窦婴，与灌夫结交也不完全是出于意气相投。

原因很简单，自从失势后，窦婴最痛恨的就是那些背弃他的势利小人，以及那个把他的权势、风头和"粉丝"都抢走的武安侯田蚡。有道是树活一张皮，人活一口气，纵然窦婴现在已经没有能力挽回失去的一切，可至少也要找机会给田蚡等人一点儿颜色瞧瞧，争回一点儿脸面。而像灌夫这种好勇任侠、脾气暴躁之人，无疑最适合替窦婴出头——因为灌夫从不怕跟谁撕破脸。

由此可见，从窦婴与灌夫结成"悲情二人组"的这一刻起，他们就注定会搞一些事情出来。而在窦婴与田蚡随后展开的激烈斗争中，喜欢打抱不平、替人出头的灌夫，也注定会成为斗争的牺牲品。

田蚡自从当上丞相后，就再未跨进窦婴家门一步。灌夫想替窦婴争脸出头，首先要做的，当然是设法让田蚡放下架子，再到窦府拜访一回——从而让那些趋炎附势的小人瞧瞧，即便是当朝新贵武安侯田蚡，对老前辈窦婴还是不敢不尊重的。

有一次，灌夫家中老人过世。按说服丧期间，本不宜与公卿往来，可一贯不拘小节的灌夫却想趁此机会搞一下田蚡，便跑去田蚡家串门。

田蚡硬着头皮接待了他。灌夫寒暄几句，话题便往窦婴身上扯，说田蚡一朝显贵便忘了旧人，于礼数不合。田蚡心不在焉地敷衍着，随口说："我也很想和你一道去拜会魏其侯，可惜你有孝在身，不大方便。"

灌夫一见田蚡上钩，当即胸脯一拍："丞相若肯赏脸光临窦府，我岂能因服丧推辞？这样吧，我现在马上去让魏其侯筹备筵席，请丞相明日早点儿光临。"

田蚡本来就是随口一说，闻言便满口答应，可心里根本没当回事儿。

灌夫随即赶到窦府，把消息告诉了窦婴。被冷落已久的窦婴一听田蚡要来，大喜过望，赶紧命下人洒扫庭院、擦拭家具，并跟夫人亲自跑到市场上，买了一大堆酒肉菜蔬，然后张罗了整整一夜。

第二天天刚亮，窦婴就命家人到大门口去恭迎。可是，窦府上下眼巴巴地等了一上午，却始终不见田蚡身影。窦婴颇感失望地问灌夫："丞相是不是忘了？"

灌夫大怒，说："我亲自去请，谅他不敢不来。"说完便亲自驾车直奔丞相府。

日近中午，田蚡还在家里高卧不起。灌夫气不打一处来，让人叫醒了田蚡，大声道："丞相昨日亲口答应拜会窦婴。他们夫妇早已备好筵席，从早上到现在一口饭都不敢吃，专等丞相赴宴——不知你到底什么意思？"

田蚡做出一脸无辜之状："是吗？我昨天喝醉了，都忘了跟你有何约定了。"

可灌夫一再坚持。田蚡无奈，只好命人备车，与灌夫一同前往窦府，一路上故意磨磨蹭蹭，惹得灌夫满面怒容。到了窦府，当即开筵。酒过三巡，灌夫起身跳舞，并邀田蚡同舞。田蚡端着丞相的架子，不愿离席。灌夫冷笑着回到座位，一边喝酒一边出言讥讽，把田蚡搞得面红耳赤却又不便发作。

窦婴见灌夫喝得差不多了，该替自己出的气也出了，便称灌夫已醉，命人将他扶了下去；然后装模作样地代他向田蚡赔罪，并频频敬酒。田蚡憋了一肚子气，却不得不强颜欢笑，尽力敷衍。

这顿窝心酒一直喝到深夜方罢。表面上大家觥筹交错、欢声笑语，实则心里都较着劲。尤其是灌夫那一通冷嘲热讽，更是让田蚡难以释怀。

之后数日，田蚡越想越不爽，决定从窦婴那里捞点儿便宜回来，以解心头之恨。

他想捞的东西，是窦婴在长安南郊的一块良田。此地丰腴肥沃，田蚡垂涎已久。在他看来，既然自己纡尊降贵去喝了窦婴的酒，那就是给了他天大的面子，窦婴也该投桃报李，还自己一个情面才对。随后，田蚡便命心腹门人籍福去给窦婴传话，说要买他的城南之田。

谁都知道，田蚡说要"买"，其实就是暗示窦婴把田送给他，至少也是半卖半送。

窦婴一听就火了。

老子请你喝酒还要倒贴良田，你田蚡的谱也摆得太大了吧？

窦婴毫不客气地一口回绝了籍福，道："老夫虽已被天子所弃，丞相虽尊贵无匹，可即便如此，他就能仗势欺人吗？"

灌夫听说此事，勃然大怒，找上门去把籍福骂了个狗血喷头。籍福本是窦婴门客，因其失势才转投田蚡，正是窦婴和灌夫最痛恨的人。籍福挨了一顿臭骂，自觉对不起老主人窦婴，只好回头去劝解田蚡，说："魏其侯那老家伙快死了,现在拿他的地,难免授人话柄。不如再等几年,等他死后什么都好办了。"

田蚡闻言,便搁置了夺田之议。没想到几天后,他才听说窦婴和灌夫因为这件事,在背后骂了他许多难听的话。田蚡顿时火冒三丈,对籍福说:"想当初,窦婴那老匹夫的儿子杀了人,都是我出面才救下他一条小命,而今窦婴居然吝惜几顷薄田。再说了,这事跟灌夫有啥关系,他瞎掺和什么?那田我不要了,迟早要他们好看!"

从此,田蚡对窦婴和灌夫恨之入骨,而窦、灌二人却还是我行我素,仍与田蚡明争暗斗,丝毫没有意识到危险的降临。

随后的日子,田蚡决定先拿灌夫开刀。

他授意手下暗中搜罗了灌夫族人在老家横行不法的证据,然后一状告到了天子刘彻那里。田蚡说,灌氏一族勾结当地的一些奸商富豪与黑恶势力,长年在颍川郡作威作福,侵夺田园,鱼肉百姓,令当地士民苦不堪言,应该立案审查。

对于灌氏横行颍川的事,刘彻早有耳闻,所以田蚡所奏也不算冤枉灌夫。刘彻说:"立不立案是你丞相职权内的事,不必请示朕。"

田蚡大喜,当即着手准备整治灌夫。然而,令田蚡万万没想到的是,就在他搜集灌夫黑材料的同时,灌夫也已经抓住了他的软肋。

田蚡的问题,说起来比灌夫严重得多。

首先,灌夫手中握有不少田蚡以权谋私、贪污受贿的证据;其次,他抓住了田蚡最致命的一处软肋——私下与淮南王刘安暗通款曲。

据说,刘安一直很欣赏田蚡,《史记》就称其"素善武安侯"。虽然原因司马迁没说,但也不难推测——田蚡是当朝最显赫的外戚,且时任太尉,迟早拜相,刘安自然想跟他交好。

建元二年,刘彻登基次年的正旦,淮南王刘安依例入京朝贺。由于刘安平时没少派人向田蚡致意(其实就是送礼行贿),田蚡便投桃报李,亲往灞上迎接。两人一见面,少不了一番互相吹捧;然后,田蚡对刘安说了这么一番话:

方今上无太子，大王亲高皇帝孙，行仁义，天下莫不闻。即宫车一日晏驾，非大王当谁立者！（《史记·淮南衡山列传》）

　　大意就是说，当今皇上刘彻尚无子嗣，而淮南王你是高皇帝（刘邦）之孙，以仁义著称，天下无人不知。日后皇上一旦驾崩，没人比你更有资格继承皇位。

　　这段话在历史上很有名，《史记》《汉书》《资治通鉴》均有记载；后来经常被人摘引，也被视为淮南王刘安早就蓄谋造反的铁证之一。不过，也有人怀疑这段话的真实性。毕竟当时刘彻刚即位，年仅十八，没有儿子很正常，拿这个来说事显得不太合理。况且，当时刘安应该已经四十出头了，凭什么认为年方十八的刘彻会死在他前面呢？这种说法更是违背常情常理。

　　不过，既然以《史记》为代表的相关史料全都记载了这件事，那么在没有确凿证据的情况下，仅凭常理就否定这段话的真实性，似乎也不太严谨。

　　在此，我们只能先搁置真伪问题，暂且尊重并按照《史记》等相关史料的记载，接着来看下面发生的事。

　　淮南王刘安听了田蚡这番掏心掏肺的话，喜不自禁，随即赠予重金，"厚遗武安侯金财物"——田蚡自然是如数收下了。

　　很显然，田蚡此番言行，足以够得上谋逆了，论罪理当族诛。

　　不知灌夫是怎么搞到这份绝密情报的——总之，他手上握着如此重量级的把柄，就等于死死踩住了田蚡的尾巴，令他无论如何也不敢轻举妄动。当然，灌夫并未将此事公之于众，只是通过门客传话，让田蚡知道他握有这张底牌。

　　这是灌夫聪明的地方，因为一枚炸弹只有在将爆未爆之时才是最恐怖的。换言之，对田蚡来讲，这个把柄就像是悬在他头上的一柄"达摩克利斯之剑"，什么时候落下来，全得看灌夫的心情。

　　得知灌夫的底牌后，田蚡傻眼了，不得不让门客出面，主动与灌夫达成了"和解"。

　　经过这件事，灌夫自以为捏住了田蚡的命门，遂比以前更加狂放不羁、有恃无恐。但是，灌夫并没有想到，他手中掌握的东西并不是一张免死金牌。因为，田蚡作为一人之下、万人之上的丞相和当朝最显贵的外戚，绝不允许自己受制于任何人。他主动"和解"，只是暂时稳住灌夫而已，绝不可能真的跟他握手言和。

如果说在此之前，田蚡收拾灌夫只是为了教训他；那么自此之后，田蚡一旦出手，就必定是要杀人灭口了——从这个意义上说，灌夫手中的把柄非但不是让他消灾避祸的免死牌，反而是令他加速灭亡的一道催命符。

遗憾的是，一向心高气傲的灌夫看不到这一层。

数月后，太后王娡撮合了一桩婚事：新郎是丞相田蚡，新娘是燕王刘嘉的女儿。谁都知道，两个人的年龄差距甚大，而且田蚡早已妻妾成群；但在当时，只要是田蚡想要的女人，再加上有太后主婚，就没有任何人敢说三道四。

太后做媒，丞相娶妾，亲王嫁女——这么多噱头摆在那儿，这场婚礼的动静自然不会小。太后王娡还特意下诏，要求列侯和宗室都必须到场祝贺，俨然把这顿喜酒当成了一项必须完成的政治任务。

魏其侯窦婴也在受邀之列。他去找灌夫，邀他同往。这么高规格的社交活动，灌夫当然想去——问题是他与田蚡已经势同水火，终究有些拉不下脸。窦婴劝他说，事情早已和解，不必再放在心上；然后硬是把灌夫拉上车，往丞相府而去。

此时的灌夫当然不会料到，这一去，他就再也回不来了。


## 灌夫骂座：冲动的惩罚

田蚡的婚宴上贵客如云，放眼望去，都是有头有脸的人物。

宴会进行到一半，田蚡起身给客人敬酒。宾客们受宠若惊，都严格按照礼节，一见田蚡过来就赶紧"避席"还礼。所谓避席，就是起身离席、躬身还礼，表示对敬酒者的尊重。

田蚡敬完一圈后，窦婴也不甘示弱，拿起酒壶酒杯，挨个去向人敬酒。

结果，只有几个老朋友避席还礼，大部分人都安坐不动，只是稍稍欠一欠身而已。窦婴一圈酒敬下来，不免有些难堪和失落。

其实，窦婴此举纯属自讨没趣。

人家田蚡现在是何等身份，你窦婴又是什么身份？同样敬一圈酒下来，结果能一样吗？再说了，这是田蚡的婚宴，人家新郎官来敬酒，客人避席还礼也是应该的，算不上阿谀谄媚。可你偏偏就想跟田蚡较劲，结果当然只能给自己找不痛快。

灌夫见状，怒火"噌"地蹿了上来，决定搅搅场子，给田蚡和众人一点儿颜色瞧瞧。

灌夫搅场子的方式没什么新意，还是敬酒。不过，如果说窦婴敬酒是"文敬"的话，那他就是"武敬"——换句话说，窦婴敬酒是给自己找不痛快，灌夫敬酒则是专门给别人找不痛快。

灌夫依次向众人敬酒。大伙儿都知道这家伙喜欢耍酒疯，不敢惹他，多数人还是恭恭敬敬地避席还礼，并一口喝完了杯中的酒。轮到田蚡时，灌夫故意高声贺喜，并要求他满饮此杯。田蚡黑着脸，稍微欠身，说："我不能喝满杯。"

灌夫本来就是想找碴儿的，当即嘲笑道："丞相是贵人，哪有大喜的日子不满杯的？还请赏脸，干了这一杯！"

可是，不管灌夫如何讥讽，田蚡死活就是不肯干杯。灌夫没辙，只好强抑怒火，转到临汝侯灌贤和将军程不识的案前敬酒。灌贤是灌婴的孙子，跟灌夫也可以算是亲戚。当时，灌贤和程不识正在低声耳语，没怎么搭理灌夫，只欠一欠身，毫无避席之意。

灌夫正憋着一肚子火无处发泄，总算在这里找到了突破口，立马指着灌贤的鼻子破口大骂："生平毁程不识不直一钱，今日长者为寿，乃效女儿呫嗫耳语！"（《史记·魏其武安侯列传》）

你平日把程不识贬得一钱不值，今日长辈向你敬酒，你竟然像个娘们儿一样，在这儿絮絮叨叨咬耳朵！

灌夫这一骂，顿时满座皆惊。

灌贤和程不识面面相觑，一时竟不知如何接腔。就在众人惊愕莫名、不知所措之际，田蚡拍案而起，怒喝道："程不识和李广将军位列同班，俱为东西两宫卫尉，你今天当众羞辱程将军，要将李将军置于何地？！"

李广当时并不在场，而且灌夫骂的是灌、程二人，跟李广八竿子打不着——可田蚡故意扯上李广，就是想让灌夫得罪更多的人。脾气暴躁的灌夫不知是计，一下就上当了，怒目圆睁道："今日就是砍我的头、挖我的心，我也不惧，管他什么程将军、李将军！"

在场众人眼见双方开撕，生怕惹祸上身，纷纷借口上厕所，眨眼间溜了一半。一场高朋满座、喜气洋洋的婚宴就这样被搅黄了。

窦婴也觉得灌夫这回发飙发得有点儿过头，临走前频频跟他打手势，示意他赶紧走人。可是，闹到这个地步，就算灌夫想走也走不成了。田蚡怒视灌夫，吼道："都怪我平日对你太纵容，才会让你这么骄狂！"随即喝令左右把灌夫捆了起来。

籍福过去和灌夫关系不错，心里多少还念旧情，怕灌夫吃亏，赶紧上前替他赔罪；还按住灌夫的脖子，让他向田蚡低头谢罪。灌夫生平从未受过此等羞辱，当然梗着脖子不肯低头。田蚡马上命人把灌夫押下去，关进了客房。

这一幕，就是历史上著名的"灌夫骂座"。

常言道，冲动是魔鬼。生性狂傲的灌夫冲动了一辈子，最终必然要遭到"冲动的惩罚"。田蚡本来就想杀他灭口，如今他居然自己往刀口上撞，把人家好端端的婚礼搅得一塌糊涂，那就休怪田蚡心狠手辣了。

当天，田蚡便命手下官员草拟奏章，称灌夫无视太后诏令，破坏婚宴，肆意辱骂大臣，犯了大不敬罪。同时，田蚡把当初搁置的旧案重新翻了出来，以灌氏族人横行乡里、鱼肉百姓为由，派遣数路官员奔赴颍川，将灌氏的所有亲属族裔悉数逮捕，押赴京城，准备全部斩首弃市。

面对这场突如其来的灾祸，窦婴万分惊愕；同时对灌夫深感抱愧，因为说到底，事情都是因他而起。窦婴当即拿出重金，分遣门客四处奔走，试图挽救灌夫及其族人。可是，田蚡现在一心要置灌夫于死地，就算窦婴为此舍尽家财，到头来也是于事无补。

至此，灌夫才终于意识到，一直被他视为护身符的那个把柄，压根儿救不了他。因为田蚡从婚宴那天起便把他完全囚禁，不让他与外界有任何接触；而灌夫的家人和族人不是被抓，就是逃亡，一个也帮不上忙。所以，不管灌夫手中握有什么天大的机密，都根本无法上达天听，只能跟他一块儿锁在牢房里，最后又陪着他烂在棺材里。

窦婴倾尽家财营救灌夫，结果却是竹篮打水一场空。他老婆看不下去，埋怨他说："灌将军得罪丞相，也就等于忤逆了太后，你怎么救得了他？"

窦婴的回答异常决绝："我不能眼睁睁看着灌夫去死，而我独自苟活。"

眼看灌夫的这场劫数已经不可能用钱摆平，窦婴只好走了最后一步棋——上疏求救。他瞒着家里人，把一道奏章递进了未央宫。看完奏疏，刘彻立刻召见了他。窦婴把灌夫得罪田蚡的来龙去脉都跟刘彻讲了，并极力解释灌夫是因醉酒闯祸，罪不至死。

听完窦婴的陈述，刘彻沉吟良久。

刘彻相信，窦婴所说都是实情。但问题是，田蚡是刘彻的亲舅舅，是太后最倚重的外戚，就算刘彻想放灌夫一马，太后和田蚡也不会轻易饶他。说穿了，能够决定灌夫生死的人不是天子刘彻，而是太后王娡。

那天，刘彻留窦婴在宫中用膳，以示安抚，最后对他说："明日，到长乐宫解释这件事吧。"

次日，刘彻召集了窦婴、田蚡、韩安国、汲黯、郑当时等一干重臣，在长乐宫开了个会，目的就是让窦婴和田蚡对质、辩论，搞清楚灌夫到底有没有罪。

长乐宫是太后王娡的地盘，刘彻选在这里开会，其实已经暗含某种倾向性了。

辩论一开始，窦婴便极言灌夫的种种优点；然后说他因醉酒而犯错，其实并无大罪，"乃丞相以他事诬罪之"（《史记·魏其武安侯列传》）。田蚡一听窦婴说他诬陷，顿时暴跳如雷，历数灌夫平时放纵自恣的种种行为，结论就是：灌夫大逆不道，其罪当诛。

窦婴气急无奈，忍不住对田蚡进行了人身攻击，骂他贪财好色、生活糜烂。

田蚡闻言，非但不怒，反而十分从容道："如今天下太平，安乐无事，我才有幸成为皇上的心腹。魏其侯说得没错，我是喜欢音乐，喜欢倡优，喜欢声色犬马，喜欢豪宅良田，可还是不如您魏其侯。您和灌夫日夜招聚天下的豪杰壮士，议论国事，诽谤朝政，仰观天文，俯察地理，窥测于两宫之间，唯恐天下不乱，企图趁乱建功……"

说到这儿，田蚡故意把脸转向刘彻，最后道："臣实在不知道，魏其侯他们到底想干什么?!"

第一回合下来，田蚡明显占了上风。

因为，自古以来，君主最忌讳的事情从来不是臣子如何腐败，而是臣子暗中结党、心怀异志。有时候臣子为了让君主放心，反而要通过腐化堕落的"自污"方式，来表明自己胸无大志。这在历史上是屡见不鲜的。

所以，窦婴攻击田蚡腐化堕落，其实根本挠不到痛处——田蚡一直以来就是这么腐败，可天子也没拿他怎么着，人家不还是好端端地坐在丞相的大位上吗？

反观田蚡对窦婴的攻击，可以说是又准又狠。虽然他说的那些基本属于诬蔑，没有什么真凭实据，但还是很有杀伤力。因为对于此类指控，君主们往往是宁信其有、不信其无的，而且越是雄主，猜忌之心越强。虽然刘彻不太可能信这番鬼话，但比起窦婴对田蚡的人身攻击，田蚡对窦婴的这番指控，显然更具有耸人听闻的效果。

刘彻看了看阴阳怪气的田蚡，又看了看怒发冲冠的窦婴，不置可否，而是问其他大臣："魏其和武安孰是孰非？"

韩安国率先出列，道："魏其侯提到灌夫之父为国殉职之事，确属实情。当年，灌夫为报父仇，义无反顾冲入敌阵，身披数十创，名冠三军，是天下公认的壮士。如今并无大恶，只因酒席间的些微争执，似乎不该以其他的过错来治罪。所以，魏其侯所言是对的。不过，如丞相所言，灌夫结交地方豪猾，侵夺小民，聚敛亿万家财，横行颍川；凌辱宗室，侵犯皇亲，也确有其事。至于二者孰是孰非，还请明主圣裁。"

韩安国一席话说完，估计在场所有人都会在心里给他两个字的评价：滑头。

他说了半天，不但两边都不得罪，最后还把皮球踢回了皇帝。

刘彻忍住怒气，又问其他人。汲黯明确支持窦婴；郑当时刚开始也支持窦婴，可后来看到田蚡的脸色，却又放弃立场，变得模棱两可；其他人则连一声都不敢出，始终保持沉默。

刘彻终于没能忍住心头的怒火，对郑当时说："你平日不是经常议论魏其侯和武安侯的长短吗？今日廷议，为何局促得像车辕下的马驹，吞吞吐吐，闪烁其词？我真想把你们这些人都杀了！"

说完，刘彻便把这群吓得面无人色的大臣扔在了大殿里，头也不回地拂袖而去。

当天的廷议就这样无果而终了。

众人悻悻散去。田蚡气冲冲地把韩安国拉上车，质问他："我和你一同对付那个老匹夫，绝对稳操胜券！你用得着首鼠两端吗？"

韩安国当初就是靠贿赂田蚡"五百金"才上位的，可今天的表现着实令田蚡失望。

听了田蚡的指责，韩安国默然良久，才道："丞相方才为何不自重呢？"

田蚡愕然，不明白他的意思。

韩安国缓缓道："窦婴当着皇上的面攻击你，你应该免冠谢罪，把印绶解下来还给皇上，而且还要说：'臣受陛下信任，忝为丞相，实在不能胜任，魏其侯所言都没有错。'这样一来，皇上一定会赞赏你的谦让之德，绝不会罢免你。到时候，魏其侯愧悔难安，只有闭门自杀的份儿。可现在，人家攻击你，你也回击人家，彼此都像市场上的泼妇一样骂来骂去，何其不识大体啊！"

田蚡一听，这才赧然道："争时急，不知出此。"（《史记·魏其武安侯列传》）

刚才着急上火，没想到用这一招。

韩安国所言，确实是古代中国官场哲学的重要组成部分。所谓以退为进、知雄守雌，说的就是这个道理。可惜田蚡既没有这份涵养，也没有这种智慧。他在这场廷议中的表现，固然显得快嘴利舌、思维敏捷，但比起韩安国所说的以退为进、以柔克刚，还是落了下风。

当然，如上文所言，比起窦婴只会骂人家腐败，田蚡还是更高明一些。

表面上看，这场过招似乎不分胜负，可田蚡手中毕竟握着一张王牌，注定能让他笑到最后。

这张王牌当然就是太后王娡。

下殿后，刘彻前往太后寝殿，侍奉她用膳。一进殿门，刘彻就看见了太后阴郁的脸色。

很显然，廷议的内容，她早就派人打探得一清二楚了。

各色食物摆满了几案，太后却始终不动筷子。刘彻刚想劝她，太后便开口了："如今我还活着，就有人敢欺负我弟弟；若是我百年之后，他还不被当鱼肉宰割？你贵为皇帝，却像石头人一样没有主张。今天你还在位，那些大臣不得不唯唯诺诺；倘若你百年之后，那帮人有哪个是信得过的？"

见太后的态度如此坚决，刘彻只好向她赔罪，说："冲突双方都是皇亲国戚，我才会举行廷议。不然的话，这个案子随便哪个法曹都能裁决。"

事已至此，灌夫是必死无疑了，而且连窦婴恐怕也性命不保。

随后，刘彻不得不遵照太后的意愿，命御史审查窦婴，看他在廷议中替灌夫所作的辩护是否属实。

御史承风希旨，很快得出了太后和皇帝想要的结论，宣称窦婴所言多与事实不符，实属欺君罔上。刘彻随即命人逮捕窦婴，把他关进了监狱。

窦婴万万没料到自己会落到这步田地。眼看灌夫马上要被灭族，而他自己又身陷囹圄，满朝文武更是无人敢替他们说话，形势已经危险到了极点，窦婴万般无奈，只好搬出最后一根救命稻草——景帝遗诏。

遗诏内容是："事有不便，以便宜论上。"（《史记·魏其武安侯列传》）意即遇到紧急之事，可直接面圣进行申述。

窦婴是文景时代最显要的外戚，能得到这份遗诏也在情理之中。然而，他有没有遗诏是一回事，刘彻（实际上是太后）承不承认这份遗诏又是另一回事。按照规定，任何人持有先帝遗诏，宫中必有相应存档，一式两份，相互勘照，以验真伪。可当有关部门查验宫中档案时，结果却是找不到与那份遗诏相同的副本。

如此一来，窦婴就算跳进黄河也洗不清了。原本的罪名是欺君罔上，现在又加了一条"矫先帝诏"，论罪已完全够得上斩首弃市。

数日后，灌夫及其族人被全部处决。窦婴自知死期将至，愤懑忧惧，旋即中风，继而在狱中闹起了绝食。

刘彻有心留窦婴一命，就把案子搁置，一直没有下发处决令。

窦婴家人意识到事情有了转机，便劝说窦婴开始进食，并延医问药给他治病。然而，太后和田蚡是不会就此放过他的。

元光四年（公元前131年）冬，一则流言在长安传开，说窦婴在狱中口出恶言，辱骂皇帝。刘彻也知道流言八成是田蚡搞出来的，但迫于太后的压力，不得不签发了处决令。

十二月的最后一天，窦婴在渭城（今陕西省咸阳市）被斩首，尸体暴露于通衢闹市，朝廷规定任何人不得将其收葬入殓。

这就是所谓的"弃市"。

可怜一代权贵魏其侯，就这样落了个死无葬身之地的下场。

田蚡终于在这场外戚之争中取得了完胜。

可是，谁也没料到，志得意满的田蚡仅仅得意了两个多月，就突然罹患怪病，精神恍惚，日夜恐惧，满口"服罪、谢罪"之类的胡话。家人赶紧请巫师作法，结果巫师说了一句话，让所有人都感到毛骨悚然。

巫师说："见魏其、灌夫共守，欲杀之。"（《史记·魏其武安侯列传》）窦婴和灌夫的冤魂日夜守在田蚡身边，要杀他偿命。

没有人知道巫师所言是不是真的，但田蚡的病情却迅速加重，同年三月就在无尽的恐惧中一命呜呼了。

对于田蚡的死，刘彻并没有多少惋惜，甚至还有一丝庆幸。因为没有了他，刘彻就能在很大程度上摆脱太后的掣肘，在朝政上拥有更大的自主权和决策权了。

事后来看，田蚡在他最风光的时候死去，对他本人也不是什么坏事，对他的家人来讲更是一种幸运。因为数年之后，淮南王刘安谋反事败，田蚡与他暗通款曲并收受巨额贿赂的事便全部曝光了。刘彻得知后，冷冷地说了一句："使武安侯在者，族矣！"（《史记·魏其武安侯列传》）

假使田蚡今天还活着，定将他灭族！

# 第四章
# 征匈奴，分诸侯，抑豪强

## 张汤牛刀小试，李广死里逃生

元光五年（公元前130年）秋，被刘彻冷落了好几年的皇后阿娇不甘寂寞，又开始搞事情了。

前面我们已经领教过，只要阿娇一出场，剧情通常比较狗血，属于宫斗剧的烂俗桥段。

这回也不例外。

为了报复情敌卫子夫，阿娇找了一个叫楚服的女巫，搞迷信活动诅咒卫子夫。这种迷信活动，在巫术界有个专业名词，叫"厌胜"；用老百姓的说法，就是"扎小人"。

此外，阿娇还努力跟楚服学习"妇人媚道"，即利用某种超自然的神秘力量对男人进行"邪加持"，以获取这个男人的爱。

"厌胜"，针对的是卫子夫。

"媚道"，针对的就是天子刘彻了。

这是一套完整巫术的两个重要组成部分，缺一不可。

正如人们看惯的宫斗剧一样，搞这种小动作的人，智商通常都不在线，在剧里往往活不过三集。阿娇当然也没能逃过这种烂俗设定。很快，迷信活动就败露了。刘彻勃然大怒，派遣了一名精干的侍御史"穷治之"，要对此案穷追猛打、一查到底。

这名侍御史，就是日后大名鼎鼎、令人闻之色变的酷吏张汤。

张汤，京兆杜陵（今陕西省西安市长安区）人，出身于中层公务员家庭，其父曾任长安县丞。也许是自幼耳濡目染，经常看父亲审案断案，张汤从小就表现出了成为一名酷吏的惊人天赋。

有一回，他爹要出差，叮嘱张汤把家里看好，别被小偷光顾了。等他爹出差回来，发现家里虽然没进小偷，可放在厨房里的肉却被老鼠偷吃了。他爹很生气，就把小张汤胖揍了一顿。张汤很委屈，决定捉拿"凶手"归案，还自己一个公道。

于是，张汤就去掏老鼠洞，不但把老鼠抓了，还起获了"赃物"——还没吃完的那块肉。接着，张汤开始审讯并拷打老鼠，同时煞有介事地把审讯过程都完整地记录了下来。然后，他严格按照司法程序，把案情经过、审讯记录和自己的判决结果，全都整理成卷宗，向上级（就是他爹）进行了汇报。

最后，张汤依法对老鼠执行了死刑，"具狱磔堂下"（《史记·酷吏列传》），就是在厅堂的台阶下，用千刀万剐的"寸磔之刑"把老鼠弄成了一堆肉酱。

他爹本来没当回事，后来无意间翻开他写的卷宗，差点儿惊掉了下巴。因为，这份卷宗从格式到文辞，都跟办案多年的老狱吏写的一样，完全不像是孩子的手笔。

从此，他爹就知道这小子是个可塑之才了，便慢慢让他参与办案，专门负责书写相关的文书和卷宗。许多年后，他爹去世，张汤就顺理成章地成了长安县的县吏。

作为基层公务员，张汤虽然专业能力十分过硬，但缺乏背景和人脉，所以在县吏的位子上待了好多年都未获升迁。如果不想办法攀附权贵，张汤这辈子就算做到老死，充其量跟他爹一样，当个副县长而已。

机会总是垂青有准备的人。不久，一个官居九卿的人因事被关进了长安县大牢。张汤立刻意识到自己的机会来了。因为这个人可不是一般的九卿，他是田蚡的弟弟田胜。虽说当时还是景帝在位，田蚡尚未得势，但毕竟是皇后家的外戚——所以张汤料定田胜只是一时落魄，很快就会东山再起。

于是，张汤利用自己县吏的身份，对田胜十分照顾，倾心结交。果然没过几天，田胜就出狱了，旋即又被封为周阳侯。田胜为了报答张汤，就带他进入了长安的上流社会，介绍他认识了一大帮达官贵人。

从此，张汤的仕途就走上了康庄大道。

他先是被擢升为给事内史——调到首都政府办公厅任职，继而又调到当时著名酷吏宁成的手下担任掾属。由于会做事，又会做人，宁成就把他推荐给了田蚡。此时武帝已经即位，田蚡开始得势，随即命张汤就任茂陵尉。

这个职位虽然级别不高，但茂陵是刘彻百年后的陵寝，茂陵邑就是围绕陵寝建立起来的一个"高端商住区"，长安的许多高官显要都居住于此。张汤在此担任"警察局长"，是很容易深度结交权贵、进一步发展人脉的。

几年后，田蚡拜相，便把张汤推荐给了天子刘彻。张汤就此登上了仕途的第一个高峰，成了皇帝身边的侍御史。

现在，阿娇的这桩案子落到张汤手上，无疑将是他仕途生涯的又一块跳板。

张汤很清楚皇帝想要的是什么结果。于是张汤深入追查，广为株连，最后一共查出了包括皇后阿娇和女巫楚服在内的三百多名同案犯。很快，首犯女巫楚服便被"枭首于市"——砍下脑袋挂在闹市示众。

同年七月九日，刘彻废黜了阿娇的皇后之位，并把她迁出未央宫，打进了冷宫（长门宫，位于长安城东南）。

不作死就不会死，阿娇终于为她的愚蠢付出了代价。

这回，连一贯跋扈的馆陶长公主也不敢再替女儿出头了。因为"厌胜"的性质实在恶劣，属于后宫中最令皇帝愤怒的事情。所以，长公主只能眼睁睁地看着女儿被废，还不得不入宫向自己的侄子刘彻请罪。

请罪可不是嘴上说说而已，得"稽颡"，就是跪地磕头。

刘彻见姑妈都把姿态放得这么低了，便就坡下驴，安慰她说："皇后所为，违背大义，不得不废黜。请长公主放心，也请相信我，不要听外面的闲话，生出猜疑恐惧之心。皇后虽然被废，但一切供奉如常，长门宫和正宫，也没什么分别。"

长公主当然知道，这只是说得好听罢了，冷宫和正宫哪能没有分别呢？那不是一个天上一个地下吗？不过，现在能听到天子亲口表态安慰，她就该谢天谢地了！毕竟这事闹得这么大，株连到她头上也不是没有可能。

此案张汤办得非常漂亮，一下就博得了刘彻的赏识："上以为能，稍迁至太中大夫。"（《史记·酷吏列传》）。刘彻认为他很能干，立刻擢升他为太中大夫。

武帝一朝，"太中大夫"和"侍中""给事中""中大夫"等一样，都不是朝廷的正职官员，却是比之更为清贵、更为显要的职位。

因为他们都属于天子近臣，也就是所谓的"内朝官"。

内朝官虽无具体职掌和特定职能，却能讲议朝政，奉诏治事，深为皇帝信任；因为常能参与机密之事并直接秉承皇帝旨意，颇能影响中枢决策，故实际权力往往比外朝官更大。当时，内朝官多以宠臣、贵戚充任，如卫青、东方朔、司马相如等人。而"太中大夫"在内朝官中又位列头班，最为显赫。

如今，张汤一步跨入这个行列，可谓一朝显贵、平步青云，前程不可限量。

处置陈皇后巫蛊案，只是张汤的牛刀小试而已。日后，他还将接手一个又一个大案要案，以异常酷烈的手段屡兴大狱，在大汉帝国掀起一阵阵血雨腥风，从而踏着无数人的鲜血和尸骸一步步走上仕途巅峰……

自"马邑之谋"后，匈奴便连年入寇，在边境烧杀掳掠，对大汉帝国构成了严重威胁。

元光六年（公元前129年）春，匈奴再度南侵，攻入上谷郡（今河北省怀来县），大肆杀掠汉朝的官员百姓。急报传至长安，新仇旧恨顿时一起涌上刘彻心头。

此时距"马邑之谋"失败已过去了四年。这四年来，一千多个日日夜夜，刘彻一刻也没有放弃北伐匈奴的战略构想，大汉帝国也一直在养精蓄锐、秣马厉兵。

此刻，刘彻不想再等了。

他决定全面反击，把战火从汉匈边境引向匈奴境内，让匈奴人的土地也在大汉铁骑的践踏下战栗一回！

鉴于上次兴师动众却又劳而无功，刘彻这次决定全部出动精锐骑兵，兵力无须太多，但一定要快速、机动，给匈奴人来一场出其不意的闪击战。

第四章　征匈奴，分诸侯，抑豪强

刘彻亲自任命了四名将领：卫青为车骑将军，公孙敖为骑将军，公孙贺为轻车将军，李广为骁骑将军。

四人各领一万精骑，兵分四路——卫青出上谷郡，公孙敖出代郡（今河北省蔚县），公孙贺出云中郡（今内蒙古自治区托克托县），李广出雁门郡（今山西省右玉县南），从不同方向进攻匈奴。

让满朝文武有些意外的是，四名将领中，其他三人都是行伍出身，军事经验丰富，唯独卫青从没上过战场，毫无治军打仗的经验，可以说完全是个军事"小白"。

这样一个彻头彻尾的新手，天子却一下就委以重任，不仅让他担任第一兵团指挥官，还让他正面迎击入侵上谷的匈奴主力——这也太冒险了吧？

此时的朝野上下，普遍都不看好卫青，而是看好李广。

因为，比起刚出"新手村"、经验值为零的卫青，此刻的李广早已是身经百战、威震边关的老将了。

在此，我们先来认识一下这位历史上著名的"飞将军"。

李广，陇西成纪（今甘肃省静宁县）人，先祖是秦国名将李信。因世代传习骑射之术，李广早在少年时代便以"神射手"之称闻名远近。文帝十四年（公元前166年），匈奴入侵萧关，李广毅然从军，以其精湛的骑射功夫毙敌多人，因功擢升汉中郎。

有一次，李广随同文帝出行，路上不仅遭遇了匈奴人，还碰上了猛兽。李广冲锋在前，拼死护驾，先是击退了敌人，继而格杀了猛兽。文帝见状，不禁感慨道："惜乎，子不遇时！如令子当高帝时，万户侯岂足道哉！"（《史记·李将军列传》）

可惜啊，你生不逢时！如果让你生在高祖的时代，封个万户侯都不算什么！

景帝即位后，李广升任陇西都尉、骑郎将。不久，七国之乱爆发，李广以骁骑都尉之职跟随太尉周亚夫出征，英勇作战，在昌邑城头一举夺下叛军军旗，顿时名震三军。梁王刘武对他大为赏识，便私下授予他将军印绶。

李广的军事才干十分突出，可惜在政治上却不够成熟。梁王给的东西，你一旦收下，势必触及景帝的忌讳。结果回朝后，就因为这事，李广虽战功赫赫却没有得到封赏。

此后多年，李广一直在边塞任职，历任上谷、上郡、陇西、北地、雁门、代郡、云中多地太守。每回与匈奴交锋，李广皆以力战闻名，俨然已成为"国之长城"。

在李广漫长的军事生涯中，肯定有很多传奇故事，只是史书记录下来的终究是少数。司马迁在《史记·李将军列传》中，便记载了李广镇守边关时发生的一则精彩故事。

那是在景帝中元六年（公元前144年），李广任上郡（今陕西省榆林市）太守。景帝派了一名宦官来到前线——表面上说是来跟李广学习军事，其实就是秉承上意来监督、视察的。

从没上过战场的人，往往认识不到战争的危险性——这个宦官也不例外。他一到上郡，就立刻带上数十骑出城巡视，结果没走多远就撞上了三名匈奴骑兵。

宦官一看对方才三个人，觉得有便宜可捞，马上命左右出击。这三人大概是斥候，任务只是侦察敌情，无心恋战，拍马就走。宦官越发兴奋，率部下紧追不舍。

死神就是在这时候降临的。

宦官和他的数十名手下绝对想不到，他们自以为是在追杀猎物，其实却是在追逐死神。因为这三个匈奴骑兵不仅骑术高超，箭法更是精湛。只见他们一边从容撤退，一边熟练地挽弓搭箭，每一支箭矢射出，必有一名汉军骑兵应弦落马。

宦官和他的手下不是木头人，当然也会射箭还击——可不幸的是，他们射出的箭却愣是没伤到对方半根毫毛。

按说手下纷纷被射杀，识相的就该溜之大吉了——可这个宦官偏偏脑子发热，硬是要追到底。结果，按司马迁记载，那三个匈奴兵"杀其骑且尽"，就是几乎把宦官的手下团灭了。最后，连宦官自己也中了一箭，这才失魂落魄地逃了回来。

李广得知情况后，立刻断定这三人是"射雕者"，就是匈奴军中最厉害的弓箭手，相当于现代战争中的狙击手。事不宜迟，李广当即率领百余骑兵前去

第四章　征匈奴，分诸侯，抑豪强　103

追杀"射雕者"。

这三个匈奴骑兵刚才被追了一路,马都累瘫了,再也跑不动,只好下马步行,结果就让李广给追上了。考虑到这三人和自己一样是百步穿杨的神射手,李广下令骑兵左右散开,往两翼包抄,却围而不攻,因为李广打算亲手干掉这三个"射雕者"。

可惜司马迁没有记载这个"一挑三"的精彩过程,不过战果还是记录下来了——李广以一人之力,"杀其二人,生得一人"。审问过后,发现果然是匈奴的"射雕者"。

这个故事到这里并没有结束,更精彩的还在后面。

正当李广命人把那名俘虏捆上马背、准备回城时,不远处突然冒出了黑压压一大片匈奴骑兵,看上去足有数千人。

双方不期然打了个照面,彼此都惊呆了。

汉军是因为众寡悬殊,担心今天十有八九要战死沙场。匈奴人则是远远认出了李广的帅旗,却见旗下兵力只有百余人,怀疑李广是故意拿自己当诱饵,给他们下套,所以一时间也惊疑不定。

于是,双方就这样僵持住了,谁也不敢轻举妄动。

这就叫"麻秆打狼两头怕"。

没过多久,汉军这边先沉不住气了,多数人已然悄悄掉转马头,准备随时跑路。

李广知道,倘若此时撤退,他和这一百余人一定死无葬身之地。因此,非但不能后撤,反而要逼近敌人,迷惑他们。

决心已定,他对众人道:"我们离大军足有几十里,照现在的情况,只要一跑匈奴人定会把我们杀光。如果我们停下来不走,他们以为我们是诱敌的,必定不敢攻击。"

众人闻言,军心稍定。

李广随即下令全体前进,一直逼到敌人跟前二里地才勒住缰绳。然后,他又命部众"下马解鞍",就是做出就地休整的样子。部众大惑不解,问他:"匈奴人这么多,万一直接冲过来怎么办?"李广解释道:"匈奴人原以为我们会逃跑,现在我们都解下马鞍表示不退,这才能让他们更坚信我们是诱敌之兵。"

此举也确实唬住了匈奴大军，他们面面相觑，都猜不透李广葫芦里卖的是什么药。

许久，匈奴人终于产生了一丝怀疑，便派出一名白马将领，带着一队骑兵慢慢逼近，打算试探。李广一看，索性翻身上马，带上十几骑冲了过去，只一箭就把那个白马将领射落马下，然后又从容不迫地返回原地。

这一幕，就连自恃勇悍的匈奴人也看得呆若木鸡。

随后，李广做出了更加大胆的举动，让大伙随意躺在地上休息，甚至也可以睡觉。

匈奴人被李广这一番猛如虎的操作震慑住了，又看到汉军一副有恃无恐的样子，再也不敢有所动作。

双方一直对峙到了深夜。匈奴人的戒备状态保持了大半天，早已人困马乏，又担心可能会有大批汉军趁机夜袭，再待下去恐怕凶多吉少，只好引兵而去。

就这样，李广不费一兵一卒，在极度危险的情况下，以"反其道而行之"的逆向思维，临时布置了一个完美的疑兵之计，并适时出击，最终全身而退，堪称用兵之典范。

李广这么牛，人们当然没理由不看好他。

不过，这个世界总是充满了意外——尤其是打仗这种事情，变数更大。

在这场全面反击匈奴的战役中，被外界一致看好的老将李广却在阴沟里翻了船，险些葬身大漠；反倒是初出茅庐、毫无经验的卫青逆风翻盘，爆了个大冷门。

接下来，我们就来看看这场战役的经过。

卫青从上谷郡出关后，并没有遭遇预期中的匈奴主力。他带着部众又向北边的荒漠行进了数百里，仍然不见敌人踪影。

一个难题就此横亘在卫青面前。

若就此撤兵，空手而归，不仅辜负了天子期望，也会让满朝文武看笑话；但若继续向匈奴境内挺进，又该上哪儿去找敌人的主力呢？

匈奴是马背上的民族，居无定所，不像汉朝这边有固定的城池可以攻打。

如果冒险深入大漠，在漫无目标的情况下，不仅可能劳师无功，而且极易遭遇匈奴人的埋伏，稍有不慎就会全军覆没。

怎么办？

经过一番焦灼的思考，卫青脑中灵光一闪，旋即做出了一个十分冒险却极有可能成功的决策——奇袭龙城。

龙城是匈奴王庭所在地，也是匈奴人祭祀天地、祖先和神灵的圣地。在广袤的大漠和草原中，这也许是匈奴人唯一一处固定的居所，也是卫青此次出征唯一可以锁定的攻击目标。

那么，龙城在哪儿呢？

关于龙城的具体位置，历来众说纷纭。直到不久前的2020年7月，蒙古的乌兰巴托大学经过多年考古发掘和研究，才最终确定了龙城遗址所在地，即今蒙古国后杭爱省的额勒济特县，位于乌兰巴托以西四百七十公里处。

从卫青所在的上谷郡到龙城，直线距离将近一千八百公里，实际行军路程绝对在两千公里以上。正是由于龙城距汉、匈边境太过遥远，匈奴人预料不到汉军会突袭，所以其主力部队都在南边准备迎击汉朝的四路铁骑，驻守龙城的兵力自然不会多。

这是卫青此次奇袭极有可能成功的原因所在。

然而，危险也是显而易见的。长达四千多里的长途奔袭，其间穿越的几乎都是无人区，卫青和他的一万人马不仅要克服极其恶劣的地理和气候条件，还要面对迷路、断粮、缺水等致命的威胁。

这对卫青及其部众的勇气、意志力和体能，都是一次极端严酷的考验。

所幸，这群具有钢铁意志的汉家儿郎，最终经受住了种种考验，如同神兵天降一般突然出现在了匈奴人的王庭。为数不多的龙城守军根本不敢相信眼前的一幕。尽管他们也进行了顽强的抵抗，但终因寡不敌众，很快就被全部歼灭。

卫青所部砍下了七百颗匈奴人的首级，班师凯旋。

这是自刘彻确立反击匈奴的战略以来，汉军取得的第一场胜利。虽然战果并不丰硕，但这一仗的意义并不在于击杀了多少匈奴，而是在于以下两个方面：

其一，这是汉军主动出击、深入匈奴境内取得的胜利，具有里程碑的性质，极大鼓舞了汉军将士的斗志，也为日后对匈战争的一系列胜利奠定了基础。

其二，龙城是匈奴人的政治心脏和宗教圣地，象征意义高于一切。如今卫青千里奇袭、直捣腹心，无异于狠狠扇了匈奴人一记耳光——可以说伤害性不大，侮辱性极强。它有效打击了匈奴人的嚣张气焰，在心理上对他们进行了有力的震慑。

"明犯强汉者，虽远必诛！"

虽然名将陈汤要在将近一百年后才喊出这句振聋发聩的口号，但卫青奇袭龙城的壮举，无疑已经拉开了大汉帝国征伐四夷、鹰扬国威的历史序幕。

相比于一仗就开启了辉煌军事生涯并打出了历史意义的卫青，另外三路人马的战况，只能用"惨淡"二字来形容。

首先是公孙贺这一路，去塞外溜达了一圈，啥也没碰上，空着手回来了，权当去野外拉练了一回。

其次是公孙敖这一路，倒是跟匈奴激战了一场，不过却失利了，麾下骑兵整整战死了七千人。

最后也是最令人期待的李广一路，结果却是最惨烈的。

他遭遇了匈奴的主力，所部一万人寡不敌众，大部阵亡，余众被打散；李广本人战至最后，被匈奴人俘虏了。

由于匈奴单于素闻李广威名，战前特意交代部众要"抓活的"，这才让李广有了一个死里逃生的机会。

当时，因李广身负重伤，没法骑马，匈奴人就用绳子在两匹马中间编起了一张网兜，把他放在上面，让马匹慢慢行进。

李广先是紧闭双目，躺在网兜里装死，然后一边恢复体力，一边用眼角的余光观察情况。很快，他发现身旁一个匈奴兵的坐骑是匹膘肥体壮的良马，心里便有了计策。

大战之后，匈奴人也很疲惫。向北走了一段路后，押解李广的匈奴兵早已放松了警惕，一个个骑在马上昏昏欲睡。

此时不跑，更待何时？

李广突然从网兜上一跃而起，纵身跃上那匹良马；同时夺过那个匈奴兵的弓箭和马鞭，将其推下马背，然后掉转马头，鞭子狠狠一抽，坐骑便朝南边疾驰而去。

这一连串动作都发生在转瞬之间，行云流水，一气呵成。等匈奴人回过神来，李广的背影都快看不见了。他们立刻派出数百骑紧追不舍。李广一边纵马狂奔，一边搭弓射箭，将多名追兵射落马下，同时一路上还收拢了不少残部。

匈奴人一路往南追击了数十里，直到看见李广等人逃进了一座汉军要塞，才愤愤作罢，掉头离去。

李广就这样奇迹般地死里逃生了。

可即便千辛万苦捡回了一条命，他依然要面对军法的处罚。

四路人马回朝后，刘彻立刻将唯一取得胜利的卫青封为关内侯；公孙贺因无功无过，故不赏不罚；至于吃了败仗、损兵折将的李广、公孙敖二人，则第一时间被关进了监狱，之后又被判处了死刑。

虽说军法无情，该怎么判就得怎么判，但假如将领每回战败都要被砍头，那汉朝肯定没几年就无将可用了。所以，在严肃的律法之外，汉朝还给败军之将留了个赎罪的口子，即拿钱换命。这样既不违背律法，又不至于动辄斩杀将领。

李广和公孙敖连忙缴纳了赎金，随后一同被罢官，废为庶人。

第一次全面反击匈奴，虽然总体上失利了，但卫青甫一亮剑就获得了意义非凡的胜利，还是让刘彻感到了些许欣慰。

更重要的是，满朝文武从此就都对卫青刮目相看了。如果之前还有人认为卫青是靠裙带关系发迹的话，现在也不得不改变了看法。此后，随着卫青一次又一次北征匈奴并屡建战功，朝野上下更是不得不佩服天子刘彻的慧眼识英与知人善任。

对此，司马光就有一段十分中肯的评价：

> 青虽出于奴虏，然善骑射，材力绝人；遇士大夫以礼，与士卒有恩，众乐为用，有将帅材，故每出辄有功。天下由此服上之知人。
>
> （《资治通鉴·汉纪十》）

## 攻取河南地：卫青屡建奇功

元朔元年（公元前128年）春，即皇后陈娇被废的一年后，卫子夫生下了一个皇子，取名刘据。母以子贵，同年三月，卫子夫被正式册封为皇后。

从来只闻新人笑，有谁听见旧人哭？

当卫子夫、卫青姐弟从此步入一段鲜花着锦、烈火烹油的人生时，废后陈娇却正在她那无人问津的长门宫中咀嚼着无边的空虚寂寞冷。

鲁迅说，人类的悲欢并不相通。这话有点儿残酷，但很真实。

当然，阿娇落到这步田地，纯属自作自受，怨不得谁。有道是"德不配位，必有灾殃"。卫子夫、卫青能走到今天，首先固然是因为命中有此福报，其次靠的也是他们自己的修养和本事。

尤其是卫青，在接下来的日子里，他一次又一次惊艳了世人。

匈奴人在一年前被卫青掏了老巢，其愤怒之情可想而知。这年秋天，匈奴军队便对汉朝展开了一连串报复行动。

匈奴先是派出两万铁骑入侵辽西郡（今辽宁省义县西），斩杀了汉朝的辽西太守，并掳掠百姓两千余人；紧接着又向西挺进，杀入渔阳（今北京市密云区）、雁门二郡。

此时，在这一带镇守的不是别人，正是一直以来主和派的代表人物韩安国。

当初，丞相田蚡死后，韩安国曾一度代理丞相之职——这成为他一生仕途的顶点。稍后，他坐车不慎摔伤了腿，不仅没能转正，反而因伤停职了。等到他腿伤痊愈，不仅丞相已由薛泽担任，连御史大夫的位子也被原中尉张欧顶替了。没办法，韩安国只能跟张欧互换职位，出任中尉一职。

不久，他又调任卫尉，然后又以材官将军之职出镇渔阳。

表面上看，韩安国在仕途上一路走下坡似乎出于偶然——其实，自从刘彻确立反击匈奴的战略以来，像他这样的主和派逐渐失势就是一种必然了。

说白了，以韩安国为首的保守派势力若不靠边站，像卫青这种锐意进取的少壮派又如何登上政治舞台呢？

此次匈奴进犯渔阳之前，韩安国曾抓到一个匈奴俘虏，得到情报说匈奴主力已远离此地。当时恰逢农忙时节，韩安国就上疏刘彻，请求让麾下部众暂时回乡从事农业生产。刘彻看他很有把握，便批准了。可没料到，短短一个多月后，匈奴铁骑就杀到了渔阳。

眼下，韩安国手下只剩七百余人，自然不是匈奴人的对手，一战即溃，只能退回要塞自保。匈奴军队在渔阳肆意劫掠，杀掠百姓一千余人，掳走大批牛羊，然后扬长而去。刘彻闻讯大怒，遣使责问韩安国，旋即把他调到了右北平郡（今内蒙古自治区宁城县西南）。

韩安国又愧又悔，意志消沉，几个月后就抑郁而终了。

面对北方边境燃起的熊熊烽火狼烟，刘彻当然要命卫青再一次披挂上阵。

汉军旋即兵分两路，一路由车骑将军卫青率三万骑兵，从雁门出击；另一路由老将李息统领，从代郡出击。

李息这一路出兵后，又遭遇了跟上回公孙贺一样的尴尬——找不到匈奴人。

这就是跟匈奴打仗最让人郁闷的地方。他们一贯来去如风，神出鬼没。当你铆足了劲儿想跟他们决一死战时，他们往往躲得无影无踪；而当你以为他们已经远遁，因而放松绷紧的神经时，他们却会突然冒出来给你致命一击。

高祖刘邦时，有个叫成进的御史就说过："匈奴之性，兽聚而鸟散，从之如搏影。"意思是匈奴人来时像猛兽群聚，去时像鸟儿飞散；与之作战，如同跟影子搏斗。

所以，面对匈奴人，你既要具备猎犬般敏锐的嗅觉，又要像优秀的猎手一样静如处子、动如脱兔。李息是景帝时代的老将了，且年少从军，军事经验不可谓不丰富，但面对来无影去无踪的匈奴人，还是会力不从心，一筹莫展。

神奇的是，上述难题到了卫青这儿，却仿佛不存在一样。他从雁门出兵后，不但很快找到了匈奴人，而且一下就发现了匈奴此次出征的主力。

敌人有两万骑兵，而卫青麾下足有三万。这一仗，占据兵力优势的卫青大获全胜，斩首数千级，刷新了奇袭龙城的战绩。

如果说匈奴是来去无踪的风，那么卫青就是当之无愧的追风战士！

韩安国去世后，右北平太守出缺。刘彻想来想去，最合适的人选莫过于老将李广了。

此时，被废为庶人的李广正在闲居，没事就到终南山去打猎。有一天，他打完猎，就顺道去一个老友家喝酒。喝完已经半夜了，李广打着酒嗝，摇摇晃晃往回走。在路过霸陵（汉文帝陵墓）时，李广恰好碰上了巡夜的霸陵县尉。

巧的是，这家伙也喝高了。两个醉汉撞在一起，注定不会有好事儿。

汉代实行夜禁制度，何况霸陵又是皇家重地。县尉一看，居然有人敢大摇大摆在他的地盘上夜行，顿时火起，便大声呵斥，命他们停下。

李广的随从赶紧上前解释，说："这是前任将军李广。"

李广的威名，自然朝野皆知。问题是这县尉是个势利眼，知道李广眼下只是一介平民，便不买他的账；又加上喝高了，脑子不太清楚，就冷笑道："现任将军尚且不得夜行，何况前任将军！"

这话深深伤害了李广的自尊，也给这个脑子不清楚的县尉埋下了祸根。

当晚，县尉就把李广和他的随从一块儿拘了，关了一夜，次日才把他们放了。

可县尉万万没料到，不久后，朝廷的一道任命诏书下来，在他眼中不值一提的"前任将军"李广竟然东山再起了。更让他没料到的是，李广居然奏请天子，把他也一块儿调往了右北平。

李广这么做，可不是为了"相逢一笑泯恩仇"，而是为了报复。一般来讲，李广的报复手段，无非是让县尉到边塞吃几年苦头，给他穿穿小鞋，顶多找个借口再打他几十军棍，这口恶气就算出了。

或许县尉本人也是这么想的——可事实并非如此。当这家伙急急忙忙赶到右北平报到时，李广二话不说就命人把他拉出去砍了，连理由都懒得找。

这则故事出自司马迁的《史记》，真实性应该没问题——可见李广的心胸实在不够宽广。县尉虽然是个势利眼，其言行确实让人恶心；但这只是人品问题，至少事发当晚他那么做也算是秉公执法。可李广竟如此公报私仇，草菅人命，无论如何也说不过去。

这件事，应该是李广生平最大的污点，也反映了他性格中的一大缺陷。

当然，是人就有缺点，谁也不可能完美无瑕。作为一代名将，李广在军事方面的天赋和才干，还是非常杰出、可圈可点的。

李广最为后人熟知的，应该就是"射虎"的故事。

就在镇守右北平期间,李广在军务之余,经常外出打猎。有一次,他看见草丛中埋伏着一只猛虎,便瞄准它一箭射出。这一箭力大势沉,箭镞深深没入了老虎的身体。可当李广走近一看,眼前哪有什么老虎,分明只有一块大石头!

李广想不通自己是怎么把箭射入石头的,随后又射了好多箭,却无论如何再也射不进去。此事传开后,人们不由啧啧称奇,无不佩服李广的神力。

除了武艺高超外,李广在"为官操守"和"对待部众"这两个方面的表现,也足以让人心生敬佩。司马迁就在《史记·李将军列传》中,做了如下记载:

> 广廉,得赏赐辄分其麾下,饮食与士共之。终广之身,为二千石四十余年,家无余财,终不言家产事。……广之将兵,乏绝之处,见水,士卒不尽饮,广不近水,士卒不尽食,广不尝食。宽缓不苛,士以此爱乐为用。

李广为官廉洁,只要得到皇帝的赏赐,必分给麾下部众,平日的饮食也都跟将士们一样,从不搞特殊化。李广一辈子,当了四十多年二千石的高官,却家无余财,也从不谈论家产方面的事情。李广带兵,到了断粮缺水的地方,发现有水,士兵们不先喝个痛快,他就不靠近水边;士兵们不先吃饱饭,他自己就不吃。他对待部众,宽厚和缓,从不苛刻,所以士卒都乐意为他所用。

正是由于武艺高强、作战勇猛,加之为官清廉、善待士卒,李广的威名才能遍及朝野、震慑边关。在他镇守右北平期间,对他敬畏有加的匈奴人都称他为"汉之飞将军",每次南侵都避开了他的地盘,"避之数岁,不敢入右北平"(《史记·李将军列传》)。

虽然匈奴人不敢骚扰李广,但对其他汉朝将领可一点儿都不客气。

元朔二年(公元前127年)春,匈奴骑兵再度入侵上谷、渔阳二郡,杀掠汉朝官民一千余人。

这一次,武帝刘彻不想再被匈奴人牵着鼻子走了。

如果匈奴人每打一个地方，汉朝就要派兵到那儿抵御，那汉朝军队就成了疲于奔命、左支右绌的"救火队"，在战略上将始终处于被动状态。所以，刘彻决定化被动为主动，不去理会东边的敌人，而是出其不意，兵锋向西，实施一个宏大的战略计划——攻取河南地！

　　这就是典型的"你打你的，我打我的"。

　　"河南地"是汉代的地理名词，指的是黄河"几"字形的凸出部分，即今天所称的河套地区。此地历来以土地肥沃、水草丰美著称，古代民谚便有"黄河百害，唯富一套"之说。秦朝统一后，大将蒙恬曾一度将匈奴逐出了河南地，并在黄河北岸修筑了长城。可到了汉初，匈奴人又重新将其夺取。

　　河南地的沦陷，对汉朝构成了极其严重的威胁，因为边境线离汉朝都城长安太近，匈奴的兵锋动辄直指长安。如文帝年间，匈奴的老上单于就曾挥师南下，从河南地突入汉朝国境，兵锋直抵离长安仅二百里的甘泉山（今陕西省淳化县西北）。

　　因此，汉朝若能攻取河南地，不仅能一举消除匈奴对帝国政治心脏的威胁，还能把汉匈边境向北推至长城一线；让长城发挥其本有的价值和作用，成为御敌的屏障和北伐的基地。

　　此时盘踞在河南地的，主要是早年归顺匈奴的白羊部落和楼烦部落，战斗力弱于匈奴本部的精锐。这也是武帝刘彻敢于构想并实施这一战略计划的原因之一。

　　主意已决，刘彻立刻命卫青三度出征。

　　这一次，卫青正式挂帅；随同出征的，有老将李息，校尉苏建、张次公等人。

　　刘彻和卫青商定的具体作战计划，是从云中郡出兵，沿黄河北岸向西挺进，一直打到位于河南地西北部的高阙塞（今内蒙古自治区乌拉特后旗）；然后沿黄河南下，一路扫荡，最终收官于汉朝西北边境的重镇陇西郡（今甘肃省临洮县）。

　　如此，相当于画了半个圆，在长达两千多里的战线上彻底扫荡，目的是将整个河南地收入囊中。

　　卫青的西征军一进入河南地，白羊王和楼烦王自知不敌，连一点儿抵抗的动作都没有，就立刻带着部落向西逃窜，一口气逃到了高阙塞。

这座要塞修筑于乌拉山与狼山之间的缺口，是由北方草原进入河套地区的咽喉要道，易守难攻。白羊王和楼烦王企图凭借险要负隅顽抗——殊不知此地恰恰是卫青此次出征的主要战略目标之一。他们躲到这儿来，等于给了卫青一个搂草打兔子、一次性解决问题的良机。

很快，卫青大军进抵高阙塞，一战便将其攻克，斩首二千三百级，缴获大量物资和牲畜，首战告捷。

紧接着，汉军乘胜前进，又拿下了榆溪要塞（今内蒙古自治区准格尔旗）。此地又称榆林塞，是蒙恬当年驱逐匈奴后所筑。然后，卫青率部翻越梓岭，渡过北河（汉时黄河在河套有南北两支，北河即北支），杀入了匈奴蒲泥王的地盘。

蒲泥王盘踞在符离要塞（今内蒙古自治区巴彦淖尔市），麾下部众较之白羊、楼烦二部要精锐得多。不过，他们依旧没能挡住卫青的兵锋。汉军迅速攻破要塞，斩首三千零七十一级，缴获马匹、牛、羊共计一百余万，大获全胜。

最后，卫青按原计划向南扫荡，直抵陇西，终于攻取整个河南地，从此将其纳入了大汉帝国的版图。

值得一提的是，此次出征，汉军的伤亡估计比较小。据司马迁在《史记·卫将军骠骑列传》中称，卫青所部是"全甲兵而还"。虽然不能把这句话理解成毫无伤亡，但相比于斩获，此战付出的代价很小，应该是可以确定的。

卫青不负天子和朝野期望，再次建立大功，令刘彻感到了无比的喜悦和欣慰。

大军凯旋后，刘彻立刻封卫青为长平侯，食邑三千八百户；其麾下部将也跟着一荣俱荣，苏建封平陵侯，张次公封岸头侯。

河南地终于被纳入了帝国版图。接下来的问题，就是如何守住这片广袤的土地。

最简单的办法，就是把当年蒙恬修筑的各处要塞重新利用起来，加以修缮、整固，然后派兵驻防。但这样一来，后勤补给会承受很大的压力，因为眼下的河南地没有汉朝百姓，没法就地向军队供应粮秣和物资，只能由朝廷从后方千里转运。这样效率太低，且一旦出现紧急军情，后勤供应会有接续不上中断之虞。

刘彻把这个问题先抛给了内朝官，让他们想一个妥善的解决办法。

很快，中大夫主父偃就提出了一个针对性很强的方案。

他认为，不仅要派重兵驻守河南地，而且应该在此专门设立一个行政区，并将其经营为一座军事重镇。为此，他提出了三点理由：第一，河南地平原肥沃、水草丰美，足以建设成为一个粮食供应基地，省却千里转运之劳；第二，北边的黄河与蒙恬当年修筑的长城，就是两道天堑，可阻遏匈奴兵锋；第三，只有设立行政区，才能真正开拓帝国的领土，使河南地成为日后消灭匈奴的根据地。

这个方案一呈上来，刘彻立马在心里给主父偃点了一个大大的赞。

可这么大的事情，终究还是得让负责行政的外朝去推动，于是刘彻就把方案转给了公卿们。不料，这帮外朝官一看就纷纷反对，说这个方案涉及面太广，具体实施起来工程量太大，劳民伤财，多有不便。时任左内史的公孙弘还举例说："早在秦朝，蒙恬就曾发动三十万人在黄河以北筑城，后来因工程太大而中辍，最后只好放弃。"

虽然外朝公卿一片反对之声，刘彻还是力排众议，颁下诏命，全力推行主父偃的方案，宣布在河南地设立朔方郡（郡治在今内蒙古自治区杭锦旗）；并派卫青部将苏建负责督建朔方城，同时把当年蒙恬留下的要塞全部予以修缮，重新投入使用。

这的确是一个十分浩大的工程。

要在遥远而蛮荒的北方地区兴建一座大型城池，所需耗费的人力、财力、物力是常人难以想象的。朝廷从各地征调了十几万民夫和工匠前往朔方。而工程所需的各种器械和设备，以及士卒和民工所需的粮食、衣物等生活物资，都要由内地辗转运输，络绎不绝地运往数千里外……

工程动工不久，朝廷又从各地征募了十万百姓，命他们移民朔方，充实边塞，开垦农田，以保障军队的后勤。

一句话，这项工程及后续配套工作，耗费了大量民力，也耗费了巨量的国库储备。

第四章　征匈奴，分诸侯，抑豪强

司马光就在《资治通鉴》中称，因兴建朔方城，"转漕甚远，自山东（崤山以东，即中原地区）咸被其劳，费数十百巨万，府库并虚"。

说国家的府库因此被掏空，显然有些夸大。但毫无疑问的是，从这一刻起，随着汉武帝征伐四夷、开疆拓土的脚步逐渐加快，汉朝从立国以来积攒下的雄厚国力，就以一种加速度的方式开始急剧消耗了。

与这个历史进程相伴随的是，在"轻徭薄赋、与民休息"的状态下享受了七八十年时代红利的汉朝百姓，也终于要开始勒紧腰带过苦日子了……

## 主父偃发迹，"推恩令"颁布

如果说在内外朝的文武百官中，一向最受武帝刘彻宠信的是内朝官，那么在眼下所有的内朝官中，最受刘彻宠信的，除了卫青，也许就只有主父偃了。

在元朔初年的帝国政坛上，要比谁发迹速度最快、用最短的时间混得最好，主父偃若称第二，绝对无人敢称第一。

事实上，主父偃的起点是非常低的，而且长年在社会底层挣扎，所以他的骤然发迹，就显得尤其令人瞩目。

主父偃是齐地临菑（今山东省淄博市）人，出身贫寒，早年研习纵横之术，到很晚才开始研读《易经》《春秋》等儒家经典和诸子百家之学。当初在老家，他一心想融入当地读书人的圈子，却连一个朋友都交不到。因为齐地是儒学的发源地，只有学儒的人才算是根正苗红的读书人；他一个学纵横家的，走到哪儿都矮人一头，一点儿存在感都没有。

被人排挤还不算啥，最惨的是他家里穷得经常揭不开锅。主父偃厚着脸皮到处跟人借钱，却没人肯借给他。眼看在老家实在待不下去了，主父偃只好外出闯荡，游历了燕、赵、中山等地，试图向那些诸侯王游说，兜售他的纵横术。可惜天下早已一统，他那套纵横捭阖的乱世奇学压根儿没有市场，所以没人待见他。

主父偃就这样兜兜转转好些年，一直没混出啥名堂。客居异乡、穷困潦倒的主父偃就差一头撞死了。不过好在他这个人生性刚强，意志比较坚定，他认为那些诸侯王不待见他，是那些家伙没眼光，不是他主父偃没本事。

今天你对我爱搭不理，明天我让你高攀不起！

于是，大约在元光元年，主父偃一路向西，直接来到了长安。

既然他相信自己的本事，那就该向天底下最有权力的人兜售，正所谓"学成文武艺，货与帝王家"，何必跟那些不长眼的诸侯纠缠呢？

在长安落脚后，主父偃使尽浑身解数，终于跟天子跟前的大红人卫青搭上了线，请求卫青向天子举荐他。卫青为人宽厚，一向礼贤下士，没有像一般人那样从门缝里瞧他，于是多次向刘彻推荐主父偃。

然而，此时的武帝正忙着尊奉儒学，你一个学纵横术的，怎能入得了天子法眼？所以就没搭理他。

主父偃在"居大不易"的长安又耗了五六年，手头仅剩的一点积蓄彻底花光，这下可真的是山穷水尽了。人一穷志就短，难免还是得跟人借钱，那就必然遭人白眼。当时，不管是长安的公卿显贵，还是跟他一样四处找门路兜售学问的"京漂"，估计都被他开口借过钱，所以都特别厌恶他，远远见了他就绕道走。

漂泊了大半生的主父偃，至此彻底陷入了绝境。

人在绝望时，通常只有两个选择，要么是找根绳子上吊，一了百了；要么就是破釜沉舟，豁出去干一票大的！

主父偃选择了后者。

元朔元年冬，主父偃倾尽平生所学，洋洋洒洒地写了一道奏章，然后径直走到未央宫门口，把奏章递了进去。

这一做法，成为他否极泰来、咸鱼翻生的命运转折点。

此时的武帝刘彻正求贤若渴，不久前才三令五申，命各郡"举孝廉，荐人才"；甚至宣布凡二千石以上官员，不举荐人才的一律治罪。而主父偃这道毛遂自荐的奏章，可谓恰逢其时。所以早上刚刚把奏章递进去，晚上武帝就召他入宫了。

一个人的命运，就是可以在一天之内出现如此戏剧性的巨大转折。

世事无常，所以乐极往往会生悲，而绝处也往往能逢生。《菜根谭》说："恩里由来生害，故快意时须早回头；败后或反成功，故拂心处切莫放手。"

第四章　征匈奴，分诸侯，抑豪强　117

假如主父偃的意志稍微薄弱一点儿，在这之前因绝望而放手，那他这辈子就只能落魄到死了。这颇具励志色彩的后半句，就很适合用来描述主父偃的绝处逢生。不过，如果我们把时间线稍稍拉长一点儿，就会发现，那颇具警示意味的前半句，又恰恰可以用来描述主父偃随后的迅速败亡。

当然，这些都是后话。

眼下，武帝刘彻跟主父偃一番攀谈之后，发现此人对时局的分析极为独到，见解非常犀利；尤其对许多重大问题的看法，跟自己不谋而合——武帝顿时龙颜大悦。

当时，另有两个读书人也一同被武帝召见，一个叫严安，一个叫徐乐。据司马迁在《史记·平津侯主父列传》中记载，武帝最后十分感慨地对他们说了一句："公等皆安在，何相见之晚也！"

诸公之前都在哪儿，为何相见如此之晚啊！

这话是对三人一块儿说的，但我们有理由认为，它主要是对主父偃说的。因为在此之后，严安和徐乐都只是武帝的文学侍臣而已，在历史上寂寂无名，没什么政绩——可见召见当天他们也说不出什么特别有分量的东西。唯独主父偃，此后的表现超级亮眼，吸引了无数人的眼球——可见只有他才是真正打动武帝的人。

当天，刘彻立刻任命主父偃等三人为郎中。

随后的日子里，主父偃就像坐了火箭一样青云直上，多次被刘彻召见；然后一年之内连升四级，官至中大夫。

刘彻看人的眼光是很毒的，主父偃若没真才实学，他绝不会如此加以重用。

所以，卫青攻取河南地后，只有主父偃提出的"设立朔方郡，兴建朔方城"的方案，最符合刘彻的心意、最合乎时势的需要，也最有助于深化汉帝国对匈奴战争的整体战略。

而主父偃最厉害的一招，其实还不是这个，而是稍早之前向武帝呈上的另一个大策略。

它就是历史上著名的"推恩令"。

"兴建朔方"针对的是匈奴；而这个策略，针对的则是诸侯。

我们在前文多次说过，"诸侯坐大"是汉帝国的一个老大难问题。因为汉朝在行政上采取的是"郡国并行制"，在治国思想上采取的是黄老的"无为而治"，所以势力日渐膨胀的诸侯最终必然离心离德，对汉帝国的中央集权构成严重威胁。

这一沉疴顽疾迁延日久，积重难返，整整困扰了文帝、景帝、武帝三朝。

早在文帝时，济北王刘兴居、淮南王刘长就曾举兵叛乱。叛乱平定后，时任太中大夫的贾谊便针对性地提出了著名的《治安策》，核心观点就是"众建诸侯而少其力"，即把各大诸侯国分割成若干小诸侯国，以此削弱各诸侯王的实力。

文帝采纳并实施了这一政策。但由于当时的朝政重点在于稳定政局、恢复社会经济，为了避免矛盾激化，只削了小部分诸侯的封地，对大部分诸侯依然采取绥靖政策。

景帝即位后，采纳了晁错提出的《削藩策》，开始强力削藩，却由此引发了更大规模的叛乱——七国之乱。随后，朝廷虽然平定了叛乱，也在一定程度上抑制了诸侯势力的膨胀，但问题并未从根本上得到解决。

到武帝刘彻即位时，以淮南王刘安、衡山王刘赐为首的各诸侯国，实力依然不容小觑。一心要实施大有为之政的刘彻，迟早要彻底解决诸侯问题。

正是在这样的背景下，目光犀利的主父偃一下就看出了武帝的心结所在，遂于元朔二年冬上疏武帝，提出了一个彻底解决诸侯问题的策略。他在奏疏中说：

> 古者诸侯不过百里，强弱之形易制。今诸侯或连城数十，地方千里，缓则骄奢易为淫乱，急则阻其强而合从以逆京师。今以法割削之，则逆节萌起，前日晁错是也。今诸侯子弟或十数，而适嗣代立，余虽骨肉，无尺寸地封，则仁孝之道不宣。愿陛下令诸侯得推恩分子弟，以地侯之。彼人人喜得所愿，上以德施，实分其国，不削而稍弱矣。（《史记·平津侯主父列传》）

这段话的大意是：古代的诸侯土地不超过百里，强弱的形势很容易控制。

如今，有的诸侯竟然坐拥相连的几十座城池，土地上千里。天下形势宽缓时，他们容易骄奢淫逸；天下形势急迫时，则容易互相结盟，联合起来反叛朝廷。如果用法令强行削减他们的土地，就会使他们产生反叛的念头——之前晁错的做法就导致了这种情况。如今，诸侯的子弟动辄十几个，却只有嫡长子世代继承；其他人虽然也是诸侯的亲骨肉，却无尺寸之地的封国，那么，仁爱孝亲之道就无从体现。希望陛下命令诸侯，让他们将朝廷的恩德推而广之，将其土地分割给所有子弟，封他们为侯。这些诸侯子弟一定人人喜悦，愿意奉行。如此，看起来是陛下施以恩德，实际上却分割了诸侯的国土；在不削减他们封地的同时，自然削弱了他们的势力。

很显然，这是一个非常聪明的办法。

它以"推恩""仁孝"之名，行"割肉""肢解"之实；打的是冠冕堂皇的儒家旗号，用的却是釜底抽薪的法家权谋。

这当然十分合乎武帝刘彻的口味。

就算诸侯王们明知此举对他们不利，从长远看跟"削藩"没有任何区别——可问题在于，"推恩"二字不仅让朝廷和天子刘彻一举占据了道德制高点，而且迎合并满足了诸侯子弟们的利益需求，这就让诸侯王们陷入了尴尬的境地。

倘若他们反对朝廷的这一做法，那根本不用朝廷站出来讲道理，他们的子弟（除了嫡长子）首先就会跳出来反对他们。用《孙子兵法》的话来说，这就叫"上下同欲者胜"——"推恩令"巧妙地把朝廷的利益和诸侯子弟的利益捆绑到了一起，剩下诸侯王们夹在中间，两头不靠，又能怎么办？

这就是"推恩令"与之前景帝强力削藩的根本区别所在——强力削藩用的是磨刀霍霍的暴力手段，必然引起诸侯的反抗；"推恩令"则披着温情脉脉的道德面纱，让你想反对都找不到正当理由。

刘彻一看完主父偃的奏疏，立刻予以采纳；随即正式颁布了"推恩令"，称："诸侯王或欲推私恩分子弟邑者，令各条上，朕且临定其号名。"（《资治通鉴·汉纪十》）

各诸侯王如果愿意推恩，把土地分封给子弟的，可以呈报，朕当确定他们的爵位名号。

在此,"或欲"一词用得十分微妙:诸侯们愿意分封的,就分封;不愿意的,朝廷也不强迫。看上去很人性化,其实是刘彻在有意试探诸侯的态度,看他们作何反应。

对此,一些政治敏感度强的诸侯,立即响应朝廷号召,如梁王刘襄、城阳王刘延等。对于这些"先进分子",刘彻自然要拿来做一番文章,于是公开下诏对他们予以表彰,以激励其他诸侯效仿。

据司马迁在《史记·汉兴以来诸侯王年表》中记载,"推恩令"施行后,"齐国分为七,赵分为六,梁分为五",等等,总体上成效显著;另外,班固在《汉书·武帝纪》中也称:"于是藩国始分,而子弟毕侯矣。"两种表述结合起来看,结论就是——诸侯国开始层层削弱、越分越小了。

随着时间推移,困扰汉帝国三朝的诸侯问题,终于在武帝一朝一劳永逸地得到了解决;与此同时,汉帝国的中央集权也得到了空前的巩固和强化。

当然,也有不少实力强大的诸侯王,对于"推恩令"的颁布装聋作哑,始终不做任何表态,更没有任何行动,如淮南王刘安、衡山王刘赐、燕王刘定国、齐王刘次昌等人。

对这些人,武帝刘彻和主父偃当然另有对付的办法。

## 郭解之死:游侠时代的落幕

大汉自开国以来到武帝年间,国家经过了七八十年的发展,在积累下雄厚国力的同时,也逐渐产生了不少积弊和隐患。其中最严重的,就是以下三大问题:

一、匈奴入侵,边患频仍;

二、诸侯坐大,对抗中央;

三、豪强并起,危害社稷。

武帝刘彻能不能坐稳这个汉家天下,能不能实施大有为之政,能不能在"文景之治"的基础上缔造一个更加强盛的帝国,就取决于他能否妥善解决这三大时代问题。

仿佛是上天刻意安排，经过多年挣扎后完成"逆袭"的主父偃，几乎就是帮刘彻解决这三个问题的不二人选。

主父偃最厉害、最让人佩服的地方，就是他迅速发迹之后，竟然在短短数月的时间内，接连抛出了三大对策，且无一例外地命中了这三大问题。

首先，朔方城的兴建，对汉帝国北伐匈奴的战略发挥了至关重要的作用，意义十分深远。

其次，"推恩令"的颁布实施，基本上一劳永逸地解决了"诸侯坐大"的历史遗留问题，极大地强化了汉帝国的中央集权，可谓厥功至伟。

最后，在元朔二年三月，主父偃又趁热打铁抛出了第三个方案，直指汉帝国"豪强并起，危害社会稳定"的问题。

他在呈给武帝的奏疏中说："茂陵初立，天下豪杰并兼之家，乱众之民，皆可徙茂陵，内实京师，外销奸猾，此所谓不诛而害除。"（《史记·平津侯主父列传》）

大意是，茂陵邑刚刚建立，可以在全国范围内，把那些兼并土地的土豪劣绅，以及危害百姓、扰乱社会秩序的豪强，都迁徙到茂陵。如此，对内可充实京师人口、繁荣经济，对外可清除豪强黑恶势力，不用诛杀任何人便可消除祸患。

古代的皇帝，通常即位不久便开始修建自己的陵墓，刘彻也不例外。

茂陵（今陕西省兴平市东北），正是刘彻百年后的陵寝。该工程从建元二年起动工，一直到后元二年（公元前87年）才竣工，历时长达五十二年。汉代习惯在陵寝周边设置陵邑，茂陵邑便是当时的一个高端商住区，长安的许多达官显贵都陆续迁居于此，如公孙弘、隆虑公主、司马迁、东方朔、司马相如等。

前文说过，汉朝在"文景之治"后，经济繁荣发展，权贵阶层也随之崛起。除了上层的皇亲国戚和公卿百官外，地方上也出现了许多巨富和豪强。他们聚敛财富、兼并土地、横行乡里、不守法纪，在一定程度上破坏了国家的政治和经济秩序，影响了社会稳定。

在无为而治的文景时代，朝廷还能容忍这些势力的存在，但是到了武帝刘彻执政后，为了建立大一统的国家秩序并强化中央集权，势必要采取有力的措施抑制兼并、打击豪强。

主父偃这个"迁徙豪强"的方案，正是在这一背景下出炉的，可以说切中时弊，且再一次准确迎合了武帝刘彻的需求。

刘彻当即采纳并实施，下诏宣布："徙郡国豪杰及訾三百万以上于茂陵。"（《资治通鉴·汉纪十》）即天下各郡国的豪强和资产三百万以上的富人，都必须离开原籍，迁居茂陵。

在朝廷的迁徙名单中，有一个人的名字赫然在列。

他就是当时名满天下的游侠郭解。主父偃在奏疏中所称的"天下豪桀""乱众之民"，指的正是以郭解这种人为代表的游侠。

郭解，字翁伯，河内轵县（今河南省济源市）人。其父早年就以"任侠"出名——用现在的话说就是混社会的，在文帝时期遭官府严打，被砍了脑袋。郭解长大后，子承父业，也混了黑道。他个子偏矮，其貌不扬，但为人精明，性格勇悍。

从少年时代起，郭解便好勇斗狠，稍有不痛快就白刀子进红刀子出，杀了不少人。司马迁称其"阴贼"（《史记·游侠列传》），即性情阴狠、不守法纪。跟许多混黑道的一样，郭解身上有个优点，就是特别讲义气，可以不惜性命替朋友报仇。时间一长，他身边自然聚集了一帮亡命之徒。

郭解带着这帮人，作奸犯科，杀人越货，还私铸钱币，盗墓挖坟——总之，只要你能想到的坏事，郭解几乎都干了。而且他的运气还特别好，每次都能从官府的眼皮子底下溜掉。倘若有哪次没溜掉，一准又会碰上朝廷大赦，他就又猛虎归山、蛟龙入海了。

没人料到，就是这么一个年轻时基本上无恶不作的混混，人到中年突然就改邪归正了。他不但开始注重做人的操守，处处检点自己，而且跟人打交道也往往以德报怨。他变得乐善好施，从不求回报；救了别人性命，也从不居功。虽然他的性情依旧阴狠，也还是会为了某些小事杀人，但他的内心却越来越崇尚"侠"的精神。用司马迁的话说，就是"自喜为侠益甚"（《史记·游侠列传》）。

在我看来，这既是救赎，也是修行。

正是这种脱胎换骨的转变，让郭解最终成为令人尊敬的一代游侠，而不是一辈子只做一个黑道小头目。就像经典电影《教父》中的那句台词一样："伟大的人不是生下来就伟大的，而是在成长过程中显示其伟大的。"

当然，用"伟大"来形容郭解肯定不太恰当；但他的转变历程，却很类似于一个黑道小哥最终成长为"帮派教父"的经典故事。

下面这几则逸事，颇能佐证这一点。

第一个故事，说的是郭解的外甥。这个外甥仗着郭解的名头和势力，做人很是豪横。有一天跟人喝酒，他叫人干杯，对方不胜酒力，他就强行灌人家，结果对方一急眼，拔出刀来就把他捅死了。知道自己闯下大祸，这人只好逃亡他乡。

郭解的姐姐找不到凶手，无比悲愤道："就凭翁伯（即郭解字）在江湖上的侠义之名，我儿子被人杀了，居然连凶手都抓不到！"

这话显然是说给郭解听的。郭解姐姐的言下之意就是，郭解作为江湖大佬，外甥被人杀了，却什么都做不了，有辱其侠义之名。

这个姐姐毕竟出身黑道家族，本人也颇有大姐大的狠辣范儿，放出这话后，又把自己儿子的尸体扔到大街上，愣是不下葬，以此来刺激郭解。

事情闹得这么难看，郭解不出头也不行了。他派人打听到了凶手藏匿的地点，然后故意放出了风声。凶手自知躲不掉，只好上门向郭解请罪。郭解问他事情经过，那人据实以告。听完后，郭解只说了一句："阁下杀他没错，是我家孩子不讲道理。"然后就把凶手放了。

就这样，郭解把罪责归到了自己外甥身上；之后收殓了他的尸体，将其体面地安葬了。他姐姐虽然心中愤懑，却也无可奈何。

此事很快在江湖上传开，人们无不称赞郭解的道义，遂有越来越多的人投到了他的门下。

随着郭解的江湖地位日益提升，人们对他自然敬畏有加；平时一见他出门或是回家，通常都会恭敬地躲到一边。不过，总有个别刺儿头不买他的账。某一天，有个家伙远远看见郭解过来，就故意"箕坐"，然后一脸傲慢地看着他。

所谓箕坐，就是叉开并伸直了两条腿坐着——这在古代是非常不礼貌的，绝对属于挑衅行为。

郭解觉得这人有点儿意思，就让人去打听他的名字。手下门客咽不下这口气，要去杀了他。郭解却说："我住在自己家乡，却得不到人的尊敬——这是我自己德行不修，他有什么罪呢？"过后，郭解特意找到县里的官员，私下叮嘱说："这个人，是我关照的，轮到他'践更'时，就免除了吧。"

在西汉的徭役制度中，年满二十岁的成年男丁，每年要给郡里服役一个月，称为"践更"；如果不愿意去的，可以缴纳一笔费用，让官府雇人帮自己干活，叫作"过更"。

官员一听是郭解罩着的人，不仅把该男子的"践更"免了，连"过更"的费用都帮他省了。就这样一回、两回、三回，这家伙纳闷儿了，怎么每次徭役都没轮到我呢？于是就去县里打听——这才知道是郭解一直在罩着他。

堂堂一位江湖大佬，居然如此以德报怨，善待一个无名小卒，顿时令此人羞愧难当、无地自容。他当即去向郭解"肉袒"谢罪。所谓肉袒，即脱去上衣，裸露肢体——古代人用这样的谢罪方式，来表达自己的恭敬和惶恐。

什么叫"以德服人"？郭解用他的实际行动给出了完美的诠释。

远近的少年听说此事，越发仰慕郭解的为人。

作为江湖大佬，帮人解决道上的纠纷，自然也是题中之义。有一次，洛阳有两个帮派，彼此结了仇；当地的大佬为了平息争端，就出面去劝和。可没想到，大佬们前后去了十几位，这两拨人竟然都不给面子，死活不肯和解。

有门客就找到了郭解，请他出面摆平。郭解二话不说，连夜赶到洛阳，分别去见了这两拨人。也许是郭解的江湖地位够高，或是受他的人格魅力感召，这对仇家虽然心里还是很不情愿，但还是同意了和解。

如果这件事到此为止，人们也许会佩服郭解的急公好义和摆平事情的能力，但要说他的"段位"高到什么程度，恐怕也谈不上。真正体现郭解段位且能够让世人彻底心悦诚服的，还是他接下来的做法。

把事情摆平后，郭解对这两拨人说："我听说洛阳有很多贤达来调解过你们的关系，可收效甚微。今日有幸让你们听了我的劝；但我一个外地人，岂能夺了人家当地贤达本有的权力？"

说完，郭解连夜离开了洛阳，为的就是不让人知道他来过。临走前，他特意叮嘱这两个帮派的头领说:"你们暂且别听我的,继续对着干,等我走后,让洛阳那些大佬来调解的时候,你们就听他们的。"

司马迁的故事写到这儿,郭解作为一个"教父级"人物的高大形象已经跃然纸上了。

三言两语摆平了争端,这叫本事;摆平争端后又能"事了拂衣去,深藏身与名",这才叫境界,才叫人格魅力!

中国古人所说的"侠"和"义",绝不只是行侠仗义、扶危济困、为朋友两肋插刀,而是在做出这些利他行为的基础上,不居功,不求名,不望报。

真正的侠,就是视一切人间疾苦和世道不平为自己的分内事,该出手时就出手。

真正的义,就是做了很多"摩顶放踵利天下"的事(比如墨子),却认为都是自己应该做的,不会再作他想,更不会另有所图。

郭解自然还没达到如此高的境界。但据司马迁的记载,我们可以相信,他一定是在朝这个境界努力的。

所以,他才会成为当时名闻天下的一代游侠,也才值得司马迁在《史记》中浓墨重彩地为他树碑立传。

人怕出名猪怕壮。郭解日益显著的威望和传遍江湖的名声,最终非但没给他带来什么好处,反倒给他惹来了祸端。

朝廷的迁徙令颁布后,当地官府很快就把他圈进了迁徙名单。

郭解虽然江湖地位很高,但出于游侠重义轻利的本色,他本人没什么资产,至少远远够不上朝廷画下的"三百万"那条线。

可他为什么还在迁徙之列呢?

因为朝廷的迁徙令锁定了两种人,首先是"郡国豪杰",其次才是"訾三百万以上"的富人。也就是说,武帝这一政策针对的主要目标人群,就是郭解这样的游侠,富人反倒是次要的。

至于针对游侠的原因,用最简单的话来说,就是在武帝刘彻看来,游侠这一群体的存在,已然对帝国的政治、社会和法律秩序构成了相当程度的挑战和威胁,必须予以打击和铲除。

自战国以降，迄至秦汉，游侠一直是活跃于当时社会的一种民间自组织力量。战国初年的墨子，便是游侠的鼻祖。墨家既是一个思想学派，也是一个纪律严明的游侠组织，其首领称为"巨子"；墨子便是首任巨子。墨子反对侵略战争，提倡人人相爱互利，且率领众多弟子身体力行，摩顶放踵利天下，崇义任侠，锄强扶弱。

据《庄子》《淮南子》等史料记载，墨子的门徒"充满天下""不可胜数"。他与门徒皆穿粗衣，着草鞋，少饮食，与贱者为伍，仿佛苦行僧般"日夜不休，以自苦为极"。凡加入墨家之人，须严格遵守各项纪律和号令，其核心成员据说有百八十人，"皆可使赴火蹈刃，死不旋踵"。

按司马迁的说法，历史上著名的"战国四公子"——孟尝君田文、平原君赵胜、信陵君魏无忌、春申君黄歇——也都可以归入游侠之列。他们招贤纳士，门下食客三千；显名诸侯，并誉当世。

汉朝立国后，名闻天下的游侠有朱家、田仲、剧孟、郭解等人。司马迁对他们的评价是："今游侠，其行虽不轨于正义，然其言必信，其行必果，已诺必诚，不爱其躯，赴士之厄困。既已存亡死生矣，而不矜其能，羞伐其德，盖亦有足多者焉。"（《史记·游侠列传》）

大意为，如今的游侠，其行为虽然不依循法律的准则，但他们说出的话一定做到，要做的事一定坚持到底，已经答应的事一定诚实去做。他们会不惜自己的性命，去救助困厄之人；经过生死存亡的考验后，却不夸耀自己的才能，羞于炫耀自己的功德，可以说有很多值得称道的地方。

对于游侠在当时社会上的势力和影响力，司马迁记载了与剧孟有关的一则故事，足以让我们窥一斑而知全豹。

那是在七国之乱刚刚爆发时，负责平叛的太尉周亚夫在出兵之前，专程前去洛阳拜会了剧孟。当他得知剧孟没有倒向叛军那边时，不由庆幸地说了一句："吴、楚举大事而不求孟，吾知其无能为已矣。"

吴、楚七国发动叛乱却不求助于剧孟，我就知道他们没有什么作为了。

一个游侠在这场战争中的立场竟如此重要，可见其势力之大、威望之高，已经达到了什么程度。

不久，剧孟的母亲去世，从天下各地前来送葬的车乘，竟达一千辆之多。

试问，武帝刘彻在面对这些现象时，他会作何感想？游侠在社会上拥有如此巨大的势力、威望和号召力，会不会让他感到惊讶，进而生出担忧和恐惧？

再来看郭解。他的外甥被杀，凶手来投案，他竟然以江湖道义私自裁决，释放了凶手——试问这么做将国法视为何物？又将国家的司法机关置于何地？

还有，为了展现以德报怨的胸怀，郭解私下跟官员打声招呼，就可以随便免除某人的徭役——那还要朝廷的律法干什么？这么做对其他人公平吗？政府的公信力何在？

最后，郭解轻而易举就解决了两个帮派间的纠纷——这件事表面看来是江湖上的事情，与官府无关，甚至多少还有维护社会稳定的作用，但问题也恰恰出在这里。因为撇开帮派性质不谈，纯就解决纠纷而言，郭解的行为属于"私力救济"，这种做法源于民间社会的自发秩序，显示了某种程度的基层自治。如果是在制度较为健全的现代社会，这些当然不是坏事，因为它们可以在法律框架内，成为"公权力救济"的必要且合理的补充。

然而在皇权专制的古代社会，尤其是在汉武帝治下，这是大一统的中央集权绝对不能容忍的。

对武帝刘彻而言，民间秩序与国家秩序是天然冲突、不能并存的。如果游侠可以凭借他们的势力、威望和影响力私自裁决案件，干预政府事务，实行"私力救济"，乃至左右一场战争，那就意味着朝廷对民间控制力的削弱，意味着官府权威和律法尊严的丧失，更意味着国家的统治根基遭到了动摇。

有这么多理由，武帝刘彻岂能容得下游侠，又岂能不对郭解开刀？

也许是因为郭解声望太高，又或是他私下找人疏通，总之，迁徙令刚颁布没几天，卫青就直接找到天子刘彻，替郭解求情，说："郭解家贫，不应在迁徙之列。"

上文说过，迁徙令主要针对的是游侠，其次才是富人——所以卫青这个理由实在起不到任何作用。相反，其实卫青一出面，恰恰起到了反作用。

刘彻闻言，便冷冷道："郭解一介布衣，其势力竟然大到让将军为他说话，可见其家不贫。"

这句话足以说明，卫青的出面，令刘彻对郭解的忌惮更深了。

随后，没有任何悬念，郭解及其族人被强行迁入了茂陵邑。

有趣的是，郭解本来没多少资产，可道上的大佬纷纷前来送行，每人随手递个红包，总计竟然有一千多万钱——直接让郭解成了千万富豪。

郭解入关后，关中的大佬们不论之前有没有跟他打过交道，都一窝蜂地跑来跟他结交。

这两个场景，无疑又会加深刘彻对郭解及游侠群体的反感和忌惮。

游侠一向快意恩仇，如今无故被官府驱离家乡，就算郭解道行高深、咽得下这口气，他的族人却未必咽得下。不久，郭解的侄子忍不住，把当时提名迁徙郭解的一个杨姓县掾给杀了，稍后又杀死了其父。

悲愤不已的杨家人进京告状，没想到又被人杀死在了未央宫的宫门口。

居然敢在皇帝的眼皮子底下杀人，这是要反了天吗？！

游侠竟嚣张到如此程度，这再一次刷新了武帝刘彻的认知。他雷霆大怒，即刻下令逮捕郭解。郭解被迫逃亡，一路隐姓埋名跑到了临晋（今山西省运城市）。此处设有关卡。郭解为了出关，就找到当地一个叫籍少公的人，求他帮忙。籍少公估计也是游侠，在当地有些关系。他之前与郭解素昧平生，但得知其遭遇后，非常仗义，不仅帮郭解混过了关卡，还把他一路护送到了太原。

然而没过多久，官府就根据线索，顺藤摸瓜查到了籍少公头上。籍少公为了保守秘密，断然选择了自杀——游侠为了救人急难而不惜生命的精神，在此又一次得到了证明。

籍少公这条线索虽然断了，但官府也不是吃干饭的，一番追查后还是抓到了郭解。朝廷有关部门奉命彻查他以前犯过的所有案子，竟发现凡是郭解本人犯下的杀人案，都是在朝廷的上次大赦之前——这就让有关部门很为难了。

就在这个节骨眼儿上，轵县又出了一桩杀人案，再次牵连到了郭解。事情的起因是：轵县当地有个儒生，陪同查办郭解案件的使者闲聊，当时郭解的一个门客也在场，就称赞郭解是贤人。儒生一听，嗤之以鼻道："郭解一贯作奸犯科，无视国法，算什么贤人？！"结果当天晚上，郭解的门客便杀了这名儒生，还把他的舌头割了。

郭解的门客杀人后就逃亡了，官府始终抓不到人。有关部门遂以此事审问郭解，勒令他交出凶手。可郭解人在牢中，压根儿不知道还有这一茬。搞到最后，有关部门只能向天子奏报，说郭解无罪。

这个结论当然不是武帝刘彻想要的。

欲加之罪，何患无辞？你们这些人也太不会办事了！

时任左内史的公孙弘看出了皇帝的心思，随即奏称："解，布衣，为任侠行权，以睚眦杀人。解虽弗知，此罪甚于解杀之，当大逆无道。"（《史记·游侠列传》）

郭解只是一介布衣，却以游侠自居，滥用生杀之权，动辄因小事杀人。此案郭解虽不知情，但其罪行比亲手杀人还严重，当以大逆不道罪论处。

这话才是武帝爱听的。刘彻随即下令，斩杀郭解，并夷其三族。

郭解被灭族后，据司马迁所言，江湖上虽然还有很多游侠，但大多傲慢而无德行，基本上无足称道了。随着郭解之死，曾经在战国至秦汉历史上盛极一时的游侠时代，终于落下了帷幕……

## 主父偃被斩：一个政坛暴发户的败亡

随着朔方城的兴建，以及"推恩令"和"迁徙令"的成功实施，主要策划人主父偃一时间风光无两，成了天子跟前最大的红人，连卫青的光芒都一度被他遮蔽了。

满朝文武纷纷上门巴结他，前后贿赂累计达黄金千斤，令主父偃一跃成为长安城屈指可数的巨富。有人私下劝他收敛一点儿，不要太过张扬。可对于落魄大半生后骤然发迹的主父偃而言，他此刻的心态是一般人难以体会的。这感觉就像是长年在地底下汹涌奔突的岩浆，一朝喷涌而出，你怎能指望它轻点儿喷、慢点儿喷、温柔地喷呢？

那是不可能的。

主父偃对权力、富贵和尊严的极度渴望，被压抑了这么多年，一旦喷发出来，注定是一发不可收拾的。

所以，对于旁人善意的劝说，主父偃非但听不进去，反倒回敬了一番更加豪横的话。他说："我自从束发（十五岁至二十岁）游学以来，四十多年了，一直不得志。父母不把我当儿子，兄弟不肯收留我，身边的人也都厌弃我，我困厄的日子太久了！况且，大丈夫若生不能列五鼎而食，死也要受五鼎烹煮。我的人生已经日暮途远了，索性就给它来个反其道而行之！"

他的原话是："且丈夫生不五鼎食，死即五鼎烹耳。吾日暮途远，故倒行暴施之。"（《史记·平津侯主父列传》）

"生不五鼎食，死即五鼎烹"，从此成了后人耳熟能详的名言。

所谓"五鼎"，是古代的诸侯（也有说大夫）在行祭礼时，按其社会等级，用五只鼎分别盛放牛、羊、猪、鱼、鹿肉；代指达官显贵的豪奢生活，也引申为高官厚禄。

主父偃这番话，把一个政坛暴发户的嘴脸表现得淋漓尽致。

从心理学的角度看，这应该属于典型的人格扭曲——长年被生活摧残、被命运锤打后导致的一种逆反心理，主父偃的自我极度膨胀，并企图用极端手段报复他人，已经隐隐具有了"反社会人格"的特征。

第一个遭到主父偃报复的人，是燕王刘定国。

之所以锁定此人，首先是因为当年主父偃在家乡齐国混不下去，就去燕、赵等地游说，结果愣是没人拿他当回事儿；现在他得势了，自然要找这些诸侯王报仇。其次，"推恩令"颁布后，燕王、齐王等人都对此置若罔闻，主父偃身为这项政令的主要策划人，必然要想办法收拾这帮顽固派。

简言之，不论于公于私，主父偃都不会放过燕王刘定国。

当然，苍蝇从不叮无缝的蛋，这个燕王自己也不是什么好东西。此人是个极端变态的好色之徒——他好色的程度，简直可以用"逆天"来形容。

主父偃稍微调查了一下，就挖出了燕王一大堆烂事：

燕王刘定国不但跟父亲康王刘嘉的姬妾私通并生下了一个男孩，还把弟弟的老婆抢过来做了小妾。更令人发指的是，据司马迁在《史记·荆燕世家》中记载，刘定国竟然"与子女三人奸"——也就是跟自己的三个亲生女儿都发生了性关系。

综上来看，刘定国相当于跟自己家的三代女性全都乱伦了——如此丧心病狂之人，用"禽兽不如"来形容他，都是侮辱了禽兽。

对于这个性变态，燕国辖下的肥如（今河北省迁安市东北）县令实在看不过眼，便准备向朝廷告发。刘定国得到消息，马上就派人到了肥如县，随便找个借口把县令给杀了。

既然有了这么多黑材料，又是乱伦又是杀人的，主父偃要整死刘定国就不难了。随后，他授意肥如县令的家人上书告发，而他则在朝中打配合，尽力把此案的影响扩大化。

武帝刘彻得知此事后，惊得下巴都快掉了，立刻责成公卿议处。很快，朝廷的三公九卿就得出了一致结论，说："定国禽兽行，乱人伦，逆天，当诛。"（《史记·荆燕世家》）

这个结论很到位，也很公允。武帝旋即照准。燕王刘定国听到风声，惶然无措，只好自杀。

燕王自杀后，朝廷顺理成章地撤销了燕国——可以说"不削而削"，轻而易举就把一个诸侯王给收拾了。

接下来，主父偃又把目光转向了齐王刘次昌。

那么，齐王刘次昌又是一个什么样的人呢？

他虽然不像燕王刘定国那样变态，但同样令人不齿——这家伙也乱伦了。

刘次昌的母亲姓纪。纪太后为了加强外戚的势力，就把自己的侄女许配给了刘次昌当王后。可刘次昌压根儿不喜欢这个表妹，所以一直冷落她。纪太后很不爽，便命长女纪翁主，也就是刘次昌的亲姐姐入驻齐王后宫，天天盯着刘次昌，不让后宫中任何女人接近他——除了自己的侄女。

可想而知，刘次昌会多么郁闷。

也许是为了报复母亲这种不人道的做法，或者是刘次昌的心理也有问题，总之一来二去，他居然跟负责监视他的亲姐姐纪翁主勾搭成奸了。

上述桥段如此庸俗和狗血，比某些粗制滥造的后宫剧还要不堪，但它绝非笔者虚构，而是白纸黑字记载在班固的《汉书·高五王传》中："纪太后欲其家重宠，令其长女纪翁主入王宫，正其后宫无令得近王，欲令爱纪氏女。王因与其姊翁主奸。"

"饱暖思淫欲"，这帮富贵无忧的逍遥王爷显然都饱暖得过头了，所以他们的"淫欲"也往往比常人变态得多。

齐王刘次昌的后宫原本已经够乱了——可无巧不成书，当朝皇太后王娡、当朝大红人主父偃，居然也都要来插一脚。

前文说过，王娡的前夫是平民金王孙，二人育有一女金俗。王娡一路成了皇后、皇太后，富贵绝顶，却从没忘本，也不避讳自己的过去，对这个女儿金俗关爱备至，封她为修成君。金俗有一女，名叫娥（姓不详，姑且称她金娥）。王娡爱屋及乌，对这个外孙女也很钟爱，就想着把她许配给诸侯王。

恰好此时宫中有个宦官叫徐甲，是齐国人，就建议王娡把金娥嫁给齐王，还口沫横飞地吹了齐王一通。王娡并不知道齐王后宫那些破事儿，听完很高兴，就同意让徐甲去操办此事。主父偃跟徐甲是同乡，得知此事，忽然心血来潮，就想把自己的女儿也嫁入齐王后宫——这样自己就成了齐王的老丈人，也算是"富贵归故乡"了。

主父偃此时正当红，他一提，徐甲自然是满口答应。

就这样，徐甲带着双重使命，兴冲冲地来到了齐国。不料，眼下纪太后正因家里那些破事儿烦心不已，徐甲这阉人一张口又给齐王提了两门亲事，这不是添乱吗？

老太太气不打一处来，也没想太多，就命人给徐甲传话，说："齐王已经有王后了，且后宫嫔妃俱全，还提什么婚事？况且，你徐甲本是齐国的一个穷鬼，去朝廷当了宦官，从没给家乡带来什么好处，现在却成心来祸乱我家吗？还有那个主父偃，算什么东西，也敢把他的女儿塞入齐王后宫？！"

老太太这番话，要多难听有多难听，丝毫不给人留面子，更不顾及半点儿政治后果。

徐甲灰溜溜地回了长安，不敢跟太后王娡禀报实情，只好说："齐王是满心愿意娶金娥的；但最近燕王出了那么大的事，齐王担心步燕王之后尘，所以不敢答应这门婚事。"

太后王娡一听，也对，万一齐王也出了事，自己把外孙女嫁过去不就是把她往火坑里推吗？然后王娡就绝口不提此事了。

而主父偃这边，徐甲则没有隐瞒，据实以告——明显是想让他出头，去出这口恶气。

主父偃用热脸贴了人家的冷屁股，还招来一顿羞辱，顿时勃然大怒，再回想起自己早年在齐国的遭遇，新仇旧恨遂一齐涌上心头。

齐王刘次昌，你这回死定了！

主父偃当即入宫面圣，首先就把齐王跟他姐姐乱伦的事给捅了出去，然后对武帝说："齐国都城临菑，人口多达十万户，市场繁荣，殷实富庶，可媲美长安。这样一块宝地，若非天子的亲弟爱子，绝不应在此为王。可如今这个齐王，与我大汉皇室的亲属关系，其实早就疏远了。"

最后，主父偃还不忘翻起陈年老账，说吕后时期齐国就想反叛，到七国之乱时齐国也险些参与叛乱。言下之意，朝廷早该收拾这个齐王了。

武帝刘彻当然也有此意，便顺水推舟，任命主父偃为齐国相，让他去搞定齐王。

西楚霸王项羽说过一句名言："富贵不归故乡，如衣绣夜行。"一个人发达了却没让乡亲们知道，那就太浪费了，跟全身名牌却半夜逛街差不多。这种"炫富炫贵"的心理，是很普遍的人性；尤其是像主父偃这种长期遭人白眼的"草根逆袭"者，炫耀心理无疑会更加强烈。而齐国是主父偃的家乡，所以，当他面对齐国时，报复心理便会悄然转变为炫耀心理——或者说炫耀心理一定会居于报复心理之前。

主父偃富贵还乡后，第一时间就向所有的兄弟（包括亲的、堂的、表的）和亲戚朋友发出了诚挚的邀请，把他们全都召集到了自己的相国府，然后极其豪奢地拿出了五百斤黄金，堆放在众人面前，让他们自己拿，想拿多少拿多少。

还有这种骚操作？

可想而知，众人的内心是忐忑的，表情是困惑的——虽然黄金很诱人，但有人敢伸手去拿就怪了。

主父偃要的就是这效果。等众人蒙了好一阵子，他才慢条斯理地开口道："当初我穷困之时，兄弟不给我衣食，亲戚朋友不让我进门；如今，我来齐国为相，诸君却不远千里来迎接我。为何如此前倨后恭呢？从今往后，我与诸君绝交，休得再踏入我主父偃府门一步！"

原来，主父偃挖空心思搞这么一出，就是为了当面羞辱所有曾经瞧不起他的人。那五百斤黄金，分明就是拿出来炫富、做道具用的，哪能真给呢？

古往今来，炫富炫贵都是很爽的一件事。假如当时有朋友圈，相信主父偃一定会忍不住晒图，要么晒黄金，要么晒府邸，要么就晒一晒齐国国相的官印。然而，炫富炫贵一时爽，后面通常很麻烦——很快，主父偃就会品尝到这个恶果了。

唱完"黄金炫富"这一出，接下来就该对付齐王刘次昌了。

主父偃动用国相的权力，把齐王后宫中的宦官全部逮捕，逼他们交代刘次昌与纪翁主通奸的具体情节，然后马上整理成报告，派快马送往了长安。

刘次昌知道难逃一死，只好步燕王之后尘，喝毒药自杀了。

后面的程序也跟燕王如出一辙：因刘次昌无子，国除，整个齐国封地全部被朝廷收回，成为直接管辖的郡县。

兔死狐悲，唇亡齿寒。齐王和燕王都死得这么难看，赵王刘彭祖顿时寝食难安。当年主父偃上门游说时，他也是把人家扫地出门的；眼下，不用想就知道，自己一定也上了主父偃的死亡名单。他越想越怕，最后只好先下手为强，给武帝上了道奏章，把主父偃收受巨额贿赂、以权谋私等罪行都捅了出去。

武帝刘彻一看，二话不说，就把主父偃逮捕下狱了。

事实上，像主父偃这样浅薄狂妄又爱炫富的人，他干过的那些丑事，刘彻怎么可能不知道呢？他一定全都看在了眼里。之前只是因为主父偃的确有两把刷子，刘彻需要他去对付诸侯、游侠等势力，所以才睁一只眼闭一只眼，任他上蹿下跳、炫富炫贵。

说白了，主父偃纯粹就是被天子拿来当枪使的。

可现在，该办的事都办得差不多了，若任由他这么张牙舞爪、横行无忌下去，朝廷的脸面被他丢光不说，势必也会惹来朝野的非议和公愤，最后就会把脏水引到刘彻身上。

因此，赵王这道奏疏一上，自然就成了武帝兔死狗烹、鸟尽弓藏的一个契机。

主父偃下狱后，让不让他死，其实在两可之间。关键时刻，公孙弘又站了出来，狠狠捅了主父偃一刀。他说："齐王自杀，无后，封国被废而归入朝廷，主父偃便是元凶首恶。陛下不诛主父偃，无以谢天下。"

公孙弘很聪明，总是知道该在什么时候替天子发声。于是，就像之前族灭郭解一样，武帝刘彻再次"顺应人心"，斩杀了主父偃，并夷其三族。

"生不五鼎食，死即五鼎烹。"

倒行逆施的政坛暴发户主父偃，完美实现了对自己命运的预言。

要论政治才干，主父偃其实是相当优秀的，三大对策直指当时汉朝的三大社会问题，且一经实施便成效显著，这种政治才华可不是人人都有的。他之前被埋没那么多年，实属命运不公。可主父偃之所以骤然发迹后迅速败亡，问题就出在他的人品上，还是那句老话："德不配位，必有灾殃。"倘若他能稍稍低调、内敛一点儿，应该还能为汉朝多做一些贡献，也不至于落到被族诛的下场。

据司马迁记载，主父偃得势时，府上门客数以千计；被灭族后，却无人敢替其收尸。最后，只有一个名叫孔车的人将其收葬。武帝刘彻听说后，称赞孔车是忠厚长者。

司马迁还说，主父偃当道之际，朝廷衮衮诸公都拼命赞誉他；可等到他败亡族灭，士人们又都争相抨击他的罪恶。所以最后司马迁只能发出两个字的感叹："悲夫！"

事实上，从古到今，人情冷暖，世态炎凉，莫不如此，何尝有一日不是呢？

# 第五章
# 文臣武将

## 从"猪倌"到御史大夫：大器晚成的公孙弘

元朔三年（公元前126年）冬，一向善于察言观色、替天子发声的左内史公孙弘，终于得到刘彻重用，被擢升为三公之一的御史大夫。

这一年，公孙弘已经七十五岁了，堪称大器晚成的典型。

公孙弘跟主父偃有两个共同点：一、都是齐地人；二、起点都很低。

公孙弘是齐地菑川薛县（今山东省寿光市南）人，年轻时曾在薛县当狱吏，不知何故犯了法，被开除了公职。他家本来就挺穷，丢了工作后更是没了经济来源。公孙弘也不会做生意，只好去养猪。按司马迁的说法，叫"牧豕海上"（《史记·平津侯主父列传》）。

海上只能捕鱼，哪能养猪？太史公的意思，估计是说在海边找个荒岛，圈块地盖个猪圈，这猪就养起来了。从这个意义上说，公孙弘的起点甚至比主父偃还低得多。人家主父偃虽然不被主流知识圈认可，好歹从年轻时就是个读书人。可公孙弘却做了很长时间的"猪倌"，一直到四十多岁，才开始学习儒家经典《春秋》。

由此可见，起点低、起步晚，都不是一个人躺平、摆烂的理由。因为人生际遇无常，天知道什么时候就时来运转了呢。

公孙弘后来能够时来运转，得益于他有个比较好的品质——孝顺。

他的亲娘早亡,他孝顺的对象还是后妈——这就尤其难能可贵了。据说他后妈去世时,公孙弘还严格按照古礼守孝了三年。不过在文景时代,儒家思想还不是主流,所以公孙弘孝顺归孝顺,也没有人因此请他去做官。公孙弘人生中的第一次机会,直到武帝刘彻登基之后才到来。

建元元年,武帝征召贤良文学之士,政治风向开始崇儒。在当地以孝顺知名的公孙弘,这才被推荐到了朝廷,担任博士。这一年,他六十一岁。也就是说,在我们现在退休回家抱孙子的年龄,公孙弘才刚刚踏上仕途。考虑到古人的平均寿命,公孙弘这把年纪才开始做官,还是个毫无实权的文学侍从官,实在是太晚,说起来都觉得寒碜。假如当时有人跟他说,这辈子他会拜相封侯,估计公孙弘自己都会笑掉大牙。

公孙弘老是老了,可既然做了官,就得替朝廷做事。不久,武帝派他出使匈奴;结果公孙弘回朝复命时,不知道哪句话说错了,惹得武帝龙颜大怒,认为这老头子除了胡子特长,其他别无所长,就把他罢免了。

公孙弘只好收拾铺盖回了老家。可怜他熬到退休年龄才当上个小官,结果没几天就又被打回原籍了。个中辛酸,恐怕只有当事人才能体会。

时光荏苒,转眼到了元光五年,武帝再次征召贤良,菑川当地官府就又推荐了公孙弘。这时公孙弘已经七十一岁,胡子不但更长了,而且早已花白——用古人的说法,这都是半截身子入土的"古稀之年"了。这把年纪还有什么好折腾的呢?于是公孙弘想都没想就婉拒了,说:"我当年奉命入朝,却因无能被罢免。你们还是推荐别人吧。"

天知道菑川是缺少人才还是当地官员对他情有独钟,总之,人家不管他年迈体衰、发白齿摇,硬是要让他入朝。

公孙弘没办法,只好硬着头皮二度入朝,按规定写了一道策书交差,然后就坐在驿馆等着回家的通知。

本来公孙弘是毫无希望的,因为他的策书写得实在是平平无奇,阅卷官给他评了个下等。按说故事到此就结束了,历史也不可能记住他这个养猪出身的一介老儒。可上天偏偏就是喜欢制造奇迹,玩一些别开生面的反转剧情。

武帝刘彻可能是怕错过人才,就亲自复阅了一遍策书。当时对策的总共有一百多号人,结果刘彻看完排在末尾的公孙弘的策书后,竟然觉得眼前一亮,然后愣是把他从垫底的位置擢拔为第一。

就这样，阔别十年的公孙弘再度入宫，站到了武帝刘彻面前。

当年那个出使匈奴、办事不力的老头子，如今更老了——可不知为什么，此时的刘彻居然认为公孙弘"状貌甚丽"（《史记·平津侯主父列传》），于是又重新拜他为博士。

太史公所谓的"状貌甚丽"当作何解？

大概只能翻译为相貌堂堂、一表人才。可都七十一岁的人了，相貌又能好到哪儿去呢？这个问题我们是无解的，只能说"时来天地皆同力"——一个人运气来了，就等于自带了洪荒之力，啥都挡不住。

当时的博士中，有个老儒叫辕固，是公孙弘的同乡，已经九十多岁了，据说学问相当精纯。公孙弘心里嫉妒辕固，表面上却执礼甚恭。老人家一眼就看穿了，便对公孙弘说了这么一句："公孙子，务正学以言，无曲学以阿世！"（《资治通鉴·汉纪十》）

公孙先生，一定要秉持正道进言，不要歪曲道学，媚俗求荣！

这话说得相当不客气，也一语道破了公孙弘性格中虚伪、媚上的一面。

不过在官场上，虚伪和媚上才是"硬通货"，反倒是像辕老先生这种正道而行、直言不讳之人，才是难以立足的。没多久，很多同朝为官的儒者就因嫉妒辕固的才学，纷纷中伤排挤他。旋即，辕固就被武帝以老迈为由罢免了。

公孙弘复出时，正值武帝在大力开拓西南夷，由此引发了不少问题，武帝便命公孙弘前去巡视西南。

在此，我们有必要回溯一下汉帝国开拓西南夷的经过。

汉帝国开拓西南夷的首功之臣，名叫唐蒙，当时仅是一个小小的番阳（今江西省鄱阳县）县令。唐蒙最初的计划，其战略目标是征服南越，只是打算取道西南；后来却无心插柳，演变成了对大西南的开拓。

元光五年初，唐蒙上书武帝，说："南越国王乘坐天子的黄盖车，又竖立天子大纛，其领土东西跨度一万多里，名为藩臣，实为一方之主。之前我军发兵南越，必须取道长沙国（今湖南省长沙市）或豫章郡水道，艰险难行。如今若乘坐战船，取道夜郎国（今贵州西部及云南东北部），沿牂柯江而下，便可出

第五章 文臣武将　139

其不意，以奇兵征服南越。以大汉之强盛，巴蜀之富饶，一旦开凿出一条通往夜郎的道路，再派出官员，很容易将其控制。"

刘彻批准了这个方案，并擢升唐蒙为中郎将。唐蒙旋即率一千余人，从巴蜀的筰关（今四川省合江县南）南下，翻山越岭，披荆斩棘，终于抵达夜郎国，会见其国王多同。唐蒙宣扬了汉朝的威德，又代表朝廷给了夜郎丰厚的馈赠；还承诺让多同的儿子担任汉朝县令，交换条件只有一个——让汉朝官员进驻夜郎。

多同和下属部落贪恋汉朝的财物，于是满口答应了下来。他们打的如意算盘是，眼前的便宜先捞了再说，反正汉朝与夜郎之间道路艰险——就算夜郎到时候反悔，谅汉朝也奈何他们不得。

唐蒙回朝复命。武帝刘彻立刻下诏设置犍为郡（郡治今贵州省遵义市）。

汉帝国开通西南夷的历史大幕就此拉开，但过程并不像预期的那么顺利。朝廷征调了巴蜀的数万士卒和民夫，投入修建一条从僰道（今四川省宜宾市）至牂柯江的道路。整个工程都在崇山峻岭之中，其艰险程度可想而知。开工不久，便有大批士卒和民夫死亡，没死的也相继逃走。负责其事的唐蒙用军法严厉制裁逃亡者，并诛杀了好些个带头的。

此举顿时令巴蜀百姓大为震恐，一时间人心惶惶。

武帝刘彻闻讯，赶紧派遣原籍巴蜀的司马相如回去维稳。司马相如代表朝廷前往，先是申斥了唐蒙，然后告谕巴蜀军民，说之前唐蒙采取的镇压手段绝非皇帝旨意，这才安抚了人心，稳住了局面。

虽然开通西南夷的工程遭遇了挫折，但朝廷的影响力逐步深入西南却是不争的事实。很快，邛都（今四川省西昌市）、筰都（今四川省汉源县）、冉国（今四川省茂县北）、斯榆（今云南省大理市）等部落小国就纷纷请求归附。武帝就此事咨询司马相如的意见。司马相如认为，应该顺势将这些地方纳入汉朝版图，设立郡县。

武帝遂任命司马相如为中郎将，持节前往西南各国，接受了它们的内附请求。随后，汉朝废除边塞，开放关卡，把西至沫水（今大渡河）、若水（今雅砻江），南至牂柯江的土地都纳入了汉朝版图；并在灵关山（今四川峨边县南）开凿道路，在孙水（今安宁河）架设桥梁，直通邛都。最后，汉朝又在该地设置了都尉,并将周边十几个县全部纳入蜀郡管辖。

汉朝的疆域得到了扩张,武帝刘彻龙颜大悦。

然而,开通西南夷的道路工程却依旧进展缓慢、困难重重。加之附近的蛮夷部落不时反叛,朝廷不仅要为工程花费巨资,还要不停出兵平叛,令武帝深以为患。

公孙弘就是在这一背景下被派往西南的。他去考察了一圈,回朝后极力反对朝廷开拓西南疆土,认为此举劳民伤财,毫无意义。

武帝刘彻当然不听他的。

如果是性格比较耿直的大臣,一定会据理力争,但公孙弘不会。因为他的为臣之道,就是只负责亮明自己的观点,至于天子是否采纳,他并不在意。如司马迁就说:"(公孙弘)每朝会议,开陈其端,令人主自择,不肯面折廷争。"(《史记·平津侯主父列传》)

正因为公孙弘善于察言观色,在天子面前始终表现得沉稳持重、谦恭退让,所以武帝刘彻对他非常满意,认为他品行"敦厚",言论很有风度。而这一切,看上去都很像一个大儒应有的做派和风范,因而越发合乎武帝在政治上的需要。

我们说过,中国历史上"阳儒阴法"的统治策略就是从汉武帝开始的。不论武帝刘彻多么善于运用苛酷猛厉、阴狠诡谲的法家权谋,他都十分乐于在表面上为自己所做的事情披上一层温文尔雅的儒家面纱。

而公孙弘的出现,恰恰在很大程度上迎合了刘彻的这一需求。

对此,司马迁的说法可谓一语中的:"(公孙弘)习文法吏事,而又缘饰以儒术,上大悦之。"(《史记·平津侯主父列传》)

公孙弘熟悉典章律令和行政事务,还能用儒学的观点加以文饰,让皇帝非常高兴。

"缘饰"一词,用得既简洁又微妙,把武帝刘彻的统治艺术和公孙弘的为官技巧,都刻画得相当到位。

当然,为官的技巧绝不只是迎合上意。如果只会迎合,那是佞臣;不仅会遭人鄙视,时间一长也会被领导轻视。所以,该刷存在感的时候,还是得用心去刷。这其中的分寸,公孙弘就拿捏得很好。

他擢任御史大夫后，位高权重，对朝政自然要发表见解。当时，汉帝国不仅在西南大力开拓，同时还在北方修建朔方城，又在东北设置了苍海郡（今朝鲜安边郡）。朝廷到处拓边、三面开花，对国力和民力的消耗无疑是巨大的。

针对此，公孙弘就多次提出劝谏。武帝刘彻为了说服他，就命内朝官朱买臣等人跟他辩论。朱买臣等人以兴建朔方城为例，一口气提出了开疆拓土的十大好处，公孙弘竟然从头到尾哑口无言，一条也辩驳不了。

最后，公孙弘只好用一种十分惭愧的口吻说："臣是齐地边民，孤陋寡闻，不知兴建朔方有这么多好处。那就请停止西南夷和苍海郡的工程，全力营建朔方吧。"

这就是妥协的艺术——既有认错自嘲的胸襟，又有谦虚退让的风度，同时又不失自己的立场。

武帝见状，也相应做了让步，罢废了苍海郡。

表面上，公孙弘输了辩论；实际上，他却赢得了皇帝更进一步的赏识。所以说，姜还是老的辣。假如不是在社会底层摸爬滚打了六七十年，公孙弘又何来这份阅尽世事、进退自如的圆熟与老到呢？

可见，每个人都有自己的人生节奏，一切都是最好的安排。

少年得志，固然可喜，却未必是福。

大器晚成，虽历经坎坷，却未必不能修成正果。

## 社稷之臣：汲黯与武帝的"相爱相杀"

公孙弘的圆熟与老到，在性情相近的人看来，或许是一种优点；可在性格截然相反的人看来，却很可能是一种令人难以忍受的虚伪和惺惺作态。

比如说，公孙弘贵为三公之一后，为了表现自己的清廉和节俭，家里盖的被子仍然是普通的粗布，一日三餐也很少吃肉，总之就是完全与"锦衣玉食"相反。朝中有位大臣十分看不惯这种作秀，就非常不客气地对武帝说："公孙弘位在三公，俸禄甚多，却故意盖粗布被子、不吃肉，这分明是沽名钓誉。"

这个丝毫不给同僚留情面的人，就是武帝一朝的著名直臣——汲黯。

汲黯，东郡濮阳（今河南省濮阳市）人，出身于官宦之家，年轻时凭父荫入仕，景帝时任太子洗马，也就是武帝刘彻的东宫旧臣。刘彻即位后，汲黯担任谒者。时值闽越入侵东越，武帝就命他前去调查情况。汲黯奉命出发，可刚走到吴县（今江苏省苏州市）就又折了回来。武帝问他何故返回。汲黯理直气壮道："百越人动不动就打来打去，他们就这德行，一点儿也不稀奇，没有资格劳动天子使臣。"

武帝刘彻一听，不由啼笑皆非。

这件事放在任何人身上，都绝对不敢这么干。可汲黯就是如此大胆而另类，偏偏武帝还不会拿他怎么样。这其中，最主要的原因就是汲黯有东宫旧臣这层身份，同时武帝也很了解他的性格，所以才没跟他计较。

不久，河内郡（今河南省武陟县）某地失火，延烧民宅一千多家，武帝又命他去视察灾情。汲黯去了一趟，回来禀报说："百姓家里失火，这事不足忧虑。但臣经过河南郡（今河南省洛阳市东）时，发现当地贫苦百姓因水旱灾害陷入绝境，一万多家都断粮了，导致父子相食。臣动用使臣符节，命当地官府开仓赈粮，救济灾民。现交还符节，请治臣矫诏之罪。"

这回不仅是不遵圣命，甚至还假传圣旨，性质更恶劣了。不过人家是舍小灾救大灾，属于"便宜行事"，理由十分正当，所以武帝刘彻非但没处罚他，反而还夸他做得对。

"上贤而释之。"（《史记·汲郑列传》）

刘彻称赞他贤明而不予追究。

虽然表面上不得不夸奖汲黯，但这家伙三番两次违背圣意，终究让领导不太爽。随后，武帝便以工作需要为由，让有关部门通知汲黯，准备外放他为荥阳县令。汲黯觉得这是在贬他的官，深以为耻，索性称病辞职，屁股一拍就走人了。

一看这家伙如此有个性，居然敢炒老板鱿鱼，有关部门赶紧上报。

刘彻顿时有些发蒙。本来只是想敲打一下，没想到人家那么决绝，二话不说就走人了。朝廷正是用人之际，所以刘彻很无奈，只好又把他请了回来，还给了"中大夫"这种非常清贵的内朝官职位，以示尊重。

汲黯这才心满意足地走马上任。

可是，刘彻很快就后悔了。因为把这个生性耿直的家伙放在身边，就如同放了只刺猬，他动不动就直言切谏，很伤领导的自尊。最后刘彻实在受不了，又把他外放了。这回当然不好让他当县令，而是让他去东海郡（今山东省郯城县）当太守。

西汉的太守是二千石官员，属于封疆大吏，上马治军、下马治民，堪比诸侯王，汲黯当然不会拒绝。

由于信奉黄老之学，所以到了东海任上，汲黯就搞起了无为而治。他任命了一批有才干的官员，然后充分授权，抓大放小，让手下去干。他身体不好，经常生病，大部分时间都躺在床上，很少升堂问事。可就是看上去如此"懒政"的太守，仅仅一年多后，竟然把东海郡治理得井井有条，朝野上下都极力称道。

武帝一看，这家伙还行，就调他回朝，升任主爵都尉，位列九卿。

"刺猬"载誉而归，当然又有领导好受的了。

当时在位的丞相是田蚡，正不可一世，满朝文武见了他都得行跪拜之礼。唯独汲黯不买账，去见田蚡都只是一揖了事。田蚡知道这家伙不好惹，也就不敢拿他怎么着。

其实别说丞相，就算是武帝，汲黯也敢当众让他难堪。

当时正值武帝大力延揽贤良文学之士，有一天在朝会上，大领导一时兴起，说"我简单说两句"，然后说起来就没完了，从回顾过往到立足当下到展望未来，口若悬河，滔滔不绝。汲黯实在听不下去，便站出来说了一句："陛下内多欲而外施仁义，奈何欲效唐虞之治乎！"（《史记·汲郑列传》）

陛下内心充满私欲，表面却装出施行仁义的样子，怎么可能效法古代的清明政治？

正在慷慨激昂地画大饼的刘彻被这么一呛，差点没被噎死。

"上默然，怒，变色而罢朝。"（《史记·汲郑列传》）

太史公用极简的文笔，传神地描绘了当时的一幕——刘彻先是默然不语，然后怒火升腾，最后勃然作色，拂袖而去，当天的朝会就此不欢而散。

敢这么对皇帝说话的人，在武帝一朝可谓绝无仅有。就算是放在几千年中国历史上，恐怕也极其少见，也许只有唐太宗时期的魏徵勉强可以一比。

目睹此情此景，满朝公卿无不为汲黯捏了一把汗。估计不少人认为，这个说话从不过脑子的家伙这回一准死定了！

就算是同僚之间，说这种话也会把人往死里得罪，何况是天子？！

故事到此还没结束。据司马迁记载，刘彻回到内宫，忍不住对左右近臣吐槽说："甚矣，汲黯之戆也！"（《史记·汲郑列传》）

戆（zhuàng），意为憨厚而刚直。翻成白话，大概就是："太过分了，汲黯这家伙憨直得过头了！"

的确很过分，可武帝你能拿他怎么着？杀了他吗？要杀也简单，一句话的事。

可是，武帝刘彻偏偏就是下不了这个手，最后也只能生生把这口恶气咽下去。

为什么刘彻不杀汲黯？

除了上文说过的"东宫旧臣"这层因素外，最主要的，应该是出自刘彻的政治理性。他知道，像汲黯这样忠直、耿介的大臣，放眼整个朝廷，很可能就这么一个。如果连唯一一个敢说真话的人都容不下，那不仅显得刘彻没有胸怀和度量，而且要是杀了他，对社稷而言绝对是无可挽回的损失。

正是基于这样的原因，武帝和汲黯才会形成这种奇妙的"相爱相杀"的君臣关系。

当天罢朝后，大臣们忍不住纷纷数落汲黯，都认为他说话太过分了。汲黯却不以为然，依旧理直气壮道："天子设置三公九卿，要的是辅弼之臣；怎么可以阿谀谄媚、迎合上意，陷人主于不义之地？如今我身居此位，纵然爱惜生命，却不敢有辱朝廷！"

闻听此言，公卿们只好悻悻闭嘴。

没办法，这家伙虽然"嘴臭"，可说话确实有道理，你不服还不行。

汲黯多病，此次面折廷争后，他又病倒了。西汉律法规定，官员凡请假超过三个月者，即行免职。汲黯这回病得不轻，一下就超过了三个月。于是，武帝跟他的"相杀"戏码刚刚过去，就立刻转入"相爱"桥段了——为了不让汲黯被免职，武帝不断延长他的假期；延了好几次，最后汲黯终于要痊愈了，武帝刚松一口气，汲黯又让内朝官严助来帮他请假，说病情又加重了。

刘彻有些伤感，便问严助道："你觉得汲黯是什么样的人？"

严助答："若是让汲黯当一个普通官员，他的成绩不会超过别人。可如果让他辅佐少主，他会坚持立场和原则，绝非那种召之即来、挥之即去之人。就算有人自认为如孟贲、夏育（战国著名勇士）那样悍勇，也不能使其动摇。"

刘彻深以为然，说："古有社稷之臣，至如黯，近之矣。"（《史记·汲郑列传》）

古代有所谓"社稷之臣"，汲黯这个人，差不多就是了。

要从皇帝口中得到这样的评价，可不是容易的事。纵观武帝一朝，也仅汲黯一人获此殊荣。由此可见，他在武帝刘彻心目中的地位，的确是常人莫及。

了解了汲黯的一贯性格和为人处世之道，就不难理解他为什么会骂公孙弘作秀了——连武帝他都敢公然抨击，何况区区一个公孙弘？

武帝刘彻觉得汲黯说得有道理，公孙弘贵为三公，的确不至于盖粗布被子、吃不起肉。于是，刘彻便直接问公孙弘，有没有这回事。

公孙弘闻言，非但不掩饰，反倒向武帝谢罪，然后用一种十分诚恳的口吻说："的确有这回事。在如今的九卿之中，与臣友情最深的，莫过于汲黯了。他对臣的诘难，真的直接说中了臣最大的毛病。臣位居三公，却盖粗布被子，跟一个小吏差不多；诚如汲黯所言，的确有虚饰作伪、沽名钓誉之嫌。汲黯真是难得的忠臣，若不是他，陛下又如何能听到此等忠直之言啊！"

什么叫高人？

这就叫高人。

当别人要踩你的时候，你就把自己放低，一直低到尘埃里；然后对别人的所有批评虚心接受，照单全收。而且，对方在领导面前骂你骂得越狠，你就要在领导面前夸他夸得越凶。领导心中自有一杆秤，所以当你制造的这种反差越大，领导内心的天平越会倾向于你。

结果不言而喻，"天子以为谦让，愈益厚之"（《史记·平津侯主父列传》）。

刘彻认为公孙弘谦让有德，对他越发赏识和倚重。

本来是对自己不利的局面，结果公孙弘一招以柔克刚、以退为进，反倒逢凶化吉、因祸得福。短短两年后，公孙弘就登上了人臣所能企及的权力最高峰——被武帝刘彻拜为丞相,并封为平津侯(公孙弘就此成为两汉历史上第一个封侯的丞相)。

公孙弘的这套处世哲学和为官之道,按理说本是老子的路数,却让身为儒者的他玩得挺溜;反观身为黄老信徒的汲黯,为人处世非但没有半点老聃哲学的影子,反倒颇有纯儒那种"从道不从君"、动辄秉公直言的风范。

由此可见,"为人"和"为学",有时候真的是两码事。

汲黯这种眼里容不得沙子的性格,对皇帝和三公都可以不留情面,对其他大臣就更不用说了。

比如酷吏张汤,就是汲黯屡屡抨击的对象。

张汤自从"陈皇后巫蛊案"一炮而红后,深受武帝赏识,被委以重任,负责与另一个知名酷吏赵禹一起制定相关律法。据司马迁记载,张汤和赵禹此次"定诸律令"的主要精神,就是"务在深文"(《史记·酷吏列传》)。

此即成语"深文周纳"的出处。

所谓深文周纳,意为制定律法尽量严苛,使法网周密,易纳人入罪。于是,经张汤和赵禹之手出台的律令,基本上消除了任何弹性空间,使得司法官员丝毫没有依照情理适当伸缩的余地。这固然有助于遏制司法腐败,却同时也导致了严刑峻法。

张汤和赵禹还特意制定了一条"见知法",即对知情不报者予以治罪——这就令官员之间不得不互相监视,都把别人当贼防着。如此当然可以在某种程度上肃清官场风气,却也导致了人人自危、道路以目的恐怖氛围。

对此,司马光便评价说:"用法益刻自此始。"(《资治通鉴·汉纪十》)

武帝一朝用法苛酷,就是从这时候开始的。

张汤这么能干,想不升官都不可能。元朔三年末,他在太中大夫任上被武帝擢升为廷尉,一跃而位居九卿。

当然,张汤之所以得到武帝重用,不仅是凭业务能力,更是凭他的政治觉悟。

他很清楚,"尊儒崇儒"是武帝定下的大政方针,是当时最大的政治正确。因此,为了迎合上意,张汤便刻意逢迎当朝的一些大儒,如公孙弘、董仲舒等人,对他们极为恭敬。此外,只要是武帝关注的大案要案,张汤在断案时必定附会"古义"——用儒家的"微言大义"进行粉饰。为此，他还特地招了一批专门研究《尚书》《春秋》等儒家经典的博士弟子来当助手。

张汤虽然施行严刑峻法，但并不等于他会严格按照律法来断案。因为，张汤所执行的法律，基本上与公平和正义无关，纯粹只为皇帝及其政治需要服务。所以，凡"上意所欲罪"，即武帝想要治罪的人，不管是否真的有罪，张汤及其手下必深文周纳、罗织罪名；同理，凡"上意所欲释"，即武帝想要放过的人，即便真的有罪，张汤及其手下也会千方百计大事化小，小事化了。

像张汤这样的人，一贯疾恶如仇的汲黯自然不能容忍。

他数次在朝会上，当着武帝和满朝文武的面怒斥张汤，说："阁下身为朝廷正卿，上不能弘先帝之功业，下不能抑天下之邪恶；既不能安国富民，也不能使囹圄空虚，却把高皇帝（刘邦）制定的典章律令改得面目全非。阁下的所作所为，是要断子绝孙的！"

汲黯骂人的话，向来没有最难听，只有更难听。

像这种话，已经属于人身攻击了，张汤当然会气得肝颤。可在武帝一朝，逮谁骂谁几乎是汲黯的特权，谁也拿他没辙，张汤也只能忍气吞声。

不过，要是当天朝会争执的是具体案件，那张汤就占上风了。因为他会用一套一套的专业术语，把汲黯绕晕。汲黯只能坚持一些大的原则，碰上专业的东西肯定是不懂的；吵到最后，汲黯往往又是破口大骂。

比如有一回，汲黯就是这么骂的："天下人都说刀笔吏不能担任公卿，果不其然！像你张汤这种人，只能让天下人陷入'重足而立，侧目而视'的境地。"

所谓"重足而立，侧目而视"，意为双脚并拢，斜着眼睛，形容畏惧又愤恨的样子。汲黯所指，就是酷吏横行所必然带来的恐怖统治。

这句话，明着是骂张汤，暗里其实连武帝也一块儿骂了——若不是武帝的鼓励和纵容，"刀笔吏"张汤又岂能为所欲为？

武帝刘彻当然听得出汲黯在指桑骂槐，不过他只能假装听不懂。因为，对"社稷之臣"汲黯的敬畏之情，可以说早已深深刻进了刘彻的骨子里。

司马迁有一段记载，就非常形象地刻画了武帝对汲黯的这种敬畏：

大将军青侍中，上踞厕而视之。丞相弘燕见，上或时不冠。至如黯见，上不冠不见也。上尝坐武帐中，黯前奏事，上不冠，望见黯，避帐中，使人可其奏。其见敬礼如此。（《史记·汲郑列传》）

大将军卫青在宫中侍奉，武帝刘彻可以一边如厕一边跟他谈事情。丞相公孙弘觐见，武帝有时连冠帽都不戴。至于汲黯，武帝若不戴冠帽就不敢见他。有一次，武帝坐在帷帐中，汲黯前来奏事，恰好那天武帝没戴冠帽，望见汲黯，赶紧躲到帐后，命人批准他的奏议（连他请奏的是什么也不管了）。武帝对汲黯的敬畏就是达到了这种程度。

汲黯位列九卿之时，公孙弘和张汤都只是小吏；可短短数年后，公孙弘就拜相封侯了，连张汤也跟汲黯位列同班。汲黯自然认为这是小人得志，连带着对武帝的用人之道也颇有微词。有一次，他便对武帝吐槽说："陛下用群臣如积薪耳，后来者居上。"（《史记·汲郑列传》）

陛下用人就像堆木头，后来的都放在上面。

这就是成语"后来居上"的出处。

武帝无言以对，只能保持沉默。

汲黯总是跟公孙弘和张汤过不去，这俩人自然也就把他视为眼中钉肉中刺。若非武帝对汲黯"情有独钟"，且敬畏有加，张汤随便捏个罪名恐怕就把他罗织进去了。

张汤不敢用手段，可公孙弘却自有对付汲黯的办法。

司马迁就说过，公孙弘"为人意忌，外宽内深"（《史记·平津侯主父列传》），意思就是公孙弘生性猜忌，外表看上去就像个宽厚长者，其实心机很深。凡是得罪过公孙弘的人，他表面上会对他们非常友善，可背地里却会使阴招，往往杀人于无形。

比如倒行逆施的主父偃，跟公孙弘素来不睦；所以到了最后关头，公孙弘轻描淡写的一句话，就要了他的性命。

再比如董仲舒，他一向认为公孙弘是阿谀谄媚之徒，公孙弘自然对董仲舒极为嫉恨，必欲除之而后快。而他采用的办法，就是向武帝举荐，让董仲舒出任胶西国相。这一招是典型的借刀杀人。因为胶西王刘端是出了名的杀人魔

第五章　文臣武将　149

头，屡屡触犯国法，死在他手底下的二千石官员没有一打也有半打。公孙弘这样操作，就是想借刘端之手杀掉董仲舒。

董仲舒心知肚明，所以出任胶西国相没几年，就赶紧称病辞官，卷铺盖走人了，这才保住一命。

如今，公孙弘又故技重施，向武帝隆重举荐，让汲黯出任右内史。

"右内史"又有什么名堂？

答案就藏在公孙弘对武帝说的话中。他说："右内史界部中，多贵人宗室，难治，非素重臣不能任，请徙黯为右内史。"（《史记·汲郑列传》）

右内史的辖境中，多有达官显贵和皇室宗亲，难以治理；若非素有威名的重臣不能胜任，请调任汲黯为右内史。

右内史就是后来的京兆尹，相当于首都的市长。对于会钻营的人而言，这是个肥缺，因为你可以跟辖境内的这些贵人进行各种利益交换；可像汲黯这种清高、耿介之人，在这个位子上就很容易得罪权贵，到头来通常会死得很难看。

所以公孙弘这一招，表面上是重用汲黯，其实是把他往火坑里推。

可是，让公孙弘万万没想到的是，汲黯出任右内史后，非但没出事，反倒像当年在东海郡一样，把京师治理得有条不紊。

估计汲黯用的又是无为而治、抓大放小这一招。总之，据司马迁记载，汲黯"为右内史数岁，官事不废"（《史记·汲郑列传》），让公孙弘的如意算盘彻底落空了。

## 凿空西域：张骞的伟大探险

元朔三年夏，一个风尘仆仆、衣衫褴褛的身影出现在了长安西面的地平线上。他身下的坐骑，跟他本人一样疲惫不堪，仿佛下一刻就将颓然倒地。

这个人已经阔别长安整整十三年了。

所有人都认为他早已埋骨黄沙，没有人相信他还会活着回来。

十三年前，他带领一支一百多人的庞大使团，奉命出使西域，开始了一场九死一生的探险之旅。而此时此刻，除了他自己，身后只有一个跟他一样满面风霜的随从。

他伫立在地平线上的身影，看上去就像一面破烂不堪却又高高擎起的、孤独的旗帜。

这个幸存者，就是张骞。

张骞，汉中郡城固（今陕西省城固县）人，家世背景不详，早年经历不详，武帝即位时在宫中任职郎官。据司马迁记载，张骞"为人强力，宽大信人"（《史记·大宛列传》），即性格坚毅，强悍尚武，气度宽广，诚信待人。这些人格特质，正是张骞得以成就"凿空西域"这一伟大事业的重要因素。

早在武帝刘彻即位之初，其反击匈奴的战略构想便已萌芽，所以他十分关注与匈奴有关的一切情报。当时，投降汉朝的不少匈奴人，都曾经提及西域一个叫月氏的国家。他们说，月氏不久前被匈奴击败，老上单于把月氏国王的脑袋砍下来做了酒器。月氏余部被迫西迁，但一心想要复仇，只是苦于势单力薄，没有同盟。

获知这一情报，敏锐的武帝立刻意识到，如果能派人跟月氏国取得联络，并结为同盟，对于反击匈奴的战略无疑大有裨益。

然而，在当时的汉帝国，举国上下几乎没有一个人了解遥远的西域，更不知道月氏国的确切位置。此外，要前往西域，河西走廊是唯一的必经之路——眼下，那里却是匈奴人的地盘，被控制在浑邪王和休屠王手中。此时汉朝与匈奴虽然尚未爆发大规模战争，但边境冲突不断，想要安全通过河西走廊，并最终深入西域，绝不是一件容易的事。

所以，能够胜任这一使命的人，绝对要有过人的勇气和禀赋。

武帝随即下诏，面向朝野招募愿意出使月氏的勇士。

张骞毅然报名，然后从众多应征者中脱颖而出，被武帝选中，任命为使节。

建元二年，张骞带领一支一百多人的使团，从长安出发，朝着西方的地平线，踏上了前路漫漫、生死未卜的征途。

随行人员中，有个叫甘父的胡人，充当此行的向导。此时，张骞和甘父绝对想不到，十三年后，只有他们两个人可以幸存归来。

历史的意义，通常要相隔一段久远的岁月才能呈现出来。每个被后世誉为伟大的人，当他置身于自己的那个时空中时，都很难想象自己的行为会对历史产生怎样的作用和影响。就比如此时的张骞，他的目的地，只是一个遥远而陌生的西域国家；他此行的使命，也不过就是与其结盟，共同对付匈奴。

仅此而已。

更何况从事后来看，他的使命并没有圆满完成。所以从表面上看，张骞的这趟西域之行，似乎很难跟"伟大"二字沾得上边。然而，就像第一个登上月球的人阿姆斯特朗说的那样："我的一小步，是人类的一大步。"此时张骞迈向西域的一小步，同样也是中国走向中亚、西亚乃至世界的一大步！

苦难往往与伟大相伴而生、如影随形。张骞一行经陇西郡出关后，刚刚进入河西走廊，就被匈奴人截住了，然后整个使团人员便被不由分说地移送到了匈奴王庭。

张骞出使西域的第一步，就遭遇了严重挫折。

匈奴的军臣单于问张骞意欲何往，当得知他们要去月氏国时，顿时冷笑道："月氏在我北面（其实是西面，他故意欺瞒），汉朝岂能派使节前往？如果我要派使节去南越，汉朝能答应吗？"

弱国无外交。通常在战场上赢不来的东西，也甭指望能在外交场上谈下来。尽管汉朝并非弱国，但毋庸置疑的是，自从"白登之围"后，汉朝的确只能通过不断奉送美女、金帛来换取和平，所以匈奴压根儿不把汉朝放在眼里。

张骞，连同他那一百多人的使团就此被扣在了匈奴。

这一扣，就是整整十年！

军臣单于似乎有心要把张骞扣一辈子，于是就把一个匈奴女子嫁给了他。张骞就这样成了匈奴人的"女婿"，随后还生下了一个儿子。这要换成意志不坚定的，可能就既来之则安之了——既然老婆孩子都有了，还回汉朝干什么？

可张骞却时刻牢记着自己的使命，"持汉节不失"（《史记·大宛列传》）。

十年，三千多个日日夜夜里，张骞一定会时刻抚摸着武帝颁发给他的大汉使节的节杖，以提醒自己不要忘却，他人生的使命是前往月氏，而不是留在匈奴人给他打造的温柔乡里优游卒岁、以此终老。

光阴荏苒，十年倏忽而过，汉朝人也许早已忘却了张骞；而匈奴人对他的汉使身份也早已不当回事儿，所以看管越来越松。终于有一天，一直在静待时机的张骞瞅准一个空当，忍痛抛下妻儿，带着甘父以及还能联络上的部分随从，悄悄逃离了匈奴王庭，朝着西方策马而去……

中断了十年的行动，就此开启了第二幕。

张骞等人一直向西奔走了数十日，其间经历的艰难困苦可想而知。他们不仅要躲避匈奴军队，还要穿越广袤的戈壁和荒漠，忍受恶劣的自然条件，途中的干粮和饮水也是极大的问题。使团中的许多成员，就这样永远躺在了大漠黄沙之中。所幸，张骞的向导兼贴身随从甘父射术高超，每当要断粮时，他总能射杀一些飞禽走兽，让张骞聊以充饥。

他们先是到达了姑师（今新疆自治区吐鲁番市东北），然后沿着天山南麓西行，途经危须、焉耆、乌垒、龟兹、姑墨、温宿、疏勒、捐毒等小国……每到一处，世界都仿佛为张骞打开了一扇新的窗户。各个国家不同的语言、文化、制度、习俗、物产、服饰、山川地貌、风土人情等，就像一幅幅流光溢彩、绚丽斑斓的长卷，徐徐展现在张骞面前；与此同时，世界的广大与辽阔、丰富性与多样性，也从此展现在了中国人面前。

历经艰险后，张骞等人来到了大宛国。

大宛地处中亚，位于帕米尔高原的西麓，坐落在今乌兹别克斯坦的费尔干纳盆地。大宛是一个农牧业兴盛的国家，出产稻谷、小麦、葡萄酒等，尤以盛产"汗血宝马"著称于世。汗血马速度飞快、耐力持久，有"日行千里"之能；尤为奇特的是，它在奔驰时颈肩部位流出的汗竟然殷红如血，故而得名。

大宛国王早就听说大汉帝国强大富饶，一直想与汉朝建交，奈何关山迢遥，难以如愿。如今，汉朝使节居然从天而降，站在了他的面前——大宛国王惊喜莫名，忙问他们要去何方。张骞说："我奉命出使月氏，却遭匈奴堵截，如今幸而脱身，希望大王派向导送我前往。若能完成使命，回汉朝后，大汉定会给予大王无比丰厚的馈赠。"

月氏位于大宛西南，中间有高山阻隔，道路难行，所以要先西行至康居国（今哈萨克斯坦南部），再转而南下。

大宛国王觉得跟汉朝搞好关系没什么坏处，便一口答应。随即派向导、翻译陪同张骞等人到了康居，然后又到了月氏国。

历经十年的挫折、煎熬、奔波、辗转之后，饱尝艰辛的张骞终于抵达了目的地。

然而，令张骞没想到的是，如今的一切，早已时移世易、不同往日了。

月氏人自从被匈奴击败、向西迁徙后，来到了妫水（今阿姆河）上游地区（今阿富汗与塔吉克斯坦交界处），然后向南征服了希腊人建立的大夏国，并以其故都蓝氏城为都城。一个崭新的月氏国就此崛起。为区别于残留在旧地的小月氏，史称其为大月氏。

此地土壤肥沃、物产丰富，大月氏的国力迅速强盛。人们在此安居乐业，小日子过得十分滋润，早已淡忘了十年前被匈奴人灭国的血海深仇，也淡忘了老国王被敌人砍下脑袋用头骨做酒器的奇耻大辱。

时间是疗愈伤口的良药，也是冲淡仇恨的利器。十年的光阴，足够了。

月氏的新国王盛情款待了张骞一行，却绝口不提复仇之事。张骞在这里待了一年多，极力想要唤醒月氏国王的血性和复仇之志，结果却是一场徒劳。

此刻的月氏离匈奴已经很远，离汉朝就更远了——即便月氏国王血性未泯，但从战略意义上讲，与汉朝联手进攻匈奴的必要性和可行性都近乎不存在了，还结什么盟？

张骞万般无奈，只好启程回国。

为了更全面、深入地了解西域，张骞此次回程，有意选了一条跟来时不一样的路线——翻越葱岭，然后沿塔克拉玛干沙漠的南缘东行。这一路，他又途经了莎车、皮山、于阗、扜弥、精绝、且末、扜泥等小国，掌握了西域诸国的许多第一手资料。

接下去，那个老问题又摆在了张骞面前：怎么穿过匈奴人的地盘？

这回不能再走河西走廊了。张骞决定，翻越阿尔金山脉，穿过青藏高原，然后经由羌人部落所在地（今青海省东部）回国。

然而，人算不如天算，老天爷似乎认为张骞经历的磨难还不够，于是"安排"匈奴人再度抓获了他。

此次被俘，与上次唯一的不同，也是唯一让张骞感到些许安慰的地方，是他终于可以跟妻儿团聚了。可是，他是负有使命的人，所以这次团聚绝不可能阻挡他归国的脚步。

虽然与大月氏结盟的任务失败了，但此次西域之行并非没有收获——不，应该说收获是巨大的。即便此刻的张骞不会用"伟大"一词来形容自己的这场探险，但他应该已经能够意识到，自己这一路走来的见闻和掌握的资料，对于大汉帝国意味着什么。

从外交的角度而言，这是中国人有史以来第一次认识了那么广阔的世界，第一次结交了那么多异域的朋友；也是第一次让中国的影响力深入西域，并直达葱岭以西的诸多中亚国家。

而从大国战略的角度来说，如今张骞头脑里装着的，绝不仅仅是国际见闻和地理知识，更是至关重要的战略信息，是价值连城的政治、军事和经济情报。

从这个意义上讲，此刻张骞真正的使命，已不再只是简单地回朝复命，而是回去对武帝刘彻和满朝文武旧有的国际视野、外交思维和各方面战略，进行认知迭代和系统升级。换言之，就是让中国人第一次"睁眼看世界"。

这无疑是一个划时代的历史贡献。

所以，眼下张骞的生命意义已经远远超越了个体，而与无比广大的时空，与伟大的历史使命紧密联结在了一起。

当张骞经受住了所有考验之后，上天终于站在了他这一边。

元朔三年，也就是张骞第二次被俘的一年多后，匈奴的军臣单于死了。他的弟弟、左谷蠡王伊稚斜发动政变，打败了太子於单，自立为单于。於单流亡汉朝，被武帝封为涉安侯，但数月后就病亡了。

趁着匈奴内乱，张骞与随从甘父等人再度逃亡。据班固在《汉书·张骞传》中记载，这一次，张骞终于带上了自己的妻儿。接下来的追逃情节，史书中没有记载，但想必一定是惊心动魄、险象环生的。可能就是在这一次逃亡中，张骞的其他随从都陆续牺牲了，最后只剩下最忠诚、最能干的甘父一人。

历经百死千难后，张骞终于奇迹般地回到了长安。

想必见到张骞的那一刻，武帝刘彻一定不敢相信自己的眼睛——十三年了，这个满脸沧桑的"大叔"，真是当年那个丰神俊逸的郎官吗？

随后，张骞将他此次探险的所见所闻和调查研究结果，全部向武帝刘彻

第五章 文臣武将　155

做了详细禀报。其中,张骞亲自到访的主要国家有大宛、康居、大月氏、大夏等,间接了解到的还有乌孙(巴尔喀什湖以南和伊犁河流域)、奄蔡(里海、咸海以北)、安息(波斯,今伊朗)、条支(大食,今伊拉克一带)、身毒(天竺,今印度)等。

他对上述国家的位置、规模、特产、城市、人口、兵力等信息和情报,都一一做了说明。相关报告的具体内容,都记载在司马迁的《史记·大宛列传》中。这一文献,成为世界上对这些国家和地区第一次翔实可靠的记载,也成为后世研究相关古代地理和历史的最珍贵资料。

基于张骞的特殊功绩,武帝刘彻旋即拜他为太中大夫,并封甘父为奉使君。

司马迁称张骞的此次西域之行为"凿空",意为"开通大道"。数年后,张骞还将追随卫青北伐匈奴,继而奉命打通西南交通线,然后第二次出使西域……

张骞的传奇,还远未结束。

## 从奴仆到大将军:卫青的人生逆袭

匈奴的伊稚斜通过政变上位后,一边巩固权力,一边丝毫没有放松对汉朝的侵扰。

元朔三年夏,匈奴数万骑兵进入边塞,击斩汉朝的代郡太守,掳掠一千余人;同年秋,入寇雁门,又杀掠了一千余人。

元朔四年(公元前125年)夏,匈奴出动九万铁骑,兵分三路,分别侵入代郡、定襄(今内蒙古自治区和林格尔县)、上郡,一共杀掠数千人。

与此同时,匈奴的右贤王部,则是把目标对准了汉朝刚刚兴建的那座崭新城池——朔方城(今内蒙古自治区杭锦旗北)。

右贤王的地盘在阴山北面,而朔方城就位于阴山南面。这座汉朝耗费巨资修建的军事重镇,既是扼守河南地的一座前线堡垒,也是一把顶在右贤王腹部的尖刀。可想而知,朔方城会让右贤王多么寝食难安。

所以,对右贤王而言,不论是要重新夺回河南地,还是要消除汉朝的直接威胁，都必须把朔方城拔掉。

为此，这几年来，右贤王屡屡出兵进攻朔方。但面对这座坚城，却无一例外地铩羽而归，令他深感憾恨。

敌之要点即我之要点。保卫朔方城，守护河南地，自然就成了眼下汉帝国的战略重心。

武帝刘彻决定对匈奴右贤王部发动大规模反击。

元朔五年（公元前124年）春，汉朝集结了十余万重兵，在西、东两条战线上同时出击。

西线作为主攻方向，由卫青率三万精锐骑兵出高阙（今内蒙古自治区乌拉特后旗东南古长城口），由游击将军苏建、强弩将军李沮、骑将军公孙贺、轻车将军李蔡（李广堂弟）各领一万人马出朔方，各部皆受卫青节制。

东线作为佯攻，由大行令李息、岸头侯张次公率三万人马，出右北平，进攻匈奴的左贤王部，目的是迷惑匈奴人并牵制其兵力。

卫青率三万精骑渡过黄河，翻越阴山，出塞六七百里，直趋右贤王的王庭（约今蒙古国南戈壁省）；其余各部也分别从不同方向进行包抄合围。

汉朝此次的情报保密工作做得很到位，右贤王压根儿没料到汉军居然会大举反击，直捣其老巢。所以，当卫青主力及各部于深夜进围其王庭时，右贤王正拥着爱妾在喝酒，而且还喝得酩酊大醉。

直到汉军将整个王庭完全包围，右贤王才得到急报，顿时吓得魂飞魄散。他根本无心组织抵御，慌忙带上爱妾，在数百精骑的护卫下，从北面拼死突围，狂奔而去。

卫青命手下的轻骑校尉郭成率部追击。郭成一直追出了数百里，无奈还是让右贤王遁逃了。但是跑得了和尚跑不了庙，经过一夜鏖战，右贤王麾下的十几个小王，连同一万五千多名部众及眷属，或是被杀或是被俘，全都被汉军一锅端了；汉军同时缴获的牛、羊等牲畜达百万头之多。

这一战，汉军基本上全歼了右贤王部的主力，给匈奴以沉重打击，是汉帝国反击匈奴以来取得的最大一场胜利。因此战发生在大漠以南地区，故史称"漠南之战"。

大军得胜回到朔方之时，武帝刘彻派出的使节已经先一步抵达。

似乎是为了表达自己的喜悦之情，同时为了激发三军斗志，武帝等不及卫青回到长安，就命使节在军中拜卫青为大将军，宣布帝国所有将军均受卫青一体节制。

从奴仆到大将军——昔日平阳公主府上的那个小小骑奴，终于凭借不世出的军事天才和持续不懈的努力，获得了举世瞩目的成就，完成了传奇般的人生逆袭，一举登上了权力的巅峰！

"大将军"这一职位，虽然在体制上仍属内朝官，但已位列三公之上，九卿及以下官员见之皆拜，如《汉官仪》称："汉兴，置大将军，位丞相上。"也就是说，丞相是外朝官之首，主管政务；而大将军则是内朝官之首，主管军务。此时的卫青，已然成为汉帝国的最高军事统帅。

次月，武帝刘彻仍然觉得一个"大将军"职位不足以表彰卫青的功勋，又将其食邑从三千八百户增加到了八千七百户；同时将他的三个儿子卫伉、卫不疑、卫登全部封为列侯。

卫青获得的尊崇和荣宠，一时间举世无匹。

如果是一般人，这时候很可能就得意忘形了；但卫青在这飞黄腾达的时刻，却仍然保持着一份难得的人间清醒。

"大将军"的职位他当然是不能推辞的，但他的三个儿子还年幼，遽然封侯，肯定会遭人眼红——这并不是什么好事。此外，这一次大捷也是三军将士力战之功，若所有功名富贵都由自己一人独享，那将士们在心理上能平衡吗？日后谁还愿意追随你卫青浴血沙场？

因此，卫青即刻上奏武帝，力辞三个儿子的爵位，并代将士们请命说："臣有幸效力军中，赖陛下神威；此役大捷，皆诸位将领力战之功。臣已有幸得陛下分封，但臣的三个儿子，皆尚年幼，未曾有点滴辛劳，陛下却裂地封侯，这恐怕不利于臣在军中激励将士奋战。所以，臣之三子，不敢受封。"

武帝闻言，赶紧表态："我并未忘记诸位将领的功劳。"旋即把公孙敖、韩说、公孙贺、李蔡、李朔、赵不虞、公孙戎奴、李沮、李息、窦如意这十位有功将领全部封侯。

很遗憾，时运不济的李广并未参与此战，所以错过了这场"封侯盛宴"。

至于卫青推辞三子封侯之事，武帝刘彻并没有答应，照旧将卫伉、卫不疑、卫登分别封为宜春侯、阴安侯、发干侯。

天子一言九鼎，说什么就是什么。他不想给你的，你豁出性命也得不到，如长年戍卫边塞、奋战沙场却终生未能封侯的李广；可他想要给你的，你也甭指望推掉，如卫青这三个尚且年幼、未建尺寸之功却裂土封侯的幼子。

看上去很不公平，但这个世界一向如此。"公平"从来都只是人类的一种美好愿景，世界哪曾有一天真正公平过呢？

卫青一时间功名盖世、尊宠无匹，满朝文武争先恐后前来奉承，九卿及以下官员见了他都要行跪拜之礼。唯独有一个人一如往常，见了卫青，心情好就作个揖，心情不好可能连作揖都省了，也就拱拱手。

这个人当然就是汲黯。

有人就劝汲黯，说："天子的意思很明确，就是要群臣居于大将军之下。大将军功高望重，阁下不可以不拜。"

汲黯却冷笑道："难道大将军有个只拱手作揖而不跪拜的客人，他的地位就不尊贵、威望就不隆重了吗？"

这话很快就被"有心人"传到了卫青耳中。没想到，卫青非但没生气，反倒认为汲黯是一个贤明君子。此后，每当有一些军政大事难以定夺，卫青必会去请教汲黯，对他比以往更加敬重。

在官场上，这是极其难得的君子之交，双方看重的都是对方的人品和能力，而非权势与地位。这种简单而纯粹的交往，本来是人际关系中最舒服的一种状态。只可惜，在实际的官场生态中，它却稀有得近乎绝迹；偶然在史书中一见，都令人有莫名欣慰之感。

漠南之战的胜利，极大地鼓舞了武帝刘彻和三军将士，所以武帝决定再接再厉，乘胜追击，不给匈奴喘息之机。

元朔六年（公元前123年）二月，卫青再度挂帅出征，率中将军公孙敖、左将军公孙贺、前将军赵信、右将军苏建、后将军李广、强弩将军李沮共六个兵团，从定襄大举北上，与匈奴会战。

这一仗，汉军再一次取得胜利，斩首数千级而还；美中不足的是并未寻获匈奴主力。

随后，卫青命各部在定襄、云中、雁门三地休整，准备下一场更大规模的进攻，目的是捕捉匈奴主力，伺机决战。

同年四月，卫青率六个兵团再出定襄。此次出征，有两位"新人"也追随卫青踏上了北伐匈奴的征程。

一位就是张骞。

多年在匈奴生活的经验及传奇般的探险经历，让他对匈奴人的生活和行为方式有了深入的了解，也让他拥有了无比丰富的野外生存知识和经验。这对汉军无疑是一笔宝贵的财富。当汉军深入大漠、寻找匈奴主力时，张骞势必发挥别人难以替代的作用。

还有一位"新人"，就是卫青的外甥、即将冉冉升起的另一颗帝国将星——霍去病。

不知是老天爷偷懒没有编新剧本，还是纯属巧合，霍去病投生人间时，上天给他安排的"剧本"，居然跟他舅舅卫青如出一辙。

卫青的母亲卫媪是平阳侯府的婢女，父亲郑季是平阳县吏，因事到平阳侯府当差，与卫媪私通款曲，生下卫青。

霍去病的母亲是卫媪的次女卫少儿，也是平阳侯府婢女，父亲霍仲孺也是平阳县吏，同样因事到平阳侯府当差，与卫少儿私通款曲，生下霍去病。

如果是小说情节，作者如此缺乏创意，一个套路用两次，肯定会被读者骂死。可历史的创作者是老天爷，所以当他偷懒的时候，我们只会惊叹于世间之事竟会如此巧合！

虽然跟舅舅卫青一样都是私生子，但霍去病出生之后的命运却比卫青好太多了。

霍去病生于武帝刘彻登基的建元元年，次年他的姨母卫子夫就得到武帝宠幸，进入了宫中；舅舅卫青稍后也入宫当了内朝官。也就是说，从霍去病两岁起，整个卫氏家族就因卫子夫的"一人得道"而"鸡犬升天"了，霍去病自然不必像卫青那样，从小到大吃尽苦头。

不久，卫子夫被册封为皇后；卫少儿便以皇后姐姐的尊贵身份，嫁给了开国元勋陈平的曾孙陈掌。陈掌后来任职詹事。她们的大姐卫君孺则嫁给了卫青的部将公孙贺，公孙贺后来官居太仆。而卫青更是一路建功立业，青云直上。

一大家子都成了高官显贵，霍去病的童年和少年时代必然是在养尊处优中度过的。不过，家境的优渥并没有把霍去病变成一个纨绔子弟。相反，长大后的霍去病越来越像他的舅舅卫青，司马迁便称其"为人少言不泄，有气敢任"（《史记·卫将军骠骑列传》），就是言语不多，稳重沉着，且英气逼人，敢于任事。这样的少年郎，俨然又是一个上阵杀敌、为国建功的好苗子。

　　对此，武帝刘彻自然都看在眼中。

　　元朔六年，虚岁十八的霍去病被任命为侍中，成了内朝官。就是这个时候，卫青率六部兵马大举出征。霍去病肯定不会放过这个驰骋沙场、一展身手的机会。也许是他主动请缨，也许是武帝和卫青都有意历练他，总之，武帝亲自下诏，任命霍去病为剽姚校尉，让他随同卫青出征。

　　卫青从军中挑选了八百名能征善战的精锐骑兵，交给了初出茅庐的霍去病。

　　正如当年，没有人料到卫青初试身手就一鸣惊人一样，此刻，也几乎没有人能预料到，这个年仅十八岁的毛头小子霍去病，会第一次上战场就崭露锋芒，惊艳世人……

## 霍去病登场：自古英雄出少年

　　汉军此次大举北征，总兵力约有十万人，主要的战略目标就是找到匈奴单于伊稚斜的主力，与之决战。

　　然而，狡黠多智的伊稚斜是不会让汉军的战略目的轻易达成的。

　　匈奴军队的优势就在于机动性，而汉军的优势则在于阵地战，所以伊稚斜当然要扬长避短，竭尽所能藏匿主力行踪，避免与汉军正面对决；同时，伊稚斜还要充分利用熟悉地形的主场优势，跟汉军玩捉迷藏的游戏，让汉军因战线过长、疲于奔命而陷入进退维谷之境；然后再让以逸待劳的匈奴主力伺机出击，打汉军一个措手不及。

　　伊稚斜的这一战略，决定了汉军在与真正的敌人厮杀之前，必须先与恶劣的自然条件进行搏斗。

十万大军深入大漠，最要命的问题就是水源。

眼下，随着汉军越过草原向北面的荒漠节节推进，缺乏饮用水的问题立刻摆在了卫青面前。这时，以校尉一职随军出征的张骞就派上大用场了。据司马迁记载："骞以校尉从大将军击匈奴，知水草处，军得以不乏。"（《史记·大宛列传》）

凭借张骞出使西域的丰富经验，汉军顺利找到了水草丰茂的地方，不仅保障了饮水需求，连马匹所食用的草料都可以就地取材，无须从后方千里转运。

解决了后勤保障问题，接下来，就是如何找到伊稚斜的主力了。

这方面，汉军中也有一人具备优势，他就是卫青麾下的前将军赵信。

赵信本身就是匈奴人，而且还是个小王，本名阿胡儿。他之前可能跟匈奴太子於单是同一派系的，於单在权力斗争中落败后，他便跟着於单一起投降了汉朝，被武帝封为翕侯。

由于这样的出身背景，赵信对匈奴的地形和匈奴军队的战术习惯自然再熟悉不过。此次出征，他任职"前将军"，就是作为前锋，担负着搜寻伊稚斜主力的任务。

这场战役，就是从赵信这一路率先打响的，而且打得最为惨烈。

当时，赵信与右将军苏建一道，率三千余名轻骑朝北面疾进，一番搜寻后，终于发现了伊稚斜主力的踪迹。按理说，他们就带了这么一点儿兵力，目的显然只是侦察，一旦完成任务，就应该迅速回撤，朝卫青的主力靠拢，以避免被围歼。

然而，狡猾的伊稚斜却没有给他们这个机会。

根据史料的有限记载，从事后的战役经过来分析，大致可以断定，伊稚斜很可能是将主力一分为二，自己亲率其中一部，与另一部互为犄角，遥相呼应。这么做的目的，一是迷惑对手，二是充分保持机动性和灵活性，三是保存实力，避免把所有鸡蛋都放在一个篮子里。

而他亲率的这一部之所以会跟赵信、苏建所部遭遇，与其说是赵信找到了他，不如说是他故意张开一个口袋，就等着赵信往里头钻。

他知道赵信自以为熟悉他的打法，所以就利用了这一点，给赵信来了个将计就计，瓮中捉鳖。

一场短兵相接的血战就此展开。

赵信和苏建麾下只有三千余名轻骑；而据史料记载，伊稚斜的兵力足有"数万"，相当于汉军的十倍以上。可即便众寡如此悬殊，汉军还是表现出了超乎寻常的英勇和顽强。双方整整鏖战了一个昼夜，汉军兵力损失过半，余下的将士尽管精疲力竭、伤痕累累，却仍在坚持战斗。

匈奴人应该也付出了不小的伤亡。如果要全歼这支汉军，他们势必要付出更大的代价。伊稚斜自然选了一个没有代价的方式，派人去劝降赵信。

赵信本就是匈奴人，对他而言，重新叛变回去非但没什么心理障碍，反倒可以跟亲人朋友团聚，何必为汉朝战死呢？于是，他没有过多犹豫，便带着剩下的八百骑投降了。

他这一降，苏建及其残部支撑不住，顷刻间就溃败了。苏建拼死突围，最后只身一人逃回了大营。

就在汉军前锋遭遇伏击的同时，卫青主力也与匈奴另一部展开了激战。这边的情形恰好相反，汉军占据了兵力优势，加之卫青指挥有方，所以大获全胜，斩杀并俘虏了匈奴一万余人。

尽管自己打赢了，但作为主帅，卫青却不得不面对前锋惨败的事实。

赵信叛回匈奴，苏建全军覆没——这样的败绩，足以把卫青刚刚获得的这场胜利抵消，全军上下对此深感沮丧。军中的参谋官、议郎周霸就把气撒在了苏建身上，提议说："大将军自出征以来，还没有斩过一名裨将，如今苏建弃军而逃，论罪当斩，大将军正好以此建立威信。"

闻听此言，一旁的军正（军法执行官）和长史赶紧替苏建求情，说："此言不然。孙子兵法有云，'小敌之坚，大敌之擒也'（弱小的一方拼死坚守，只能被强大的一方俘虏）。苏建以三千人马对抗单于数万骑兵，力战一日有余，将士伤亡殆尽，他也没有投敌，仍旧坚持回营。如果把他斩首，那以后战败的将领，还有谁敢回来，岂不是只能投敌？"

双方各执一词，苏建的脑袋能不能保，就全凭大将军卫青一句话了。

在众人齐刷刷的目光下，卫青缓缓开口了："我有幸能以天子的心腹效力军中，从不担心没有威信。周霸劝我立威，令我甚是失望。虽然我身为大将军，以如今所获的尊宠，完全有权力处决将领，但绝不敢在外滥用诛杀之权。我会

第五章 文臣武将 163

把苏建交给天子，一切由天子圣裁。这样也能树立一个人臣不敢专权的榜样，岂不更好？"

众人闻言，无不心服口服，人人称善。

这就是卫青的人格魅力。杀戮固然可以立威，但这样的威信是建立在制造恐惧之上的，只能获得表面的忠诚；相反，有权杀戮却绝不滥杀，就能展现宽厚仁慈的品格，获得属下发自内心的敬重和拥戴。

一旦人人对你心悦诚服，你还担心自己没有威信吗？

所以，卫青这短短几句话，至少达到了三个效果：第一，保住苏建一命，替朝廷留下将才；第二，对下属展现了作为领导的人格魅力；第三，对领导（皇帝）展现了作为下属的谦恭、谨慎和自知之明。

假如卫青像周霸那么浅薄，一刀下去砍了苏建脑袋，其结果只能是令下属们面服心不服，同时惹来皇帝的不悦和猜忌。

当汉军的前锋和主力各自与匈奴展开激战的时候，霍去病在哪儿呢？

战前，霍去病应该也是领了跟赵信、苏建类似的任务，就是率领自己的八百精骑，出外侦察敌情。可卫青和所有人都绝对没有料到，这个初生牛犊不怕虎的毛头小子，竟然带着这八百勇士，远离汉军主力，一口气横穿匈奴腹地数百里，径直摸到了匈奴相国的大营。

这座大营里，聚齐了不少匈奴的首脑人物。除了匈奴二号人物相国外，还有伊稚斜的叔公、被封为籍若侯的栾提产，以及伊稚斜的叔父罗姑比，另外还有一名大当户（匈奴高级将领）。

史书没有记载当时这个匈奴相国手下有多少兵力，但这些头头脑脑聚在一块儿，麾下兵力肯定不会少，而且不会是弱兵。霍去病麾下仅八百骑，且刚刚奔驰了数百里，一口气都还没喘匀，他敢去摸这老虎的屁股吗？

答案是肯定的。

因为霍去病跟卫青一样，都是不世出的军事天才。当初，卫青首次出征，就敢长途奔袭，直捣匈奴王庭；如今，霍去病同样第一次上战场，凭什么就不能以寡击众，直接端掉匈奴相国的大营？

天才之所以是天才，不仅在于他们有常人莫及的胆量和勇气，更在于他们有与之配套的本事和能耐。

匈奴相国的这座大营位于伊稚斜主力的后方，通常来讲是十分安全的，所以他们做梦也没想到，会有一支汉军神不知鬼不觉地杀到他们的眼皮底下。

霍去病要的，正是这种出其不意、攻其不备的奇袭效果。当他率领八百勇士杀入敌营时，顷刻间杀声震天，猝不及防的匈奴人压根儿不会想到对方只有区区八百人，都以为是汉军主力杀到了，所以既来不及组织防御，也缺乏足够的战斗意志。

很快，霍去病及其部众就把这座敌营血洗了，共斩首"二千二十八级"（《史记·卫将军骠骑列传》），其中就包括匈奴的相国、当户和籍若侯栾提产，同时生擒了伊稚斜的叔父罗姑比。

从这份战绩来看，光斩杀的敌人就是汉军数量的二点五倍，如果加上负伤、溃逃的人数，敌军总兵力应该在汉军的五倍左右。可见，这绝对是一场以少胜多的战斗。而且，霍去病干掉的还不是一般的无名小卒，而是匈奴的好几个首脑人物——这样的胜利就更有意义了，既打击了匈奴的嚣张气焰，也振奋了汉军的士气，与当初卫青奇袭龙城可谓异曲同工。

霍去病第一次出手就交出了这么漂亮的成绩单，顿时令武帝刘彻和大将军卫青惊喜莫名。

武帝大为赞叹，称霍去病为"再冠军"（双料冠军）——一是指他以寡击众，以少胜多，可谓勇冠全军；二是指他干掉了多名匈奴首脑，战绩骄人，诸将莫及。

因此，武帝将霍去病封为了"冠军侯"，赐食邑一千六百户。

年仅十八岁便一战封侯，声震朝野，诚可谓自古英雄出少年！从此，霍去病的传奇人生拉开了序幕，开始踏上一代名将的辉煌征程。

此次会战，汉军共斩杀匈奴一万多人。尽管战果还不错，但折损了前锋三千多人，且赵信还叛回了匈奴——所以卫青作为主帅，其功劳就被抵消了。武帝刘彻没有再对他进行加封，只是赏了黄金千斤。

张骞随军出征，寻找水源有功，加上之前出使西域的功劳，被封为"博望侯"，取"博广瞻望"之意。

至于败军之将苏建，则依照惯例，在交钱赎罪之后，被贬为庶民。

赵信叛回匈奴后,因手头握有汉军的许多机密情报,伊稚斜对他颇为倚重,封其为自次王,还把一个姐姐嫁给了他。随后,伊稚斜便问计于赵信:应该采取怎样的方略对付汉朝?

赵信认为,汉军装备精良,训练有素,匈奴若继续在漠南一带与其争锋,只会屡屡受挫。所以,匈奴主力应该北撤,远离汉朝边塞,把战场转移到漠北。这样一来,便可诱使汉军深入大漠,拉长汉军的战线,匈奴才有取胜的把握。

这几年匈奴连遭败绩,症结恐怕正在于此。伊稚斜觉得有道理,遂依计而行。

随着匈奴主力的北撤,蒙古大漠以南的战事告一段落,汉、匈战争的主战场由朔方、定襄、代郡一线转移到了东面和西面。东面战线主要集中在上谷、渔阳、右北平一带,对手是匈奴的左贤王部;西面战线主要是朔方、陇西以西地区,对手是匈奴的浑邪王和休屠王部。

战争是世界上最可怕的吞金兽,哪里的战争机器一开动,哪里的国库就遭了殃。

汉朝自然也不例外。

自从汉帝国开始全面反击匈奴以来,汉军对匈奴一共发动了六次进攻,战役规模逐步升级,各方面投入越来越大,光战马一项的消耗就达到了十余万匹,而朝廷赏赐给有功将士的黄金也超过了二十万斤;此外,粮秣和武器装备的耗费,以及各项后勤补给的运输费用,更是不计其数。

于是,漠南会战刚一结束,负责掌管国库的大司农就满面愁容地禀报武帝——国库空了。

没钱就寸步难行,小到个人,大到国家,概莫能外。

怎么办?

国家每年的赋税收入是相对固定的,而向老百姓加征赋税是最坏的办法,不到万不得已绝不能采用。那还能从哪儿生出钱来呢?

办法都是人想出来的。要论生财有术,在古往今来的所有皇帝中,汉武帝刘彻就算不是数一数二,也绝对可以名列前茅。

元朔六年六月，一道诏书颁下：朝廷允许百姓花钱赎罪，同时公开进行卖官鬻爵。

凡是被判处有罪的，都可以出钱赎免，或免罪或减刑。如此一来，有钱人就可以明目张胆地犯罪了，只要你愿意支付成本。

此令一下，可想而知整个社会的法律秩序和公序良俗会遭到多么严重的破坏。

卖官方面，朝廷专门设立了一批公开出售的爵位，称为"武功爵"，共有十一级，由低到高分别是：造士、闲舆卫、良士、元戎士、官首、秉铎、千夫、乐卿、执戎、政戾庶长、军卫。一级爵位标价十七万钱，任君选购。

如果朝廷卖的仅仅是象征身份地位的爵衔，没有实际职权，那么危害性倒也不大。可朝廷或许担心这样没有吸引力，不利于销售，便又规定，凡是购买的爵位达到第七级（千夫）以上者，可以优先被任命为官吏。

据记载，卖官活动一经推出，便销售火爆，很快就入账"三十余万金"。

司马光对此评价说："吏道杂而多端，官职耗废矣。"（《资治通鉴·汉纪十一》）

从此，做官的途径变得既杂且多，官职制度就混乱、败坏了。

为了筹措战争经费，武帝刘彻的上述做法固然可以迅速奏效，但对于国家的选官制度、法律制度和社会秩序，却造成了深远的破坏。

这就是典型的饮鸩止渴。汉武一朝的弊政，从这里开始露出了端倪……

第六章
# 狂飙突进

**淮南王刘安：一个"重度拖延症患者"**

元狩元年（公元前122年）冬，刚一开年（此时仍用秦历，以十月为岁首），汉朝就爆发了一起政治大案——向来以清静无为、善待百姓著称的淮南王刘安，居然被控谋反，畏罪自杀了。

此案一时间震惊朝野。

据司马迁记载，淮南王刘安看上去很不像是一个会谋反的人。《史记·淮南衡山列传》称，刘安为人"好读书鼓琴，不喜弋猎狗马驰骋，亦欲以行阴德拊循百姓，流誉天下"。大意就是，刘安喜好读书弹琴，不喜欢飞鹰走马、四处打猎；常想暗暗做好事以安养百姓，从而传播美名于天下。

太史公给出的这幅刘安的"人物素描"，明显就是一个温文尔雅的谦谦君子。此外，综合各种史料来看，刘安信奉的是"无为而治"的黄老之学，热衷于学术研究，曾广召门客编纂了一部哲学著作，取名《淮南鸿烈》（又名《淮南子》）。该书在继承先秦道家思想的基础上，糅合了诸子百家的精华，是后世研究秦汉文化的重要典籍，被后人称为"汉人著述中第一流也"（梁启超语）。

值得一提的是，刘安也是豆腐的发明人，拜他所赐，后世中国人才能品尝到很多与豆腐相关的美食。此外，他还做过一项"无动力飞行"的科学实验：将鸡蛋去汁，以艾草燃烧的热气使蛋壳浮升。因此有观点称，刘安可能是世界上最早尝试"热气球"升空的实践者。

这样一个人，跟那些不学无术、道德败坏、通奸乱伦、滥杀无辜的诸侯王比起来，简直相去不啻霄壤。可他为何会谋反呢？

一切都要从上一代人的恩怨说起。

刘安的父亲刘长，是高祖刘邦的少子，据说力能扛鼎，为人骄纵跋扈。文帝年间，刘长与匈奴、闽越串谋造反，事情败露，被废黜流放，途中绝食而死。数年后，刘安作为刘长的长子，承袭了淮南王的爵位。

司马迁称，对于其父之死，刘安"时时怨望"——一直怀恨在心，所以从很早的时候，就有了谋反之意，只是苦于没有机会——"时欲畔逆，未有因也"（《史记·淮南衡山列传》）。

前文说过，早在建元二年，刘安因事入朝，就曾与武安侯田蚡暗通款曲，田蚡还说了一通大逆不道的话，声称刘安最有资格当皇帝云云。刘安窃喜，以重金贿赂田蚡，意欲引为奥援。回淮南后，刘安便开始"阴结宾客""为畔逆事"了。

关于此事，《史记》等多种史料均有记载。如果属实的话，那么可以确定，刘安最迟在案发的十七年前就着手准备造反了。

然而这一准备，就是经年累月，漫漫无期。

建元六年某一天，夜空中出现了一颗彗星，刘安甚觉怪异。手下有个会占星的门客，便怂恿他说："当年吴王刘濞起兵之际，天上也曾出现彗星，不过彗尾仅长数尺，却已经导致流血千里。如今，这颗彗星的尾巴长达整个天空，表明天下将兵戈大起。"

刘安觉得这是天意让自己起兵，于是加紧了筹备工作。他一边打造攻城器械和武器装备，一边花重金贿赂各地郡守和诸侯王，企图广结盟友；同时四处延揽天下的游侠和谋士，建立自己的人才队伍。

在江湖上游荡的这些人，其中固然不乏有才之士，但也有很多蹭吃蹭喝的骗子和唯恐天下不乱的野心家——骗子只会花式谄媚，目的就是从刘安这里多捞点儿赏钱；野心家则不顾客观形势极力撺掇他造反，目的就是火中取栗，利用乱世博取个人富贵。

被这帮人簇拥的刘安，自我感觉良好，于是就踏上了造反的不归路。

第六章　狂飙突进

造反是个复杂的技术活,其中一个非常重要的环节,就是情报工作。

刘安的女儿刘陵,便是这项工作的负责人。这位淮南翁主,据说脑子聪明,口才绝佳,八面玲珑,长袖善舞,天生就是搞谍报工作的料。刘安有的是钱,便让刘陵常驻京师,混迹于长安的上流社交圈,用银弹攻势加上美人计,拉拢、策反朝中的文武大臣,刺探各种机密情报。

从刘安事败后牵连的高层人物来看,当时有不少达官显贵都被刘陵拉下水了。比如多次追随卫青北伐匈奴立功的将领、岸头侯张次公,就拜倒在了刘陵的石榴裙下,事后被废爵、诛杀;再比如武帝身边的内朝官、太中大夫严助,也是着了刘陵的道儿,后来也被斩首弃市了。

可见,刘陵当时做了不少"卓有成效"的工作,算得上是称职的卧底。

情报工作有两个方面,一方面是对外刺探,另一方面是对内防谍。刘安就觉得,自己内部有个人比较危险。

这个人就是他的儿媳妇、淮南国的太子妃。

说起这个太子妃,其实也是我们的老熟人了,她就是皇太后王娡的外孙女金娥,当初要嫁给齐王没嫁成,后来就嫁给了刘安的儿子刘迁。虽说从齐王妃变成太子妃,身份降格了,但只要熬一些年头,等刘安百年后,刘迁袭爵,金娥也能成为淮南王妃。

可是,这个金娥运气太差了,跳到哪儿都是坑,齐王妃没当成,淮南王妃当然也泡了汤。

自从准备造反以来,刘安始终担心被金娥发觉。万一她把情报泄露给朝廷,那就全完了。于是,刘安便跟儿子刘迁商议了一个计策,打算把她弄走。这爷儿俩的办法有点儿不太地道,就是让刘迁假装不爱金娥了,整整三个月不与她同房。就在金娥倍感空虚寂寞的时候,刘安又佯装对儿子此举非常生气,强行把刘迁和金娥锁在卧室里,不让他出来。整整三个月,刘迁还是不肯跟金娥行房。

人家好歹也是皇太后的外孙女,岂能受得了这等羞辱?心灰意懒的金娥遂主动提出跟刘迁离婚。刘安一看计谋得逞,便假惺惺地给天子刘彻上了道奏表,连声谢罪,最后就把人给送回长安去了。

清除了内部隐患后，按理说就该紧锣密鼓地开干了吧？

并没有。因为刘安是个典型的"拖延症患者"，而且还是重度的。他的造反准备工作，似乎永远没有完成之日。

时间转眼就来到了元朔五年。屈指一算，从刘安着手准备到现在，已经十五年过去了。当初大秦帝国从一统天下到分崩离析，也才用了十四年；高祖刘邦从起兵到开创大汉天下，也不过才短短七年。可淮南王刘安的造反大业，花了十五年还停留在筹备阶段。

有道是夜长梦多，这事情拖着拖着，就横生枝节，拖出问题来了。

问题出在王太子刘迁身上。元朔五年，这家伙忽然喜欢上了剑术，学了一段时间后，自认为功夫已经到家，身边再也没有对手。当时，淮南国有个叫雷被的人，官居郎中，据说剑术也很了得，刘迁不服，就想跟他比试比试。雷被一再辞让，可最终还是拗不过，只好硬着头皮跟刘迁过招。

结果不难预料，刘迁学艺不精，没几个回合，就被雷被误伤了。刘迁恼羞成怒，而雷被自然是大为惶恐。当时，朝廷正在招募自愿出征匈奴的勇士，雷被为了避祸，便赶紧报名。刘迁则是去刘安那儿告了雷被的状——估计没说实情，而是随便找了个什么理由栽赃陷害。刘安也没调查，一下就罢免了雷被的官职。

雷被担心罢官只是开始，接下来刘迁很可能还会报复——到时候恐怕性命难保。万般无奈下，雷被只好三十六计走为上，一口气逃到长安，向武帝刘彻"上书自明"。

正如刘迁告状不太可能说实情一样，雷被向天子告状肯定也会添油加醋一番。其中最关键的，便是拿"征讨匈奴"一事做文章。雷被很可能会先慷慨激昂地表述自己抗击匈奴的志向，然后指控刘迁阻挠、陷害他，破坏朝廷的大政方针。

其实，如果武帝刘彻倾向刘安父子的话，雷被的这一指控也只能是"挠痒痒"，伤不到刘迁半根毫毛。问题在于——武帝不可能倾向刘安父子。原因很简单，自从"推恩令"颁布后，作为天下势力最大的诸侯之一，淮南王刘安根本没有任何反应——武帝对此当然极为不满。所以，武帝迟早是要收拾刘安的，只是一直在等一个合适的借口而已。

第六章 狂飙突进

如今，雷被把借口送上门了，武帝刘彻岂能放过？

他随即下诏，命廷尉张汤与河南郡守一同审理此案。

武帝命张汤出马，一切便尽在不言中了。倘若真的只是刘迁与雷被之间鸡毛蒜皮的小纠纷，恐怕连立案的条件都不具备，何须武帝亲自下诏来处理此事？又何须动用大名鼎鼎的酷吏张汤？

可见，武帝此举纯属"项庄舞剑，意在沛公"，其剑锋所指，正是淮南王刘安！

很快，廷尉张汤跟河南郡守就拿出了判决结果——逮捕刘迁。

刘安不是傻子，知道武帝想借机拿他开刀，当然不可能把儿子交出去。据司马迁记载，此时的刘安终于下决心要"发兵反"了——可这位老爷子是"重度拖延症患者"，所以又"计犹豫，十余日未定"（《史记·淮南衡山列传》）。

其实何止是"十余日"，接下来我们就将看到，他这一犹豫，又是一年多。

刘安迟迟不肯交出儿子，其实正中武帝下怀。非如此，怎么把事情搞大？

于是武帝再下诏书，命淮南国就地审讯刘迁。这道诏书发下来，负责落实的人就是由朝廷任命的淮南国相了。可淮南毕竟是刘安的地盘，有刘安护着儿子，国相有心无力——抓不到人，只能上疏弹劾刘安。刘安也不示弱，同样上疏状告国相。

事情越闹越大，武帝刘彻顺水推舟，把案子又扔给了张汤。

刘安意识到不妙，赶紧启动刘陵在长安的情报系统，打探朝廷公卿对此案的态度。其实刘安这么做纯属多此一举——因为不管这些贵人平时拿了他多少好处，事到如今，谁都看得出天子想干什么，所以没有谁会傻到站在他这一边。

刘陵很快就把情报反馈回来了：果然，公卿们一致认为，淮南王刘安包庇刘迁，怙恶不悛，应将其逮捕，送至京师问罪。

刘安大为震恐。这时，刘陵又传回情报，说天子否决了公卿们的提议，只派中尉殷宏前来淮南审理此案。

听说朝廷要派人来，刘迁就对刘安说，到时候中尉要是敢动手抓人，就把他杀了，然后咱们起兵。

不久，中尉殷宏来到淮南，面对刘安始终和颜悦色，然后也谈不上什么审案,只过问了一下刘安罢免雷被的事,问完就回京了——纯属敷衍了事走过场。刘安见状,觉得暂时应该没事,至少目前是安全的,便又不去想造反的事了。

负责唱红脸的殷宏回朝复命后,负责唱白脸的张汤便又拉上了多位公卿,联名奏称:"淮南王刘安阻挠雷被参军抗击匈奴,破坏天子明确下达的诏令,应当斩首弃市。"

红脸、白脸都唱完后,天子就出来当和事佬了,下诏驳回了张汤等人的提议。

张汤等人又奏,请求废黜刘安淮南王的爵位。

天子二度驳回。

张汤等人再奏,请求削夺刘安五个县的封地。

天子三度驳回,不过为了表示惩戒,还是削夺了两个县。

武帝刘彻这么做,当然不是想放过刘安,而是要达到两个目的:第一,欲擒故纵,麻痹刘安;第二,示天下以宽仁,为日后彻底铲除刘安进行道义上的铺垫。

## 一场横跨十七年的谋反闹剧

表面上,刘安似乎躲过了一劫;但武帝削夺他两个县的封地,其实已经带有强烈的警告意味。假如刘安有自知之明的话,这时候就应该赶紧上表称谢,并积极响应"推恩令",主动把淮南分解掉,逐一分封给子孙——那武帝刘彻肯定不会再找他麻烦,而他的结局也一定不会那么惨。

遗憾的是,熟读道家经典的刘安,终究还是没能领悟老子的处世智慧。

封地被削,令他深感恼恨,说:"吾行仁义见削,甚耻之。"(《史记·淮南衡山列传》)

我施行仁义却被削地,这太耻辱了!

于是,刘安便又重新捡起了他的造反大计,日夜与心腹门客伍被、左吴等人密谋,围着地图比比画画,部署军队进攻的方向。他还说了一番"造反有理"的话:"今上未立太子,一旦驾崩,大臣们一定会迎立胶东王(刘寄,武帝异母弟），要不就是常山王（刘舜，武帝异母弟）。到时候诸侯并争，我岂能毫无准备？！况且，我是高祖之孙，常行仁义；陛下待我还算不错，等他百年后，我难道要面北向竖子（指刘寄、刘舜）称臣吗？"

这番话其实并无新意，不过是当初田蚡那番话的翻版，逻辑漏洞很大。暂且不说武帝比他年轻了几十岁，一般情况下不会死在他前面——就算被他言中，武帝不幸早亡，朝廷真的要立他看不上的诸侯王，到时候再联络其他诸侯起兵也不迟，何苦在武帝刘彻正当盛年之际蠢蠢欲动，自己往刀口上撞呢？

刘安的心腹伍被在地图前比画了几天，可能越比画越觉得胜算渺茫，便劝谏他说："皇上赦免了大王，大王为何还说这种亡国之言呢？臣听说，从前伍子胥（据说是伍被先人）劝谏吴王，吴王不听，伍子胥悲叹道：'臣已经看到麋鹿游荡在姑苏台上了。'今日，臣也看见了，王宫遍生荆棘，露水沾湿臣衣啊！"

刘安闻言，勃然大怒。这不是在诅咒他国破人亡吗？！

他旋即抓了伍被的父母，囚禁了三个月，然后才召见伍被，问："将军是否同意寡人的计划？"

伍被不为所动，还是坚持为刘安分析了此时的天下大势，希望他能悬崖勒马。

伍被说："昔日秦朝无道，奢侈暴虐，天下百姓十家中有六七家希望大乱。高皇帝（刘邦）遂揭竿而起，终成大汉天子——这是看准了时势，趁着秦朝的大乱和崩溃才得以成功。而今，大王是只见高皇帝得天下之易，却看不见七国之乱中的吴、楚吗？吴王刘濞坐拥四郡之地，国富民强，计划周密，谋略得当；而后起兵向西，却在梁国一战而溃，最终国破身死，为什么？因为他逆天而行，昧于时势啊！如今大王之兵，还不到吴、楚联军的十分之一，而天下之稳固安宁，可谓万倍于七国之乱时。大王若不听从我的规劝，势将抛弃千乘之君的宝座，自己走上绝路，会先于群臣死于王宫之中！"

说完，伍被悲从中来，涕泣而去。

事实上，刘安如果真的想造反，绝不会因为伍被一个人的阻挠而中止。他之所以犹豫了这么多年仍未发动，归根结底，还是因为有"贼心"而无"贼胆"。

我们说过，夜一长梦就多，刘安如此犹犹豫豫、反反复复，终于又拖出问题来了。

上回是"王二代"刘迁坑爹，这回则是"王三代"——刘安的孙子刘建，成心要"坑爷"。

刘建的父亲叫刘不害，是刘安的庶子，年纪比刘迁大；但因为是庶出，所以不仅当不上王太子，而且在家族中很没地位，根本没被刘安、王后、刘迁放在眼里。刘建作为庶出的孙子，自然更不招人待见。

为此，刘建一直愤愤不平。朝廷的"推恩令"颁布后，刘建终于看到了一丝希望，可刘安压根儿没理这茬，于是刘建的希望又破灭了。

最后，刘建决定自己动手，改变命运。他暗中办了不少刘迁的黑材料，打算一状告到朝廷，扳倒刘迁，让自己的父亲取而代之。可是，人家刘迁也不是吃素的，察觉了他的异动，就把他关进黑牢狠狠收拾了一顿。刘建不死心，出来后又搞事，结果又被修理。如此反复多次，双方的梁子越结越深，简直就是不共戴天了。

雷被的案子爆发后，刘建探知刘迁企图刺杀朝廷中尉殷宏，便抓住这一要害，于元朔六年托人把诉状递到了武帝刘彻手上。

武帝一看，呵呵，这刘安的儿孙没一个是省油的灯啊！

老样子，他把案子又交给了张汤。张汤旋即征召刘建入京，准备详细讯问。

随着朝廷再次立案，危险再度来临。刘安又慌了，连忙又召伍被前来，重新讨论他那迁延多年又反复搁置的造反大计。

伍被还是坚持认为，眼下是治世，起兵造反是找死。刘安不服，硬是给自己找了一堆可能成功的理由——其实都很牵强，根本不值一驳。到最后，伍被可能是被缠得没办法了，也可能是担心被关押的父母有个闪失，只好帮刘安想了个计策，说"当今诸侯无异心，百姓无怨气"，这种情况下起兵，肯定没人响应，所以必须用计，制造混乱。

伍被的计策是双管齐下：首先，从朔方郡的移民政策入手。朔方地广人稀，这些年朝廷一直在迁移人口，但还不够，所以伍被建议，伪造两份丞相和御史大夫的奏疏，建议把天下郡国豪杰及家产五十万以上者，全部迁徙到朔

第六章 狂飙突进

方,如此一来,必将激起民怨。

其次,从朝廷与诸侯王的矛盾入手。办法是伪造皇帝诏书和廷尉公函,下令逮捕各诸侯王、太子及其党羽。如此,天下诸侯必然恐惧,到时候再派谋士前往各国,游说诸侯王一同起兵。

伍被最后说,若能按此计行事,侥幸的话,应该会有一成胜算。

不得不说,伍被此计十分阴狠——如果刘安依计而行,虽然成功的可能性还是很小,但肯定会给朝廷制造相当大的麻烦,也足以让天下乱一阵子。

然而,令人意想不到的是,刘安居然拒绝了。他说:"这个计划也能办到;不过,我还是觉得不必这么麻烦。"

人可以自信,但不能愚蠢。对自己和客观形势都能做出正确的评估,可以自信;高估自己的能力,又低估客观的困难,就是愚蠢。

刘安就是后者。

不用伍被之计,刘安自己有什么高明的谋略吗?

很可惜,并没有。当他终于开始启动空想了十六年多的造反大计时,入手的第一件事,既不是类似伍被的计谋,也不是秣马厉兵,而是忙着制造皇帝玉玺,以及丞相、御史大夫、将军、郡守、军吏、都尉等大小官员的印信。

未发一兵一卒,就忙着搞这些没有实际意义的事情——可见在造反这件事上,刘安不仅是一个重度拖延症患者,而且智商基本不在线。

接下来,刘安倒是想了一个计谋,准备派人佯装犯罪,然后逃亡长安,投奔卫青麾下——等自己一起兵,就立刻里应外合刺杀卫青。

因为刘安十分忌惮卫青的军事能力,所以认为必须除掉卫青,大事方有可为。这个逻辑固然没错,但他这个计策可谓漏洞百出。

如今朝廷与淮南国的矛盾已经完全公开化了,你派去的所谓"逃亡者",朝廷不会进行甄别吗?就算不甄别,你想投奔卫青,人家就会收留吗?就算收留,这个刺客有多少机会接近卫青?就算能接近,卫青身为大将军,左右侍卫肯定都是高手,刺客能有几分胜算?

总之,这根本就是一个看上去很美,成功率却几乎为零的计策。

可即便是这么一个不靠谱的计划,也仍然只是停留在空想阶段,还没来得及实施就胎死腹中了。

要造反，起兵是最基本的一步，可刘安连这第一步都很难迈出去。因为眼下，淮南国的国相、内史、中尉等一大批二千石官员，都是朝廷任命的——不把他们通通干掉，如何顺利起兵？

为此，刘安就计划先杀掉国相等人，然后谎称南越入侵，以此借口起兵。

而就在这时，长安又传来情报，说因为刘建告发的事，张汤已经派手下的廷尉监来逮捕刘迁了。刘安和刘迁一商量，觉得这回无论如何不能再拖，于是就召集国相及所有二千石官员前来开会——准备把他们一锅端了，然后正式起兵。

然而，形势发展到这一步，刘安父子的谋反之心已经昭然若揭——所以，接到会议通知后，只有国相一人前来，其他官员如内史、中尉等，一个都没到。

刘安一看，这光杀国相一人也没用啊，照样没办法起兵，只好把国相放了。然后，他的造反大计就又一次搁浅了。

行文至此，我们已经数不清刘安的计划究竟搁浅了多少次。总之，连太史公写到这里，也只能重复使用"王犹豫，计未决"这种说法。

拖延症害人不浅，重度拖延症更是害死人。

刘迁一看，这回躲不掉了，起兵也起不成了，只好拔剑自刎——可估计有点儿怕疼，下不去狠手，只擦破点儿皮，愣是没死成。

连自杀都掉链子的人，真不知道他还能干点儿啥。

整件事情演变到这里，几乎可以说是一场彻头彻尾的闹剧——刘安造反的"雷声"响了十七年，到头来却一滴雨都没落下。

用太史公的话说，这就叫"为天下笑"（《史记·淮南衡山列传》）。

此时，张汤手下的廷尉监已到达淮南。伍被见大势已去，只好去向廷尉监自首，把整桩谋反案的始末一五一十全交代了。廷尉监立刻逮捕了太子刘迁、淮南王后，并派兵包围了淮南王宫；同时，在整个淮南境内展开大搜捕，将参与谋反的刘安门客悉数捉拿归案，并缴获了大量谋反的证据。

廷尉监无权逮捕诸侯王，只能一边将刘安软禁在王宫中，一边将案情上报。武帝刘彻依例派出宗正（专门负责皇族事务的官员）前往淮南，欲将刘安抓到京师问罪。

元狩元年十一月，独困于王宫之中、彻底成为孤家寡人的刘安，终于万念俱灰，趁着朝廷宗正还没到，自杀了。

随后，在武帝刘彻的授意下，由丞相公孙弘和廷尉张汤主导，朝廷开始穷追猛打、大肆株连，对所有涉案人员及稍有牵连者展开了一场大规模清洗。

首先，淮南王后、太子刘迁被斩首，所有参与谋反的门客全部族诛。其中，武帝念及伍被曾多次劝谏刘安，打算赦免伍被，张汤却强烈反对，说："伍被是为刘安出谋划策的首要之人，罪无可赦。"伍被旋即被诛杀。

接下来，就轮到朝中所有被刘陵拉下水或曾与刘安有过交往的达官显贵了。其中，太中大夫严助被控与刘安结交，私议朝政，收受巨额贿赂。武帝认为他的罪行并不严重，有意饶他一命，可张汤却再度反对，说："严助出入禁中，是陛下的心腹之臣，却私下与诸侯如此深交，若不诛杀，日后便难以治理了。"于是，严助也被斩首弃市。

最后，也是此案最大的余波，就是勾连出了另一起大案——衡山王谋反案。

衡山王刘赐是刘安的胞弟，按当时的连坐之法，即使他是清白的，也必须问罪。所以，当刘安谋反案刚爆发时，有司就向武帝奏报，要逮捕刘赐。武帝表态说："诸侯各自都以自己的封国为根本，不应连坐。此事就交由丞相、列侯和诸位大臣一起商议吧。"

刘赐看似躲过了一劫，然而事情并没有这么简单。

武帝刘彻如此表态，无非是想看衡山王作何反应。如果他够聪明，此时就该立刻执行朝廷的"推恩令"，那可能真的啥事也没有了。

只可惜，不知刘赐是执迷不悟还是心存侥幸，总之，就是没有采取任何免祸的动作。

这就不能怪武帝刘彻没给他机会了。

而且，更要命的是，正如燕王、齐王等人一样，衡山王刘赐的家里面也是一堆破事儿。举凡烂俗古装剧中的那些不入流情节，在刘赐的王宫中几乎都上演了，如父子不睦，兄弟阋墙，老爷子厚此薄彼、儿子们争权夺利；王后与姬妾们争风吃醋，姬妾施行巫蛊害死王后，"小三"上位；还有儿子与父亲侍女私通，女儿与奴仆、门客私通，太子对后母性骚扰；等等，总之就是一片乌烟瘴气。

此外，据司马迁记载，衡山王刘赐确实也有不少谋反的迹象。

比如，早在元光六年，刘赐便因侵夺民田之事，被朝廷有关部门奏请逮捕；武帝刘彻虽然没同意，却以此为由，将衡山国二百石以上官员的任命权收回了朝廷。这种釜底抽薪之举，是武帝对付诸侯的一贯招数，目的就是把诸侯置于朝廷的掌控之中。对此，刘赐极为愤恨，便与门客张广昌等人开始谋划，"求能为兵法侯星气者"，即暗中招揽精通兵法和占星望气之人，然后日夜"密谋反事"（《史记·淮南衡山列传》）。

刘赐和刘安既然是一母同胞，大哥刘安蓄谋造反，刘赐自然知情。于是便有样学样，也命次子刘孝及其门客陈喜等人制作攻城器械、武器装备，又偷刻天子玉玺、百官印信——反正一应手法都跟刘安如出一辙。

元朔六年，大致与"王三代"刘建状告"王二代"刘迁同时，衡山王刘赐这边也上演了类似的戏码。事情源于刘赐不喜欢太子刘爽，想废黜他，另立次子刘孝。刘爽得知后，索性一状告到朝廷，指控刘孝暗中制造兵器，并与父王刘赐的侍女私通等。

刘赐大怒，也反告刘爽，骂他不孝，还勾引后母。父子兄弟就此反目成仇，斗成了一团。

这帮人自己窝里斗，自然就便宜了朝廷。

当时间来到元狩元年冬，刘安自杀后，武帝没有立刻对刘赐采取连坐之法，就是要给他最后的机会。可刘赐还是错过了这个宝贵的时间窗口。

接下来，朝廷有关部门就动手了，抓获了刘孝的门客陈喜。刘孝惊惶无措，旋即自首，于是所有谋反情节大白于天下。案子又被交到廷尉张汤手上。张汤与公卿一致认为，应该逮捕刘赐治罪。刘赐闻讯，只好步大哥刘安之后尘，拔剑自刎，一死了之。

老爷子死后，这窝里斗的一大家子，没一个有好下场。

王后被控以巫蛊之术害死了前王后，太子刘爽被控不孝，两人皆被斩首弃市。次子刘孝虽有自首情节，但覆巢之下无完卵，也被控与父王侍女私通，照样被砍了脑袋。

最后也是老样子，朝廷大肆株连，凡与衡山王谋反案有丝毫瓜葛者，全部

第六章 狂飙突进　179

族诛。

尘埃落定后，淮南国与衡山国被双双废除，分别改为朝廷直接管辖的九江郡与衡山郡。

元狩元年的这两起大案，令许许多多有权有势的家族一夜之间被满门抄斩——不论是真的有罪还是被株连，也不论男女老幼，都在这个肃杀的冬天失去了生命。

据司马光记载："凡淮南、衡山二狱，所连引列侯、二千石、豪杰等，死者数万人。"（《资治通鉴·汉纪十一》）

株连多达数万人，其中绝大多数肯定是无辜的。

这就是政治。你可以不关心它，但它随时随地可以来"关心"你。

在它面前，人如草木，亦如蝼蚁。当它轻轻一抬手就把你碾为齑粉时，你没有面目，没有姓名，甚至连一个准确的数字都不是。就如在这个冬天死去的绝大多数人，他们只配挤在一起，在史籍中共同组成"数万人"这三个字。

## 扫平河西：无往不胜的霍去病

在对内剪除诸侯势力的同时，武帝刘彻并未忘记对外的开疆拓土。

自从张骞经历那次伟大的探险，给朝廷带回许多关于西域的重大情报后，西域这片广袤而神秘的土地便进入了武帝的视野。

换言之，经略西域，必然要被摆上大汉朝廷的议事日程。

不过，此时通往西域的咽喉要道"河西走廊"还掌握在匈奴人手中。除了采取军事行动打通这条交通线外，汉帝国还有其他选择吗？

张骞的情报给出了第二个选择。

他告诉武帝，在汉帝国的西南，有一个叫身毒的国家，通过它，也可以前往西域。

这个情报源于当初张骞在月氏国的见闻。

前文说过，月氏国征服了附近的大夏国；而大夏国虽然军事实力不行，但商业非常繁荣，对外贸易十分发达。张骞在当地的市场上，惊奇地发现了产于汉朝蜀郡的布料和邛都的竹杖——一经询问，才知道是大夏商人经过身毒国的转口贸易而来。

敏锐的张骞立刻做出判断：大夏国距汉朝一万二千里，位于汉朝正西；而身毒国在大夏东南数千里，说明身毒离蜀郡并不远。如果从蜀郡打通一条前往身毒的交通线，就可以经由身毒前往西域，从而开辟一条"河西走廊"之外的路线。

元狩元年夏，武帝刘彻采纳了张骞的计划，命其负责打通西南线。

张骞随即派出了四路使团，分别从駹国（今四川省茂县北）、徙国（今四川省天全县）、邛都国、僰国出发，深入大西南的崇山峻岭，试图从一片蛮荒的原始丛林中开辟出一条前往身毒的交通线。

然而，计划却遭到了当地蛮夷部落的严重干扰。四路使团虽然都各自行进了一两千里，但北路被氐人部落（今甘肃省陇南市西南一带）和筰国（今四川省汉源县）阻挠，南路被嶲国（今云南省保山市北）和昆明一带的部落阻挠，无法继续前进。

其中遇到最大困难的，是行经昆明的这一路。这一带部落林立，却没有一个统一的领袖，到处是山匪出没、强盗横行。大汉使团屡遭抢劫，不少成员被杀。

最终，打通西南线、前往身毒国的行动宣告失败。

不过，此行也并非全无收获。行经昆明的这路使团，首次到访了滇国（都城滇池，今云南省晋宁县东）。滇王名叫当羌，非常好奇地问大汉使节："汉朝有没有滇国大？"

这个可爱的问题，当初夜郎国的国王也曾经问过，所以才有"夜郎自大"这一成语流传后世。当然，平心而论，由于交通闭塞和信息的缺乏，滇国和夜郎国都不知道汉朝多大也很正常——不能因此就说他们自大，正如古代的中国也自以为是世界的"中央之国"一样。

从这个意义上说，任何一个国家和民族，要想避免盲目自大，都必须"睁眼看世界"，都不能没有开拓进取、探求未知的精神。换言之，一个国家强大的程度，往往与其开拓精神成正比。

武帝刘彻和张骞所做的，其实正是这件事情。

既然西南交通线暂时无法开辟，那么要想经略西域，用武力打通"河西走廊"就成为不二之选了。

如果放在以前，挂帅出征的肯定又是卫青——可这一次，武帝选择了霍去病。

这么做，首先是因为要培养年轻将领，以免帝国的人才队伍青黄不接；其次，则是因为武帝对卫青的尊宠已经有所减弱了。

此时卫子夫虽然还是皇后，但武帝的后宫中已经有了新宠王夫人。卫子夫在武帝心目中的地位大不如前，卫青也就跟着恩宠渐衰了。

元狩二年（公元前121年）三月，武帝擢升霍去病为骠骑将军，命其率精锐骑兵一万人，从陇西郡出发，兵锋直指盘踞在河西走廊的浑邪王和休屠王。

此时的霍去病年仅十九岁。但他驰骋沙场的英姿，却俨然已是一位久经战阵的老将。

霍去病率一万精骑出陇西后，翻越了乌戾山，迅速击溃了据守在此的匈奴速濮部落。紧接着，汉军渡过狐奴水，逼近另外五个匈奴小王的地盘。这些小王赶紧开了个碰头会，一致认为：阻挡霍去病的结果只能是死路一条，于是非常痛快地举手投降了。

汉军如入无人之境，迅速穿越五小王的地盘；然后翻越焉支山（今甘肃山丹县东南），向西推进了一千余里，像一把利剑直插浑邪王的地盘。

霍去病进兵如此神速，大大出乎浑邪王和休屠王的预料。他们立刻合兵一处，并纠集了附近的折兰王、卢侯王等部，组成了一个联合兵团，共计兵力一万三千多人。

匈奴联军在兵力上占据优势，且以逸待劳，所以他们对这一仗很有把握，便决定与霍去病正面对决，一较高下。

然而，浑邪王等人严重低估了霍去病及麾下部众的战斗力。

这支部队中的每一个人，都是霍去病亲自从汉军各部的精锐中遴选出来的，训练有素，作战勇猛；而他们身下的每一匹战马，也都是汉军中最优良的品种，速度快，耐力强；还有他们装备的武器和铠甲，也都是用当时最尖端的技术生产的最精良的军工产品。

一言以蔽之，这支铁骑不仅是汉帝国最精锐的部队，恐怕也是当时世界上最强大的军队之一。碰上他们，可以说是匈奴人的灾难。

这一仗的具体经过，史书无载；不过从霍去病取得的辉煌战果便不难看出，这支汉军的战斗力有多么可怕。

两军会战的结果是：汉军斩杀了折兰王和卢侯王，俘虏了浑邪王的王子、相国、都尉，共斩首八千九百余级，并缴获了休屠王用来祭天的金人。

这其实只是汉朝对河西地区的一次试探性进攻，战果却远超武帝刘彻的预期。霍去病凯旋后，武帝立刻下诏褒奖，并加封他食邑两千户。

霍去病首战告捷，为汉军彻底扫平河西地区、夺取河西走廊奠定了基础。

浑邪王和休屠王虽然遭到重创，但并未被连根拔起；此外，在河西走廊的最西端，即祁连山南麓的小月氏地区，也还盘踞着数十个匈奴小王。

武帝刘彻决定发动一场更大规模的河西战役。这一次，他和霍去病选定的进军路线却不是常规的由东往西，而是向北迂回，然后再南下，直插浑邪王和休屠王的后方。

同年夏天，霍去病和公孙敖各率一路人马，从北地郡（今甘肃省庆阳市西北）出发。汉军的作战方略是：两路人马分别沿河西走廊北面沙漠的北缘和南缘行军，然后在大沙漠西北角的居延泽（今内蒙古自治区额济纳旗嘎顺诺尔湖）会师，最后再一同南下。

与此同时，汉军在帝国的东部战线也发起了进攻，由时任卫尉的张骞和郎中令李广各率一路人马，从右北平出发，目标是匈奴的左贤王部。

先来看西线战役。

霍去病和公孙敖要完成既定的战略计划，就必须横穿大沙漠，长途奔袭两千多里。时值盛夏，沙漠的高温足以把万物烤焦，而霍去病和他的麾下勇士，却以大无畏的精神和顽强的意志力，克服了种种常人难以想象的困难，如期到达了居延泽。

可令人尴尬的是，公孙敖这一路却在大漠中迷失了方向，未能按计划与霍去病会师。

如果霍去病要继续行动，就意味着孤军深入，没有策应，没有后援——一旦遇险，就有可能全军覆没。

反之，若能以一支孤军直插敌人大后方并取得胜利，那将是永垂史册的旷

第六章　狂飙突进　183

世奇功!

霍去病毅然做出了抉择，率领部众沿弱水河畔一路南下，直抵祁连山南麓的小月氏，对盘踞在此的数十个匈奴部落发动了奇袭。

这些匈奴人绝对没料到，霍去病竟然会绕过休屠王和浑邪王的地盘，径直杀到他们面前。一番激战后，汉军取得了压倒性的胜利：生擒匈奴的单桓王、酋涂王，及其相国、都尉和部众二千五百人，斩首三万零二百级；另外俘虏了五名小王，及王母、王妻、王子共五十九人，还有相国、将军、当户、都尉共六十三人。

第二次河西战役，是汉帝国自反击匈奴以来取得的最丰硕的一次战果，也是霍去病自征战沙场以来打得最漂亮的一仗。

不过，这还不是霍去病军事生涯中最辉煌的战绩。很快，他就将以更惊人的胜利，刷新由他本人创下的这一纪录。

无往不胜的霍去病，凭借显赫的战功博得了武帝的倚重和尊宠。史书记载，"由此骠骑日以亲贵，比大将军"（《史记·卫将军骠骑列传》）。即霍去病的地位之尊贵，已足以比肩大将军卫青。

大军凯旋后，武帝刘彻再次加封霍去病食邑五千户；他麾下的校尉赵破奴、高不识等人，也全部封侯。

而在大漠中迷失方向的合骑侯公孙敖，因未能与霍去病会师，回朝后论罪当斩——不过最后还是按惯例，花钱赎罪，贬为庶人。


再来看东线战场。

从右北平出发后，李广率四千骑兵为前锋，张骞率主力一万继进。

不得不说，一生难以封侯的李广的确是时运不济——他刚刚向北行进了数百里，便与匈奴左贤王亲率的四万主力正面遭遇了。

四千对四万，这仗怎么打？

四万匈奴骑兵迅速将李广所部团团包围，大有将其一举歼灭之势。饶是李广麾下都是身经百战的老兵，见状也无不震恐。

为了鼓舞士气，李广命儿子李敢率数十名精锐骑兵，组成一支敢死队，纵马直冲匈奴军阵。这种近乎"自杀式冲锋"的战术，恐怕也只有李广敢用；而正所谓虎父无犬子,也必须是李敢拥有过人的勇气和极强的战斗力,李广的这一战术才能得到贯彻执行。

只见这支敢死队像一支利箭射入黑压压的敌军之中,左冲右突,来回驰骋,转眼便将一大片匈奴骑兵斩落马下;最后迅速掉头,安然回返,队伍中竟无一人伤亡。

李敢高声向李广禀报道:"敌人外强中干,很容易对付!"

这句话,其实是说给将士们听的,父子俩很默契地唱着"双簧"。众人见李敢来去自如,完全没把匈奴人放在眼里,可见敌人也没那么可怕,军心这才安定下来。

李广立刻命全军结成一个环形的防御圈,所有人利箭上弦,严阵以待。很快,匈奴大军便发起了进攻,一时间箭如雨下。汉军也射箭予以还击。然而,四千对四万,这仗怎么打都吃亏。双方互射多轮之后,汉军伤亡已经过半,而且箭矢也即将耗尽。

情势万分危急,所有人都盼着张骞的主力赶紧到达战场。

尽管加上张骞的一万人,总兵力还是远远少于匈奴大军,但至少可以帮助幸存的李广部众突围,避免全军覆没。

遗憾的是,战场形势一贯是变幻莫测的,经验再丰富的人也有马失前蹄的时候。虽然张骞拥有极为丰富的沙漠行军经验,但这一次,他似乎完全找不到前锋的踪迹,根本不知道李广所部推进到了何处,所以迟迟未能赶来救援。

面对这种严峻局面,李广只能命部众将弓箭"持满毋发",也就是拉满弓,但不轻易发射,尽量节省每一支箭,等到敌军靠近再射。

与此同时,李广自己则操起一把"大黄弩",专门瞄准匈奴的将领,仿佛狙击手一样,一箭射出,必有一敌将毙命。汉军的大黄弩是所有弩机中威力最强、射程最远的,现在又操在神射手李广手里,其杀伤力自然更为惊人。

转眼间,便有多名匈奴将领被射落马下。敌军顿时乱了阵脚,攻势因此大为减弱。

双方就这么相持着,天色渐渐暗了下来。

张骞的主力依旧迟迟未至,剩下不到两千将士不由再度消沉了下去,一种恐惧和绝望的情绪在军中迅速蔓延。而李广则镇定自若,面色如常。他一边在部众中来回巡视，尽力安抚；一边还不时谈笑几句，似乎已将生死置之度外。将士们被他的勇气感染，这才又唤醒了斗志。

次日清晨，匈奴大军发起了更为猛烈的攻势，双方展开了短兵相接的肉搏战。这次战斗的惨烈程度自不待言，汉军很快又伤亡了一半，仅剩不到一千人。

此时此刻，李广父子已经做好了埋骨黄沙、壮烈殉国的准备。作为军人，这也许是他们最好的归宿。而剩下的弟兄们，也几乎都已濒临绝望，除了咬牙战斗到最后一刻，已经没有别的念想。

就在这最后关头，张骞终于率领他的一万骑兵赶到了战场。

尽管匈奴人多势众，可鏖战了一昼夜，也已精疲力竭。见汉军援兵已至，左贤王不敢恋战，旋即撤围而去。

李广父子及其残部就这样幸而脱险了。

部队班师后，张骞因进军迟缓导致前锋伤亡惨重之责，论罪当斩——不过按惯例花钱赎罪，贬为庶人。李广所部毙敌四千多人，力战有功，但伤亡太大，故功过相抵，不赏不罚。

霍去病两次横扫河西，重创了匈奴在河西走廊的势力；如此局面，令伊稚斜单于极为恼怒。他怀疑是浑邪王和休屠王首鼠两端、心怀异志，所以才不肯尽力，便打算把他们召到王庭，乘机诛杀。

浑邪王和休屠王得到消息，大为恐惧。两人一商量，与其被伊稚斜收拾，还不如投降汉朝算了。元狩二年秋，浑邪王派遣使者前往边境，打算找汉人向武帝转达投诚之意。恰逢大行令李息正奉命在黄河岸边筑城，闻讯，立刻用朝廷专用的驿车把使者送到了长安。

武帝刘彻听使者禀明来意，内心自然是大喜过望——不战而屈人之兵，一举打通河西走廊，这无疑将大大加速汉帝国"经略西域"的进程。

不过，武帝也担心浑邪王和休屠王是诈降，想趁机偷袭边塞，遂命霍去病率部前往边境迎接，做两手准备：若二王是真降，那么让霍去病去迎接，正好给足了他们面子；若是诈降，就让霍去病将他们一举消灭。

不出武帝所料，事情果然出现了变数。

浑邪王这边刚刚跟汉朝把事情敲定，休屠王那头居然反悔了。浑邪王也是个狠角色，遂一不做二不休，设计干掉了休屠王，而且招降了他的部众，然后带着两个部落总计约五万人，浩浩荡荡投奔汉朝来了。

还好，虽然事情有变，但浑邪王还是控制住了局势，没有违背与汉朝的约定。

当浑邪王率众来到黄河岸边时，霍去病早已在此列阵等候。双方遥遥相望，而新的变故又在这一刻发生了。休屠王的不少副将和部众，原本便没打算投降，只是休屠王死后，一时没了主心骨，才被浑邪王裹挟至此，眼下一看到霍去病的帅旗，或许是勾起了之前被他打败的不快记忆——所以想来想去，还是决定一走了之。

于是，一拨又一拨人陆续掉头而去——场面顿时失控，连浑邪王也镇不住了。

想走就走？这不是不给浑邪王面子，这是没把堂堂大汉骠骑将军霍去病放在眼里啊！

霍去病立刻纵马驰入匈奴大营，简单地跟浑邪王见了个面，旋即指挥部众分头追击那些逃亡者。这些人原本在战场上就不是霍去病的对手，现在又失去了建制和指挥系统，基本上都是百八十人结成一队各自逃窜，自然逃不出霍去病的手掌心。

接下来，汉军将士就像是猎人在追捕猎物一样，顶多半天工夫，便将所有逃亡者悉数格杀，共计斩首八千余级。

一场突如其来的哗变，就这样被霍去病轻松解决了。

最终投降汉朝的浑邪王部众，总计四万余人（对外号称十万）。武帝刘彻派出两万多辆马车前去迎接他们，再由霍去病一路护送到长安。浑邪王被武帝封为漯阴侯，食邑一万户，其麾下四个小王也全都封为列侯。霍去病也因功加封食邑一千七百户。

随后，朝廷将这四万余人分别安置在了陇西、北地、上郡、朔方、五原，让他们仍旧保持原本的生活方式和风俗习惯。这五个郡因此又称"五属国"，由朝廷设置都尉进行管理。

从两次河西战役到最后成功受降，霍去病终于帮武帝实现了既定的战略目标，彻底荡平了匈奴的势力，打通了河西走廊，为汉帝国进一步经略西域奠定了坚实基础。

数年后，汉朝在河西走廊先后设立了酒泉、武威、张掖、敦煌四郡，帝国的疆域向西拓展了约九百公里，而领土面积则相应扩大了约十五万平方公里。

年轻的霍去病，便是这一历史功绩的主要缔造者。

扫平河西的这一年，霍去病虚岁才十九——放在今天，也才上高三或大一，可他却已经创造出了彪炳史册的赫赫功勋。

当然，这一切都离不开敢于大胆起用新人的武帝刘彻。

汉武帝的识人之明和用人之智，在此又一次得到了证明。

## 生财有道：疯狂运转的财政机器

汉帝国连年对外用兵，虽然从国防和军事的意义上讲，乃势在必行之举；但从财政和民生的角度看，随着军费开支的剧增，国库明显不堪重负，而百姓所承受的兵役、赋税和徭役的压力，无疑也越来越大了。

屋漏偏逢连夜雨。元狩三年（公元前120年）秋，广大的中原地区爆发了严重的洪涝灾害。一时间饿殍遍野，无数百姓陷入饥荒。

武帝刘彻闻报，立刻派遣使臣分道前往各个郡国，严令所有政府储备粮仓全部开仓放粮赈济灾民，一粒粮食都不许剩下。

然而，所有粮食全放出去后，依然还有大量饥肠辘辘的灾民得不到救援。武帝无奈，只好又想了一招，倡议富豪和官吏出钱借贷给灾民，然后将名字上报，由朝廷予以表彰、嘉奖。

可是，让富豪和官吏把口袋里的钱掏出去，换取徒有虚名的所谓"朝廷表彰"，这笔生意着实不太划算。所以，倡议发出后，虽然也有响应者，但相对于数量庞大的灾民，仍然是杯水车薪，根本解决不了问题。

最后，武帝刘彻没辙了，只好大手一挥，下令将所有尚待赈济的灾民全部迁移：一部分迁入关中，一部分迁到朔方与河套地区。

灾民总人口有多少呢？

七十余万。

移民的费用由谁承担？

当然只能是国家财政。

此次大规模迁移灾民，朝廷不仅承担了灾民的衣食、迁移和安置费用，还要在此后数年帮助移民配套解决居住、生活、劳作等一系列问题。

而所有这些费用和开支，算下来无疑是一个天文数字，致使原已不堪重负的国家财政雪上加霜。按照司马迁的说法，就是："其费以亿计，不可胜数。于是县官大空。"（《史记·平准书》）

国库空虚，财用匮乏，迫使武帝刘彻不得不通过一系列激进的财政改革，来提高朝廷对民间社会的榨取能力，从而为他已经实施和即将实施的所有"大有为之政"保驾护航。换言之，只有让国家的财政机器疯狂地运转起来，最大限度地开辟财源，才能让武帝刘彻摆脱"志大财疏"的窘境。

元狩四年（公元前119年）冬，一开年，朝廷的财政部门就向武帝提出了一项重大的货币改革建议。他们说："县官用度太空，而富商大贾冶铸、煮盐，财或累万金，不佐国家之急。请更钱造币以赡用，而摧浮淫并兼之徒。"（《资治通鉴·汉纪十一》）

大意为：政府经费匮乏，而社会上的富商大贾通过冶炼铜铁矿、私铸货币和生产食盐，身家累计达黄金万斤，却从不帮助解决国家的困难；所以建议制造新的货币，以供政府开支；同时打击那些贪得无厌、投机倒把的奸商。

有关部门这个"更钱造币"的建议，用现代经济学术语表达，就叫"量化宽松"；要是用老百姓的话讲，就是"印钞票"。

古代的货币，通常都以金属铸造：最上等是黄金，次一等是白银，第三等是铜。在当时，社会上的一般通用货币即为铜钱。自汉文帝到武帝元狩年间，六十多年来，社会上流通的铜钱一直是"四铢钱"，又称"汉半两"。汉朝初年允许民间私铸货币，但普通老百姓肯定享受不到这种政策红利，受益最大的群体其实是权贵和富豪。因为他们拥有铜山，而且具备开采、冶炼的资本和技术，也能雇用大量劳动力，所以民间的私铸货币基本出自他们之手。上文有关部门抨击的主要对象之一，就是这个群体。

民间拥有铸币权，对国家的经济秩序固然会产生负面影响；但如果这些私营造币企业能够按照规范生产，倒也不至于造成太大破坏。可问题在于，人的贪欲是无止境的，权贵和资本家尤甚。他们并不满足于私铸货币的利润，还挖空心思在铜钱的分量上做文章，把钱越铸越薄——于是导致货币泛滥，其恶果便是"钱益多而轻，物益少而贵"（《史记·平准书》），即货币贬值，物价飞涨。

利用这次货币改革的机会，朝廷势必要对这一现象进行严厉打击。

武帝刘彻很快下令，在全国范围内禁止并销毁所有"四铢钱"，代之以政府统一铸造发行的"三铢钱"；同时，朝廷收回铸币权，严禁民间私铸任何种类的货币，违者一律处以死刑。

不久，有关部门发现"三铢钱"太轻，更容易被不法分子盗铸；于是建议改铸"五铢钱"。

元狩五年（公元前118年），武帝刘彻下令罢废"三铢钱"，正式发行"五铢钱"。

此后，"五铢钱"因其形制规整、铸造精良而被沿用了七百多年，直到唐代才被废止，成为中国历史上铸造和发行数量最大、使用时间最长的铜质货币。

然而，铜钱只是一般通用货币，面额太小；汉帝国要想有效解决政府的财政危机，势必发行大面额货币。原本的大额货币一直是黄金。可黄金本身的价值太过高昂，根本不适合拿来搞"量化宽松"；更何况，朝廷储备的黄金早就赏赐给那些作战有功的将领了，还能拿什么来充当大面额货币呢？

办法都是人想出来的。生财有道的武帝君臣稍微动了下脑筋，就找到了一种可以用来批量制造大面额货币的原材料。

这种原材料就是鹿皮。

上林苑中白鹿成群，鹿皮多的是，可以就地取材；而且只要大量豢养白鹿，某种程度上还能做到"取之不尽，用之不竭"。

于是，"白鹿币"就此诞生。白鹿币呈方形，边长各一尺，四边绣上五彩花纹，也称"皮币"。世界上最早的纸币是宋代的"交子"；但汉武帝君臣发明的这种皮币，则可以视为纸币的先驱和滥觞。

朝廷规定，每张皮币价值四十万钱，绝对属于"超大面额"货币。有关部门只要找几个人，杀一群鹿，几天时间就能搞出一大批皮币，国库凭空便能多出一笔巨额财富；而且还可以源源不断地生产，其效率并不亚于现代的印钞机。

但问题在于，这么大的"流动性"，该如何注入市场呢？

很简单，卖给有钱人。

哪些有钱人？

帝国的王侯，以及众多的皇亲国戚——简言之，就是富得流油的权贵们。

朝廷规定，每逢这些权贵到长安朝觐、参加大典、进献贡品之际，必须事先花四十万钱购买一张皮币，才有资格参与上述活动。如此一来，皮币就能通过这些权贵之手，渐渐流通到市场上去，而无数的铜钱则哗啦啦流进了国库。

除了白鹿币，此次货币改革，朝廷还推出了一套"白金币"。古代称白银为"白金"，所以白金币的主体材料就是白银。当然不是纯银，而是掺杂了一定数量的锡。准确地说，"白金币"就是一种合金硬币。当时，皇家事务管理机构"少府"（相当于刘彻自己的小金库）之中，存有大量银和锡，足以批量制造"白金币"。

"白金币"有三种面额：最大的呈圆形，上面铸造龙的图案，价值三千钱；其次呈方形，图案为马，价值五百钱；最小的呈椭圆形，图案为龟，价值三百钱。

就这样，从超大面额的"白鹿币"，到大面额及中等面额的"白金币"，再到小面额的"五铢钱"，一整套崭新的货币体系就建立起来了。

朝廷收回铸币权并发行新货币，必然触动无数既得利益者的奶酪。

尽管朝廷三令五申，严禁民间私铸各种类型的货币，可依然有无数的商人与政府官员内外勾结，冒着杀头的危险拼命盗铸货币。《史记·平准书》就说："吏民之盗铸'白金'者不可胜数。"《资治通鉴》也称："民多盗铸钱（'五铢钱'），楚地尤甚。"

一切正如马克思在《资本论》中引用的邓宁格的那段名言一样："资本家害怕没有利润或利润太少，就像自然界害怕真空一样。一旦有适当的利润，资本就大胆起来……有百分之五十的利润，它就铤而走险；为了百分之一百的利润，它就敢践踏一切人间法律；有百分之三百的利润，它就敢犯任何罪行，甚至冒绞死的危险。"

新货币发行后，一开始还只是掌握权力的官员和握有资本的商人联手盗铸；可很快，无数民众也都卷了进来，"天下大抵无虑皆铸金钱矣"（《史记·平准书》），即天下人大都毫无顾虑地私铸金钱。"犯者众，吏不能尽诛取"——参与犯罪的人实在太多了，以致官府杀也杀不完，抓也抓不完。

一件法律禁止的事，如果只有少部分人干，那是一般犯罪活动；倘若无数人都参与了，那就上升到危及社会稳定的政治高度了。对此，武帝刘彻也很无奈，只能一边按照法令，该抓的抓，该杀的杀；一边又不得不频频发布赦免令，把那些有自首情节或罪行不太严重的人都放了。

当时到底有多少人被赦、多少人被杀，司马迁在《史记·平准书》中给出了三组数据：新货币发行后的五年时间内，因自首而赦免的就有"百余万人"；因情节较轻而赦免的"吏民"，也有"数十万人"；至于没有遇到赦免而被杀的，则"不可胜计"。

朝廷的货币改革政策，除了在民间引发严重犯罪，在朝廷内部也遭遇了不小的阻力。反对派的代表人物，便是当时的大农令——"财政部长"颜异。

这位大农令，据说素有清廉、正直之名，本来武帝刘彻还比较赏识他，可"白鹿币"刚一推出，颜异便提出了反对意见。如果他是站在财政或民生的角度，指出大面额货币的弊端，比如引发通货膨胀之类，那么他的意见还算有建设性。遗憾的是，颜异的反对理由跟他"财政部长"的身份很不相称，一点儿都不专业。他居然是站在权贵的立场发声，认为让王侯们花四十万钱买一张"白鹿币"，这件事不太合适。

武帝刘彻大为不悦。

但颜异毕竟是"财政部长"，他要是阻挠，朝廷的货币改革势必难以顺利进行。

这个时候，就该轮到张汤上场了。

几年前，丞相公孙弘病逝，御史大夫李蔡进位丞相，张汤进位御史大夫。李蔡上位后没什么政绩，慢慢沦为了挂名丞相；而一向深受武帝倚重的张汤，则成了实质上的丞相。"丞相取充位，天下事皆决于汤。"（《史记·酷吏列传》）此次推行货币改革，张汤自然是深度参与，现在有人阻挠，他肯定要把障碍排除掉。

张汤跟颜异一直以来就有矛盾，这回又有公事上的理由，他当然不会放过颜异。

不过，饶是张汤"办人无数"，这个颜异还是让他有些头疼。因为此人为官清廉，居然查不到任何污点。要是换成别人来办理此案，可能就知难而退了；但张汤之所以是张汤，就在于世上没有他办不下来的案子。

有污点，直接办他；没有污点，制造污点也要办他。

很快，在张汤的授意下，就有人站出来指控颜异了。事情源于一次聚会。某位客人批评朝廷某项法令不太妥当，颜异没有作声，只微微动了一下嘴唇。张汤就死死抓住这个微表情，上奏称："当异九卿见令不便，不入言而腹诽，论死。"（《史记·平准书》）

颜异身为九卿，觉得朝廷法令不太妥当，却不进言而在肚子里诽谤，论罪当死。

于是，颜异就这样掉了脑袋。

由此可见，在官场上混，不仅要谨言慎行，还要具备超强的微表情控制力——否则就可能像颜异一样，死都不知道是怎么死的。

在中国历史上，颜异可能是第一个因"腹诽"罪名而死的，但绝非最后一个。因为有了这个经典判例，后来的酷吏简单"抄作业"就行了，动辄便能以"思想犯罪"为由大搞政治迫害，随意置人于死地。

颜异之死，对武帝一朝的政坛风气产生了非常坏的影响。司马迁就说："自是之后，有腹诽之法，而公卿大夫多谄谀取容矣。"（《史记·平准书》）

既然连"腹诽"都能入罪，那满朝文武为了自保，当然都不愿说真话了，只有阿谀谄媚才是最好的生存之道。

## 从"盐铁专营"到"算缗告缗"

通过货币改革，汉帝国的财政危机在一定程度上得到了缓解。不过，几乎每天都在大手笔花钱的武帝刘彻，还是感觉钱不够花。

钱永远是不够花的，下自普通老百姓，上至富有四海的皇帝，其实都一样。

那么，对政府而言，除了货币改革、"量化宽松"，还有什么开辟财源的办法呢？

当然有，那就是对某些暴利行业实施国家垄断，由政府进行专营专卖。

在古代，最暴利的行业无非两个，就是上文提到的冶铁和制盐，历史上统称为"盐铁"。古代是农耕社会，这两者都是民生之必需，属于社会的支柱性产业，利润极其丰厚，朝廷理所当然会盯上它们。

就是在这一时代背景下，以著名财政专家桑弘羊为代表的一批理财高手，在历史舞台上登场亮相了。

桑弘羊，出身于洛阳的富商家庭，打小就精于心算，拥有很强的商业天赋，从少年时代便介入了家族的经营活动和理财事务，因而名闻洛阳。景帝末年，年仅十三岁的桑弘羊被征召入朝，担任侍中。

古人的早慧有时候真的让人惊讶。我们的十三岁，刚刚小学毕业，才上初一，可人家桑弘羊的十三岁，已经担任高级领导干部了。

因为跟武帝刘彻年龄相仿，所以入宫之后的桑弘羊相当于是跟武帝一起成长的，自然形成了亲密的君臣关系。如今武帝要广辟财源，身为理财高手的桑弘羊理所当然成了最得力的助手。《史记·平准书》便称他"以计算用事"。

桑弘羊参与"计算"的第一件大事，便是"盐铁专营"。

当时，参与制定这项财政政策的还有两位高手，一个叫东郭咸阳，从政之前就是齐国的大盐商；另一个叫孔仅，是南阳的大冶铁商。二人的身家都在黄金千斤以上。武帝刘彻任命二人为大农丞，相当于财政部副部长，专门负责"盐铁专营"；而内朝官桑弘羊则作为朝廷经济政策的总顾问，相当于首席经济学家，同二人一起主导这项政策的制定与推行。

盐铁专营，其实并非武帝君臣的发明。早在西周时期，便有不少诸侯国将盐铁经营收归国有，不过并未作为根本性的经济政策。在中国历史上，最早将这一做法制度化并取得巨大成效的，是春秋时期的齐相管仲。

一般而言，国家财政收入的主要来源（甚至是唯一来源）只有赋税。正是通过管仲的改革，由政府对涉及国计民生的战略性资源进行管控，并以垄断专卖的方式经营，才使得古代中国的政府收入在赋税收入的基础上又多了一项专营收入。

武帝刘彻和桑弘羊等人的经济思想，完全继承自管仲：通过国家对支柱性产业的垄断，获得专营收入，从而为中央集权制度提供坚实的经济保障。

桑弘羊、孔仅等人提出的"盐铁专营"的具体办法，在盐业方面，与当年的管仲相同，即招募民众进行生产，注册成为盐户；主要生产成本由盐户承担，官府只负责提供"牢盆"（煮盐器具）；然后由政府统一收购并实行专卖。

而在铁业方面，他们则在管仲的基础上进行了创新，加大了国家垄断力度，从原材料生产到成品制作再到商品销售，完全由政府一把抓。在中国历史上，由政府直接介入生产制造环节并纯粹以营利为目的的，这应该算是第一次。

虽然早在殷周时期，便有国营的青铜和铁器作坊，但只局限于为贵族服务；另外，秦国的商鞅也曾建立国营兵工厂，但也是单纯为国防服务。像汉武帝这样，国家在根本性的民生领域通过全方位垄断进行牟利的做法，当属首创。所以学界有一种观点认为，真正意义上的"国营企业"，正是从汉武帝时期开始的。

当时的朝廷规定，凡是出产铁矿的郡，均设置铁官，负责铁矿冶炼、铁器制作及市场销售；即使不产铁的郡，也要在县一级设置小铁官，专门负责销售，从而建立起全国性的铁器专卖网点。

政策制定后，法令便严禁民间私自煮盐、冶铁及从事相关贩卖活动，违者"钛左趾"——在左脚戴上铁锁，并没收所有生产、销售器具。

在孔仅和东郭咸阳的主持下，"盐铁专营"一经实施便取得了立竿见影的效果，极大缓解了汉帝国的财政危机，也为武帝刘彻的开疆拓土、连年用兵输送了源源不断的经费。班固在《汉书·食货志》中就称："费皆仰大农。大农以均输调盐铁助赋，故能澹之。"

短短三年后，孔仅便因功擢升大农令，一跃成为汉帝国的"财政部长"；桑弘羊则正式出任大农丞，即副部长。

然而，世间万事都是利弊相生的，孔仅和东郭咸阳毕竟是商人出身，而商

第六章　狂飙突进　195

人都有逐利的本性。他们在为国库攫取巨大财富的同时,也利用职务之便搞了不少权力寻租的勾当。其中较为典型的,就是在财政系统中大量任用和安插盐铁商人。可想而知,这些集资本和权力于一身的"红顶商人",必然会在职权范围内大肆牟利,从事权钱交易等各种腐败活动。武帝一朝的吏治局面,由此渐趋混乱和败坏。

"吏道益杂,不选,而多贾人矣。"(《史记·平准书》)

政府官员的出身越发驳杂,大多不是通过选拔任用,而都由商人充任。

与此同时,"国营企业"固有的种种弊端也逐步暴露了出来。据西汉桓宽的《盐铁论》记载,以铁器的生产销售为例,其弊主要体现在以下几点:

首先,产品不符合市场需求。"县官鼓铸铁器,大抵多为大器,务应员程,不给民用。"官营企业生产的铁器,多是笨重不实用的大件产品,主要是为了赶工、凑数量、应付上头,不考虑市场需求、不适合百姓使用。

其次,生产成本高,产品质量低劣。"今县官作铁器,多苦恶,用费不省,卒徒烦而力作不尽。"由于管理不善,缺乏监督,工匠都没什么责任心,不肯尽力。所以,虽然投入的成本不低,但生产出来的铁器大多质量很差,以致"民用钝弊,割草不痛"——镰刀的刀口都是钝的,割草都割不动。

再次,"国营商店"服务质量差。"器多坚,善恶无所择,吏数不在,器难得。"铁器商品质量普遍不好,而且还不让人挑选,甚至店员经常溜号、柜台上没人,想买都买不成。"弃膏腴之日,远市田器,则后良时。"有些百姓因为急用,只好浪费大把时间,跑远路去异地买,结果就是耽误了农时。

最后,商品价格昂贵,且利用行政权力强买强卖。"盐、铁贾贵,百姓不便。"食盐和铁器都由政府统一定价,因缺乏竞争,所以价格都定得很贵,老百姓买不起。"贫民或木耕手耨,土耰淡食",那些家境贫困的百姓,买不起官营铁器,只好退化到用木头农具和手去耕作的地步;同时盐也吃不起了,只能吃淡食。"铁官卖器不售,或颇赋与民。"因价格昂贵,销售不畅,铁官完不成任务,就会进行摊派,强迫民众购买。

班固在《汉书·食货志》中,对上述现象也有记载:"郡国多不便县官作盐铁器,苦恶,贾贵,或强令民买之。"

一言以蔽之,武帝一朝的"盐铁专营"政策,说白了就是"与民争利"——其结果只能是强了国家，弱了百姓。

没办法，武帝刘彻想要缔造彪炳史册的丰功伟业，就必须付出代价。而很多时候，老百姓就是那个"代价"。

西谚有云：财富就像盐水，喝得越多就越渴。

不论是对个体还是对一个国家而言，这句话都适用。货币改革和"盐铁专营"为汉帝国创造了巨大的财政收入，却依然无法满足武帝刘彻对财富的渴望。个中原因，首先固然是出于国家的现实需要；其次，恐怕也是人性的贪欲使然。

在上述经济政策推出不久，经张汤一手策划，武帝又颁布了一项法令，对所有工商从业者征收财产税，称为"算缗"。

古代每一千钱穿成一串，称一缗。法令规定，所有工商业者都要主动向政府申报个人财产，每二缗为一"算"，征收一百二十钱，税率相当于百分之六。除了现金，实物资产也要征税。如马车，以及长度五丈以上的船只等大宗财物，都要自行评估，折成市场价一并申报。凡隐匿不报或申报不实者，皆流放边疆一年，并没收个人财产。

这条法令乍一看，百分之六的税率似乎不高；而且只要求主动申报，并没有强行上门查账，貌似还挺人性化。于是众多纳税人便丧失了警惕，出于人皆有之的避税心理，或多或少都瞒报了，"富豪皆争匿财"（《史记·平准书》）。

可人们没想到，这项税收政策的主导者是酷吏张汤——他操盘的事情，怎么可能没有后手呢？

当所有纳税人基本上都申报完后，朝廷立刻出台了一条新的法令：凡是隐匿不报或申报不实者，一旦被告发，就将其财产的一半奖励给告发者，另一半充公。这条法令，就称为"告缗"。

于是，社会上的很多穷人或泼皮无赖，立刻发现了一条一夜暴富的捷径，纷纷起而告发，并且一告一个准——因为绝大多数富人都瞒报了。

人们这才知道，原来之前的"算缗"纯粹是朝廷在"钓鱼执法"——就等你乖乖上钩呢！可现在后悔也来不及了，谁让你看不透张汤的手段还敢偷税漏税呢？

这下子，全国的富人基本上都遭殃了，几十年积累的财富，一转眼就被官府和穷人联手洗劫一空。

如果你以为这是朝廷在劫富济贫，至少可以让很多穷人过上好日子——那你就错了，也未免小看了张汤。

在"算缗"之后，有"告缗"这一后手；而在"告缗"之后，张汤仍有大招，那就是把"算缗"和"告缗"扩大化。

一开始，朝廷的征税对象还只是工商从业者——说白了就是针对富人；但洗劫完富人后，朝廷就把征收财产税的对象扩大到了所有普通人和中产阶层，包括那些刚刚因告发而暴富、到手的钱还没捂热的人。同时，既然"算缗"的对象已经无所不包，那么"告缗"自然也就适用于天下的所有人。

"算缗钱之法，其初亦只为商贾居货者设，至其后，告缗遍天下，则凡不为商贾而有蓄积者皆被害矣。"（《文献通考·卷十四》）

这场严重扩大化的征税和告密运动，无疑在汉帝国掀起了一场"一切人反对一切人的战争"（霍布斯语）。也就是说，任何人都可能成为被告，而任何人也都可以告发别人。

为了全面贯彻执行"告缗"法令，张汤从御史台和廷尉寺抽调精干人员，成立了许多"专案组"，奔赴天下各郡国专门处理相关案件。这些"专案组"的总负责人是张汤的一个得力手下，名叫杨可，也是酷吏出身。

据《汉书·食货志》记载，这场运动的结果，就是"杨可'告缗'遍天下，中家以上大抵皆遇告"，中产阶级以上的人都被告发了。"于是商贾中家以上大抵破"，中产阶层和富人阶层基本上全都破产了。

如果把张汤视为这场"告缗运动"的代言人，那么他的"广告词"显然可以这么说："我们不生产财富，我们只是财富的搬运工。"

经过他这一番猛如虎的操作，民间社会的巨量财富就从百姓手中"搬运"到了武帝刘彻的国库里。

那么，朝廷最后到底搜刮了多少民脂民膏呢？

班固在《汉书·食货志》中给出了一组数据："得民财物以亿计，奴婢以千万数，田大县数百顷，小县百余顷，宅亦如之。"

这是一组很粗略的统计数字，但民间财富遭洗劫之惨烈程度，已可见一斑。单看因破产而被没入官府为奴的人数，就让人十分惊骇。据估算，武帝时期的全国总人口约三千六百万到四千万之间，即使取最大值，也相当于每四个人中就有一个因"告缗运动"丧失了自由民的身份，被打入了社会的最底层。

"兴，百姓苦；亡，百姓苦。"在数千年的中国历史上，生活在武帝一朝的老百姓已经算是比较幸运的了，因为当时的汉帝国仍然享受着"文景之治"的余泽；除边疆战事频仍外，绝大多数内地民众基本上都能安居乐业。可即便是生活在这样的"太平之世"，也要动辄遭遇财富洗劫并没身为奴的命运。更何况历史上大部分时间都是动荡和战乱之世，那些百姓的苦，就更是难以言说了。

如果说，武帝一朝的"盐铁专营"政策导致了国强民弱的局面，那么"算缗告缗"运动导致的结果则是国富民穷。

在这个狂飙突进的大时代下，雄才大略、志存高远的武帝刘彻驾驶着他的帝国马车一路飞奔，而万千老百姓就像是他身后扬起的漫天黄尘中，那一颗颗簌簌颤抖、不知将飘向何方的尘埃……

作为"算缗""告缗"运动的主要策划者，御史大夫张汤自然成了大汉百姓千夫所指的对象："百姓骚动，不安其生，咸指怨汤。"（《资治通鉴·汉纪十一》）

张汤固然可恨，但他其实只是一只猎犬而已；如果不是那个掌控一切的猎人在背后驱使和授意，光凭一只猎犬又能做什么呢？

也许正是意识到这场财富洗劫运动招致了太大的民怨，同时意识到所有民怨最终都会越过张汤集中到自己身上，所以没过多久，工于权术的武帝刘彻就做了一件大多数帝王都会做的事，那就是——兔死狗烹，鸟尽弓藏。

而酷吏出身的张汤，尽管也曾权倾一时，在帝国的政治舞台上翻云覆雨，可最终也没能躲过历朝历代所有酷吏的共同归宿，那就是——身败名裂，政息人亡。

# 第七章
# 外扬国威，内固皇权

## "李广难封"：坏运气酿成的人生悲剧

随着大汉国库的日渐丰盈，武帝刘彻就像一个满血复活的斗士一样，再度燃起了熊熊的激情，重新把目光投向了漠北的匈奴。

元狩四年夏，武帝召集将领们开了一个重大的军事会议，并在会上宣布："匈奴采纳赵信的谋略，以为远遁到大漠以北，汉军就鞭长莫及、不敢远征了。这次我们就要集结重兵、大举出征，势必彻底击溃匈奴！"

一场规模空前的汉匈大决战，就此拉开了序幕。

这一次决战，武帝志在必得，所以不惜血本，从将帅、兵力、战马到武器装备等各方面，都进行了超豪华的顶格配置。

他命卫青和霍去病同时挂帅出征，一个统率东路军，一个统率西路军，各领五万精锐骑兵作为主力。这十万铁骑所配备的战马，都是专门用粟米喂养的，称为"粟马"。一般的战马只喂草料，而这些战马吃的却是跟人一样的食物，所以每一匹都膘肥体壮，耐力强、速度快。

除了这十万粟马，卫、霍二部的将士们还特地带上了四万匹自己饲养的战马，作为后备之用。这些私马都得到了精心饲养，其体能自然也远优于一般战马。

在十万主力之外，还有数十万步兵和后勤人员。此次出征，汉军投入的总兵力至少在三十万以上。其中最勇猛善战、敢于深入敌境的精锐中的精锐，都配备到了霍去病麾下。此次霍去病的主要作战任务，就是寻找伊稚斜的主力并与之决战，务求将其一战歼灭。

汉军最初的战略部署，是由霍去病出定襄，走西线；卫青出代郡，走东线。因为综合各种情报分析，伊稚斜的主力应该在定襄以北的西线上。不过就在大军出发前夕，边境又传回最新情报，说从俘获的匈奴斥候口中探知，目前伊稚斜所部位于代郡以北，所以刘彻立刻调整部署，把霍去病调到了东线。

此次出战的将领阵容，也堪称顶配。卫青麾下是前将军李广、中将军公孙敖、左将军公孙贺、右将军赵食其、后将军曹襄。霍去病麾下则多为少壮派，如李广之子李敢、老部下赵破奴、右北平太守路博德等人。

得知汉军大举北征，原本还在汉帝国东部边境窥伺的伊稚斜，马上又听从了赵信的建议，率主力一溜烟儿撤到了漠北；然后选择有利地形进行埋伏，准备等汉军长途奔袭、人困马乏后突然出击。

卫青率部从定襄出塞后，得到伊稚斜主力北遁的情报。他没有任何迟疑，立刻挥师深入大漠，一路向北挺进，决定不给伊稚斜休整备战的时间。

就是在这次行动中，卫青和李广之间爆发了一场激烈的争执。

按照朝廷事先的部署，李广身为前将军，自然就是前锋。可武帝刘彻却在大军开拔前私下叮嘱卫青："李广年纪大了，运气又总是不太好，别让他正面迎战匈奴单于，否则恐怕劳而无功。"

于是，卫青便命李广与右将军赵食其合兵一处，从东路进兵——如此一来，李广的作战任务就从主攻变成了策应。素来勇猛、一心想建立战功的李广当然不干，便据理力争，说："我是前将军，理应作为先头部队。大将军凭什么把我部调到右翼？我从十六岁从军以来，与匈奴作战至今，终于有机会与匈奴单于正面交锋！我愿居前，与匈奴单于决一死战！"

可不论李广怎么说，卫青就是不肯答应。

其原因，首先固然是天子有命在先；其次，卫青这回也存了点儿私心，想照顾自己的救命恩人兼多年好友公孙敖。之前的河西战役中，公孙敖在沙漠中迷路，未能与霍去病会师，回朝后被废了侯爵之位，至今还没恢复身份。所以卫青就想让他打头阵，好立下战功，重新封侯。

大家都是官场上的人，李广岂能看不透这一层？他越想越不平，遂一再力争，可卫青始终不为所动。最后一次争执完，李广自知无望，索性连行礼都省了，转身就走，丝毫不掩饰自己的愤怒之情。

不得不说，在这个世界上，一个人要想建功立业，除了能力外，实在离不开运气的因素。李广就是属于能力极佳、运气极差的典型，所以终生都无缘封侯。而卫青和霍去病几乎就是他的反面镜像——能力固然极为突出，但运气也确实是好得离谱。

古代，在沙漠中行军作战，迷路是常有的事。所以身经百战、大半辈子都在跟匈奴交手的李广曾多次迷路；就连"凿空西域"的伟大探险家张骞，也在战场上迷过路。可是，卫青和霍去病这对舅甥，从第一天上战场到后来屡建奇功，偏偏一次也没迷过路，仿佛自带了一套卫星导航系统。

而这一次，老天爷再度使出了他那"厚此薄彼"的惯用手段，又给卫青安排了一场直接撞上匈奴主力的好运气；同时让本来就一肚子委屈的沙场老将李广又一次迷路了。

卫青率大军一路北上，穿越了一千多里的沙漠，终于跟伊稚斜的主力正面遭遇。

此时的伊稚斜正严阵以待。

在他看来，自己是以逸待劳，而汉军则奔走了一千多里路，肯定早就人困马乏——现在决战，正是最佳时机，也完全符合自己的战略预期。

可在卫青看来，眼前的匈奴主力无异于送到嘴边的一顿大餐。因为，深入大漠、长途奔袭，最怕的不是碰上了敌人，而是找不到敌人，现在居然直接跟伊稚斜的主力撞上了，这不是天助我吗？

而伊稚斜预料中的"汉军远征，人马疲敝"的状况，其实压根儿就没出现。因为汉军骑兵这次骑的都是粟马，耐力超强，足以在远距离行军之后迅速投入战斗。此外，更让伊稚斜意想不到的是，汉军这回还动用了一种新型的尖端武器——武刚车。

据史料记载，武刚车是一种多用途战车，既可以运送士兵、粮草、武器，作后勤之用，也可以投入前线作战。其车"有巾有盖"，即外覆车皮，顶有车盖，整车长二丈，宽一丈四（一汉尺约今二十三厘米，换算过来，则长四点六米、宽三点二米），与现代的轻型装甲车大致相当。

武刚车基本上可视为古代的"装甲车"：它周身都蒙上了牛皮犀甲，外侧固定了多根长矛，正面立着一面坚固的大盾；盾牌上开有射击孔，弓弩手可藏身车内，通过孔洞射击。这种攻防兼备的"装甲车"一旦投入战斗，最常用的作战方式，就是将多辆武刚车连在一起，结成一个环形的堡垒，让士兵在获得坚固掩体的同时，对敌人施以强力打击。

眼下，卫青正是这么做的。

他下令将军中所有的武刚车并拢到一起，构成了一个环形的"装甲阵地"；步兵可以进入车中，躲避匈奴人射出的漫天箭雨。然后，卫青派出五千精锐铁骑，命他们直冲匈奴军阵。

伊稚斜见弓箭手的远程打击对汉军完全不能奏效，也只能派出一万骑兵迎战。

两军就此展开了一场短兵相接的激战。

时值日暮，残阳如血，绚烂的晚霞染红了西边天际，也映红了这片血肉横飞的战场。就在双方鏖战正酣、难解难分之际，一场突如其来的沙尘暴瞬间令天地变色，狂风卷起的沙砾击打在汉匈士兵的脸上，遮天蔽日的黄沙吞没了所有人的身影。

如此局面，对双方都是极为不利的。因为视线的遮挡令部队的建制完全混乱了，指挥系统也大部失灵；正在厮杀的双方将士都无法收到上级号令，只能凭借个人的战斗意志各自为战。

不过，对于优秀的统帅而言，所有人都陷入短暂的"失明"状态，非但不意味着无事可做，反倒有可能成为一个决胜的良机。卫青就敏锐地抓住了这个稍纵即逝的战机，命余下的四万五千名骑兵全体出击，分别从左、右两翼展开，快速对匈奴军队进行迂回包抄。

等到沙尘暴渐渐止息，视线重新清晰之时，伊稚斜才蓦然惊觉，自己已经陷入了汉军铁骑的包围圈。而且，更让他意外和惊骇的是，汉军的兵力之多、战斗力之强，都远远超过了他的预估。

刹那间，伊稚斜斗志全无。

三十六计，走为上计。再不跑，这条老命就得搁在这儿了！

伊稚斜慌忙跳上一辆由六头骡子拉的车，在数百名精壮侍卫的保护下，扔下那些还在浴血奋战的匈奴儿郎，朝西北方向拼死突围，绝尘而去。

之所以乘坐骡车而非马车逃命，是因为骡子的速度虽然没有马快，但耐力比马强得多，可以不停不歇行走数千里。伊稚斜要向广袤的漠北逃窜，不坐骡车根本跑不远。

此时夜幕已完全降临，一番鏖战下来，双方均伤亡惨重。卫青得知伊稚斜已在天黑前弃众而逃，立刻派出轻骑连夜追击，自己亲率大部继进。而直到此时，还在苦战的匈奴将士才知道单于已经抛弃了他们，军心顿时瓦解，人人争相逃命。

这次漠北会战，汉军大获全胜，共斩杀、俘虏了匈奴一万九千人。

卫青一夜之间追出了二百余里，至次日天明，仍不见伊稚斜踪迹。

终究还是让这条大鱼溜了，这是此次出征最大的遗憾。卫青不甘心就此撤兵，旋即锁定了下一个攻击目标——赵信城。

赵信叛回匈奴后，总结自己在汉地学到的经验，认为凭借匈奴来去如风的传统游击战术不足以对付汉军，还是要依托一两座坚固的城堡或要塞，用以储存军粮和物资，才能跟汉军打大仗。伊稚斜采纳了他的建议，便在寘颜山（今蒙古国哈尔和林市东南）修筑了一座城堡，命名为"赵信城"。

此刻，卫青抓不到移动目标伊稚斜，恰好可以拿这个固定靶子来开刀。

大军乘胜而进，轻而易举就拿下了赵信城，缴获了储存在此的大批粮食。汉军在城里休整了一天，然后一把火将剩余的粮食和整座城池烧成了灰烬，才班师凯旋。

相对于一再受到上天垂青、屡屡创造辉煌的卫青，李广的运气只能说是差透了。

他和右将军赵食其这一路，走的是东道。这条路线本就地形复杂，水草稀缺；更要命的是，他们居然没有向导，所以很自然地又迷路了！

关于此事，司马迁在《史记·李将军列传》中，只写了六个字："军亡导，或失道。"

"亡"这个字在古代，基本的含义是"失去"，同时也与"无"相通，另外还可引申为逃亡、死亡。那么，在太史公的语境中，这个字究竟该作何解呢？是本来就没有向导，还是说向导逃跑了，甚至是死了？

大军出塞远征，在大漠中长途行军，居然连一个向导都没有配备——这在常理上根本说不通。而如果有向导的话，鉴于向导的重要性，肯定会被军队保护得很好；且在司马迁的记载中，也未见与匈奴交战的情形，所以不论逃跑还是死亡，可能性都很小。

也许是对此同样感到困惑，所以后来班固在写《汉书·李广传》时，索性删掉了"军亡导"三个字，直接说"惑失道"——反正就是迷路了。而司马光在《资治通鉴》中也做了简单化处理，把充满歧义的"亡"字直接改成了"无"字，即肯定地说李广没有向导。此外，在唐代司马贞撰写的《史记索隐》中，给"军亡导"所作的注解是："谓无人导引，军故失道也。"即把"亡"字解读为"无"，认为李广就是没有向导才迷路的。

那么，历史的真相到底是什么呢？

很遗憾，在太史公没有进一步说明且没有其他史料佐证的情况下，我们已无从得知真相为何，只能认为李广这一路本来就没有向导。至于为什么没有向导，就只能付诸阙如、存而不论了。

迷失了方向后，李广和赵食其的东路军就像是游魂一样在荒漠上飘荡。一直到卫青大部队打完了胜仗，班师回到漠南，两军才迎面相遇。李广此时的感觉，估计就是起了个大早，赶了个晚集……不，是赶了个寂寞。

李广和赵食其按规定来到大将军帐中见过卫青，然后各回军中，等候问责。很快，卫青派长史带着酒肉来慰问李广，问他迷路的具体经过。长史说，大将军要给皇帝写报告，所以这件事得解释清楚。此时的李广已心如死灰，觉得没什么好解释的，便闷声不语。

长史急了，就催李广派一两个手下跟他去大将军帐中，把事情说清楚。

其实，长史这么说，就是在暗示李广找个背锅侠，把罪责推给手下。李广当然听得出弦外之音，可他绝对干不出这种甩锅的事，便毅然道："诸校尉无罪，是我自己迷了路。我会亲自到大将军那里去解释。"

谁也没料到，这一刻，这位纵横沙场数十载的老将已然心存死志。

长史走后，李广召集麾下文武，满怀伤感也满怀憾恨地留下了他的人生遗言："我自从十六岁从军以来，与匈奴大小七十余战；此次有幸随大将军与匈奴单于对决，却又被大将军派到右翼，绕了远路，还迷失了方向——这岂不是天意？！我今年已六十有余，不愿再去面对那些刀笔吏了。"

说完，李广不等所有人反应过来，旋即拔刀自刎。

一代名将，就这样凄凉地结束了自己戎马倥偬的一生。

据司马迁记载，李广自杀后，"军士、大夫一军皆哭。百姓闻之，知与不知，无老壮，皆为垂涕"（《史记·李将军列传》）。

军中不论文武，百姓不论老幼，也不论是否认识他，都因他的去世而恸哭不已。

李广的一生，虽然以这种令人扼腕、唏嘘的悲剧方式终结，但他的烈烈英名与赫赫勋业，却不会因此而稍有逊色，更不会因为没有封侯而有所减损。

一个人是不是侯爵，是皇帝说了算；但一个人是不是英雄，得由百姓说了算，由青史说了算。就此而言，李广也不枉一生。

"但使龙城飞将在，不教胡马度阴山。"

千百年后，无数中国人仍在传诵着这样的诗句，可见，李广虽死犹生。

李广的人生悲剧，固然主要是由极其糟糕的运气酿成，但在他人生的最后一幕中，大将军卫青显然扮演了一个不太磊落的角色。假如不是他存了私心要照顾公孙敖，而是让李广以前锋的身份参与这场决战，那么"一生难封"的李广也许就能在这一战中建功立业，彻底了却封侯的夙愿了。

只可惜，历史不容假设，人生无法重来；该发生的悲剧，终究还是发生了。

李广有三个儿子，长子李当户和次子李椒皆先他而亡，在世的只有三子李敢。也许是认为卫青对父亲之死负有不可推卸的责任，所以李敢一直对卫青怀恨在心——而这一点，也为此后的另一场悲剧埋下了伏笔。

大军回朝后，尽管取得了重大胜利，可耐人寻味的是，武帝刘彻并未对卫青有任何加封或赏赐的举动，连同他麾下的所有将领，也无一人得到封赏。

个中原因，可能有两个：其一是李广意外自杀，卫青身为主帅，肯定要承担一定责任，所以就功过相抵了；其二，随着时间推移，皇后卫子夫越发失宠，而卫青也就越发不被武帝青睐了。

封赏没有，但惩罚却跑不掉。右将军赵食其因迷路失期，论罪当斩；按惯例花钱赎罪，贬为庶人。

## 封狼居胥：一代战神霍去病

卫青在西线战场告捷，而霍去病则在东线战场取得了他军事生涯中最大的，也是汉帝国自反击匈奴以来最辉煌的一次胜利。

下面，我们就来看看这场经典战役的经过。

霍去病原本的目标是伊稚斜，被武帝调到东线后，目标就变成了匈奴的左贤王。在匈奴的三大战区中，中部的伊稚斜和西部的右贤王都曾不同程度地遭到汉军的沉重打击，唯独东部的左贤王一直没怎么挨过揍，所以实力保存最为完好。

可这一次，他就没这么走运了，因为对手是霍去病。

霍去病麾下有五万汉帝国最精锐的骑兵，还有十万以上的步兵，而且霍去病此前的赫赫战功也早已让匈奴人闻风丧胆。因此，得到汉军大举北征的情报后，左贤王的反应跟伊稚斜如出一辙，立马脚底抹油，带着部众急速朝漠北撤退——这一撤就撤了两千多里。

左贤王以为，这两千多里的茫茫大漠，足以成为隔在他和霍去病之间的一道天堑，霍去病再怎么牛，也很难在短时间内跨过来——说不定走着走着就迷路了呢。

然而，左贤王想多了。

首先，凭借霍去病的军事天才和绝佳的运气，这两千多里沙漠对他来讲根本不算事儿；其次，即便没有以上两个因素，仅凭这一次随军出征的几个匈奴向导带路，这道所谓的"天堑"也完全是形同虚设。

这几个向导，是此前被霍去病俘获的匈奴降将，一个叫复陆支，一个叫伊即靬，一个叫赵安稽。有了这些"带路党"，汉军不仅不会迷路，还很容易找到水源，可谓如虎添翼。

霍去病兵团从代郡出发后，一路循着左贤王部撤离的踪迹，以惊人的速度直插漠北。几乎是在左贤王刚刚站稳脚跟时，汉军就杀到了。

左贤王急命精锐部众列阵迎敌。

第一波迎战汉军的匈奴将领，是单于重臣章渠、匈奴小王比车耆和左贤王麾下的左大将。霍去病亲自带领最精锐的骑兵，率先发起冲锋，以排山倒海般的气势杀进了匈奴军阵。

一场硬碰硬的大规模骑兵对战就此展开。

双方你来我往，纵横驰骋，兵戈交错，血光四溅。经过一番殊死较量，汉军终于还是占了上风。汉军斩杀了匈奴小王比车耆，擒获单于重臣章渠，一举突破了敌军的防线。霍去病立刻下令，集中兵力攻击还在顽抗的匈奴左大将部。

在此次战斗中，李广之子李敢的表现最为英勇。他一马当先，杀开一条血路，径直冲到了左大将的帅旗之下，然后一刀砍断旗杆，夺下了帅旗。还没等匈奴人反应过来，他又砍倒了一旁的几名匈奴兵，夺取了他们的战鼓。

在古代战争中，军旗和战鼓就是指挥系统中的核心。现在旗和鼓都让李敢给缴获了，匈奴军不仅指挥系统瞬间瘫痪，而且对于匈奴人的军心和士气也是极大的打击。

左大将意识到这仗没法打了，慌忙掉头逃窜，于是连最后的防线也彻底崩溃。后方的左贤王见状，只好带着本部主力继续向北逃遁。

霍去病可不会让他们就这么溜了，当即率部追击。

汉军追出一段路后，发现匈奴分成了两部分：大部随左贤王撤往离侯山方向，另一部则往梼余山方向逃窜。霍去病旋即兵分两路，命右北平太守路博德所部追击后者，自己率主力紧紧咬住了左贤王。

左贤王估计这辈子都没有被人这么撵过，逃得那叫一个狼狈。当他好不容易翻过离侯山，又渡过弓闾河（也称弓卢水，今蒙古国克鲁伦河），刚刚停在北岸想喘口气、休整一下时，麾下斥候却哭丧着脸送来急报，说汉军又追过来了。左贤王本想利用这条河进行阻击，可很快又有斥候来报，说霍去病率骑兵从水浅处强行渡河，马上就要杀到了。

直到这一刻，左贤王才终于领教到霍去病的厉害——这姓霍的打起仗来像猛虎，追起人来像老鹰！千里瀚海拦不住他，大山大河也挡不住他，世界上怎么会有如此可怕的对手呢？！

没办法，左贤王只好投入全部兵力，跟霍去病进行最后的决战。因为再跑下去也没有用了，除了把自己累死，压根儿就甭想甩掉这个可恶的家伙。

又一场血战在弓闾河北岸展开——结果没什么悬念，霍去病和他麾下的勇士们再度将左贤王本部主力击溃，北地都尉邢山擒获匈奴的屯头王、韩王等三个亲王，其他将士也俘虏了相国、将军、当户、都尉共八十三人。

另一路，路博德所部也追上了敌人，斩杀并俘虏匈奴二千七百人。

弓闾河一战，左贤王基本上是血本无归，彻底被打残了。眼下的他已经万念俱灰，只剩下逃生本能，遂带着残部继续抱头鼠窜，逃到了弓闾河北面的狼居胥山（今蒙古国乌兰巴托市东肯特山）。

霍去病如影随形，又追至狼居胥山。

就是在这座山的最高峰，壮怀激烈的霍去病命部下积土为坛，举行了一场隆重的祭天仪式，向上天禀告了自己的皇皇战绩与赫赫功勋。

这一幕，就是让无数后人心驰神往、血脉偾张的"封狼居胥"！

从此，"封狼居胥"就成了开疆拓土、鹰扬国威的象征，也成了华夏民族最高军功的代名词，更被后世历朝历代的中国军人奉为楷模和毕生追求的目标。

就是这四个字背后蕴含的这一切，让年仅二十二岁的霍去病成为中国历史上屈指可数的"战神"般的人物，也令他从此彪炳史册、光耀千秋。

当然，战斗到这里并没有完全结束。惶惶如丧家之犬的左贤王又逃到了狼居胥山西面的姑衍山。然后，霍去病又追踪而至，对其残部进行了彻底扫荡，并在这里再次设坛，举行了祭祀地神的仪式。

史书把这两场仪式统称为"封狼居胥山，禅于姑衍"，后人简称其为"封狼居胥"。

霍去病的这场漠北远征，一共斩杀并俘虏了匈奴七万零四百四十三人，基本上把整个左贤王部彻底歼灭了。史书没有记载左贤王的下场如何，但就算他侥幸逃出生天，如此巨大和惨痛的失败也足以把他击垮，令他的余生只能在痛苦和绝望中度过了。

霍去病班师凯旋后，武帝刘彻龙颜大悦，立刻加封他食邑五千八百户（与前共计一万五千一百户），同时在内朝官中增设"大司马"一职，让大将军卫青和骠骑将军霍去病同时兼任大司马，并特别规定：霍去病与卫青的官秩和俸禄完全相等。

至此，霍去病在公开层面上就跟卫青平起平坐了。如果再考虑武帝刘彻私下对他的青睐和器重，霍去病在帝国政坛上的地位，实际上已经高于卫青。

司马迁对此总结说："自是之后，大将军青日退，而骠骑日益贵。"（《史记·卫将军骠骑列传》）

与卫青麾下将领无一得到封赏形成鲜明对比的是，霍去病的麾下部将全都获封，一个都没漏掉：右北平太守路博德封符离侯，食邑一千六百户；北地都尉邢山封义阳侯，食邑一千二百户；匈奴降将复陆支封壮侯，食邑一千三百户；伊即轩封众利侯，食邑一千八百户；赵安稽之前已封昌武侯，现加封食邑三百户；老部下赵破奴之前也已封侯，现加封三百户；李广之子李敢封关内侯，食邑二百户。

同时，其他各级将士也全都加官晋爵，"赏赐甚多"。

此次漠北大决战，卫青和霍去病两路大军总共歼敌约九万人，重创单于本部主力，基本全歼左贤王部，加上霍去病之前已经平定河西，意味着匈奴在漠南的势力终于被扫荡殆尽，匈奴人不得不向大漠更北的区域逃遁。而汉匈之间的大规模战争，也至此告一段落。

"是后匈奴远遁，而漠南无王庭。"（《资治通鉴·汉纪十一》）

尽管汉军在这个阶段的最后一战中取得了决定性胜利，但也为此付出了不小的代价。战后统计，汉军阵亡将士达数万人；尤其是战马损耗最大——十四万匹顶级战马只回来不到三万匹，战损率高达百分之八十。

在此后的相当长一段时期内，汉帝国之所以没有再发动对匈奴的大规模战争，一来是在其他方向多处用兵，无暇顾及；二来就是因为战马数量太少，不够出征之用。

随着霍去病取代卫青成为武帝刘彻最为尊宠的大红人，世人趋炎附势的嘴脸就纷纷暴露了。原本卫青身边的众多好友至交及门下宾客，都争先恐后地向霍去病靠拢、尽力巴结，然后也很快得到了回报：不少人经霍去病举荐，都加官晋爵了。

武帝刘彻对霍去病的尊宠和关爱，不仅在于任用他举荐的人，还体现在其他很多方面。比如司马迁就记载，武帝曾想亲自教他古代名将孙武、吴起的兵法，但一贯自信、年少气盛的霍去病却道："打仗关键要有临机应变的方略，不必受古代兵法的拘束。"

这话要是从别人嘴里说出来，武帝肯定会觉得这个年轻人太过自负轻狂；但它出自霍去病之口，那就不一样了。因为人家不是只会"口出狂言"，而是能用一次比一次更为漂亮的行动有力地证实他的豪言，你还能说人家轻狂吗？

还有一次，武帝刘彻专门命人给霍去病修建了一座豪宅，然后让他过去看看。估计武帝就等着霍去病回来跟他说些感激涕零、"谢主隆恩"之类的话。没想到霍去病连去都不去，只用一句话就谢绝了皇帝的好意。

他说："匈奴未灭，无以家为也。"（《史记·卫将军骠骑列传》）

匈奴还没消灭，不该这么早安家。

此言一出，武帝刘彻大为惊异，同时也更加喜欢这个年轻人了。因为"匈奴未灭，无以家为"这短短八个字，不仅表现出了霍去病对物欲的淡泊，而且充分体现了他豪迈的胸襟和宏伟的志向，以及远远超越他年龄的成熟和稳重。

试问，天底下的老板，有哪个不喜欢这样优秀的年轻员工？今天还有几个年轻人，能在老板打算送他一座豪宅时，说出如此云淡风轻又大气磅礴的话？

霍去病这八个字，说得实在经典，可以说是对"志存高远，不慕荣华"这种人生境界的高度概括，所以成了千古名言，被后人代代传诵。

当然，金无足赤，人无完人。说了霍去病身上这么多的闪光点，接下来也该说说他的瑕疵了。

前文说过，霍去病虽然是私生子，但一出生，卫氏家族就飞黄腾达了。所以他从小养尊处优，也就不太懂得民间疾苦，身上难免有些贵族子弟惯有的习气。

比如说，他对吃特别讲究。别的将帅出征，大都是跟士卒同甘共苦；就如李广，便属于吃苦在前、享受在后的典型；还有他舅舅卫青，对士卒也非常体恤，从不搞特殊化。可霍去病就不一样了，他仗着皇帝宠信，就在军中大搞特殊化。

每次出征，武帝刘彻都会专门给他配备一支膳食车队，几十辆大车上满载着宫中的御用大厨，以及各种厨具和美食材料。"其从军，天子为遣太官赍数十乘。"这个车队，就负责给他一个人天天奉上各种美食大餐。

而他一个人的食量毕竟有限，按说吃不完的，大可以分给将士们，既做了人情，又物尽其用。可霍去病并没有这么做。他宁可把吃不完的美食通通扔掉，也不会顾及身边那些填不饱肚子的士卒。"重车余弃粱肉，而士有饥者。"（《史记·卫将军骠骑列传》）

单就这一点来看，就多少有些"富二代"的纨绔作风了。而纨绔作风往往不只吃喝，还有玩乐。霍去病就很喜欢一项体育运动——"踢足球"，在当时称为"蹴鞠"。

按说喜欢踢球也没什么不好——可问题在于，踢球是个团队运动，一个人踢不成，得拉上一群人。而霍去病几乎每次出征都是长途奔袭，后勤粮草时常接续不上，士卒们就得饿肚子。大伙儿饿着肚子打仗本来就够呛了，还得被拉去平整土地，建临时球场，然后一块儿踢球，自然是个个苦不堪言。

"其在塞外，卒乏粮，或不能自振，而骠骑尚穿域蹴鞠。"（《史记·卫将军骠骑列传》）

虽说霍去病身上有这些缺点，但是瑕不掩瑜，并不足以损害他的英雄形象。何况他才二十出头，人生阅历有限，吃的苦也少，某些方面不太成熟也很正常。

人生就是一场修行，而岁月就是一把剃刀，不管你愿不愿意，只要活的时间够久，它自然会把你身上特别碍眼的东西剃掉。所以年轻人通常棱角分明，老年人往往圆熟世故，道理在此。

然而，令人扼腕的是，霍去病没有活到老年，甚至都没有活到中年。老天爷十分慷慨地给了他睥睨万物、傲视群伦的才华，却非常吝啬地只给了他二十四年的寿命。

所以，霍去病来不及开始他的人生修行，也来不及经受岁月的磨炼，就匆匆与这个世界告别了。

在他的生命最终定格之前，还发生了一件事情。这件事情，似乎也可以算是他人生中最后的一点儿瑕疵。

事情发生在元狩六年（公元前117年），即卫青和霍去病取得漠北大捷的两年之后。

两年时光，对很多人来说只会一晃而过；然而对李广之子李敢而言，这七百多个日日夜夜，几乎每一刻都是煎熬。因为他一直认定，卫青就是逼死他父亲的罪魁祸首，所以内心始终愤恨不平。

其实自从漠北大捷后，李敢的仕途便得到了飞跃式发展，不仅受封关内侯，而且继任了父亲李广的官职，从一个区区校尉一跃成为九卿之一的郎中令。如此突破常规的巨大升迁，肯定不完全是凭他自己的军功；更主要的，其实是武帝刘彻对他的补偿。

李广虽是自杀，但起因不得不说与武帝给卫青的那道密令以及卫青的私心有关。所以，出于人之常情，武帝不仅会对李广之死感到惋惜，而且必然会有些许愧疚。正是基于这些因素，武帝才会把李广生前担任的郎中令一职，授予李敢。

要知道，郎中令不仅贵为九卿，位高权重，而且是皇宫的侍卫长，其职能可谓举足轻重——若非皇帝十分信任之人，断不可能居此要津。如今武帝将李敢封侯并让他继任此职，平心而论，已足以告慰李广的在天之灵，也理应能够消弭李敢的心头之恨了。

然而，李敢领了天子给的官爵，却没领天子的这份人情。

这年十月，相当于汉朝的元旦，卫青身为大将军、大司马，自然要依例入宫朝贺，且觐见皇帝时身边肯定没有随从。李敢很可能正是趁这个机会，利用职务之便，埋伏在殿外，然后把卫青狠狠地暴打了一顿。

卫青估计也是出于对李广之死的愧疚，没有还手——所以被他打伤了。并且事后，卫青非但没向皇帝告状，而且丝毫没有对外声张。冤家宜解不宜结，生性宽仁的卫青，就是想让李敢出完了这口气，然后就让这事翻篇儿。

遗憾的是，卫青被李敢打伤这事，瞒得了外人，却瞒不了自己的外甥霍去病。而霍去病跟李敢一样年少气盛，当然咽不下这口气——于是便有了接下来这场冤冤相报的悲剧。

元狩五年，武帝刘彻前往甘泉宫（今陕西省淳化县西北）休养，身为郎中令的李敢自然要全程护驾，而霍去病也在随行之列。某日，武帝带着众人出外

第七章　外扬国威，内固皇权

打猎，霍去病就利用这个机会，把毫无防备的李敢一箭射杀了。

此时的武帝刘彻正宠着霍去病，虽然明知他做得不对，但为了保护他，不得不隐瞒了事实真相，对外只宣称李敢是在打猎时被鹿撞死了。

就这样，继李广自杀后，他唯一在世的儿子也死于非命。所幸，李广长子李当户当年还留下了一个遗腹子，作为长孙传承了老英雄李广的血脉。而这个遗腹子，就是若干年后另一场悲剧的主人公——李陵。

李陵的悲剧还牵扯到了太史公司马迁，致使其遭受了无比屈辱的"宫刑"……

这些都是后话。眼下，霍去病射杀李敢一事，又暴露了他性格上的另一个缺点，就是好勇斗狠、做事太绝，缺乏政治上顾全大局的修为。

不过，正如上文所言，就算霍去病有可能在今后的人生中磨炼性格、提升修为，老天爷也不给他机会了。

元狩六年九月，年仅二十四岁、未来本不可限量的一代名将霍去病，在事先没有任何预兆的情况下，突然身亡。司马迁在《史记·卫将军骠骑列传》中没有给出任何说法，只写了一个字——"卒"；班固在《汉书·霍去病传》中，同样只给了一个字——"薨"；后来的司马光也在《资治通鉴》中照抄了《汉书》，只写了个"薨"字。

正因为所有史料都惜墨如金，而"字少事大"往往留给人想象空间，加上人们对霍去病的英年早逝都深感惋惜，所以后世不乏对其死因的各种猜测：有"阴谋论者"认为，他可能是死于当时朝廷的政治斗争；也有人说是卫青集团的人所为——因为霍去病的崛起抢了卫青的风头，损害了不少人的利益，所以就有人出手进行了报复；甚至还有一种怪力乱神的观点，声称是李敢的冤魂索命……

然而不管有多少种说法，都只能算是瞎猜，因为没有任何史料予以佐证。

事实上，尽管在《史记》《汉书》等主要史料中不见霍去病死因的任何记载，可当我们细心地翻检史籍，仍然可以从故纸堆的犄角旮旯中，找到某些关键性的蛛丝马迹，从而确定霍去病的真正死因。

西汉成帝年间，经学家褚少孙曾对司马迁的《史记》做过一些拾遗补阙的工作。其中，在《史记》卷二十的《建元以来侯者年表》中，褚少孙有一条补记，写道："光（霍光）未死时上书曰：'臣兄骠骑将军去病从军有功，病死……'"

霍光就是霍去病的同父异母弟，深受武帝信任；在武帝驾崩后辅佐少帝刘弗陵，成为一代权臣，后来又迎立汉宣帝刘询。褚少孙的这条补记，记载了霍光临终前给汉宣帝的一道奏疏，上面清楚写着霍去病是"病死"。这应该是现存史料中对霍去病死因的唯一记载，且出自霍光之手，可信度极高，显然可以作为史实依据。

可见，霍去病是因为罹患急病而去世，背后并没有那么多阴谋。

对于霍去病的英年早逝，最为悲伤的人，除了舅舅卫青，也许就是对他寄予无限厚望的武帝刘彻了。这年秋天，武帝特许霍去病陪葬茂陵，谥号"景桓"，并为其举行了一场异常隆重的葬礼。他调派了边境五郡的数万名铁甲军，列阵于从长安到茂陵长达百里的道路两旁，为他们的骠骑将军送行。武帝还下令，将霍去病的陵墓修成祁连山的形状，以彰显他尽忠报国、力克匈奴的旷世奇功。

霍去病辉煌而短暂的一生，就像是一颗璀璨夺目却转瞬即逝的流星。他的猝然离世，是汉帝国无可挽回的重大损失，足以令世人为之扼腕神伤。可是，他创造的英雄传奇和历史功绩，却永不会消逝和湮灭。在历史的夜空中，他已然化作一颗熠熠闪耀的恒星，不论我们何时回过头去，都依然能够看到他那彪炳日月、辉映千古的万丈光芒……

## 兔死狗烹：酷吏的逻辑终局

汉帝国从元光六年开始实施全面反击匈奴的战略，至元狩四年取得漠北之战的决定性胜利，前后历时整整十年。这十年间，凭借武帝刘彻的雄才大略和知人善任，通过卫青、霍去病等帝国将士的浴血奋战，对匈奴进行了一系列沉重打击。据司马迁记载，卫青七次出击匈奴，共斩杀并俘敌五万余人；霍去病六次出击匈奴，共斩杀并俘敌十一万余人，另受降浑邪王部数万人。

匈奴是游牧民族，人口本就不多，经此连番打击，自然是元气大伤。伊稚斜把王庭搬到漠北后，又采纳赵信之策，遣使来到长安，觍着脸请求和亲。

武帝刘彻很清楚，这只是匈奴人的缓兵之计。不过，他还是把事情放到了朝会上讨论，想听听大臣们的意见。廷议的结果，一部分支持和亲，另一部分人则认为，应该利用这个机会让匈奴向汉朝称臣。

后者以丞相长史任敞为代表。他认为，匈奴新近遭遇惨败，正处于困境中，此时正是令他们臣服的良机，应该命匈奴单于定期到边境来朝贡。

此言正合武帝之意，他当即命任敞出使匈奴。

可是，此时的匈奴固然元气大伤，却远没有到被彻底打服的地步。所以，很不幸，任敞到了匈奴，刚一表明来意，就被盛怒的伊稚斜给扣押了。

这件事情令汉朝十分尴尬。连年用兵虽然重创了匈奴，但汉帝国自己也付出了巨大的代价，眼下根本无力再大举出征。所以武帝刘彻也只能忍下心头的怒火。

偏偏这个时候，主和派的代表之一、博士狄山又站出来重提和亲之事——这就是哪壶不开提哪壶了。武帝刘彻便把张汤叫了过来，让他跟这个书生讲讲"道理"。张汤毫不掩饰自己的鄙夷之情，说："这是愚蠢书生的无知之见。"

狄山哪里受得了这种当面羞辱，便回骂道："我固然是愚，但我是愚忠；你张汤自认为忠，但你是诈忠！"

武帝刘彻之所以把酷吏张汤搬出来，就是想让狄山知难而退，没想到狄山如此不开窍。刘彻遂勃然作色道："狄山，如果我让你守一个郡，你能让匈奴不侵犯边境吗？"

狄山没料到皇帝有这一问，只好老实回答："不能。"

武帝又问："一个县呢？"

狄山又答："不能。"

武帝再问："一个堡垒呢？"

狄山傻眼了。直到此刻他才终于明白过来，自己是触了天子的逆鳞，大祸临头了——要是再回答"不能"，恐怕当场就得被张汤带走。

万般无奈下，他只好硬着头皮答："能。"

于是，武帝立刻把狄山派到了边境，让他去守一座堡垒。可怜狄山只是一介书生，压根儿不会打仗，所以短短一个多月后，匈奴入寇，攻破了堡垒，就把他的脑袋砍下来了。

狄山被逼死这件事，给了群臣两个教训：第一，绝不能轻易在天子面前提和亲之事；第二，千万不要跟酷吏张汤对骂，后果很严重！

"自是之后，群臣震慑，无敢忤汤者。"（《资治通鉴·汉纪十一》）

武帝一朝，为了巩固中央集权，打击地方诸侯和豪强势力，酷吏这个群体特别活跃。其中，张汤是知名度最高的代表性人物。除了他之外，当时名闻天下的酷吏还有不少，如宁成、义纵、赵禹、周阳由、王温舒、尹齐、杨仆、减宣、杜周等。

这些酷吏，为了迎合上意、博取富贵，在办案时往往深文周纳，不择手段，残酷至极，可以说是手上沾满了朝野士民的累累鲜血。不过到头来，他们自己也大多没什么好下场，终究逃不过"兔死狗烹"的官场潜规则。

比如在张汤之前，宁成、义纵都曾风光一时，却先后死于非命。

宁成是南阳人，郎官出身，在景帝一朝颇受重用，累迁至朝廷中尉，相当于首都警备司令。这个岗位的主要职能是管理京师治安，重中之重便是对付那些违法乱纪的皇亲国戚和京畿一带的地方豪强。宁成没让景帝失望，一上任，就把这些人收拾得服服帖帖，"宗室、豪杰皆人人惴恐"（《史记·酷吏列传》）。

武帝即位后，宁成调任内史，相当于首都市长；可不久就遭到了权贵的报复，被捕下狱，遭受了髡刑（剃光头发）和钳刑（铁链锁脖）。宁成觉得自己可能没有复出之日了，便死了做官的心，然后花钱运作了一番，潜逃回南阳老家。

即便成了在逃犯，宁成也不安分。他在家乡放出豪言："做官若不做到二千石的高官，经商若赚不到千万级的资产，怎么跟人比?!"随后，宁成借钱买了一千多顷的土地，租赁给贫民耕种，当起了大地主，手下佃农多达数千家。

几年后，朝廷大赦，宁成洗掉了逃犯的身份，越发干得风生水起，很快就积累了数千金的资产。有了钱，他又当起了黑道老大，暗中搜罗了当地官员的不少犯罪证据，以此要挟他们，跟官府进行利益交换。于是乎，昔日的朝廷酷吏宁成，摇身一变就成了当地黑白两道通吃的豪强，出入都有几十骑前呼后拥，在当地几乎没有他摆不平的事，实际影响力甚至比南阳郡的太守都大。

不得不说，这是个人才。做官能做到九卿，经商能成为富豪；混个黑道，一不留神还成了大佬——玩跨界玩得那叫一个出神入化。

不久，武帝刘彻又打算用他，想让他出任郡守，却被丞相公孙弘劝阻，于是就让宁成当了函谷关的都尉。这个官职虽说远不及他之前当过的九卿，却是个"雁过拔毛"的肥缺。宁成走马上任后，常年出入关卡的商贾和百姓就遭殃了，个个被他盘剥得苦不堪言，社会上很快传开了一句话："宁见乳虎，无值宁成之怒。"（《史记·酷吏列传》）

宁可撞见给幼崽喂奶的老虎，也别碰上宁成发怒。

老虎喂崽的时候警惕性特别高，见到人就扑上来咬——可即便如此，还是没有宁成发怒可怕。由此可见，宁成把天下的商贾和百姓害得多惨，给人们造成了多么大的心理阴影。

然而，出来混，迟早是要还的。

宁成嚣张了这么多年，玩跨界玩得那么狠，还一手把持了函谷关，得罪的人自然不可胜数。于是，出任函谷关都尉一年多后，他便被人告发了。

奉命办他的人，就是当时的另一个著名酷吏——义纵。

义纵一到南阳，便铁拳出击，把宁成的家族和整个黑社会团伙连根拔起，"遂案宁氏，尽破碎其家。"（《史记·酷吏列传》）宁成就此身死族灭。

接下来，我们再来认识一下这个义纵。

义纵是河东人，年轻时也是个混混，跟岸头侯张次公是老乡；两人纠集了一帮地痞流氓，成天就干打家劫舍的勾当。要不是有个了不起的姐姐，义纵到头来可能也就是一个混黑道的。他的姐姐，就是中国历史上著名的女医、被誉为"巾帼医家第一人"的义妁。

义妁因医术高超，被召入宫中，专门侍奉太后王娡。老太后对义妁的医术很满意，有一天就问她："家里有没有兄弟，想不想做官？"

义妁如实答道："有个弟弟。不过品行不好，不可为官。"

老太后以为她是谦辞，就向武帝推荐了义纵。义纵就此踏上仕途，被任命为郎中,成为天子侍从。也许是从小混社会的缘故,义纵比较机灵,很快博取了武帝的青睐,不久便出任上党郡的一个县令。在县令任上,义纵敢作敢为,对任何人都不留情面,尤其是对当地黑道进行了严厉打击,创造了良好的治安局面;上头考察基层官员的政绩时,义纵被评为了第一。

一个黑道出身的县令,打击起黑社会来,其效率自然要远高于文人出身的县令。毕竟道上的那些花样和猫腻,义纵绝对门儿清。

随后,义纵迅速升迁,先任长陵(高祖陵寝)县令,又任长安县令。在这两个皇亲国戚云集的地方,义纵更是拿出了铁面无私、不畏权贵的架势,"直法行治,不避贵戚"(《史记·酷吏列传》)。就连他的恩人、当朝皇太后王娡,他也一点儿面子都不给。老太后有个外孙(就是修成君金俗的儿子),仗势欺人,横行不法,结果就被义纵逮捕治罪了。

武帝刘彻得知后,对他大为赏识,又擢升义纵为河内都尉。义纵到任后,再度施展无情的铁腕手段,以犁庭扫穴之势,将当地最大的豪强穰氏一族悉数屠灭。如此杀戮立威之后,其他豪族立刻都夹起尾巴做人了。很快,整个河内郡竟然出现了"道不拾遗"的"太平"景象。

一个社会要想实现长久的太平,必须德治与法治并重。如果只追求短时间的"治安良好",可能杀人才是最快速、最有效的手段。

不久,义纵又调任南阳太守,于是就有了上文的一幕——他一到南阳,就把那个黑白两道通吃的前酷吏宁成一举铲除了。当地豪强孔氏、暴氏见状,顿时寝食难安,没几天就都举家逃亡了。南阳的官绅百姓更是噤若寒蝉,言行举止都小心翼翼,生怕稍有不慎就掉了脑袋。

就这样,酷吏义纵仿佛成了救火队员,哪里的豪强势力最猖獗、治安状况最差,他就被派到哪里"灭火"。当时,位于边境的定襄郡因战事不断,社会治安非常糟糕,不论官员还是百姓都不太遵纪守法。武帝随即又把义纵调到了定襄。义纵一到,头一件事就是把监狱里两百多名重罪轻判的犯人重新定为死罪,然后把这些犯人的两百多名亲友也一并抓到了牢里——理由是他们干预司法,在外面疏通打点,帮这些重犯脱罪。同日,义纵就把这批犯人连同亲友四百多人全部杀了。

这一杀,杀得定襄郡的老少爷们儿人人不寒而栗。很快,整个郡的犯罪率便直线下降，治安状况大为改善。

元狩四年，时任右内史的汲黯被罢免，义纵旋即被武帝刘彻擢升为右内史，跻身朝廷九卿之列。

然而，走到这一步，义纵的仕途也就差不多到头了。

因为，他杀的人太多，得罪的人更多，不可能不遭到报复。尤其是右内史这个职位，相当于首都市长，更容易得罪不该得罪的人。事实上，汲黯被罢免的原因，虽然史书无载，但大概率就是遭到了皇亲国戚的反攻倒算。当初丞相公孙弘特意"举荐"他出任该职，就是想看到这个结果；只是公孙弘几年前便病故，没等到这一天罢了。

所以说，右内史这个官，绝对不像地方上的郡守那么好当。在地方做郡守，一来是权贵不像京师那么多，二来是即便某些事出了差池，皇帝也不一定会知道——至少不会立刻知道。而在首都当市长，就是在皇帝的眼皮底下干活，一不小心就可能触犯天威。

义纵上任才一年，就因一件不起眼的事情惹怒了皇帝。

元狩五年夏，武帝刘彻因病到甘泉宫疗养。途中有一段道路是右内史的辖区，结果路面大多坑坑洼洼，令天子车驾颠簸得厉害，刘彻怒道："义纵以为我不会再走这条路了吗？"

平心而论，道路养护的周期往往较长，不可能隔三岔五就维修一次，而且路也不是一年走坏的。所以，右内史的地界出问题，与其责怪刚刚上任不久的义纵，不如说更应算是前任汲黯的责任。可是，皇帝不会跟你讲这些道理，他的马车今天在你的地面上走，那道路失修的责任就是你义纵的。

当然，如果单纯只是这件事，义纵还不至于掉脑袋。真正导致义纵被杀头的，是与"告缗"有关的另一件事。当时，杨可正主持遍及天下的告缗工作，力度之大前所未有。估计是无意中触犯了义纵的利益，所以义纵就派人把杨可的手下给抓了，理由是此人"乱民"——杨可所为是扰乱民生。

这下子，义纵可算是捅了马蜂窝了，犯了"政治不正确"的严重错误。

当时，"告缗"可以说是朝廷工作的重中之重，是武帝刘彻极力推行的一项主要政策；你义纵居然敢大放厥词，说"告缗"是扰乱民生，这不是公开跟皇帝、跟朝廷唱反调吗？

于是，元狩六年刚一开年，武帝刘彻就颁下一道旨令，以"废格沮事"的罪名，将义纵斩首弃市了。

所谓"废格沮事"，意为阻止或不执行皇帝诏令，破坏了朝廷的大政方针。

表面上看，义纵是死于上面这两件事；但往深了想，就算不出这两件事，他迟早也会因别的事而死于非命。理由很简单——酷吏不过是皇帝的鹰犬和工具罢了，一旦没有了利用价值，就会被毫不犹豫地抛弃。

武帝刘彻之所以重用酷吏，是要利用他们来打击权贵集团和地方豪强，从而巩固中央集权和自身的皇权。在此过程中，酷吏必然会损害很多人的利益，导致朝野上下怨声载道。而皇帝一旦达到了目的之后，就会回头收拾酷吏——一来是避免天下人把怨恨集中到自己身上，二来是借此塑造自己的英明形象。

所以，兔死狗烹，就是历朝历代所有酷吏的必然下场，是他们从身为酷吏的那一刻起，就注定无法逃脱的逻辑终局。

## 一切都在天子的掌控之中

汲黯被罢免，一方面可能是出于权贵的报复，另一方面，应该还是跟他总是犯颜直谏有关。在担任右内史的五六年间，汲黯从未停止对武帝刘彻的谏诤，下面仅举两例。

元狩三年，敦煌向朝廷进献了一匹与众不同的野马。武帝刘彻非常喜欢，称之为"神马"。此马具体如何不同寻常，史书无载。当时，朝廷刚刚成立了乐府，主要负责人就是辞赋大师司马相如和音乐天才李延年。武帝特命他们以神马为题材，谱写一首赞歌：前者负责作词，后者负责谱曲。

两位"业界大咖"联袂合作，这首歌自然是不同凡响。

据说，司马相如为此创作的那篇辞赋，极其深奥难懂——连那些只通一经的博士都看不懂，非得是精通五经的博士们全都过来一块儿研讨，才能读出其中深意。同时，李延年为此谱写的曲子也非常高级，必须启动"八音"共同演奏。所谓八音，指八种不同材料制造的乐器，即金、石、丝、竹、匏、土、革、木。可想而知，所有大小乐器全部上场演奏，那阵势俨然就是一场交响乐了。

为了区区一匹野马，竟然搞出这么大阵仗，汲黯十分不满，便对武帝刘彻道："君王制礼作乐，对上要尊敬祖先，对下要化导百姓。如今，陛下得到了一匹马，就大肆作诗谱曲，还在太庙中演奏，先帝和百姓岂能听得懂唱的是什么？！"

正在兴头上的武帝闻言，默然不语，心里当然是极为不悦。

还有一次，是在朝会上，汲黯竟然当着群臣的面，公开批评武帝刘彻滥杀士大夫。

他说："陛下虽然求贤若渴，延揽人才不遗余力，但往往还没等到人才发挥作用，就把他们杀了。天下的人才是有限的，陛下的诛杀却无休无止——臣担心长此以往，天下的贤才死亡殆尽，陛下将和谁共同治理国家？"

汲黯这番谏言，极其尖锐，说话的时候，表情也十分愤怒——总之就是根本不顾及天子的颜面。

当着文武百官，武帝刘彻不便发作，便笑着解释道："世上从不缺少人才，只怕发现不了人才。若善于发掘，何患无人？所谓的人才，就是有用的器具；若有才而不肯尽力，就跟无才一样，不杀还留着干什么？"

汲黯明知说不过皇帝，却仍坚持道："臣虽然在言辞上不能说服陛下，但心里还是认为陛下不对。愿陛下从今往后加以改正，不要认为臣是愚笨不懂道理。"

武帝终于在言辞上驳倒了汲黯，心中很是舒畅，便毫不掩饰自己的得意之情，环顾群臣道："假如汲黯说自己是逢迎之人，那肯定不对；可他承认自己愚笨，这话倒是说得一点儿不假！"

这对君臣就是这么喜欢当众互撕，谁也不给谁留面子，更不在乎什么礼仪和体统。在盛行假大空的官场上，能够如此坦诚地互撑，倒也不失为一股清流。

当然，文武百官也都知道，不管两人撑得多厉害，人家的君臣关系也不会真正破裂，很快就会重归于好。

元狩五年春，汲黯被罢免还不到一年，武帝刘彻就又想起他来了，决定重新起用。不过，这回刘彻没有再把他留在京师，而是给了他一个淮阳太守的职位。汲黯一看，这是要撵自己走啊！于是坚决推辞，死活不肯接受印信。

可刘彻这回也是铁了心了，连续发下多道诏书，强行命他赴任。

到最后，汲黯也意识到胳膊终究拧不过大腿，只好奉诏。入宫辞行时，汲黯知道这很可能是他们君臣最后一次见面了，顿时悲从中来，潸然泪下，道："臣本以为，此生将老死沟壑，不会再见到陛下；怎料陛下会复用臣。臣旧疾缠身，已无力担任一郡太守，只希望能做一名中郎，出入禁中，拾遗补阙，于愿足矣。"

郡守是封疆大吏，官秩二千石；中郎是内廷侍从官，官秩不过六百石。当然，前者远离权力中心，后者位居内廷中枢，二者对于皇帝的影响力不可同日而语。汲黯此言，表明他丝毫不看重官位和俸禄，只想对天子决策和朝廷大政有所补益。

然而，刘彻之所以命他出任郡守，就是图个耳根清净；若是留他当中郎，那汲黯肯定天天谏净，谁能受得了？

于是，刘彻便道："你瞧不上淮阳吗？我之所以让你出任太守，只因淮阳的官员不称职、治理得不好，所以才借重你的威望。你赴任后，也不必亲力亲为，无为而治就行了。"

汲黯没办法，只能奉旨。

出宫后，汲黯特意去跟大行令李息见了一面，说了一番话。李息位居九卿，是眼下朝中硕果仅存的老臣之一。汲黯希望自己离开朝廷后，李息能尽到元老的职责，敢于跟朝中那些得势的恶人斗争。

在汲黯眼中，那些得势的恶人，就是以张汤为首的酷吏集团。

他对李息说的话是："我被逐出京师，外放边郡，再也不能向朝政进言了。如今的御史大夫张汤，其才智足以拒绝规劝，其狡诈足以颠倒是非，专门用一些诡诈巧辩的言辞迎合上意，不肯为天下、为正义说一句话。凡是皇上不喜欢的人，他必令其身败名裂；凡是皇上喜欢的人，他就让其誉满天下。动辄兴起大狱，滥用律法，内怀奸诈以蛊惑皇上，外挟鹰犬以杀戮立威。阁下位列九卿，若不尽早向皇上进谏，只怕有朝一日，阁下会被张汤连累，跟他一同受祸。"

汲黯这番话，固然说得在理，问题是李息的身份跟他完全没法比。汲黯是天子的东宫旧臣，君臣间感情深厚，且天子对他敬畏有加。所以满朝文武中，只有他汲黯可以跟天子互撑，还可以当面指着张汤的鼻子骂；天子也不会拿他怎么样，张汤更不敢动他一根毫毛。

可是李息呢？他虽然早在景帝一朝便已入仕，算是两朝元老，可他要是敢像汲黯那么直言进谏，还跟张汤叫板，就算天子不计较，张汤肯定也会搞死他。所以，即便借李息一百个胆，他也断然不敢听从汲黯之言。

后来，事情果然被汲黯不幸言中：张汤垮台后，李息也被武帝刘彻问罪了。虽然他没被杀头，数年后又被重新起用，但终究是经历了十分惊险的一劫。

汲黯出任淮阳太守后，武帝刘彻为了照顾他，专门下发一道诏令，让他享受与诸侯国相相同的薪酬待遇。就官阶而言，郡守与诸侯国相虽同为二千石，但二者的俸禄并不相同。郡守的实发年俸是一千四百四十石（每月一百二十石），而诸侯国相的实发年俸则为一千八百石（每月一百五十石）。

刘彻的这一做法，又一次体现了他跟汲黯之间独特的君臣关系。

把汲黯逐出京师，是"相杀"；提升他的薪酬待遇，是"相爱"。不过，这一回，已经是这对君臣最后一次"相爱相杀"了。此后整整十年，一直到汲黯在淮阳太守任上病故，武帝刘彻都再也没把他召回京师。

汲黯离京前，最担心的，就是天子刘彻被张汤蛊惑，朝政被这个酷吏一手把持。

不得不说，他的担心是有一定道理的。

因为，就在他离开京师的同时，即元狩五年三月，朝廷就发生了一件大事——丞相李蔡自杀了。

虽说李蔡自从出任丞相后一直有名无实，没什么存在感，大权都在张汤手中；但李蔡至少在名义上也是一人之下、万人之上的——如今突然自杀，个中内情，显然没那么简单。

据司马迁记载，李蔡是畏罪自杀的，罪名是"侵孝景园墙地"，即侵占了景帝陵寝的空地——估计是想给家人下葬所用。朝廷宣布了他的罪状后，李蔡跟堂兄李广一样，不愿再面对刀笔吏的羞辱，于是便自杀了。

前文说过，侵占帝陵或帝庙空地的事情，罪名可大可小。比如景帝年间的废太子刘荣，就因这种事情掉了脑袋；可之前的晁错，同样侵占了高祖宗庙前的空地，却因景帝刘启保他，就啥事儿没有。

李蔡虽然贵为丞相，但在位期间并无政绩，权力完全被御史大夫张汤架空，所以出事后，武帝刘彻就不太可能保他。此外，按照当时官场升迁的惯例，每当丞相一职出缺，基本上都是由御史大夫继任——所以很显然，李蔡出了事，张汤就是最大的受益者。

综合以上情况来看，不排除张汤就是告发李蔡的人。

在张汤看来，只要李蔡一倒台，不管死没死，丞相这个职位顺理成章就是他的了。可出乎所有人意料的是，李蔡死后次月，武帝刘彻并未按惯例让身为御史大夫的张汤继任丞相，而是擢升了时任太子少傅的庄青翟。

此举透露出的用意耐人寻味。

这个庄青翟，其实并不被武帝赏识。严格来讲，他应该算是当年窦太后的人。

当初，武帝一登基就雄心勃勃地展开了一场尊儒改革运动，结果被窦太后全盘扼杀；武帝任命的丞相窦婴和太尉田蚡均被免职，手下干将赵绾、王臧也死于非命。而窦太后随后提拔上来的人中，就有庄青翟，由他取代赵绾出任御史大夫。

由于本来就不是武帝的班底，甚至早年还算是"政敌"，所以庄青翟这些年其实是被边缘化了，只挂着"太子少傅"这种看上去尊贵却毫无实权的头衔。况且，武帝一朝人才济济，庄青翟虽然当过御史大夫，但既无政绩又无军功，在一大帮声名赫赫的文臣武将中，实在有些排不上号。

然而，武帝刘彻偏偏对眼巴巴等着拜相的张汤选择性无视，却提拔了一个早就坐了冷板凳的庄青翟——这到底意味着什么？

这至少透露了两个消息：第一，刘彻并没有打算，甚至可以说从未打算让张汤入相；第二，庄青翟明显只是个过渡人物，刘彻不太可能对他寄予什么厚望。

从这个意义上说，汲黯离京之前的担心，虽有一定道理，但未免有些多虑了。武帝刘彻是没那么容易受人蛊惑的，更不会让任何人轻易把持朝政。他驾驭臣下的手腕和权谋，远比汲黯想象的高明得多。武帝固然会利用张汤这种能干的酷吏帮他去干很多"脏活儿"，但活儿干完之后，他自然会对天下臣民有一个交代，绝不可能让张汤这种酷吏一手遮天。

换言之，不管酷吏如何猖獗，一切都在武帝的掌控之中。如前文所言，该到了兔死狗烹的时候，他也绝不会心慈手软。

## 张汤之死：出来混，迟早是要还的

元鼎二年（公元前115年）冬，即汲黯离京的三年后，汉帝国的权力高层突然爆发了一场复杂的政治恶斗。斗争的结果是：包括张汤、庄青翟在内的多名高官，都先后死于非命，形同一场政坛大洗牌。

冰冻三尺，非一日之寒。官场上的斗争，往往有着错综复杂的背景，而最终多米诺骨牌的彻底倒塌，往往源于一张起初看上去不太起眼的牌。

这张牌，就是张汤的副手、御史中丞李文。

李文跟张汤早有宿怨，后来成了他的下属，越发愤恨难平，便千方百计想搞垮张汤。朝中凡是跟张汤有关的公函、文书等，李文必定会反复查阅、仔细搜寻，目的就是寻找一切不利于张汤的蛛丝马迹。

御史台是天下最大的情报部门，里头几乎人人都是谍报人员。李文在背地里玩这些小动作，自然瞒不过张汤的耳目。

张汤天天在朝野上下呼风唤雨，连朝廷九卿都可以随时弄死，现在居然被自己的手下玩"背刺"，传出去岂不是让人笑掉大牙？

当然，像李文这种不识相的，毕竟是极少数；想向上司张汤献殷勤、表忠心的大有人在。比如御史台有个叫鲁谒居的低级官吏，就是张汤最忠实的打手。他发现李文竟然敢对领导下黑手，简直是活得不耐烦了——于是也不等领导授意，主动派人搜集了一堆李文的黑材料，然后便以匿名方式直接捅到了皇帝那儿。

武帝一看，这个李文问题还不少，就让张汤立案审查。结果当然没有任何悬念，张汤认为李文的犯罪事实清楚，证据确凿，论罪当斩——就这样不费吹灰之力干掉了李文。

过后，武帝刘彻向张汤问起案发原因，主要就是想知道究竟是何人告发了李文。张汤当然知道是鲁谒居所为，却佯装不知，答道："应该是李文的仇家干的。"

事实上，李文既然已经被砍掉了脑袋，事情就算过去了。武帝这时候才来追问案发原因，其中必定有其深意。换言之，武帝刘彻不可能对该案的起因毫不知情，他之所以有此一问，就是怀疑张汤跟这事脱不了干系，才会故意试探。

而张汤的装傻，非但不能打消武帝的疑虑，反而只会加深。

所以，仅就此事而言，张汤还是小瞧了皇帝。

李文这件事，打手鲁谒居立下了大功，张汤自然对他大为赏识。有一次，鲁谒居生病，卧床不起。张汤不但亲自前往探视，还放下了领导的架子，亲手帮鲁谒居按摩腿脚。

令张汤没想到的是，官场上的斗争总是无孔不入，就连这种看上去很普通的关怀属下的作秀举动，也会被政敌抓住大做文章。

张汤这些年办案无数，得罪的人多如牛毛，上至皇亲国戚，下至贩夫走卒，想让他死的大有人在。比如赵王刘彭祖（武帝异母兄），其名下有不少冶铁产业，利润丰厚。可朝廷实行盐铁专营，就断了他的财路，赵王为此没少跟朝廷的铁官打官司。而官司最后打到张汤那儿，判决结果当然都不利于赵王。

巧合的是，经手赵王多起官司的办案人，恰恰就是鲁谒居。

为此，赵王对张汤和鲁谒居都恨之入骨，便在鲁谒居身边安插了眼线。

很快，张汤为鲁谒居按摩腿脚的情报就被赵王获悉了。赵王觉得这事必有隐情，就本着"有枣没枣打一竿"的想法，给武帝刘彻上了道奏疏："张汤贵为三公，小吏鲁谒居生病，他竟然为其按摩腿脚——两人之间定有不可告人之事。"

武帝本来就对张汤有所怀疑，就把案子交给了廷尉，打算深入挖掘挖掘。可这时候，鲁谒居已经病死了。廷尉无从下手，就把他弟弟给抓进了牢里。那天，张汤恰好去狱中办案，看见了鲁谒居的弟弟，心里吃惊不小；但就算要救他，也不能明着来，得过后想办法——便假装没看见他。

鲁谒居的弟弟不懂官场上的这些弯弯绕，以为张汤见死不救——一怒之

第七章　外扬国威，内固皇权　227

下，就把他哥为了巴结张汤而告发李文的事给捅了出去。

这下子，武帝的怀疑得到了证实。

此事的关键，并不在于张汤跟李文之死扯上了关系，而是当初武帝过问此事时，张汤撒了谎。

排除异己，皇帝还可以睁一只眼闭一只眼；可欺君罔上，是任何一个皇帝都不能容忍的。于是，武帝刘彻就把此案交给了另一个酷吏——时任左内史的减宣。

减宣担任御史和御史中丞多年，参与审理过主父偃、淮南王谋反等大案，素有"敢决疑"之称；而更要命的是，减宣也跟张汤一向不和。

在官场上，案子交给什么部门或什么人去办，都不是随意的，里头往往大有讲究。如果皇帝只是想走过场，就不会把案子交给酷吏，现在既然找了减宣，那就意味着要从严从重、一查到底了。

就在这时候，京师又发生了一起严重的盗墓案件，被盗之墓竟然是文帝的霸陵。猖狂的盗墓贼掘开陵墓后，盗走了陪葬其中的大量铜钱。

天子的祖坟竟然被盗挖！此案不论是性质还是社会影响都极其恶劣，简直让皇帝和朝廷都颜面扫地。对此，新任丞相庄青翟和御史大夫张汤自然是责无旁贷。

于是，两人便相约一同去觐见皇帝，自请处分。

见了皇帝后，庄青翟立刻跪地谢罪。可他万万没料到，狡诈的张汤竟然食言了，跟个没事人似的，站在旁边一言不发。如此场面，看上去根本不像是两人约好一起来谢罪，倒像是张汤"押着"庄青翟来向皇帝自首的。

随后，武帝把案子交给了御史台，也就是给了张汤。张汤为了推卸责任，就打算给庄青翟罗织一个"知情不报"的罪名，让他一个人去背这口大黑锅。

庄青翟毕竟是堂堂丞相，在御史台也有耳目，马上得知了张汤的企图，顿时惶惶不安。

前文说过，张汤得罪过的人遍布朝野，而庄青翟手下的三个丞相长史，恰恰都对张汤极为痛恨，他们就是朱买臣、王朝、边通。这三个人发迹都比张汤早，却被他后来居上，本来就一肚子羡慕嫉妒恨。张汤进位三公后，因丞相李蔡尸位素餐，张汤经常代理丞相履行职权，又对这三人颐指气使，把他们当小吏使唤，甚至当面羞辱——朱买臣等三人就更是咽不下这口气了。

如今，他们的顶头上司庄青翟有难，这三人便迅速团结到领导身边，对领导说："之前张汤和您相约去请罪，张汤却把您卖了！如今又想拿霸陵的事陷害您，其目的就是想取代您当丞相。我们已经掌握了张汤的不少犯罪事实，足以把他扳倒。"

就这样，从李文发端，经赵王发难，到减宣着手调查，再到庄青翟及三个长史联手密谋，张汤的这些仇家在无形中缔结了一个"复仇者联盟"，迅速给张汤编织了一张死亡之网。

这一回，张汤注定在劫难逃。

庄青翟和朱买臣等人选择的突破口，是打算指控张汤泄露高层机密，出卖内幕消息给商人，从而操纵市场，牟利分赃。

随后，他们立刻展开行动，派人抓捕了跟张汤过从甚密的商人田信等人，然后刑讯逼供，取得了证词，最后一纸诉状递到了皇帝那儿，声称："张汤每次向皇上奏请，要推行某项政策之前，田信等人都会预先知情，然后囤积居奇，牟取暴利，再跟张汤分赃。"

除了这项指控，朱买臣等人还罗列了其他的一些犯罪事实——总之就是要一举置张汤于死地。

武帝刘彻随即召见了张汤，淡淡道："我所要做的事，某些商人似乎都能预先知道，就像有人把我的想法直接告诉了他们一样。"

说完，刘彻便等着张汤的反应。

皇帝想看到的，当然是张汤"扑通"一声跪倒在地，拼命磕头请罪——然而，这一幕并未出现。张汤丝毫没有请罪的样子，只微微露出惊讶的表情，说："可能有这回事。"

差不多就在这时，减宣那边的案子也查完了，奏称："鲁谒居确实是为了巴结张汤而告发了李文，而此事张汤也完全知情。"

这么多矛头全都指向了张汤，还有什么可说的呢？

武帝旋即以张汤"心怀诡诈，当面欺君"的罪名，将其逮捕入狱；先后派出八批内廷使臣去审问张汤，轮番上阵，疲劳轰炸。不料张汤却是个硬骨头，从头到尾都坚称自己无罪，否认了所有指控。

最后，武帝派出了张汤的多年同僚、御史中丞赵禹。赵禹也是出了名的酷吏，虽然跟张汤关系不错，但事情到了这个地步，任谁都救不了他了。赵禹出马，意味着张汤的结局只有一个——死。

赵禹先是十分严厉地传达了皇帝的口谕，然后就跟张汤摊牌了，说："你怎么就看不清现在的处境呢？这些年被你屠灭的人有多少？如今，所有人对你的指控都有确凿证据；天子没有处决你，而是把你关进大牢，就是要让你自行了断。你又何必反复抗辩呢？"

至此，张汤才终于感受到绝望。

天子故意不以国法制裁，让你自行了断，就是给你留了面子，外加留个全尸——这已经是皇恩浩荡了，你还奢求什么？

临死前，张汤写下了一封遗书，说："汤无尺寸功，起刀笔吏，陛下幸致为三公，无以塞责。然谋陷汤罪者，三长史也。"（《史记·酷吏列传》）

大意为，张汤对国家没有尺寸之功，乃区区刀笔吏出身，却有幸被陛下提拔为三公，无以推卸罪责。然而，密谋陷害张汤入罪的人，就是丞相的三个长史。

元鼎二年十一月，张汤在狱中自杀。

出来混，迟早是要还的。正如赵禹所言，张汤这么多年来，杀了太多人，更得罪了无数人，必然要遭到报复和反噬。从老百姓的角度来讲，这就叫天理昭彰，报应不爽；而从官场潜规则的角度来看，他的死也是一种逻辑必然。

因为在整个大汉天下，真正能够置他于死地的人，其实只有一个，那就是天子刘彻。如果刘彻不想让他死，那就算再多有权有势的人结成再大的"复仇者联盟"想整死他，都没有用；只有刘彻想让他死，这些人才能得偿所愿。

所以，表面上看，张汤是死于仇家的报复；但归根结底，则是死于"兔死狗烹"的官场铁律。

张汤死后，朝廷有关部门经过调查，发现他的家产并不多，只值五百金；跟他仕途多年的俸禄所得和所获赏赐大抵相当，可见他并没有其他收入来源，更没有什么灰色收入——如此一来，所谓"出卖内幕消息，勾结商人牟利"的罪名就不攻自破了。

虽说张汤最后身败名裂，但生前毕竟贵为三公，所以他的几个兄弟就商量着要把他厚葬——唯独他的老母亲不同意，说："张汤身为天子大臣，却被人用恶言诬陷而死，又何必厚葬呢？！"言下之意，就是朝廷是非不分、冤枉好人，他们老张家咽不下这口气。

随后，张家人就用牛车载着张汤的棺材，以"有棺无椁"的薄葬方式把他下葬了。

棺，就是一般的棺材；椁，是套在棺材外面的更大的棺材。

古代的丧葬是有严格的礼制规定的，其规格必须与死者生前的身份和地位相匹配，不是有钱就能厚葬。按照"周礼"，棺椁的数目、材料、大小、厚薄等，均有严格细致的等级规定。如天子棺椁四重，即内棺外面还有四重椁；帝后棺椁三重；公爵三重；侯爵、伯爵、子爵、男爵二重；大夫一重；士不重，但可用大棺；庶民之棺只准厚四寸，无椁。

如今，张母用"有棺无椁"的方式埋葬张汤，相当于是庶民之礼——这和他生前的三公身份是完全不匹配的。可见，张母就是故意用这种违背礼制的做法，向天子和朝廷表达无声的抗议。

武帝刘彻闻讯，不禁感叹了一句："非此母不能生此子。"（《史记·酷吏列传》）意思就是感慨张汤和他母亲的个性一样刚强。

既然事后的调查证明，张汤是被诬陷的，而且人家的家属也一直在抗议，那就不能不还他们一个公道，也不能不给天下人一个说法。

很快，武帝刘彻就把朱买臣、王朝、边通三人全都诛杀了。同年十二月，丞相庄青翟被捕入狱。他自知难逃此劫，旋即在狱中自杀。

事后，武帝刘彻释放了商人田信等人，并让张汤的儿子张安世以父荫入仕，任其为郎官——算是对张汤的补偿。

至此，这场错综复杂、牵连甚广的政治恶斗，终于尘埃落定。

很明显，对于卷入这场斗争的各方而言，这都是一场零和博弈。自古以来，像这种你死我活的官场斗争，通常都没有赢家。如果一定要说有，那么唯一的赢家，或许就是那个至高无上、手握生杀予夺之权的皇帝了。

第七章　外扬国威，内固皇权

# 第八章
# 开疆拓土

## 断匈奴右臂：张骞二次出使西域

自从匈奴浑邪王内附，且汉帝国在漠北重创匈奴后，河西走廊就成了无人地带，从汉朝通往西域的道路可谓畅通无阻。每当武帝刘彻站在地图前，"经略西域，开疆拓土"的豪情壮志都会在他的心中汹涌激荡。

而要经略西域，张骞无疑是不二之选。

此时的张骞，因数年前在战场上进军迟缓之责，被废为庶人，正赋闲在家。虽然无官无职，但他的内心跟武帝刘彻一样，几乎每天都在思考一个重大的问题——如何让汉朝的势力介入西域，开拓帝国的新边疆？

经过几年的思考和酝酿，到元狩四年，张骞终于向武帝提出了一个宏大的战略构想。

他的计划是：以西域的乌孙国为突破口，与其结盟；再向西逐步经略，最后把整个西域纳入汉帝国的势力范围——从而斩断匈奴右臂，令其永远无法再染指西域。

之所以选择乌孙作为突破口，其因有三：

一、乌孙位于今巴尔喀什湖以南和伊犁河流域，扼东西陆路之要冲，是汉帝国通往西域的交通要道。

二、乌孙在西域诸国中势力最为强大。据《汉书·西域传》记载，其国人口"六十三万",军队"十八万八千八百人",而其他西域小国如姑墨、龟兹、焉耆等,人口均未超过十万,兵力往往只有数千到数万。所以,若能与乌孙建立同盟关系,对这些西域小国会有巨大的示范效应。

三、乌孙与匈奴之间有过一段复杂的历史恩怨;虽然曾经是匈奴的藩属国,但目前的关系已然疏远。汉朝可利用这一点,进一步离间二者,并通过"金钱外交"诱之以利,令乌孙彻底倒向汉帝国。

关于乌孙与匈奴的恩怨,还得从乌孙的上一代国王难兜靡说起。

当年,乌孙只是匈奴西边的一个小国,在祁连山和敦煌之间游牧。匈奴见其弱小,便出兵将其攻灭,并杀了难兜靡。乌孙残部被迫依附匈奴。据《史记》记载,当时,难兜靡之子猎骄靡尚在襁褓,被遗落在荒草中——然后就发生了非常神奇的一幕,只见一头母狼竟用自己的乳汁喂养婴儿,乌鸦也衔着肉停留在他身旁。

匈奴的老上单于听说后,认为这孩子有神灵庇佑,便收养了他。猎骄靡长大后,为匈奴领兵征战,屡建战功。老上单于自认为对他有养育之恩,有把握控制他,便把其父留下的余部交给了猎骄靡,命他回到乌孙故地,为匈奴镇守西域。

然而此举无异于放虎归山。猎骄靡率众回到西域后,不断攻伐周边小国,势力逐渐壮大,手下的控弦之士达到数万人。不久,老上单于病死,猎骄靡趁势脱离了匈奴,率部迁徙至伊犁河流域,并成功复国,从此不再向匈奴纳贡称臣。

新继位的匈奴军臣单于大怒,便出兵攻打乌孙,却未能取胜。军臣单于不由想起猎骄靡小时候的那个传说,觉得他的确有神灵庇佑,便放弃了武力征服的企图,但仍将乌孙视为自己的藩属国。

基于上述历史背景,张骞向武帝刘彻提出了结盟乌孙的具体方略。他说:"如今匈奴刚被我军重创,而浑邪王当初的领地(河西走廊)荒无人烟。乌孙贪恋我大汉的金帛,可给予厚赠,收揽其心;同时让他们迁居浑邪王故地,与我大汉结盟,成为兄弟之邦。他们势必听从。如此便可斩断匈奴之右臂,进而令大夏等西域诸国,都成为我大汉的藩属。"

武帝刘彻深以为然,遂任命张骞为中郎将,带领使团第二次出使西域。

这是一支庞大的使团，成员共计三百人，每人配有两匹马，使团共携带了价值数千万的黄金、钱币、绸缎等，以及数万头牛羊。武帝刘彻还为张骞配备了多名持节副使，以便在合适情况下同时出使其他国家。

公元前119年，张骞第二次踏上了前往西域的漫漫长路。

此次出使，沿途的山川草木、沙漠戈壁一如其旧，却已经没有了匈奴人的围追堵截，大汉使团可以一路畅行无阻。当年第一次出使西域，张骞还只是一个二十多岁、风华正茂的年轻人；而这一次，他已近知天命之年，岁月悄然染白了他的双鬓。可为大汉帝国开疆拓土的使命感，却依旧充盈在他的心中，从未被时光磨灭。

数月后，张骞率领的大汉使团顺利抵达了乌孙国。

然而，他们并没有得到想象中的热情友好的接待。国王猎骄靡虽然接见了张骞，但态度冷淡，礼节方面也多有缺失。张骞并未气馁，仍旧按原计划向猎骄靡表明了来意。

他说："乌孙若能东迁，回到故国旧地，汉朝必会将公主许配给国王殿下。如此，两国结为兄弟之邦，共同对抗匈奴，则匈奴必然败亡。"

可是，对于张骞的提议，猎骄靡却完全不为所动。

张骞之所以遭受这种意料之外的冷遇，原因有二：

首先，目前乌孙距离汉帝国十分遥远，对汉朝没有什么了解，更不知其究竟有多么强大；仅凭张骞在口头上自我介绍，难以说服猎骄靡。反之，乌孙之前一直是匈奴的臣藩，乌孙臣民对匈奴的畏惧早已深入骨髓；且乌孙在地理上与匈奴接壤，更容易受到匈奴攻击。职是之故，乌孙就没有什么理由与汉朝一起对抗匈奴了。

其次，也是更重要的一点，此时的乌孙貌似强大，实则内部正在经历一场分裂的危机，根本无暇顾及与汉朝结盟的事。

猎骄靡虽英雄一世，但现已年老；而乌孙的内乱，就是源于权力继承的问题。

猎骄靡有十几个儿子，可惜太子早逝。太子临终前留下遗愿，希望能将太子之位传给自己的儿子军须靡。猎骄靡白发人送黑发人，不忍拒绝，便答应了。可这么一来，势必遭到他那些儿子的反对，其中尤以一个叫大禄的反应最为强烈。大禄虽排行居中，但能征善战，自以为大哥一死，太子之位非他莫属——不料父王竟要把王位传给孙子，他当然不能接受。

大禄怒而起兵，纠集了好几个兄弟，率领部众闹起了独立，并准备攻伐军须靡。

这一幕，与一千多年后的明朝，朱元璋、朱棣、朱允炆祖孙三代面临的那个权力交接的困局，可谓如出一辙。

猎骄靡很无奈，只好拨给军须靡一万多骑兵，同时划分了一部分国土给他。然后，猎骄靡自己统领一万多骑兵，像防贼一样防着自己的儿子大禄。

如此一来，乌孙国俨然就一分为三了，随时可能爆发父子、叔侄间的内战。

对于这样的情况，张骞也无计可施，只能留下来静观其变。就这样，他在乌孙滞留了四年——其间的局势虽无恶化，但也没有好转。所以，试图联手乌孙对抗匈奴的计划，基本上是落空了。

不过，没能说服猎骄靡，不等于大汉使团就无事可做了。事实上，正是在这四年间，张骞派出那些持节副使，分别前往大宛、康居、大月氏、大夏、安息、身毒、于阗等，展开了一场规模空前、声势浩大的外交活动。

这些国家中，有的张骞曾经到访过——可那时的河西走廊还控制在匈奴手中，不论张骞如何描述汉朝的强大，都像是自说自话。然而今天，河西走廊已经易主，对这些国家而言，大汉帝国的强大不再只是停留于口头的传说，而变成了一种现实存在和切身感受。换言之，大汉帝国的声威，已经通过实力得到了可靠的证明。

还有一些国家，则是中国人有史以来第一次走到的地方。

比如最西边的安息国（今伊朗），大汉使臣到访了其国首都番兜城（今伊朗东北部达姆甘市），与安息正式建立了外交关系。

再比如身毒，当年张骞试图打通西南交通线，没能成功；而这一次，大汉使臣终于顺利抵达。这是历史上，中国与印度这两个古老文明国家的首次接触，具有划时代的意义。

一切正如第一次出使西域一样，当年的张骞没能完成与大月氏结盟的任务，却以百折不挠、锲而不舍的精神"凿空西域"，极大地开拓了中国人的国际视野，也扩大了汉朝在国际社会的政治影响力。

而这一次，张骞同样没能完成与乌孙结盟的任务。但由他率领的大汉使团，却以更无畏的探险精神和更坚定的开拓精神，走得比第一次更远，让中国人看见了更为广阔的世界，也让更多国家第一次认识了中国。

元鼎二年，张骞回到了长安。

跟随他来到长安的，还有乌孙国王猎骄靡派出的一支数十人的使团——他想证实一下，汉朝究竟有没有张骞说的那么强大。

结果，乌孙使节被他们亲眼所见的事实震撼到了。"乌孙使既见汉人众富厚，归报其国，其国乃益重汉。"（《史记·大宛列传》）

乌孙使节亲眼见到大汉帝国人口众多、物产富饶、国力雄厚，归国禀报后，乌孙君臣一改此前的态度，开始越来越看重与汉朝的外交关系了。

值得强调的是，由张骞开创的这种"带外国使团回访"的外交方式，从此成了汉朝与西域诸国交往的惯例。一年后，张骞派往安息、身毒等国的副使也陆续带着这些国家的使团回到了长安。

随着越来越多外国使节的到来，汉朝与各个国家的交往和交流日益密切。通过张骞两次出使西域，一条连接古代东西方文明、贯通亚欧大陆的重要的贸易通道被建立起来了。它的起点是长安，西出阳关、玉门关，通过河西走廊，可前往中亚、南亚、西亚乃至欧洲和北非，终点是罗马帝国。

中国的丝绸，是这条贸易通道上最具代表性的商品，因而这条通道便被19世纪末的德国学者李希霍芬命名为"丝绸之路"。丝绸之路的正式开辟，是世界交通史、贸易史和文化交流史上最具深远意义的事件之一；而伟大的外交家、探险家张骞，也被后人誉为"丝绸之路的开拓者"。

由于此行取得了极其丰硕的外交成果，张骞回到长安后，立刻被武帝刘彻任命为大行令（相当于外交部长），可谓实至名归。虽然担任这个职务一年多后，张骞便与世长辞了，但他的精神和由他开创的伟业，却被后世的中国人继承了下来，并且不断地发扬光大。

此后的汉朝，几乎每年都会向各个国家派遣多支外交使团。使团成员多则数百人，少则百余人；每年派出的使团多则十几支，少则五六支；使团出使的时间长则八九年，短则两三年。

由于张骞在西域诸国早已威名远播，尤其是"博望侯"的名头叫得最响，所以后来的大汉使节出访外国，都会自称博望侯，从而取信于外国人，并迅速获取对方的好感。这应该也算是张骞留给后人的遗产之一。

而由张骞提出的"断匈奴右臂"的计划，虽然一度搁浅，但在他去世后却迎来了转机。

转机首先源于乌孙君臣对汉朝态度的转变，因为他们已经亲眼见证了大汉帝国的强盛；其次，则是因为匈奴的逼迫，引发了乌孙国王猎骄靡的恐惧。

匈奴的西部是日逐王的地盘。由于靠近西域，日逐王理所当然将其纳入了自己的势力范围。他在西域设置了"僮仆都尉"，相当于总督，常驻焉耆、危须、尉黎等地，向西域各国征收赋税，一副黑社会老大收取保护费的架势。

如今，大汉帝国频频向乌孙及西域诸国派遣使节，无异于动了日逐王的奶酪——长此以往，匈奴人的"保护费"就收不成了。日逐王勃然大怒，扬言要出兵收拾乌孙。

对猎骄靡而言，一边是咄咄逼人、喊打喊杀的匈奴人，另一边是比匈奴更为强大且主动抛出橄榄枝的大汉帝国——他该作何选择，基本上已经不用思考了。

元封年间，猎骄靡派出使团，向钟爱骏马的武帝刘彻献上了产自乌孙的良马，并请求与汉朝和亲，愿与大汉结为兄弟之邦。

武帝得到乌孙良马，大喜过望，盛赞其为"天马"。不过很快，大宛就进献了品种更为优良的汗血马，于是武帝便把"天马"之名给了汗血马，然后称乌孙马为"西极"。

经过廷议，武帝刘彻同意了猎骄靡的和亲请求，并在得到乌孙千匹良马的聘礼后，于元封六年（公元前105年），将江都王刘建之女刘细君封为公主，嫁给了猎骄靡。

这桩政治婚姻的缔结，意味着汉朝与乌孙的同盟关系基本确立。从国家战略的角度讲，这当然是件好事；但从刘细君个人命运的角度看，这桩婚姻却是一场令人无奈和感伤的悲剧。

猎骄靡虽然不敢怠慢这位汉朝公主，把她封为"右夫人"，还允许她建造了单独的宫室；但此时的猎骄靡已是迟暮之年，而刘细君正值花样年华，双方有着祖孙辈的年龄差距，且一年到头也见不上几次面，很难产生真正的感情。除此之外，语言不通，饮食起居等生活习惯截然不同，以及远嫁异国后的孤独、寂寞与思乡之情，都在加剧着刘细君的痛苦和不幸。

《汉书·西域传》中保存了一首刘细君所作的歌赋，从中不难窥见她浓浓的哀伤与乡愁："吾家嫁我兮天一方，远托异国兮乌孙王。穹庐为室兮毡为墙，以肉为食兮酪为浆。居常土思兮心内伤，愿为黄鹄兮归故乡。"

武帝刘彻听说后，不免心生怜悯。然而政治婚姻本就是利益交换的产物，个人注定要成为牺牲品，谁也无法改变。为此，武帝只能多次命使节给刘细君送去汉地的帷帐、锦绣等物，聊慰她的思乡之情。

见乌孙与汉朝和亲结盟，匈奴人尽管极为不悦，却也不敢贸然用兵。于是便如法炮制，也把匈奴公主嫁给了猎骄靡。

作为一个夹在两个大国之间的小国，乌孙的最佳生存策略只能是骑墙，尽量做到两边都不得罪。所以，猎骄靡只能是来者不拒，又娶了匈奴公主，并封其为"左夫人"。

不过，猎骄靡内心还是更倾向于汉朝。随着岁月流逝，年迈的猎骄靡自知时日无多，便决定让刘细君改嫁孙子军须靡——也就是未来的乌孙国王。从政治上讲，这是猎骄靡向汉朝示好的表现；可在刘细君看来，此举显然有悖于汉地的人伦——她在辈分上相当于军须靡的祖母，岂有祖母改嫁孙子之理？这乱伦也乱得忒离谱了吧？！

刘细君坚决不同意，为此还上书武帝，希望得到"娘家人"的支持。然而，政治就是政治，只能以利益来考量，哪有伦理什么事儿？更何况乌孙的习俗与汉地不同，不管是嫂子、继母还是"继祖母"，在兄弟、父子、祖孙间嫁来嫁去都是常有的事，不值得大惊小怪。于是武帝便给刘细君回信说："从其国俗，欲与乌孙共灭胡。"（《汉书·西域传》）

这话说得够明白了。把你嫁给乌孙，本来就是为了对付匈奴，你就不必纠结了。既然已经为国家做出牺牲，又何妨再牺牲一回？

就这样，刘细君改嫁给了军须靡。猎骄靡死后，军须靡继位；刘细君和他生下了一个女儿，取名少夫。几年后，刘细君病逝。有生之年不能回归故国，也许就只能在死后魂归故乡了。

刘细君去世后，为了维护与乌孙的同盟关系，汉朝又把楚王刘戊的孙女刘解忧封为公主，嫁给了军须靡。军须靡在位期间，与其叔父大禄仍旧保持对峙态势；大禄死后，其子翁归靡接管兵权，继续拥兵割据。

又过了若干年，军须靡病故，因其子泥靡尚幼，他在临终前与翁归靡达成了一项协议，约定由翁归靡继位为王，等到泥靡长大后，再将权力交还。

于是，翁归靡成了新的国王，乌孙也就此结束割据，恢复了统一。按照惯例，刘解忧又改嫁翁归靡，此后生下了三男两女……

通过张骞最初的战略构想和外交努力，又通过刘细君、刘解忧两位公主所做出的牺牲，终武帝一朝，乌孙与汉朝基本上一直保持着战略合作伙伴关系——这在很大程度上削弱了匈奴在西域的势力，为大汉帝国进一步经略西域打下了坚实的基础。

## 平定南越：一个独立王国的覆灭

武帝一朝的开疆拓土，是在各个方向、以不同方式陆续展开的。

首先，大致是从元光六年到元狩四年，汉帝国动用武力大举征讨北方的匈奴，取得了阶段性胜利；与此同时，通过张骞两次出使西域，以外交手段极大地向西开拓了汉朝的势力范围。到了元鼎年间，当"北征匈奴"和"经略西域"这两项事业都告一段落的时候，武帝刘彻便把目光投向了帝国的南方——百越。

那里分布着大大小小许多部落王国，名义上是大汉臣藩，实则都是高度自治的独立王国。它们不仅相互之间经常爆发军事冲突，且对大汉朝廷也往往是阳奉阴违——当它们遭遇入侵、形势危急之时，就会向汉朝求救，各种献媚讨好；可当危机解除后，往往就翻脸不认账，对汉朝爱搭不理，以种种借口拒绝入朝纳贡。

对于这些养不熟的"白眼狼"，武帝刘彻不可能无限度容忍，一旦时机成熟，必定会出手收拾。

当然，刘彻不会一开始就动用武力。他对百越采取的政策，是先礼后兵。

所谓先礼后兵，就是首先尝试用政治手段，将这些独立王国"诸侯化"，即取消其独立性质，将其纳入汉朝的管辖之下，所有管理方式都参照诸侯国——若此举不能奏效，再用军事手段予以征服。

元鼎四年（公元前113年），一个机会终于出现。武帝刘彻抓住时机，迅速对百越中的一个王国采取了"诸侯化"行动。

这个王国就是南越。

前文说过，早在建元六年，南越曾遭到闽越进攻；当时的第二任国王赵胡向汉朝求救。武帝刘彻旋即出兵救援。依照惯例，赵胡把自己的儿子赵婴齐送到了长安——表面是入朝担任郎官，实则是作为人质，以此换取朝廷出兵。

汉朝最终征服南越的故事，就得从这个赵婴齐说起。

赵婴齐在长安任职期间，娶了邯郸女子樛氏，生下一个儿子，取名赵兴。数年后，南越国王赵胡病故，赵婴齐回国继位，在征得汉朝同意后，册封樛氏为王后、赵兴为王太子。

按理说，汉朝对南越有求必应，南越也该投桃报李才对。可是，正如上文所言，这些家伙仗着天高皇帝远，打心眼儿里就没把汉朝视为宗主国，往往是有需要的时候利用一下，完事后就把朝廷抛之脑后了。

赵婴齐也是这个德行。他回去当了国王后，手握生杀予夺之权，乐得享受独立王国的各种好处，就再也不按臣藩之礼到长安朝见了。汉朝屡次派出使节来到南越，劝他入朝觐见。可赵婴齐全当耳旁风，每次都托病不去。

对此，武帝刘彻自然极为不悦。只是忙于征讨匈奴，一时无暇顾及，便隐忍了下来。

时间来到了元鼎四年，赵婴齐终于翘了辫子。年纪尚幼的赵兴继位为王，还算年轻的樛氏也成了王太后。樛氏本身是汉人，其子赵兴也有一半的汉人血统，汉朝若要将南越"诸侯化"，还有什么比这更好的时机呢？

武帝刘彻立刻采取行动，对南越打出了一套政治上的组合拳。

刘彻的第一记重拳，是派出了一个叫安国少季的人，直接到南越去找樛太后谈心。

此人是何方神圣，凭什么就能去跟人家刚刚守寡且年纪尚轻的太后谈心呢？

要说还是刘彻高明，这个安国少季，就是樛太后当年嫁给赵婴齐之前的

"初恋男友"。若赵婴齐还在世,"前男友"肯定是一种尴尬的存在;可现在老赵走了,安国少季就很适合充当跟樛氏谈心的角色。

刘彻打出的第二拳,是派遣了一支"文武双全"的使团前往南越。文,是一个叫终军的谏大夫,据说口才相当了得,是一位"辩士";武,是一个叫魏臣的武官,史书称其为"勇士",可见武艺十分高超。这个文武双全组合,任务就是宣讲朝廷的现行政策,对南越软硬兼施,说服樛太后母子放弃独立,以诸侯国的形式归附汉朝。

第三记重拳,则是命卫尉路博德率领一支精锐部队,火速推进到桂阳(今广东省连州市)一带,对南越形成强有力的威慑。

这套组合拳打出去后,立刻收到了立竿见影之效。

安国少季不负武帝所望,成功地跟樛氏再续前缘,打动了她的心;终军和魏臣也对樛太后晓以利害,让她明白内附汉朝才是最佳选择;而路博德近在咫尺的军事威慑,也让樛太后不敢有别的想法。

此外,赵婴齐一死,南越的多数大臣都不太服从樛太后和少主,国内的政治形势很不安定。所以樛太后也不能不意识到——倘若没有汉朝做靠山,单靠他们孤儿寡母,绝对控制不住局势,也就保不住权力和富贵。

很快,樛太后就做出了明智的选择,主动上表朝廷,请求内附;一切比照诸侯,每三年入朝一次,并取消两国边界、废除所有关卡。

武帝刘彻龙颜大悦,当即下诏批准。

随后,大汉朝廷向南越的丞相、内史、中尉、太傅等高官颁发了印信,其他官员则由南越自己任命。同时,朝廷废除了南越原有的黥刑、劓刑等酷刑,一律改用汉朝法律。另外,为了确保南越在过渡期间的和平稳定,之前派到南越的使团便留了下来,以备随时镇抚。

一切看上去都很美。

汉朝几乎不费吹灰之力,就把一个独立王国纳入了帝国的版图。

然而,太容易到手的成功总是可疑的。大汉君臣和樛太后都太过操切了,他们完全忽视了南越国中一个重磅人物的存在。

这个人就是南越的丞相吕嘉。

吕嘉是这个独立王国的三朝元老,整个家族在王国中担任高官的多达七十余人,其中男子娶的都是王室公主,女子嫁的都是王族子弟。此外,吕嘉跟苍梧国(南越下属封国)国王赵光的关系也极为密切——二者一内一外,互相引为奥援。

可想而知,这样一个超重量级人物,在南越的威望、实权和影响力会大到何种程度。用司马迁的说法,就是"其居国中甚重……得众心愈于王"(《史记·南越列传》)。

吕嘉在南越臣民心目中的地位,事实上已经超越了国王。

很显然,这就是一个妥妥的权臣!即使赵婴齐在世,恐怕对他也是敬畏有加,凡事都要让着三分,更何况樛太后和赵兴这对孤儿寡母。

对吕嘉而言,赵婴齐一死,他就成了南越王国的实际掌控者,基本上就是一手遮天了。可随着南越归附汉朝,他这个权臣的地位自然会受到极大削弱——以后凡事都得向大汉朝廷打报告,哪能由他说了算?

因此,当樛太后决意内附汉朝时,吕嘉便极力反对。可对樛太后来说,归附汉朝绝对是势在必行之举,所以她便不顾吕嘉的反对,强行推动了此事。

按说,樛太后这么做并没有毛病,因为这是她自己的利益所在。问题是,樛太后在这件事上的先后顺序不对。她理应借助汉朝的力量,先设法铲除吕嘉这尊大神,再把整个吕氏一族的势力连根拔起,消除这个巨大隐患后,才能安安心心归附汉朝。

可现如今,她却把事情搞反了——内附汉朝已是既成事实,这就等于把吕嘉逼进了一个退无可退的死角。兔子逼急了还咬人呢,何况势倾朝野的权臣?

在此情况下,任何一个稍有不慎的举动,都可能引发一场灭顶之灾。

元鼎五年(公元前112年)十月,刚一开年,樛太后就遵照诸侯国应有的礼节,忙着收拾行装、准备贡品,打算与儿子赵兴一起入京朝见。

直到这个时候,樛太后才蓦然想起,吕嘉这尊大神还在那儿杵着呢!万一他们母子去了长安,这老家伙趁机篡位夺权怎么办?

而今之计,只能是在入朝之前先把这个大麻烦解决掉,否则后果不堪设想。

随后,樛太后便举办了一场"鸿门宴",同时邀请了汉朝使节和吕嘉等高官,准备在宴会上借汉使之手干掉吕嘉——亡羊补牢,为时未晚。

对于樛太后的这些小心思,吕嘉当然不会毫无察觉。

宴无好宴,他很清楚。不过,这只老狐狸很沉得住气。他相信,在南越的地盘上,不管是太后、少主还是汉朝使节,都翻不起什么大浪,于是便应邀前来赴宴。

当然,武力防范是不可或缺的。吕嘉的弟弟就是大将,手握兵权。吕嘉入宫前,便命他率部守在宫外,以备随时策应。

宴会开场。酒过三巡,樛太后直奔主题,质问吕嘉道:"南越内附汉朝,对国家有利,而丞相你总是百般阻挠,所为何来?"

按照宫廷政变的一般逻辑,要对付吕嘉这样的权臣,事先应有周密的计划。比如说,提前埋伏好刀斧手,待樛太后给出信号,便当场干掉吕嘉;然后由汉使出面,宣布吕嘉的罪状,再以朝廷爵禄利诱南越百官和吕氏族人,离间其关系,瓦解其斗志——若能如此,应该会有一定的胜算。

只可惜,樛太后事先毫无计划。按司马迁的记载,她甚至都没提前跟汉使打好招呼,只想用上面那句话"激怒使者",然后借汉使之手干掉吕嘉。

问题在于,终军、魏臣等汉朝使者早就知道吕嘉的立场,更清楚吕嘉的势力——若有把握,他们早就动手了,何须等到你樛太后用言语来"激怒"?

所以,当樛太后突然跟吕嘉开撕,终军、魏臣等人毫无心理准备,自然是一脸狐疑、面面相觑,根本不可能动手。樛太后认为这些汉使都是孬货,不由心头火起,便夺过一旁侍卫的长矛要投向吕嘉。少主赵兴被这一幕吓坏了,连忙把她拦了下来。

事情闹到这一步,已然是图穷匕见,再说什么都没意义了。吕嘉赶紧脚底抹油,溜之大吉,然后命他弟弟拨出部分兵力严守自家府邸,接着就躲在家里不出门了。

这场"鸿门宴",充分暴露了樛太后的有勇无谋。她的这一举动,非但没伤到吕嘉半根毫毛,反倒打草惊蛇,令双方的矛盾彻底激化了。

接下来的几个月,吕嘉一直在暗中联络族人和亲信,准备随时起兵;而樛太后和汉朝使者这边,由于实力相差太大,自然不敢有任何动作,只能把实情向朝廷禀报。

第八章 开疆拓土

按说，形势恶化至此，武帝刘彻该赶紧出动大军镇压了。

可在这件事上，不得不说，刘彻也犯了麻痹大意的错误。他认为南越既已归附，就出不了什么大问题，顶多就是吕嘉等个别人捣乱而已，大可不必兴师动众。

很可能也是由于这个原因，之前就进驻桂阳进行威慑的路博德部，一直没接到任何指令，所以没能发挥应有的作用。

刘彻准备派遣一个叫庄参的将领，率两千人前往南越，搞定吕嘉。

这个庄参却比皇帝清醒。他直言不讳地对武帝说："此行若只是和平谈判，数人足矣；若是要用武力征服，两千人根本不够。"

武帝一听，认为庄参太怯懦，马上炒了他的鱿鱼。

这时，有个叫韩千秋的朝臣自告奋勇，站出来说："区区一个南越，又有樛太后和赵兴做内应，无非是吕嘉一人作乱而已，只要给臣二百勇士，必斩下吕嘉首级来报。"

武帝大为赞赏，遂命韩千秋和樛太后的弟弟樛乐，率两千人前往南越。

吹牛虽然不用上税，但吹得太大是要送命的。很快，韩千秋和武帝刘彻就将为他们的轻敌付出惨痛的代价。

此时，吕嘉已经做好了起兵的准备，又得知汉朝发兵南下，遂竖起反旗，并昭告南越全境，称："国王年少，而太后是汉朝人，又跟汉朝使者通奸淫乱，一心想内附汉朝，把先王基业拱手送人。她贪图自己的一时之利，却丝毫不顾赵氏社稷和南越臣民的万世福祉。"

随后，吕嘉便和弟弟一同率兵杀进了王宫，将樛太后、少主赵兴、安国少季和终军、魏臣等汉使全部砍杀，一个都没放过。

兵变成功后，吕嘉一边派人去知会苍梧王赵光并通知全国各县，一边拥立赵婴齐长子赵建德（与南越妻子所生）为新国王。

南越就这么丢了。来得有多么容易，去得就有多么干脆。

直到此刻，那个夸下海口的韩千秋才率部杀到南越边境。

他带着那两千人攻下了几座小城，自以为势如破竹，更没把南越人放在眼里，遂挥师直奔南越都城番禺而来。吕嘉旋即命令沿途的南越军队不许阻拦，让开大道放汉军过来,甚至还命沿途各县官民主动给汉军提供饮食。

这不就是传说中的"箪食壶浆以迎王师"吗?这下韩千秋更是被彻底麻痹了,丝毫没料到老谋深算的吕嘉已经派重兵给他布下了一个"大口袋",只等他一头撞进来。

当韩千秋、樛乐率部挺进到番禺北面四十里处时,南越的伏兵突然从四面八方杀出。汉军这点儿兵力本就难以抵挡,再加上自负轻敌和盲目乐观,所以猝然遭遇埋伏便军心大乱。一战之下,韩千秋、樛乐和两千汉军将士全军覆没,无一幸免。

之后,吕嘉命人把汉朝使臣所持的符节装进木函,放在了边境上;并附上了一封措辞谦卑、请求恕罪的信。同时,他又派遣重兵进驻边境的所有重要据点,摆开了一副严阵以待的架势。

这与其说是向汉朝廷谢罪,不如说是在向武帝刘彻发出挑衅。

噩耗传至长安,刘彻才终于意识到自己严重低估了吕嘉。他将韩千秋之子和樛乐之子同时封侯,以做补偿,然后发布了一道大举讨伐南越的战争动员令。

与之前北征匈奴不同的是,此次朝廷动员的兵力,除了现役部队外,还有大量监狱中的囚犯。"令罪人及江淮以南楼船十万师往讨之。"(《史记·南越列传》)就是说,朝廷紧急征召囚犯入伍,连同江淮以南的水军共计十万人,组成了讨伐南越的大军。

武帝之所以这么做,并不是现役兵力不够用,而是为了节约正规部队资源,同时也顺带向南越和吕嘉表达轻蔑之情。

同年秋天,一场针对南越的灭国之战,吹响了出征的号角。

朝廷派出了十万大军,兵分五路:第一路,以卫尉路博德为伏波将军,出桂阳,下湟水(今广东连江);第二路,以主爵都尉杨仆为楼船将军,出豫章,下浈水(今广东瀹江);第三路,以一位名叫"严"(姓不详)的南越降将为戈船将军,出零陵(今广西全州县西南),下离水(今广西漓江);第四路,以一位名叫"甲"(姓不详)的南越降将为下濑将军,直接进攻苍梧国;第五路,以一位名叫"遗"(姓不详)的南越降将,率领由巴蜀囚犯和夜郎军队组成的联合兵团,下牂柯江(今贵州北盘江上游)。

按计划,五路大军最终在番禺会师,对南越发动总攻。

第八章 开疆拓土

元鼎六年（公元前111年）冬，杨仆兵团以雷霆万钧之势率先杀入南越，一战便攻克了寻陕（今广东省清远市东）；然后火速南下，又攻陷了距南越都城番禺仅二十里的石门要塞。番禺一下子门户洞开。南越军队急忙组织反扑，企图夺回石门，却被杨仆兵团击退。

此时的番禺，基本上已成汉军的囊中之物。不过，杨仆没有贸然进兵，而是等到路博德兵团抵达、两军会师后，才一同南下，对番禺展开了围攻。

这场围城战打得挺有意思。因为汉军的实力远胜南越军队，拿下番禺完全是手到擒来之事，所以杨仆和路博德就游刃有余地玩起了一场"猫捉耗子"的游戏。他俩做了分工，由杨仆从东南面攻城，用猛烈的攻势给守军施加压力；而路博德则在西北方扎下大营，专门负责招降纳叛。

战斗从日暮时分打响。杨仆兵团一轮猛攻，就攻上了番禺东南面的城墙；然后他们并不急于扩大战果，而是纵火烧城，刻意制造恐慌情绪。与此同时，安坐大营的路博德则派出许多使者，守在西北面的大营外，一看到南越的残兵败将逃出来，立刻上前招降，授予印信，然后命他们掉头回去，再招降其他人。

这天晚上的战斗，司马迁用一句话做了概括："楼船力攻烧敌，反驱而入伏波营中。"（《史记·南越列传》）就是杨仆在一头猛攻，用大火驱赶敌人；路博德在另一头收人，一拨一拨收得不亦乐乎。

在他俩的默契配合下，一夜之间，番禺守军基本上就全都投降了。

吕嘉和赵建德发现自己成了光杆司令，慌忙带上家眷，在数百名亲兵的护卫下，连夜逃出南门，乘船入海，向西逃亡。

路博德从投降的南越高官口中得到情报，立刻派出战船追击。次日清晨，汉军就在海上截停了逃亡船只，将吕嘉和赵建德双双生擒。

苍梧王赵光得知吕嘉已然完蛋，赶紧主动归附了汉朝。

汉朝虽然派出了五路大军，但压根儿不必等其他三路赶到，仅两路主力就将南越完全平定了——由此可见，吕嘉妄图跟汉朝对抗，纯属不自量力、螳臂当车。

南越这个独立王国，自第一任国王赵佗算起，共历五世、九十三年而覆灭。

至此，南越彻底被并入了大汉帝国的版图。朝廷将其划分为九个郡，分别是：南海（今广东省广州市）、苍梧（今广西自治区梧州市）、郁林（今广西自治区桂平市）、合浦（今广西自治区合浦县东北）、交趾（今越南河内市）、九真（今越南清化市）、日南（今越南东河县）、珠崖（今海南省海口市琼山区）、儋耳（今海南省儋州市）。

## 蔓延的战火：征服西南和闽越

就在汉朝征讨南越的同时，大西南也爆发了一场动乱。

前文说过，汉朝为了讨伐南越，就从西南的许多部落王国中征调军队——此举显然不符合这些部落王国的利益，很容易导致不满和反抗。其中，且兰国（今贵州省福泉市）的国王及其军队也在朝廷征召之列。在这个国王看来，自己一旦率部离开，其国就只剩下老弱妇孺了，随时可能遭到别国入侵——到时候不仅百姓要被屠杀，自己也无家可归了。

他越想越愤怒，索性联络邻近的邛都、筰都两国，一同出兵，袭杀了汉朝使节和犍为郡太守，竖起了反旗。

不得不说，这个国王的脑子不太好使。他的担心固然有其道理，但他若肯为汉朝征战，就算哪天真的被入侵了，汉朝也绝对不会见死不救。如今，他出于这层担心就索性与汉朝为敌，无疑是在自寻死路。

如果说南越的反叛是螳臂当车，那么西南这几个小国的造反就是蚂蚁战大象——结果如何，可想而知。

武帝刘彻闻报，立刻命中郎将郭昌、卫广出征，并从本欲征讨南越的巴蜀兵团（基本由囚犯组成）中抽出八校尉及所部，交给了二人。

打这几个小国，武帝甚至都不屑于动用正规军的一兵一卒。

郭、卫二将一出兵，便以犁庭扫穴之势，迅速攻破了且兰、邛都、筰都三国，并将三个国王一一斩首。

随后，朝廷在且兰设置了牂柯郡（今贵州省福泉市），在邛都设置了越巂郡（今四川省西昌市），在筰都设置了沈黎郡，将这三个部落小国一举纳入了汉帝国的版图。

眼见且兰等国一眨眼就被灭了，加之南越之乱又被迅速平定，剩下的西南小国如冉国、駹国及西北的白马国等大为震恐，纷纷主动要求内附。于是，朝廷又在冉、駹一带设置了汶山郡（今四川省松潘县北），在白马设置了武都郡（今甘肃省西和县西南）。

就这样，汉朝在平定南越的同时，顺带也征服了西南夷，开拓了大片疆土。

正当武帝刘彻以为战事就此结束的时候，一场新的动乱又在帝国的东南方爆发了。

这回，轮到了闽越国。

准确地说，叛乱的并非闽越国，而是其国的东越王——骆余善。

前文说过，建元六年，闽越国王骆郢发动对南越的入侵，结果便宜还没捞着，自己就被弟弟骆余善干掉了。事后，武帝刘彻出于制衡的考虑，在闽越封了两个王，一个是越繇王骆丑，另一个就是东越王骆余善。

骆余善这个人，很有野心，做事心狠手辣。他当初之所以干掉他哥，目的就是篡位夺权、独霸闽越。不料武帝刘彻仿佛看透了他的心思，又封了一个越繇王骆丑来制衡他。对此，骆余善自然是耿耿于怀。

这样的人，对汉朝绝无忠心可言。

可出人意料的是，当吕嘉悍然造反、汉朝发兵征讨之际，骆余善竟上书武帝，自告奋勇，表示要率领八千精锐水军，从海路进攻南越，帮朝廷平叛。

咋回事？莫非骆余善安分了这么些年，已经脱胎换骨，变得忠于汉朝了？

这当然是不可能的。骆余善表面说要帮朝廷，其实是为了帮南越。虽说闽越和南越素有积怨，彼此没少干架，可当朝廷准备大举征讨南越时，骆余善不免会生出唇亡齿寒的忧惧——如果南越被灭，下一个恐怕就要轮到闽越了。

对于骆余善的真正动机，武帝刘彻绝不会毫无察觉。不过，他还是批准了骆余善的请求——毕竟人家表面文章做得那么好，朝廷自然也要投桃报李，做一些表示。

骆余善旋即从海路出兵，但船队到达揭阳（今广东省揭阳市）海域时，便借口风浪太大，止步不前了。随后，骆余善暗中向南越派出了使节，打算跟吕嘉联手，一明一暗，共同对抗汉朝。

只是，首鼠两端的骆余善没有料到，吕嘉会败得那么快。当他还在海上观望时，番禺已然陷落，南越随之覆灭。

杨仆攻陷番禺后，立刻掌握了骆余善首鼠两端、暗通南越的情报，随即上书武帝，表示愿挟新胜之威，一鼓作气，挥师东向，消灭东越王骆余善。

武帝刘彻没有批准。因为汉军将士刚刚长途奔袭，打完一场大仗，人困马乏，亟待休整，不宜再连续用兵。于是，武帝便命杨仆兵团进驻豫章、梅岭（今江西省广昌县西）一带，等待下一步指令。

骆余善在朝中也有眼线，得知杨仆奏请武帝要讨伐他，顿时大为恐惧，遂决定铤而走险，先下手为强。

骆余善迅速出兵，占据了边境上的交通要道；然后封手下将领驺力为"吞汉将军"，命其率领东越精锐，先发制人，对汉朝发起进攻。

骆余善的野心和骄狂之态，从"吞汉"二字便可一览无余。作为政治人物，有野心不见得是坏事，若实力能跟野心匹配，那么野心就可以称为雄心；但若实力不济却硬要玩一场"蛇吞象"的游戏，那只能提前把自己玩死。

当然，刚开始，骆余善还是占了先发制人的便宜。东越军队趁汉军不备，接连攻陷了白沙（今江西省南昌市东北）、武林（今江西省余干县）、梅岭三地，斩杀了汉军的三名校尉。

紧接着，东越军队又乘胜前进，对杨仆兵团的总部大营发起了进攻。

偏偏在这个紧要关头，杨仆不在前线，负责指挥的是朝廷的大农令张成和前山州侯刘齿。这两人都不是打仗的料，一看东越军攻势凌厉，便不敢迎敌，立刻掉头而逃。

战报传至长安，武帝刘彻震怒，下令将张成和刘齿押解回京，并以畏敌怯战之罪名，将二人斩首。

接二连三的胜利，让骆余善不禁飘了起来。如果说，之前骆余善对于汉朝的强大多少还有些畏惧的话，那么此时此刻，随着前线的捷报频频传来，骆余善便彻底无所忌惮了。

他立刻扔掉了大汉天子册封的"东越王"头衔，自立为"东越武帝"，正式与汉朝分庭抗礼。

一个跳梁小丑，竟然也敢僭越称尊？！

武帝刘彻勃然大怒，立刻发出了大军集结的命令，决定一举扫平闽越。

跟之前征讨南越一样，汉朝此次同样兵分五路：第一路，由横海将军韩说，率水军从句章（今浙江省余姚市东南）出兵，沿东海南下；第二路，由楼船将军杨仆，率部进军武林；第三路，由中尉王温舒率领，进军梅岭；第四路，由戈船将军（南越降将严）率领，从若邪（今浙江省绍兴市南）出兵；第五路，由下濑将军（南越降将甲）率领，进军白沙。

大军出征之前，武帝刘彻特地给杨仆发了一封亲笔写就的敕书。这封敕书并不是关于作战的指令或方略，而是一通措辞十分严厉的批评和告诫。

说白了，刘彻就是要狠狠敲打一下杨仆。

之所以这么做，原因很简单——杨仆因平定南越功劳突出，就有些飘了。

数月前，刘彻命杨仆进驻豫章待命，而杨仆奉命把部队拉过去后，便找个借口溜回了老家宜阳（今河南省宜阳县西），而且逾期未归——因此才导致前线接连遭遇失败，让骆余善捡了个大便宜。

那么，杨仆为何会在关键时刻溜回老家呢？

富贵不归故乡，如衣绣夜行。"虚荣心"这一人性的普遍弱点，在杨仆身上也体现得淋漓尽致。

在征讨南越之前，他的本职已经是主爵都尉，位居九卿；战前，他又被任命为楼船将军；战后，他又因功被封为将梁侯。也就是说，他一个人身上，就佩有三套朝廷颁发的绶带和印信。这其中任何一套，拿出来都足以亮瞎世人的双眼。

杨仆混得这么牛，要是不回故乡狠狠地炫耀一把，岂不是太可惜了？

事实上，对于杨仆的一举一动，武帝刘彻都很清楚。只因念其平定南越有功，回家探探亲也是应该的；加之彼时骆余善还没造反，前线无战事，所以刘彻才睁一只眼闭一只眼。可不承想，就因这一念宽容，竟导致了前线的失败，还赔上了张成和刘齿的两颗人头。

所以，刘彻必须挫挫杨仆的骄气。在敕书中，他采用非常严厉的措辞，历数了杨仆的五宗罪：

一、攻陷番禺后，把主动投降的人当作俘虏；还挖掘坟墓，把死人头颅当作战场上斩获的首级，假冒战功。

二、防范不周，使南越得到了东越的支援。

三、不念士卒辛劳，擅离职守；将公家驿马作为私用，且展示印信，夸耀于乡里。

四、借口道路险阻，逾期不归军营。

五、刘彻之前曾询问杨仆蜀郡的刀价，杨仆却佯装不知，欺君罔上。

这五条罪状，只有最后一条莫名其妙，我们无从得知具体内情，但前面四条却都是确凿无疑的事实，且罪名不小。

在敕书的最后，刘彻质问杨仆："如今东越军队长驱直入，将军能否率部迎敌，将功赎罪？"

杨仆一看之下，顿时惊出了一身冷汗。

原来自己在皇帝眼中几乎就是透明的——不论你玩过什么猫腻，皇帝全都一清二楚；只是给你留着面子，不点破而已。

杨仆忙不迭地给武帝回了一道奏疏，称："愿尽死赎罪！"（《汉书·酷吏传》）旋即马不停蹄地率部开拔了。

常言道：使功不如使过。这是一种领导艺术，也是历代帝王驾驭臣下的要诀之一，武帝刘彻在这方面自然是玩得炉火纯青。

于是，一心想要将功补过的杨仆一到前线，便迅速扭转了战局。

元封元年（公元前110年）冬，杨仆率部进抵武林。此时镇守武林的是东越的徇北将军（姓名不详）。杨仆兵团一战便将其斩杀，并击溃了他的部众，令东越军队大为震恐。

像闽越这样的小国，战场形势有利的时候，大伙还能待在一条船上；可一旦战局不利，船上的人便会各打各的算盘，于是内讧便不可避免地爆发了。

最先倒戈的，是一个叫吴阳的人。此人本是南越的贵族，南越覆灭后投靠了骆余善。本来以为有了新靠山，可以过几年安生日子，怎料运气竟然这么背，刚一靠过来，人家就快倒了。吴阳痛定思痛，决定还是抱汉朝的大腿，这样更靠谱。于是他率领部众七百人，对汉阳（今福建省浦城县）的东越守军发起了反戈一击。

这边后背刚被吴阳捅了一刀，骆余善还没反应过来，紧接着又是一刀，竟

第八章 开疆拓土 251

直接捅在了他的胸口上。

这一刀,是现任越繇王骆居股(骆丑之子)捅的。人家骆居股压根儿就没想造反,纯粹是被骆余善拉下水的。如果汉朝灭掉闽越,覆巢之下无完卵,骆居股势必也要跟着骆余善被灭族——那岂不是太冤了?

于是,越繇王骆居股跟手下的建成侯等人一合计,觉得无论如何也不能当骆余善的陪葬,遂一不做二不休,设计把骆余善给干掉了。

这真是因果报应,丝毫不爽——当初骆余善用什么手段对付他大哥骆郢,现在别人就用什么手段来对付他。

骆余善一死,麾下部众立刻树倒猢狲散,闽越就此平定。

武帝刘彻考虑到闽地山川险阻,道路难行,民众动辄反叛,朝廷不易治理,眼下虽然平定了,但终究是后患无穷,遂将越繇王骆居股降格为东成侯,然后把闽越的所有百姓全部迁到了江淮一带。

这边平定了闽越,大西南那边的战火却仍有蔓延之势。

此前,随着南越和且兰、邛都等西南小国的覆灭,以及冉、駹等国的纷纷归附,武帝刘彻便派遣使节前往滇国,宣示大汉帝国的赫赫兵威,劝告滇王认清形势,入朝称臣。

在西南诸国中,滇国算是相对比较强大的,拥有军队数万人;且东北方向还有劳深、靡莫两个小国(均在今云南省曲靖市一带),可作为御敌屏障。三个国王同属一个家族,一向同生死、共进退。因此,滇王自认为汉朝奈何不了他们,便对汉使提出的要求一口拒绝。

随后,劳深、靡莫两国又多次袭击汉朝使节和边境上的汉军士卒,丝毫不把汉朝放在眼里。

元封二年(公元前109年)秋,武帝刘彻决定用武力征服这些宵小,遂命将军郭昌、中郎将卫广率巴蜀兵团出击。

老虎不发威,你还当我是病猫?汉军一出征,轻而易举便灭掉了劳深、靡莫两国,然后长驱直入,兵临滇池城下。

滇王一觉醒来,才发现同气连枝的两个哥们儿已经没了,而自己也已被汉军团团包围。他不敢有半分迟疑,立刻举国投降,请求内附,并承诺入朝。

这就叫敬酒不吃吃罚酒。作为独立王国的滇国就此覆灭,汉朝随即以滇池城为郡治所在地，设置了益州郡，然后授予滇王印信，让他仍做他的酋长。

随着滇国的归附，由南越反叛引发的一连串战事才宣告结束。

这场发生在帝国南方的大范围的平叛战争，将岭南地区、闽越地区和西南地区悉数纳入了汉朝的版图，前后一共设置了十七个郡，极大地拓展了古代中国的疆域，其中大部分地区从此成为中国的永久性领土。

这对后来的历史具有重大而深远的影响，也是汉武帝刘彻对后世的伟大贡献之一。

## 东征朝鲜：一波三折的远征

元封二年秋，即出兵西南、讨伐滇国的同时，一场新的战争也在大汉帝国的东北方向拉开了序幕。

这就是东征朝鲜之战。

朝鲜的历史，最早可以追溯到商朝末年。据《尚书大传》《史记》《汉书》等史料记载，大概在商周鼎革之际，商朝遗臣箕子（商纣王叔父）带领部分民众迁居朝鲜半岛。后来周武王就把朝鲜分封给了箕子。也有说法认为，是周天子分封在前，箕子迁居在后。虽然不同史料对这两件事的前后顺序说法不一，但"箕子入朝鲜"是不争的事实。

迁居之后，箕子给朝鲜半岛带来了先进的殷商文化，如礼仪教化与耕织技术等，促进了当地的文明发展，从而建立了朝鲜半岛历史上的第一个王朝，史称"箕子朝鲜"。

时间来到战国时代。战国七雄之一的燕国，在其全盛之时，势力向东扩张，迫使朝鲜（都城在今朝鲜平壤市）、真番（都城在今朝鲜信川市）向其臣服。战国末年，燕国被秦国攻灭，朝鲜、真番乘机恢复了独立。

汉朝建国后，嫌朝鲜、真番偏远，便不图收复；而是封卢绾为燕王，以浿水（今朝鲜清川江）为界，管辖辽东。不久，卢绾反叛，逃亡匈奴。卢绾麾下有个部将叫卫满，没有跟着他逃亡，而是带着一千余名部众，向东渡过浿水，走上了一条自主创业的道路。

为了斩断过去、开辟未来，卫满及其部众脱去汉服、解开发髻，改成了朝鲜的服饰和发型，然后投奔了当时的朝鲜国王箕准，并得到了一块方圆百里的封地。卫满是个很有政治野心的人，自然不会满足于做一个小领主。此后，他不断招揽汉地流民，势力逐渐壮大。

汉惠帝元年（公元前194年），羽翼已丰的卫满用计袭取了朝鲜都城王险城（今平壤），驱逐了箕准，自立为王，从而取代"箕子朝鲜"，建立了新的王朝，史称"卫氏朝鲜"。

当时的汉朝因天下初定，需要一个和平的发展环境，便委派辽东太守出使朝鲜，与卫满达成了一项政治协议，即：朝鲜作为汉朝的藩属国，负责防卫帝国东北边境，不让那些蛮夷部落入侵汉朝，但如果那些蛮夷酋长愿意入朝觐见，朝鲜不能阻拦。作为交换条件，汉朝赠予朝鲜大量财物和武器，支持其征服周边小国。

协议达成后，有了汉朝撑腰的朝鲜实力大增，遂征服了相邻的真番、临屯（都城在今朝鲜江陵市），国土纵深达到了数千里。

此后，汉朝与朝鲜相安无事。这个和平局面一直延续了八十多年。

到了汉武帝元封年间，位于朝鲜南面的辰国打算入朝觐见，却因朝鲜的阻拦未能成行。此时朝鲜的在位国王是卫满的孙子卫右渠。他不让辰国入朝的理由很简单：正如当年的朝鲜是得到汉朝的支持才变得强大一样，如今辰国一旦入朝，也可能获得支持，变成朝鲜的劲敌——所以卫右渠必定会从中阻挠。

卫右渠这么干，明显违背了当初的协议，令武帝刘彻颇为不悦。

此外，卫右渠自己也多年不曾入朝，且一直在大量收留汉朝这边的流亡人员，基本上已不把汉朝这个宗主国放在眼里。

鉴于上述原因，武帝刘彻决定敲打一下卫右渠，便于元封二年夏，派遣使臣涉何前往朝鲜——目的是命卫右渠入朝，并切实履行与汉朝的协议。不料，卫右渠的态度十分强硬，既不肯奉诏入朝，也丝毫没有履行协议的意思。

涉何未能完成使命，只能灰溜溜地打道回国。卫右渠派了一个小王，负责护送他到边境。涉何担心回朝无法交差，便心生一计：当一行人走到边境的浿水时，涉何突然出手，刺杀了护送他的朝鲜小王，然后割下其首级，扬长而去。

回到长安后,涉何向武帝禀报,谎称自己杀的是朝鲜大将,原因当然是卫右渠不肯奉诏,自己一怒之下,才有此举。武帝刘彻觉得涉何虽然使命未达,但能拎一颗首级回来,也算是有胆识,便没有去细究事情经过;随即任命涉何为辽东东部都尉,负责镇守边塞。

然而,涉何这么干,必然会引发严重后果。不久,卫右渠便悍然发兵侵入辽东,斩杀了涉何,给那个小王报了仇。

如此一来,事情的性质就从宗主国与藩属国之间的政治纠纷,一下子上升到了战争层面,再也没有转圜的余地了。

卫右渠此举,无异于对汉朝不宣而战,雄才大略的武帝刘彻岂能容忍?!

元封二年秋,一道特殊的战争动员令从长安发出,迅速传达到帝国的四面八方——之所以说它特殊,是因为武帝刘彻下令,把帝国全境的死囚悉数编入进攻朝鲜的远征军。

随后,汉朝大军兵分两路,由楼船将军杨仆率海军从齐地出发,横渡渤海;由左将军荀彘率陆军从辽东出发,跨过马訾水(今鸭绿江);海、陆两军分进合击,夹攻朝鲜。

一场声势浩大的东征朝鲜之战,就此打响。

元封三年(公元前108年)冬,杨仆率领海军从列水(今朝鲜大同江)入海口登陆朝鲜。因立功心切,他未及等到荀彘的陆军抵达,便带领一支七千人的先头部队直趋王险城。

如此操切冒进,显然是没把朝鲜的军队放在眼里。杨仆也许觉得,朝鲜就是另一个南越,可他错了——卫右渠远比吕嘉善于用兵;而朝鲜军队的战斗力,也远在南越之上。

当杨仆孤军深入、直扑王险城时,卫右渠通过斥候传回的情报,获悉了这支汉军大概的兵力数量,于是心里就有底了。随后,他亲率主力,出城迎击汉军,一战便击溃了杨仆兵团。

汉军四散奔逃,纷纷遁入山中。杨仆花了十几天的工夫,好不容易才把这些残兵败将又收拢到了一块儿。

杨仆的海军遭遇惨败,荀彘的陆军也遭到了朝鲜军队的强力阻击。

第八章 开疆拓土 255

早在荀彘兵团进入朝鲜境内时,卫右渠就已派兵扼守了各处险要,并派遣一支精锐,在浿水西岸严阵以待。荀彘兵团对浿水守军发起了多次猛攻,却始终无法将其击破,战争陷入了胶着状态。

两路大军都出师不利。战报传回长安,武帝刘彻不得不摁下"暂停键":重新回到谈判桌前,派遣使臣卫山出使朝鲜,与卫右渠谈判,利用军事压力迫使他臣服。

卫右渠虽然在战场上先赢了一局,但他很清楚,以朝鲜的国力,终究是无法跟汉朝抗衡到底的。于是,卫右渠便放下身段,向汉使卫山顿首谢罪,并表示说:"我愿意投降,只是怕杨仆、荀彘二位将军使诈,把我杀了。如今贵使既然持有天子符节,那我就没什么可担心了。我愿按照本意,归降大汉。"

随后,卫右渠特意献上了战马五千匹,还有大批军粮,并命太子跟随卫山入朝,当面向大汉天子谢罪。

应该说,卫右渠的脑子是十分清醒的,上述举措也充分表现了他的诚意。如果一切顺利的话,卫氏朝鲜也就保住了。

然而,世事难料。谁也没想到,接下来的形势竟然会急转直下,迅速恶化到了无法收拾的地步。

事情坏就坏在朝鲜太子担心重蹈上回那个小王之覆辙,特地带上了一支一万多人的部队,前呼后拥,严密保护。而在卫山和荀彘看来,此举显然太过离谱了——你带这么多兵,到底是要入朝谢罪的,还是来跟汉朝打仗的?就算我俩没意见,可天子能允许你带着这支军队大摇大摆地进入长安吗?

所以,当朝鲜太子及其部众来到浿水岸边时,卫山和荀彘便直言不讳地告诉他:"既然你们已经归降,就不应该带上这么多兵。"

按说,汉朝方面这个要求是很合理的。可问题是,有涉何与朝鲜小王的那桩公案在前,眼下双方就是一个"麻秆打狼两头怕"的局面——你卫山和荀彘担心这支部队进入汉朝会出问题,可朝鲜太子也担心自己一旦没了军队保护,会像上回那个冤大头那样被汉朝干掉。

就这样,双方互相猜疑,相持不下,谁也不肯妥协。

最后,年轻气盛的朝鲜太子一怒之下,索性带着部队(当然包括那五千匹马和军粮)打道回府,也不管会引发什么后果,反正就一个态度——老子不跟你们玩了!

汉使卫山好不容易取得的谈判成果,就此付诸东流。没办法,卫山只能黯然回朝,如实向武帝复命。武帝刘彻震怒,也不顾事情经过和具体缘由,立刻命人把卫山拖出去砍了。

可怜卫山明明就快完成使命了,却因为这最后一步没处理好,便丢掉了脑袋。

在这场东征朝鲜的战争中,这是第一个死得比较冤的汉朝官员,但绝非最后一个。

谈判既已破裂,仗只能接着打了。

荀彘兵团拼了老命,终于攻破了朝军的浿水防线,然后一口气杀到了王险城下,在城池的西北角扎下大营。

此时,经过休整的杨仆兵团也恢复了部分士气,进抵城池南面,与荀彘兵团遥相呼应,对王险城形成合围之势。

可是,这座朝鲜都城经过了两代王朝数百年的经营,可谓城高池深、固若金汤,两军一北一南夹攻了几个月,却愣是没有丝毫进展。

战事一胶着,汉军内部的矛盾就暴露出来了。

荀彘兵团的士兵,主要来自北方的燕地和代地,因自幼长于边塞,生性悍勇,不惧劳苦,打起仗来不要命。所以,荀彘的策略就是埋头猛攻,非把王险城攻下不可。

而杨仆兵团的士兵,基本都来自较为富庶的齐地,比较惜命怕死;加上之前吃了一场败仗,士气普遍低落。因此,杨仆就没办法像荀彘那样拼命死磕,只能希望通过谈判,让卫右渠放弃抵抗。

两个统帅,一个主战,一个主和,而且互不统属,各打各的——这样的矛盾不可能不被卫右渠利用。于是乎,每当荀彘兵团在北边发动猛攻的时候,卫右渠就会派遣使臣去跟杨仆和谈。而南边一开谈,北边的攻势就只能暂停。然后,朝方又故意在某些条款上反复纠缠,所以谈来谈去始终谈不出结果。

荀彘被惹火了,就要求杨仆别再跟朝方扯淡,两军约定一个总攻日期,一起动手拿下王险城。杨仆表面答应了他,可一到约定日期,往往又按兵不动。荀彘被搞得几欲抓狂——打又打不下来,谈又谈不出个子丑寅卯,这仗是想打

第八章 开疆拓土

到猴年马月去啊？！

到最后，荀彘也懒得打了，索性有样学样，也派使节去跟卫右渠谈判。

要磨洋工大伙儿就一块儿磨，看谁耗得过谁。

卫右渠为了进一步离间汉军这两个统帅，就故意对荀彘的使者表示，自己愿意投降——但不是向荀彘投降，而是向杨仆。

此计一施，成功地引发了荀彘的猜忌。

在荀彘看来，杨仆之前打了败仗，必定担心回朝后遭到惩处，然后又以和谈为名多次阻挠自己进攻——简直就像跟卫右渠穿了一条裤子。现在，卫右渠又说这种话，不是更能说明他们俩之间一定有猫腻吗？

荀彘严重怀疑，杨仆很可能已经变节了，只是假面具还没有最终撕下而已。

前线的围城战打成这种鬼样子，后方的武帝刘彻既困惑又恼怒，旋即派遣济南太守公孙遂去前线督战，并授予他便宜从事之权。

公孙遂一到，早就憋了一肚子火的荀彘立马跟他告状，说拿下王险城并没有那么难——之所以久攻不下，就是因为杨仆屡次破坏总攻计划。接着，荀彘又把自己的种种怀疑告诉了公孙遂，最后说："事到如今，若不设法搞定杨仆，恐怕就大祸临头了！"

公孙遂觉得荀彘的分析颇有道理，就通知杨仆到荀彘的大营来开会。杨仆一到，公孙遂一声令下，荀彘的左右一拥而上，不由分说就把杨仆给绑了。还没等杨仆弄明白怎么回事，荀彘就把他关了起来，然后顺理成章地兼并了他的部众。

争端顺利解决，公孙遂连忙回朝向天子复命。

可是，让公孙遂自己和所有人都意想不到的是，武帝刘彻听完禀报，既没表扬他，也没批评他，而是直接命人把他拖出去砍了。

公孙遂就这样稀里糊涂、莫名其妙地丢掉了脑袋。

关于武帝刘彻为何诛杀公孙遂，史书没有给出任何解释。司马迁在《史记·朝鲜列传》中只写了四个字："天子诛遂。"也就是说，武帝诛杀公孙遂并没有任何理由，或者说理由只有他自己知道。

客观来讲，公孙遂此行应该算是完成了使命。因为前线统帅闹矛盾、搞内耗、军令不一，最是用兵之大忌——这种时候就该快刀斩乱麻，迅速把兵权集中到一个人手上，才能统一号令，为胜利铺平道路。虽说公孙遂逮捕杨仆的做法稍显过激，但事急从权，这也是没办法的办法。何况武帝还给了他"便宜从事"之权，也就是可以根据实际情况临机专断、先斩后奏。所以，作为皇帝特派的钦差大臣，公孙遂这么做在法理上完全没毛病——可武帝刘彻为何突然就把他杀了呢？

我们无从揣测刘彻内心的动机。仅从事实本身而言，只能说，随着武帝刘彻在位的时间越久，乾纲独断的行为习惯愈加固化，"滥杀大臣"这个缺点也就越来越严重了。早在若干年前，汲黯就曾针对这个问题当面对他进行了劝谏。可刘彻丝毫不以为意。更何况如今他的身边，早已没有了汲黯这种犯颜直谏的社稷之臣。

在这场东征朝鲜的战争中，公孙遂是继卫山之后，第二个无故枉死的大臣。但他仍然不是最后一个。

荀彘兼并了杨仆的部众、独掌兵权后，终于可以按照自己的意志来打这场仗了。

他集结全军，对王险城发动了比之前更为猛烈的进攻。而卫右渠则表现出了非常坚定的意志，率众奋力抵御，大有与城池共存亡之势。

然而，国王愿意死守，他底下的文臣武将就不见得了。随着汉军的攻势日渐猛烈，王险城的陷落已成必然，只是迟早而已。对此，朝鲜的国相路人（姓路名人）、韩阴，尼溪国相参（尼溪估计是朝鲜下面的封国，该国相名参，姓不详）、大将王唊等人，都深有同感，遂相与密谋，决定向汉军投降。

很快，路人、韩阴、王唊等人率先跑路，逃出了王险城。其中，路人死于半道，估计是挨了冷箭；韩阴、王唊等人则成功逃进了荀彘的军营。

数日后，尼溪相参派人刺杀了卫右渠，并提着他的首级出城投降。眼看王险城马上就要到手，城中一个叫成已的大臣，却再度扛起了抵抗的大旗。荀彘派卫右渠之子卫长、路人之子路最告谕全城百姓，劝他们认清形势，不要再做无谓的抵抗。此时，被围困数月的朝鲜百姓也已厌倦了战争，遂起而攻杀了成已。

随着王险城的彻底陷落，立国八十多年的卫氏朝鲜宣告覆灭。

随后，武帝刘彻下诏，在朝鲜故地设置了四个郡，分别是：乐浪郡（今朝鲜平壤市）、临屯郡（今朝鲜江陵市）、玄菟郡（今朝鲜咸兴市）、真番郡（今韩国首尔市）。

汉朝此次东征朝鲜虽然一波三折，但最终还是取得了胜利。这场远征，首功之人无疑是左将军荀彘。正是在他锲而不舍、坚持不懈的努力下，才瓦解了朝鲜臣民的斗志，从而内外夹击拿下了王险城。

然而，谁也没料到，荀彘凯旋后，迎接他的并不是加官晋爵的荣耀，而是一副冰冷的铡刀！

武帝刘彻以"争功相嫉"的罪名，将他斩首弃市。

因这场战争而丢掉脑袋的高官，荀彘是第三个，也是死得最冤、最惨的一个。因为"弃市"就是在闹市斩首并暴尸街头，是比单纯斩首更严重、更具羞辱意味的刑罚。

杨仆也因贪功冒进和战败的罪责，论罪当诛。不过武帝却允许他交钱赎罪，最后的下场只是废为庶人，终究是保住了性命。

相比之下，荀彘被斩首弃市就特别令人不解。更具讽刺意味的是，朝鲜那帮降臣如韩阴、王唊、尼溪相参、卫长、路最等人，无一例外全部封侯。跟他们比，荀彘之死就尤其令人唏嘘，且尤其显得不可理喻。

荀彘在此次战役中唯一的过失，就是猜忌杨仆，并强行兼并了他的部众。但从结果来看，正是因为他这么做了，才迅速取得了战争的胜利；否则继续跟杨仆纠缠下去，最终何时才能取胜，实在不好说。因此，即便有过，荀彘之功也足以补过。按常理来讲，武帝刘彻就算难以原谅他的行为，顶多不给他加官晋爵就是了，何至于将他斩首弃市呢？

说到底，刘彻这么干，不仅再次暴露了他"滥杀大臣"的严重缺点，且足以让人发现——他的身上，已经出现了专制帝王惯有的残暴、乖戾、赏罚无度的倾向。

此时的武帝刘彻，已经四十九岁，在位的时间长达三十三年。在这漫长的三十多年中，刘彻通过外征匈奴、内抑诸侯、任用酷吏、打压豪强等手段，极大地巩固了中央集权，也高度强化了个人的皇权。而权力的无限膨胀，最容易扭曲人的灵魂、腐蚀人的理性。

当一个人手上长期握有毫无制约的生杀予夺的大权,他就会在潜意识中把自己当成一个无所不能、可以为所欲为的神,同时也会把别人的生命视如蝼蚁或草芥。至高无上的权力也会将人性深处的各种原始欲望无限放大,而各种欲望的阈值也会在这个过程中被不断提升。

仅以控制欲为例。从心理学意义上讲,武帝刘彻就是一个控制欲极强的人。他在位期间所做的绝大多数事情,几乎都可以从控制欲出发找到解释。刘彻之所以从十几年前就开始滥杀大臣,原因就在于他想要获得对所有人的绝对支配权,且不允许任何人、任何事出现差错或意外——否则他的控制欲就会受挫,内心就得不到满足。

然而,世上从来没有也绝对不会有完美的人和事,出现意外或差错总是在所难免的。可刘彻并不这么看,所以当他欲望受挫的时候,就必须通过杀人来寻求心理补偿。而且,在一般人看来没有问题的事情,在控制欲极强的人如刘彻眼中,也都会存在问题。因此,在汲黯或一般人看来很不合理的"滥杀",在刘彻这里就是天经地义、自然而然的——因为他认为,被他杀掉的那些人,都犯了不能被他所容忍的差错。

如果是普通人,控制欲再强也不会有多大的恶果,顶多就是祸害一下身边的人。最可怕的就是像刘彻这样,至高无上的权力与远超常人的控制欲合二为一,那满朝文武、举国臣民,当然会动辄遭遇不虞之祸。其实不光刘彻,历史上大多数帝王皆是如此,所以才有"伴君如伴虎"这句话。

权力和控制欲往往会互相强化。帝王在位的时间越久,权力越集中,想要控制天下一切人和事的欲望就会越强,对于意外或差错的容忍度也就越低。换言之就是,控制欲的阈值提高了,所以滥杀的事情就越常见,且越不需要正当理由。

这也就解释了,为什么历史上很多帝王在位日久后,都会变得残暴、昏聩、喜怒无常、赏罚无度。

眼下的武帝刘彻,无疑正在朝这个方向加速蜕变。

从这个意义上讲,卫山、公孙遂、荀彘三人的非正常死亡,绝不仅仅是在无数被滥杀的大臣中又添加了三条冤魂,而更像是汉武帝时代的一个分水岭——此前的刘彻,更多展现出的是聪明睿智、知人善任、励精图治、雄才大略的一面；而此后的刘彻，则一步一步走向了年轻时代的反面。

与之相伴随的，就是大汉帝国在战场上的表现也越来越不尽如人意。从整个汉武帝时代来看，征服朝鲜之役，几乎可以视为帝国武功由盛而衰的一个转折点。

# 第九章
# 武帝的另一面

## 雄主也昏聩：迷信神仙，巡游无度

作为一个大权独揽、富有四海的皇帝，武帝刘彻的任何欲望几乎都可以得到满足。在大汉帝国的范围内，他杀伐果决、说一不二，绝大多数人和事都是他可以控制的。可不论他的权力再大、控制欲再强，他都只是人，不是神。

在这个世界上，终究有一些东西是他无法控制的，比如生老病死的自然规律。佛法就把"生老病死"视为人生"八苦"中的根本四苦。还有一苦，也是世人无法逃避的，那就是"爱别离苦"。

早在元狩四年，武帝刘彻就体验了他人生中第一次强烈的"爱别离苦"——他继卫子夫之后最爱的女人王夫人，因病亡故，香消玉殒了。

刘彻无比悲伤，也无比思念，难以接受王夫人死亡的事实。人在这种时候，心理最为脆弱，就很容易相信某些超自然现象，也很容易被神棍乘虚而入。

一个叫少翁的来自齐地的方士，自称有召唤鬼神的法术，于是被刘彻传入宫中。某天夜里，少翁煞有介事地开坛作法，设置了两个帷帐，请武帝刘彻坐在一个帷帐中，他则在另一个帷帐中施法。只见少翁念念有词，片刻之后，在昏黄摇曳的烛光下，刘彻竟然透过帷帐，隐约看见了王夫人的容貌和身影，"天子自帷中望见焉"（《史记·封禅书》）。

刘彻顿时悲喜交加。虽然已经跟王夫人阴阳永隔，再也无法"执子之手"，但仅仅是这样遥遥地望上一眼，也足以告慰刘彻的思念之情了。

随后，刘彻立刻封少翁为"文成将军"，对他大为宠幸，不仅给予丰厚的赏赐，且"以客礼礼之"，也就是把他奉为上宾，而不是视为臣子。

关于这个召唤鬼魂的超自然事件，《史记》、《汉书》（班固将此事记在《李夫人》传里）、《资治通鉴》均有记载。古人普遍相信鬼神之说，类似记载在各种史书中屡见不鲜。而作为现代人，我们对这些神神鬼鬼的事情一般都是嗤之以鼻的。不过，即使是在科学昌明的今天，相信超自然现象的，仍然大有人在。平心而论，科学也有局限性，不能代表绝对真理。所以对于从古到今的无数超自然现象，我们也不宜一棍子打死，说它们全都是骗局。

虽然不能一概否定，但仅就少翁召唤王夫人鬼魂这件事来看，疑点还是很明显的。首先，隔着两重帷帐，加之灯光昏暗，少翁要找个身材、容貌相仿的女人来冒充，也不是不可能；其次，武帝刘彻在极度思念王夫人的情况下，也很容易在心理上产生自我暗示，会倾向于认为自己看到的就是王夫人。

说白了，这就是日思夜想、情之所至产生的幻觉。神棍少翁不过是打着法术的幌子，安排一些演员和道具，帮武帝刘彻"圆梦"罢了。

为了增强神秘感、进一步自我包装，少翁又怂恿武帝在甘泉宫修筑了一座高台，台上修建宫室，室内供奉天神、地神、太一神等，搞得十分花里胡哨。

可既然是装神弄鬼，就总有被拆穿的一天。

此后的一年多，武帝刘彻渐渐发现，少翁的法术好像越来越不灵验了，他声称可以召唤而来的那些鬼神总是不见踪影。对此，少翁自己也开始紧张了，再不弄点儿什么神迹出来，往后的日子就没法混了。

于是，少翁便在一面帛书上写了一些字，把帛书掺在草料中给牛吃了下去，然后一脸神秘地对武帝说："这只牛的肚子里有奇怪的东西。"武帝就命人把牛杀了，果然发现了帛书。可上面的字却没人看得懂，纯属鬼画符——估计少翁就是随便写写画画，反正最终解释权在他手上，怎么扯都行。

不过，武帝刘彻可不是傻子。虽然看不懂帛书上写的啥，但字迹他却认出来了——分明就是少翁的。武帝大怒，立刻把少翁叫来质问。这个神棍不敢再隐瞒，只好老实交代。武帝这才发现，原来自己一开始就被骗了，所谓的王夫人"魂兮归来"压根儿就不存在。

结果不言而喻,神棍少翁被砍掉了脑袋——而受骗上当的武帝刘彻为了保住面子,则严密封锁消息,命令所有知情人都要对此事守口如瓶。

少翁死了,但武帝刘彻对鬼神的迷信并没有消除。换言之,他只是杀了一个骗子,却仍然相信世上有鬼神,并相信有能召唤鬼神的大师。

上文说过,即使贵为皇帝,也无法免除生老病死之苦。元狩五年,武帝刘彻就大病了一场,把宫里宫外所有的医师和巫师全都找来看过了,各种药也吃了无数,却愣是不见好。

有人就向武帝推荐了一个上郡的巫师,说此人原本不是巫师,只因生了一场大病,被神灵附体,之后就有了通灵的本事。武帝将此人找来,安置在了甘泉宫。随后,巫师开坛作法,经过一番复杂的仪式后,神灵借巫师之口对武帝说:"天子不必担心病情,很快就会好转,到时候就来甘泉宫与我相见。"

说来也怪,没过几天,刘彻的病就痊愈了。他大喜过望,连忙赶到甘泉宫,并置酒宴答谢,期待能与神灵相见。

然而,这场跟神灵的约会却有点儿尴尬,因为神灵"非可得见",只能"闻其言",就是见不着面,只能听声音。这感觉,就跟某些网友兴冲冲去跟网恋的小姐姐约会,结果人家还是不露面,依旧只用手机跟你语音聊天一样。可谁知道,隔着手机屏幕跟你聊的,会不会是个胡子拉碴的抠脚大汉呢?

武帝刘彻的这场约会,其尴尬颇类于此。据太史公记载,这个神灵跟上回少翁鼓捣的一样,也是"居室帷中",就是躲在帷帐内;"言与人音等",即说话的声音跟普通人没啥两样。不过,与少翁那次不同的是,人家这回还自带了一些场景特效,如"时来时去,来则风肃然",就是说话的声音会飘来飘去,并伴随着阵阵冷风。

那么,这位神灵都说了些啥呢?

太史公说:"其所语,世俗之所知也,无绝殊者。"(《史记·封禅书》)神灵说的那些话,是世俗之人都知道的东西,毫无特别之处。

虽然如此,但武帝刘彻就是喜欢听。"而天子心独喜",并且还"使人受书其言",就是命人专门守在帷帐外,把神灵说的话都恭恭敬敬地记录了下来。

从司马迁的记载来看，尽管他并未断言此事的真伪，可语气上其实已经给了读者某些暗示。在这段记载的末尾，司马迁还说了一句话："其事秘，世莫知也。"事属宫廷机密，外人难以得知更深的内情。

这话的意思无非是——反正就这么一些事儿，信不信就由你了。

元鼎四年，经人推荐，又一个"大师"来到了武帝刘彻身边。

此人名叫栾大，是少翁的同门师兄弟。按说刘彻被少翁骗过，理应对栾大保持警惕才对。可事实恰好相反——刘彻现在认为，少翁可能还有一些法术没施展出来，当时一怒之下杀了他有点儿可惜。所以，如今栾大一来，刘彻自然是龙颜大悦。

此前，栾大是在刘彻的弟弟、胶东王刘寄那儿混。据太史公称，此人口才十分了得，而且会很多法术，尤其是"敢为大言，处之不疑"，就是很敢吹牛，并对自己吹过的牛坚信不疑。

栾大吹过的最大的牛，就是声称自己有长生不死之术。

这肯定是世界上最能蛊惑人心的谎言，却恰恰能满足武帝刘彻内心最强烈的欲望。刘彻之所以觉得当初的少翁还有法术没施展出来，其实就是对所谓的长生之术怀有极深的渴求——即便已经知道少翁是骗子，却还是不愿放弃这种侥幸心理。

哪里有需求，哪里就有供给。这个最基本的经济规律，在骗子这个行当里同样适用。栾大看穿了武帝的内心需求，所以一来便对他说了这样一番话：

"臣经常往来于海上，曾亲眼见过古时候的神仙，如安期生、羡门等。可仙人们认为臣身份卑贱，信不过臣；又觉得胶东王不过是一介诸侯，还没有资格得到长生不死的药方。臣的师父（指神仙）说过：'黄金可以炼成，黄河的决口也可以堵塞；同样，长生不死之药能够获得，神仙之体也能修成。'然而臣生怕步文成将军之后尘，天下的方士也都因此闭口不言，谁还敢再谈论长生不死之方啊？！"

这番话不仅吊足了武帝的胃口，还暗暗表达了对少翁被杀的不满，既是一种投石问路的策略，也摆出了待价而沽的姿态。

提起少翁之死，刘彻有些尴尬，便掩饰道："文成是误食了马肝而死（古人认为马肝与河豚一样，味美而有剧毒）。先生若真能得到长生不死之方，我什么都不会吝惜！"

这就是愿意出天价购买不死之药的意思了——只要你有货，价钱随你开。

双方就此达成了交易意向。

栾大也不客气，当场开出了价码，说："臣的师父（指神仙），从来无求于人，都是世人有求于他。陛下真要请他出山的话，应该给予他的使者（就是栾大自己）最尊贵的礼遇，令其成为陛下的亲属，并且享受上宾的待遇，还应该佩戴朝廷的印信。如此，方能把陛下的愿望转达给神仙。"

栾大的口才果然十分了得。这番话貌似温文尔雅，实际上却是狮子大开口。我们稍微给他翻译一下，就知道他开出的条件有多么惊人：第一，所谓成为皇帝的亲属，其实就是暗示要娶公主，当驸马爷；第二，所谓享受上宾待遇，就是要跟少翁一样，让天子以客礼待之，而不能视其为臣子；第三，所谓佩戴印信，就是要求皇帝给他封官授爵。

这可真敢开价，甚至可以说是漫天要价。不过，刘彻并未就地还价。因为刘彻刚才说了，什么都不吝惜；更何况天子富有四海，有什么给不起的？

当然，这姓栾的到底有没有真本事，不能光凭他一张嘴说，还是得检验一下。

据司马迁记载，栾大随后就在天子面前露了一手。他拿出一副围棋，然后在一旁施法——只见那些棋子竟然在没人接触的情况下"自相触击"，也就是像打仗一样互相撞击。

这一手，据说今天的很多气功大师也会，称为意念致动。但这也是魔术表演的常见手段，只要那副围棋是魔术师自己准备的道具，这个表演就没什么难度。比如说，在棋子和栾大袖子里都藏点儿磁铁，不就可以随心所欲地操纵了吗？

不论此事真假如何，总之武帝刘彻是完全相信了栾大。

他旋即拜栾大为"五利将军"，没过几天又加封"天士将军""地士将军""大通将军"。短短一个多月后，刘彻又封栾大为乐通侯，食邑两千户，并赐豪宅一座、童仆千人，另外还赐给他御用的车驾、马匹、帷帐及一应豪华用具。最后，刘彻又把自己的长女卫长公主嫁给了栾大，其嫁妆中仅黄金就达十万斤。

为了充分显示"以客礼待之",武帝刘彻又御驾亲临栾大的府邸,并派出大量内使为栾大提供各种"皇家级"服务。于是,一拨又一拨内使"相属于道",络绎不绝地穿梭在皇宫和栾府之间。长安的权贵们一看,立刻与天子保持整齐队形——从窦太主(馆陶长公主刘嫖)等皇亲国戚到丞相、将军等满朝文武,全都争先恐后地来栾大府上做客,并纷纷献上厚礼。

栾府一时间贵宾云集、高朋满座,栾大俨然成了全天下除天子以外最尊贵的人。

这还没完。刘彻又命人用白玉刻了一枚"天道将军"的印信,然后搞了个很神秘的仪式,让内使和栾大都身披"羽毛衣裳",打扮得跟天使一样,于半夜时分站在白茅草上,由内使将玉印授予了栾大。

至此,栾大一人身佩六印(五个将军印加一个侯爵印),"贵震天下"!

榜样的力量是无穷的。栾大一步登天的消息传回老家后,齐、燕之间的老少爷们儿顿时个个羡慕得眼冒绿光,纷纷宣称自己也有神秘法术,可以请到神仙。

然而,再高明的骗局也只能得逞一时,不可能永不穿帮。

栾大开出的所有条件,武帝刘彻全都超额满足了他,而他给武帝的承诺——去找神仙求长生不死药,迟早也要兑现。

元鼎五年秋,已经当了一年驸马爷的栾大,终于恋恋不舍地离开长安的温柔乡,启程前往东海找神仙去了。如果说让棋子"自相触击"那种魔术表演,对栾大而言只是小菜一碟的话,那么"变出长生不死药"这种戏法,则远远超出了他的能力范围。

当然,这也超出了世界上所有人的能力范围。所以,栾大压根儿就不敢出海——因为海上本无神仙可见,亦无长生之药可求,却有可能因风高浪急而葬身鱼腹,去了只能找死。

栾大想来想去,实在没辙,只好跑到泰山去祭拜神灵。也不知他是想求神灵庇佑他逃过这一劫,还是想另外变一套戏法来搪塞——总之,栾大最后还是回到长安向武帝复命了,说他去海上见了神仙,可神仙却没把长生不死药给他。

栾大具体编了什么借口，史书无载。不过，就算他再怎么口若悬河、舌灿莲花，这回也骗不过刘彻了。因为，早在他刚一从长安出发，刘彻就派人悄悄跟上了他，所以他到底有没有出海，以及此行的一举一动，刘彻全都一清二楚。

事实证明，这就是个狗胆包天、超级恶心的大骗子！这三年来，他不但把皇帝耍得团团转，最恶心的就是还把公主骗去当了一年老婆，其卑鄙无耻的程度简直已经无法用语言形容。

结果可想而知，武帝刘彻在极度震怒之下，以欺君罔上的罪名把栾大给腰斩了。

栾大固然死有余辜，没什么好说的。问题是，接连被骗且一次比一次更加颜面扫地的天子刘彻，从此也该吸取教训、擦亮眼睛了吧？

很遗憾，并没有。

稍后，又有一个叫公孙卿的齐国方士，仍旧用这些神神鬼鬼的把戏赢得了刘彻的信任。如果说，一个人被同一块石头绊倒好几次叫作傻，那么刘彻情愿屡屡上当受骗，就只能称为昏聩了。

事实上，武帝刘彻绝非脑子不好使。在其他方面，他始终精明过人。之所以一再被神棍蛊惑，说到底就是一个愿打一个愿挨。换言之，正是因为刘彻对"长生不死"的执念，严重障蔽了他的理性，才令他无论被骗多少次，都依旧心存侥幸、不肯回头。

上有所好，下必甚焉。武帝对神仙之术的痴迷，以及少翁、栾大、公孙卿这三个齐国方士的陆续得宠，极大地刺激了当地"神仙产业"的发育。据司马迁记载："齐人之上疏言神怪、奇方者，以万数。"（《史记·封禅书》）

世人通常是只见贼吃肉，不见贼挨打。尽管少翁和栾大先后死于非命，渴望像他们那样一步登天的人仍旧如同过江之鲫。比如元鼎六年春，武帝刘彻东巡至海，表示希望找到传说中的蓬莱仙人——齐地方士们一听，立刻动身出发，一时间乘船出海者多达数千人。

武帝刘彻迷信神仙，毫无节制地追求长生，不仅使他个人的名誉、威信遭到了损害，还造成了另外两个恶果：第一，大兴土木；第二，巡游无度。

第九章　武帝的另一面　269

早在元鼎二年，即诛杀少翁不久后，武帝刘彻就在长安兴建了著名的"柏梁台"，台上铸造了一根高达二十丈的铜柱，其直径要七个人才能合抱；铜柱上铸有"承露盘"，盘中是一只巨大的手掌，称为"仙人掌"，掌心向上，用以承接上天降下的甘露。

据说，将玉磨成粉末，掺入承露盘收集的露水中喝下去，会有长生不死的功效。

柏梁台的修建，无疑耗费了大量的人力、财力、物力，但它只是武帝一朝大兴土木的开始。司马光就在《资治通鉴》中称："宫室之修，自此日盛。"

元封二年，公孙卿怂恿武帝说："仙人好楼居。"就是说神仙喜欢住高楼。武帝立刻下令，在长安兴建了"蜚廉观"和"桂观"，在甘泉宫兴建了"益寿观"和"延寿观"。古代，"观"通常都指高楼。据《三辅黄图》记载，蜚廉观的高度足有四十丈，其他几座也差不多。若此记载属实，换算过来相当于九十二米，大概有三十层楼那么高。即便放在高楼林立的今天，这种高度也相当可观，更别说在古代了。

除了这四座高楼，武帝又在甘泉宫兴建了"通天台"，并对甘泉宫进行了大规模扩建。通天台的具体高度，正史无载；而据野史《汉武故事》称，其高度竟然达到了一百余丈，相当于今天的二百多米、六十多层楼的高度。这显然是夸张的说法，可信度较低；但通天台比上述四座楼观更高，应该是可以确定的。

太初元年（公元前104年，次年开始改用夏朝历法，以正月为岁首）冬，柏梁台发生火灾，烧毁殆尽。武帝遂于当年在长安城西开始兴建建章宫。该宫城的规模非常巨大，宫中建筑繁多，史称"千门万户"：东有"凤阙"，高二十余丈；西有"唐中台"，高台附近方圆数十里为"虎园"，专门豢养老虎；北有人工挖掘的"太液池"，湖心建有二十余丈高的"渐台"，渐台四周又有"蓬莱""方丈""瀛洲""壶梁"等小岛（均取自传说中的海上仙岛之名）；南有"玉堂""璧门"等豪华宫殿。

据《三辅黄图》记载，玉堂殿仅台基就有十二丈高，整座宫殿的台阶都用玉石铺就；而璧门殿的椽子、柱子末端，则全都贴有薄片璧玉。

除了以上建筑，建章宫中还有"神明台""井幹楼"等，高度都在五十丈以上，刷新了长安那四座楼观的高度纪录。最后，整个建章宫的所有建筑之间，均以繁复曲折的"辇道"相互连接。所谓辇道，就是专供武帝辇车通行的道路。

这么多宏伟壮丽的宫殿楼台，这么多规模浩大的建筑工程，其所耗费的民脂民膏若加以统计，肯定是一笔惊人的天文数字。后人评价历史上的昏君和暴君，总是离不开"穷奢极侈""滥用民力"之类的描述，而汉武帝刘彻虽然以雄才大略著称后世，但毋庸讳言的是——他奢侈无度的一面，比起历史上那些典型的昏君和暴君，其实也不遑多让。

在任何特定阶段，任何一个国家的财力和民力都是有限的；如果一个皇帝的欲望无限膨胀，势必成为国家和百姓的灾难。然而，大兴土木还不是武帝刘彻"奢侈消费"的全部。武帝刘彻的另一个花钱如流水的行为，就是毫无节制地巡游天下。

大概从元鼎四年起，武帝刘彻或以祭祀上天和各路神仙为名，或以巡视边防、炫耀兵威为由，开始不断出巡，几乎走遍了帝国的四面八方。

这一年，四十四岁的武帝刘彻"始巡郡县"，先是前往雍县（今陕西省凤翔县），祭祀"昊天上帝"；随后东下，经夏阳（今陕西省韩城市），前往汾阴（今山西省万荣县），祭祀"后土"；最后又到荥阳和洛阳走了一趟。

不幸的是，武帝第一次出巡，就间接害死了一个封疆大吏：由于武帝此行是突然决定，然后立刻动身——所以河东太守毫无准备，无法在短时间内完成接待工作，惶恐无措下只好自杀。

元鼎五年，武帝再度前往雍县祭祀上天，随后顺便西巡，越过陇山（今陕西省陇县西），登临崆峒山（今甘肃省平凉市西）；之后又北出萧关（今宁夏自治区固原市东南），并率数万骑兵前往河套地区，一边纵情狩猎，一边向匈奴炫耀兵威。

无独有偶，武帝此次西巡，陇西太守同样措手不及，连大批随从官员的饮食都供应不上。这位太守只好步去年那位同僚之后尘，以自杀的方式谢罪。

元封元年冬，武帝亲率十八万骑兵，再度北巡，向匈奴炫耀兵威。庞大的队伍从云阳（今陕西省淳化县）北上，经上郡、西河（今内蒙古自治区准格尔旗西南）、五原（今内蒙古自治区包头市），然后出长城，登单于台（今内蒙

第九章 武帝的另一面

古自治区呼和浩特市北），再到朔方。

史称，此次北巡，旌旗绵延达千余里——可见其队伍规模庞大到了怎样的程度。虽然这一次，再没有地方太守自杀的记载，但这样的巡游，给沿途官府和百姓造成的负担之大，是可以想见的。

同年春，刚刚北巡回来的武帝又马不停蹄地前往嵩山（今河南省登封市东北），于太室庙祭祀；同时为即将进行的一件大事做准备工作。这件大事，就是历代帝王借以彰显自己文治武功的最高级的祭祀活动——封禅。

四月，时年四十七岁的武帝刘彻登临泰山，正式举行封禅大典：先祭天神，称为"封"；再祭地神，称为"禅"。礼毕，武帝意犹未尽，又立即东行，来到海边，准备亲自乘船出海，寻找蓬莱仙人。群臣纷纷劝阻，武帝根本不听；最后是东方朔温言进谏，武帝才悻悻作罢。

恰在此时，随同出行的侍从官霍子侯（霍去病之子）暴病身亡。武帝甚为哀伤，遂下令回返。不过，回程的路线，他却不走直线，而是绕道北上，到达碣石（今河北省昌黎县北），接着巡视了辽西郡，然后沿着北方边塞到达九原（五原郡治，今内蒙古自治区包头市），最后才回到甘泉宫。

据史书称，此次封禅东巡，武帝行程一万八千里。

元封五年（公元前106年），五十一岁的武帝刘彻又进行了一次规模盛大的南巡。他先是前往盛唐（今安徽省六安市）；接着登临九嶷山（今湖南省宁远县西），在此祭奠舜帝；之后，又前往潜县（今安徽省霍山县），登临天柱山（霍山县西南）；继而从寻阳（今湖北省武穴市东北）乘船东下，游览长江。

此次出游之盛，史书形容为"舳舻千里"。据说，武帝刘彻还亲手射中了江中的一条蛟龙，并将其生擒。蛟是神话传说中的生物，不太可能真的存在。也许，武帝射中并擒获的只是一条大鱼，但史官为了阿谀奉承，就写成了蛟。

最后，武帝在枞阳（今安徽省枞阳县）登岸，转道北上，前往琅琊，接着沿海岸线而行，一路祭祀沿途的名山大川……

此后，武帝刘彻依旧年年出巡，几乎没有一年落下。直到征和四年（公元前89年），即他去世的两年前，时年六十八岁的武帝刘彻依然进行了最后一次东巡。他来到东莱（今山东省莱州市）海滨，企图出海寻觅神仙。群臣拼命劝阻，他也不听。后来是因为一连十几天"大风晦冥，海水沸涌"（《资治通鉴·汉纪十四》），根本没法出海，刘彻才不得不放弃。

从四十四岁"始巡郡县"，到六十八岁最后一次出巡，武帝刘彻一生中约有三分之一的年份都在进行各种巡游，而且大多数出巡的规模都十分浩大——可想而知，会给天下郡县和各地百姓造成多么沉重的负担。

从大历史的角度和对后世的影响来看，汉武帝刘彻绝对是中国历史上屈指可数的雄主之一；但对于生活在武帝一朝的百姓而言，这样的雄主越是"有为"、越是喜欢折腾，他们的痛苦指数就越高，付出的代价也就越为深重。

这就是历史的悖论。

每一个大时代下的芸芸众生，都只能在这样的历史悖论中艰难求存。当然，为了促进国家、民族等共同体的强盛与繁荣，有些代价是不得不付出的，但毋庸讳言的是——有些却只是"肉食者"为了满足一己私欲而对百姓的过度榨取。

前者是发展的代价，即便痛苦也必须承担；后者则是无谓的牺牲，只能通过文明的进步和制度的完善加以避免。

## 都是"宝马"惹的祸：李广利西征

元封五年夏，也就是武帝刘彻南巡回京不久，一代名将卫青与世长辞。

卫青生于哪一年，史书无载；所以，他享年几何，我们也不得而知。大致推断，他应该比武帝小几岁，终年可能将近五十。武帝为他修建了一座状似寘颜山（匈奴境内名山）的陵墓，以铭记他抗击匈奴的赫赫功勋。卫青的陵墓就在武帝的茂陵和霍去病的陵墓边上，三墓相连，无声地向后世述说着君臣三人抗击外敌、开疆拓土的英雄传奇和历史功绩。

同年，武帝刘彻鉴于帝国的疆域在这些年的征战中得到了极大拓展，郡的数目也增加了不少，为便于管辖，遂在"郡"一级的行政区划上，又增设了"州"，将整个帝国划分为十三个州，分别是：

冀州（今河北中部、南部）、幽州（今河北北部及辽宁）、并州（今山西）、兖州（今山东西部）、徐州（今江苏北部）、青州（今山东东部）、扬州（今安徽中部及江南地区）、荆州（今湖北、湖南）、豫州（今河南）、益州（今四川、云南）、凉州（今甘肃）、交趾（今广东、广西、海南及越南北部）、朔方（今黄河河套地区）。

有必要指出的是，这十三个州并非行政区，而只是监察区。中央向每个州派出一名刺史，负责监察地方各郡。刺史只有监察权，没有行政权；官秩也较低，只有六百石。这一制度大致延续到了东汉末年；至汉灵帝时期，朝廷才开始选派重臣出任州牧。从此，州才演变成了行政区；各州或置刺史，或置州牧，成了地方最高军政长官。

卫青的去世犹如一道分水岭，凸显出了一个严峻的现实——武帝刘彻的前半生，朝堂上人才济济，可谓"猛将如云，谋臣如雨"，因而被后来的班固誉为"汉之得人，于兹为盛"（《汉书·公孙弘卜式儿宽传》）；可时至今日，当年的那些帝国精英或在征战中捐躯，或因武帝的滥杀而死于非命，或是自然死亡，已经凋零殆尽。

正所谓"天下以智力相雄长"，一切竞争，归根结底都是人才的竞争；一切发展，都是以人才为前提的发展。没有了人才，一切都谈不上。

为此，武帝刘彻不得不在时隔多年后，再度颁发一道求贤诏，称："盖有非常之功，必待非常之人。故马或奔踶而致千里，士或有负俗之累而立功名。夫泛驾之马，跅弛之士，亦在御之而已。其令州郡察吏民有茂材、异等可为将相及使绝国者。"（《汉书·武帝纪》）

大意为，要建立非同寻常的功业，必须依靠非同寻常的人才。有的马会在奔跑时踢人，却能远行千里；有的人会被世俗讥讽，却能建立功名。这些不受驾驭的马和放纵不羁的人，并非不可造就，关键在于如何驾驭。朕命令，各州郡要察举官员和百姓中那些有杰出才干和特殊能力的人，可以让他们担任将、相或出使远方的使节。

诏书很快就发到了天下的各个州郡，然而应者寥寥。

彼一时，此一时也。想当年，刘彻的求贤诏一发，天下应者云集，人才纷至沓来——然而这样的盛况已经一去不复返了。究其原因，说是"气数""国运"也好，说是武帝滥杀给天下人造成了"恐惧症"也罢，总之，诏书发出后好几年，也未见一个真正的人才脱颖而出，更别提要像卫青、霍去病他们那样建功立业了。

不知道在这样的时刻，武帝刘彻会不会想起当年汲黯劝他不要滥杀大臣的情景。当初的刘彻曾经自信满满地说："世上从不缺少人才，只怕发现不了人才。若善于发掘，何患无人？"可事到如今，大汉帝国确实已经面临人才匮乏、后继无人的窘境。

说难听点儿，就算人才是春天里拼命生长的韭菜，能够一茬接一茬地往外冒，可也架不住武帝刘彻这把大镰刀的疯狂收割啊！

有一个例子，很典型地说明了武帝滥杀给大臣造成了多么严重的心理阴影。

那是太初二年（公元前103年）春，时任丞相的石庆病故，丞相一职出缺。武帝刘彻的目光在满朝文武中扫来扫去，最后落在了太仆公孙贺身上。

公孙贺是卫青的姐夫，早在景帝年间便已入仕，后来多次跟随卫青北征匈奴，立下不少战功，算是眼下朝廷中硕果仅存的少数元老之一了。武帝觉得没有比他更合适的人选了，随即封公孙贺为葛绎侯，并拜他为相。

作为百僚之首，丞相之位无疑是一个人仕途生涯的巅峰，绝对是所有为官之人梦寐以求的。然而此刻，接到任命诏书的公孙贺非但没有半点儿荣耀之感和喜悦之情，反倒充满了担忧和恐惧。

原因很简单——大汉帝国的丞相早就成了一份高危职业。

自从公孙弘之后，历任丞相多数死于非命（表面是畏罪自杀，其实都是受武帝所迫），像石庆这种寿终正寝的纯属个别现象。而且，石庆为人十分谨小慎微，从不敢对天子有丝毫拂逆——可在任期间，还是多次遭到过武帝的训斥。他最后能得以善终，实属幸运。

公孙贺可不敢指望自己能有这份幸运。在他看来，这份委任状无异于一道死刑判决书，所以打定主意绝不接受。在之后的任命仪式上，公孙贺愣是"顿首涕泣不肯起"（《资治通鉴·汉纪十三》），就是趴在地上拼命磕头，一把鼻涕一把泪，说什么也不肯当这个倒霉丞相。

没想到我老刘家的乌纱帽竟然这么不招人待见！

武帝刘彻既尴尬又恼怒，却又不便发作，只好阴沉着脸拂袖而去。

这下轮到公孙贺尴尬了。他跪在地上，走也不是留也不是，痛苦得要死。

最后，胳膊终究拧不过大腿，公孙贺还是万般无奈地接受了任命。

走出皇宫的那一刻，公孙贺忍不住仰天长叹，道："我从是殆矣！"（《资治通鉴·汉纪十三》）

从今往后，我算是完蛋了！

果不其然，十二年后，这句话便一语成谶——公孙贺受"巫蛊之祸"牵连，与儿子双双死于狱中，整个家族也惨遭诛灭。

太初元年秋，汉帝国与大宛之间发生了一起严重的外交纠纷。这起纠纷，最终导致两国爆发了一场大战。

纠纷的起因，源于大宛国的特产——汗血宝马。

武帝爱马，尤其钟爱产自大宛的汗血马。多年前，大宛与汉朝建交时，曾进献过一批汗血马。可武帝觉得远远不够，一直希望通过互赠的方式获得更多汗血马。

这一年，出使西域的使节回国后，对武帝称：大宛有很多汗血马，却都藏匿在贰师城（大宛都城贵山城南四十公里处），不让汉朝知道。

武帝一听，觉得这无非是一种"奇货可居"的手段，想借此抬高汗血马的身价罢了。没关系，大汉有的是钱，我们出得起。随后，武帝便派遣了一个使团，携带黄金一千斤，另外又用黄金铸造了一尊汗血马雕像，前往大宛，准备与其交换。

在武帝看来，他这么做已经很有诚意了，相信大宛没有理由拒绝。

然而这回，他打错了算盘——大宛压根儿不想用他们宝贵的汗血马去换大汉的金子，金子再多也不行。

当然，大宛君臣并非脑袋一拍就做了决定，而是为此专门召开了一次会议。经过讨论，他们一致认为：汉朝与大宛相距遥远，中间又隔着盐泽戈壁，且北有匈奴，南乏水草，汉使屡屡困于中途；往往一支使团有几百号人，却因缺水少食，动辄死亡过半。就算汉朝要派大军前来讨伐，又能奈我何？

就这样，大宛断然拒绝了汉使。

汉使没想到是这个结果，一怒之下，对着大宛君臣破口大骂，并把那尊金马雕像砸烂，然后扬长而去。

如此一来，大宛君臣也怒了，纷纷说："汉使把咱们看扁了！"随后，大宛朝廷派出快马，通知驻守在东部边境的郁成王，命他拦截并击杀汉朝使团。郁成王立刻采取行动，将整个汉朝使团成员全部砍杀了，并夺取了他们携带的所有黄金和财物。

噩耗传回长安，武帝刘彻不禁暴怒。

买卖不成仁义在，何至于谋财害命、截杀使团？！你大宛区区一个蕞尔小国，竟敢如此丧心病狂，就不怕能征善战的大汉铁骑把你们一举踏平吗？

曾经出使大宛的使臣姚定汉等人立即向武帝奏报："大宛国兵力薄弱，我大汉最多出动三千人，便可将大宛君臣全部俘虏。"

武帝刘彻深以为然，决定西征大宛，让这些宵小之辈血债血偿！

刘彻为此次西征选定的统帅，就是他眼下正宠幸的李夫人之兄李广利。

跟当年的卫青和霍去病一样，李广利的身份也是当红外戚。在武帝看来，既然当初的卫青和霍去病可以在毫无军事经验的前提下大破匈奴、屡建奇功，那么今天李广利出马，一定也能手到擒来、征服大宛。

然而，此外戚非彼外戚。当年的卫青和霍去病能够成功，不代表今天的李广利也能。如果成功这么容易复制，那世界上的所有事情就都变得很简单了：只要学会了套路并不断复制，"成功"便唾手可得。

事实上，正如前文所言，武帝登基后的汉帝国，正处于朝气蓬勃的人才井喷期，由"文景之治"所积累的雄厚国力，加之青年汉武帝的励精图治，以及合理高效的人才选拔机制等，才令汉帝国涌现出一大批卓越的文臣武将。可眼下早已时移世易，不论是从"法久生弊"、制度败坏的角度讲，还是从汉武帝人到中年后的逐渐昏聩来看，真正的人才要么不愿入仕，要么难以出头，总之人才凋零已成无法逆转的事实。

当然，还有一个因素也不可不提，那就是汉朝的国运开始走下坡路了。这一点没什么道理好讲，且不以人的主观意志为转移，却真实存在，且对世事的影响不容忽视，更不可小觑。

所以，在如此窘迫的局面下，刘彻选择李广利，充其量也就是矮子里头拔将军，与当初慧眼识英拔擢卫、霍，早已不可同日而语。

刘彻此举，另外还有一层用意，就是希望李广利借此机会建功立业，以便给他封侯。毕竟"无功不得封侯"是西汉不成文的祖制；刘彻虽然爱屋及乌，早想给李广利封侯，但他本人总要做点儿业绩出来，面子上才过得去。

因目标是大宛的贰师城，刘彻便任命李广利为"贰师将军"；然后拨给他六千匈奴籍的骑兵，另外又从各郡国招募了数万名"恶少年"——也就是不务正业的地痞流氓，加入了远征军。这些人从未经过军事训练，顶多只有一些街头斗殴和打群架的经验，纯属乌合之众，其战斗力和综合军事素养自然都远不如正规军。

武帝这么做，明显是太轻视大宛了，这也为随后的惨败埋下了伏笔。

杂牌大军集结完毕后，于当年秋天踏上了西征之路。

关于此次西征，上自统帅李广利，下至数万名新兵蛋子，都对即将遭遇的困难和危险估计不足。更要命的是，他们都严重缺乏长途奔袭、沙漠行军和穿越无人区的经验。前面的路程还好，毕竟沿途有不少汉军的堡垒、亭障，可以提供补给。而当大军渡过盐水（罗布泊一带河流，今已消亡），继续西行后，饮用水和食物短缺的问题立刻摆在了他们面前。

没有极其顽强的意志力和野外生存能力，想穿越广袤的戈壁、沙漠和无人区，几乎是不可能的。所以，这支临时拼凑的西征大军基本上每走一段路，都有一批士兵倒下——然后他们就永远地躺在了那里。

李广利只能寄希望于挨过无人区后，西域沿途诸国能给汉军提供饮食。不料，大多数西域国家迫于匈奴的压力，都不敢向他们伸出援手。李广利没辙，只好下令对沿途城池发起强攻。然而，以这支杂牌军的战斗力，加上长途跋涉后士气低落、体能下降，所以能够攻打下来的终究是少数。

反正，能打下来的城池，多少还能补充一些给养；打了多日纹丝不动的，李广利只能率部绕道而走。

就这样，这支西征大军一路走、一路打、一路伤亡，整整花了一年的时间，到太初二年秋，才刚刚抵达大宛东部边境，也就是郁成王的地盘。

经过一年的死亡跋涉和连番苦战，原本数万人的大军，此时只剩下可怜巴巴的几千人；而且个个面黄肌瘦、疲惫不堪。

这样一支残部，还怎么打仗？

可眼前的郁成城（今吉尔吉斯斯坦乌兹根城）却是绕不过去的。因为由此往西都是大宛国境，假如绕城而过，到时候前有堵截，后有郁成王追兵，汉军就得团灭。所以，虽然明知获胜的可能性很小，李广利也只能硬着头皮强攻郁成城。

结果不出所料，郁成王率部迎战。汉军大败，又死伤了大半。

到这一步，无论如何是不能再往西走了，李广利只能带着残兵败将狼狈撤退。最后回到敦煌时，只剩下几百人——基本上可以算全军覆没了。

李广利不敢直接回朝，而是派人送了道奏疏回去，勉强为这场失败辩解。他说："此次出征，路途遥远，饮食匮乏；士兵们不怕打仗，就怕饥饿。而且，兵力太少，不足以攻克大宛。现请求班师回京，再图后举。"

武帝刘彻见到奏疏，既失望又愤怒，命人回复说："敢入玉门关一步者，立斩！"

李广利吓坏了，只好滞留在敦煌。

数万人葬身大漠，难道都是李广利的责任吗？这场近乎全军覆没的远征，首要的问题就出在战略总指挥武帝刘彻身上。李广利不是卫青、霍去病，想要他一上战场就建功立业，复制二者的英雄传奇，这对李广利其实并不公平，纯粹是出于刘彻个人的盲目乐观和莫名自信。武帝刘彻想重用李广利可以，前提是必须给他时间历练和成长，否则这种压力只能把他压垮，到头来当然是希望越大失望越大。

其次，招募地痞流氓去打仗，基本就是让他们去当炮灰送死。这既是对人的生命的不负责任，也是对战争规律的违背和极端不尊重。也许在武帝刘彻看来，只要仗能打赢，这些人死不足惜，可这无异于赌博——赌输了很正常，赌赢了才奇怪。

另外，那六千匈奴骑兵虽然有一定作战经验，对沙漠行军也不陌生，但他们跟汉朝正规军的精锐相比，不论是从战斗力、军事素养，还是从忠诚度、凝聚力来看，肯定都是远远不及的。而这也是令李广利无法复制卫、霍传奇的客观原因之一。毕竟当年武帝交给卫青和霍去病的兵，可都是汉军精锐中的精锐。

综上所述，作为战略总指挥的武帝刘彻，其实是犯了大意轻敌的错误，所以必然要为这一错误买单。

## 汉匈博弈：从文斗到武斗

太初二年（公元前103年）的秋天，可谓大汉帝国的"多事之秋"。就在李广利西征大宛遭遇惨败的同时，另一支由猛将赵破奴率领的精锐骑兵也在漠北折戟沉沙，整支部队两万多人成建制地投降了匈奴。

这是大汉帝国自元狩四年漠北大捷、霍去病"封狼居胥"后，在对匈战场上遭受的最严重的一次挫折，也是整个武帝一朝对匈战争中最难堪的一次失败。

要说清事情的来龙去脉，有必要回顾一下漠北大捷以来，汉朝与匈奴这些年间在总体上的博弈态势。

早在元鼎三年（公元前114年），即匈奴在漠北大决战遭遇重创的五年后，伊稚斜单于就死了，其子乌维继位。

乌维单于上位前后的十多年间，是匈奴的战略收缩期和休整期。一方面，匈奴在漠北惨败后元气大伤，需要时间休养生息，恢复实力；另一方面，乌维继位后，也需要一段时间巩固个人权力。因此，这一时期的匈奴根本不敢也无暇再入寇汉朝，双方基本上相安无事。

汉朝利用这个战略机遇期，通过张骞第二次出使西域，开始执行"断匈奴右臂"的战略计划，逐步展开对西域的经略。十来年间，乌孙、大宛、月氏、大夏等西域国家纷纷与汉朝建立了外交关系；双方的外交活动日益频繁，在相当程度上遏制了匈奴在西域的势力。

当然，匈奴绝不会轻易退出西域。虽然被汉朝重创，但其地理位置比汉朝更靠近西域，拥有近水楼台的地缘战略优势，所以对诸多西域国家仍然具有较强的影响力。

这些被夹在汉、匈之间的西域诸国，通常都采取两边不得罪的骑墙态度。差别只在于偏倚的程度——有些离匈奴较远的，会更倾向于汉朝，如乌孙；有些距离较近的，则仍偏向于匈奴，如车师、楼兰。

司马光就称："然西域以近匈奴，常畏匈奴使，待之过于汉使焉。"（《资治通鉴·汉纪十三》）

越靠近匈奴的西域小国，对匈奴的使节越是畏惧、恭顺，而对待汉朝使节的态度就差了很多。匈奴遂利用这种威势，迫使某些小国拦截并击杀汉朝使团，破坏汉朝对西域的经略。

甘当匈奴马前卒的，主要就是车师（今新疆自治区吐鲁番市）和楼兰（今新疆自治区若羌县）。这两个小国都位于玉门关外，一北一南扼守着汉朝通往西域的咽喉要道；遂利用这一得天独厚的地理优势，当起了车匪路霸，多次截杀汉使，属于典型的为虎作伥。

对此，武帝刘彻当然不能忍。

看来，要想经略西域，只能是外交和军事手段双管齐下，缺一不可。

元封三年，武帝命多次参与对匈作战的猛将赵破奴，率部征讨车师和楼兰。

对付这样的弹丸小国，自然无须兴师动众。赵破奴只率轻骑七百余人，便一举击破楼兰，生擒了楼兰王；继而又北上大破车师，轻而易举地拔掉了西域路上的这两枚钉子。班师回朝后，赵破奴立刻被武帝封为浞野侯。

为了防止匈奴人报复，重新染指河西走廊，武帝旋即下令，于酒泉（今甘肃省酒泉市）至玉门关（今甘肃省敦煌市西北）一线（相当于在整条河西走廊上），修建了无数的碉堡和亭障，以保障这条黄金通道的安全。

两个"小弟"瞬间被灭，匈奴这个做大哥的当然很没面子。要是放在以往，匈奴一定会大举兴兵入寇。可今时非同往日，不管心里再怎么不爽，乌维单于也只能忍了。

自继位以来，乌维在对汉战略上只能采取守势，尽量不与汉朝发生正面冲突，以便用时间换空间。因此，这一阶段的汉匈博弈，主要就集中在了外交层面。

为了迷惑汉朝，乌维单于曾多次派遣使节，"好辞甘言"请求和亲。武帝刘彻当然不会轻信匈奴人的甜言蜜语；但现阶段与匈奴至少维持表面和平，也符合汉朝的战略需要——毕竟这些年来，尽管北线无战事，可汉朝在南面、西南、东面却从未停止征战，所以也有先稳住匈奴的必要。

就这样，汉匈双方出于同样的目的，开始在外交上打起了太极推手。

有来无往非礼也。元封四年（公元前107年），武帝派遣北地人王乌出使匈奴——表面上说是磋商和亲事宜，目的则是刺探匈奴虚实。

王乌这个人八面玲珑。他到了匈奴后，为更好地开展工作，就刻意换上匈奴人的服饰，遵从他们的各种习俗；还把使臣节杖弃置一旁，天天在大帐中跟乌维单于谈天说地、喝酒吃肉。乌维由此对王乌大生好感，便借着酒劲儿吹牛，说愿意将匈奴太子送到汉朝去当人质。

如果乌维真的这么做，那么王乌身为使节，显然是超额完成了任务。王乌很高兴，马上回朝向武帝做了禀报。

武帝很怀疑此言的真实性，就又派了另一个使节杨信，继续去跟匈奴谈，问他们什么时候把太子送来。

不知是刘彻有意为之，还是纯属巧合，总之这个杨信的性格恰好跟王乌相反，是那种严肃刻板型的。所以，他到了匈奴后，言行举止都是公事公办的态度，显得十分高冷。乌维单于这就很不爽了，便对杨信说："按照以前的惯例，汉朝把翁主（亲王之女）嫁过来，嫁妆都极其丰厚，这才算是真的和亲，所以我们也不会去侵扰汉朝。可今天你们的要求恰恰相反，是让我们把太子送去当人质——那我们能得到什么呢？"

这就叫出尔反尔，食言而肥。

当然了，所谓博弈，就是真真假假、虚虚实实，哪有可能真的言出必行？

杨信如实回报。武帝刘彻也很好玩儿，就又命王乌再去一趟。这就明显是跟匈奴人打太极了。乌维一看老朋友王乌来了，再度信口开河，说："我打算亲自前往长安，面见大汉天子，与他约为兄弟。"

王乌喜出望外，赶紧回报。

据《史记·匈奴列传》称，汉朝随后便在长安修建了一座官邸，说是专门为了接待单于之用："汉为单于筑邸于长安。"乍一看，貌似武帝刘彻上了乌维单于的当，真的以为人家会来跟他约为兄弟，所以就很热情地帮他盖了房子。可实际上，往深了一想，这也就是做做表面功夫罢了，仍然只是武帝的一种博弈手段。

如前文所言，武帝这些年一直在大兴土木，盖的"高楼大厦"和豪华宫殿多了去了，建一座所谓的"单于邸"，相比之下完全是九牛一毛，谈不上花什么钱。所以，武帝此举其实是在倒逼乌维——你说要来见我，我就特地为你盖了一座官邸，我们汉朝很够意思吧？接下来就看你的表现了。

乌维被武帝这么一逼，就没什么招了，便开始耍赖，说："除非汉朝把最尊贵的官员派来，否则我不跟他说实话。"言下之意，就是怪汉朝之前派去的使节王乌、杨信都只是小官，不够尊重匈奴。

说完这话，乌维就派了一个使节前来，声称是他们匈奴最尊贵的官员，大有要求汉朝派遣对等高官的意思。可事实上，此人在匈奴到底是什么级别，鬼才知道！还不都是他们一张嘴自说自话。

本来这场太极推手还可以一直打下去，不料突然出现了一个意外，导致汉匈双方最后从文斗变成了武斗。

意外就发生在匈奴刚刚派来的这个使节身上。好巧不巧，这人来之前还好好的，可到了长安没几天，忽然就生病了。汉朝出于好意，给他送了药过去——可没想到，这个倒霉家伙吃了药后，非但没有好转，反倒一命呜呼了。

这下，汉朝算是跳进黄河也洗不清了——人是在你们那儿死的，而且是吃了你们给的药才死的，这事你能说得清吗？

武帝刘彻只能吃这个哑巴亏，旋即派了一个叫路充国的使节，护送此人棺柩回国，并奉上黄金数千斤作为厚葬之用，以示抚恤和慰问。为了满足乌维"派遣对等高官"的要求，武帝还特意让路充国佩上了二千石的印信——为了出使才临时佩印，说明路充国本身只是小官。从这个细节亦可见汉匈双方都在互相忽悠，病死的这个使节在匈奴肯定也只是小人物。

按说汉朝又是护送灵柩又是馈赠重金，也算是仁至义尽了，乌维单于理应领情才对。可遗憾的是，这家伙却是个胡搅蛮缠的主儿，非但不领情，还以"汉杀吾贵使者"（《史记·匈奴列传》）为由，把路充国给扣留了。

事情发展到这一步，乌维单于终于撕破了他的假面具——所谓"送太子为质""亲自入朝""约为兄弟"云云，都是忽悠。

随后，匈奴便以使节被杀为借口，开始陆续出兵，多次袭扰汉朝边境。

战报传来，武帝刘彻立刻命赵破奴和拔胡将军郭昌，率部进驻朔方以东，严密警戒，以防匈奴大举南下。

至此，汉、匈之间自漠北大决战之后"相安无事"的局面被打破了，双方的博弈从外交转向军事，文斗也变成了武斗。

此时距乌维继位已经是第八个年头，距漠北惨败也已十三年，匈奴经过这些年的休整，实力得到了相当程度的恢复，所以就开始蠢蠢欲动了。

然而，人算不如天算。就在乌维单于摩拳擦掌，准备大举南侵、一洗漠北惨败之耻的时候，死神忽然就降临了。元封六年，乌维一病而亡。其子乌师庐继位，因年少，被称为"儿单于"。

少主上位，内部政权不稳。在此形势下，匈奴不仅顾不上汉朝，且生怕汉朝趁此机会再度北征；遂朝西北方向迁徙，避开了汉匈之间多年来的主战场。自此，匈奴兵力所及，最东边只到汉朝的云中郡，最西边也只到酒泉、敦煌二郡。

乌师庐继位后，因年纪太轻，内部各派势力都不怎么买他的账。他为了巩固权力，遂大肆诛杀，清除异己。如此一来，匈奴高层不免人人自危。

屋漏偏逢连夜雨。就在此时，匈奴又遭遇严重的雪灾，牲畜大量死亡，于是国内形势更加混乱。太初元年，匈奴左大都尉暗中派人来到长安，向汉朝表示，他准备干掉儿单于，然后归降汉朝；只因距离太远，怕有闪失，希望汉朝能派兵接应。

武帝刘彻闻报，对此高度重视；立刻命将军公孙敖前往塞外修筑一座城池，然后率大军进驻。因该城池专门用于接应左大都尉，遂取名受降城（今内蒙古自治区乌拉特中旗东）。

太初二年秋，也就是李广利西征大宛遭遇惨败之后，武帝刘彻觉得受降城离匈奴仍然太远，遂命赵破奴率两万多骑兵从朔方出发，深入西北大漠两千余里，准备挺进到浚稽山，接应匈奴的左大都尉。

就是这一次长途奔袭，葬送了这支部队。

赵破奴按照约定时间，到达了接应左大都尉的地点。然而，匈奴的儿单于尽管年轻，却并不笨。他事先察觉了左大都尉的政变图谋，遂抢先下手干掉了左大都尉；然后派遣了一支八万多人的骑兵大军，对赵破奴发起了进攻。

赵破奴毕竟是身经百战的猛将，他以寡敌众，跟匈奴人干了一仗——非但没吃亏，反倒俘获了数千匈奴兵。随后，赵破奴率部向南撤退。匈奴大军当然不会放过这条大鱼，遂一路追击。在距离受降城四百里的地方，汉军被匈奴大军追上，并被团团包围。

此时，赵破奴仍然没有慌乱。他命部众就地扎营，准备固守待援。此处距受降城已经不远,只要坚持到援军抵达,便可彻底脱离危险。

可意外就在这时出现了。当天夜里,赵破奴仅率数名亲兵,出营寻找水源,恰巧与匈奴的斥候部队迎面撞上——这回,赵破奴终究寡不敌众,被匈奴生擒。

匈奴大军旋即猛攻汉军大营。汉军原本便寡不敌众,现在又加上群龙无首,两万多名将士顿时人人震恐。若殊死抵抗,极有可能全军覆没;若强行突围,即便部分将士能逃回去,可按照汉朝军法,丧失主帅的部队必受严厉制裁,甚至有可能被诛杀。

既然抵抗是死,逃回去也是死,那么这两万多人唯一的生路,就只剩下投降了。

于是,在赵破奴被生擒的当晚,他麾下的这支部队就这样成建制地投降了匈奴。

儿单于接到捷报,大喜过望,立刻命大军乘胜南下,进攻受降城,准备扩大战果。不过,这是一座新筑的城池,坚固异常,没那么好打。匈奴大军攻城无果,就在边塞一带劫掠了一番,然后扬长而去。

赵破奴所部全军投降匈奴,是汉朝的奇耻大辱,却是匈奴期盼已久的一场胜利。自从伊稚斜在漠北惨败后,憋屈了十多年的匈奴人终于扬眉吐气了一回。

儿单于踌躇满志,决定明年开春,便亲率大军进攻受降城,好好跟汉朝较量一番。可是,上天却再度跟匈奴人开了一个残酷的玩笑——太初三年(公元前102年)春,年纪轻轻、在位还不到两年的儿单于,竟然紧步其父之后尘,在毫无征兆的情况下一病而亡了。

儿单于的儿子自然更小,尚在襁褓;匈奴遂拥立儿单于的叔父、右贤王呴犁湖继位。

单于换了人,内部难免又要乱一阵子——暂时肯定是无暇南侵了。

武帝刘彻抓住这个机会,迅速在北部边境构建了一个庞大的防御网:

首先,命光禄勋徐自为前往五原郡,于郡城以北一千多里的荒漠上,一路修筑了无数堡垒和亭障,往西北方向一直延伸到了庐朐山(今蒙古国肯特山);其次,命游击将军韩说、长平侯卫伉(卫青长子)率部进驻较大的要

第九章 武帝的另一面

塞；最后，命强弩都尉路博德在居延海（今内蒙古自治区顺诺尔湖）修筑城池，严防匈奴。

汉朝刚一完成战略部署，匈奴人就纵马南下了。

同年秋，呴犁湖单于出兵，大举入寇定襄、云中二郡，杀掠数千人；数度击败汉朝的几名二千石官员，然后在北撤的路上大肆拆除徐自为修建的那些堡垒、亭障。同时，呴犁湖又命右贤王部入寇酒泉、张掖，同样屠杀了数千人。汉朝将领任文及时率援军赶到，击退右贤王部，夺回了被匈奴掳掠的百姓和牲畜。

自此，汉匈之间平息了十多年的战火，再度熊熊燃起……

## 二征大宛：一场代价惨重的胜利

李广利和赵破奴接连遭遇惨败的消息传回长安后，满朝文武大为震惊。自今上刘彻即位以来，汉朝似乎还从未在军事上遭受如此重大的挫折、蒙受如此巨大的耻辱！

接下来该怎么办？

两线作战肯定是不行了，汉朝只能集中力量对付一个敌人，才有转败为胜的可能。对此，公卿百官大多认为，应该命李广利罢兵，放弃对大宛的征伐，然后集中优势兵力攻击匈奴。毕竟，匈奴才是汉朝的宿敌和心腹大患。至于大宛，不过是个跳梁小丑，日后再收拾也不迟。

可武帝的想法却与群臣截然相反。

在他看来，堂堂大汉帝国，若是连大宛这么一个蕞尔小国都打不下来，那么其他西域国家必定会轻视大汉。其结果，不但得不到汗血宝马，而且大夏、乌孙、轮台（今新疆自治区轮台县）等国今后也都不会把汉使放在眼里，汉朝将成为天下万邦的笑柄。

这如何能忍？！

为了统一思想、排除杂音，刘彻旋即把力主放弃西征的朝臣邓光等人打入了大牢。随后，刘彻下令进行全国总动员，一边延续之前的做法，大批赦免监狱囚犯,并招募天下郡国"恶少年",全部编入远征军;一边从各处边塞征调骑兵部队。大约花了一年时间,陆续集结到敦煌的西征大军达到了六万人,而自愿从军的还不算。

远征军下设五十多名校尉,相当于五十多个团级作战单位。

后勤方面,刘彻也不惜血本,一共调集了十万头牛、三万匹马,另有驴和骆驼数万匹(头);此外如粮秣、兵器及各项补给也十分充足。

如此大规模的战争动员,必然给各级官府和天下百姓增加了极大的负担。其烦扰纷乱的情形,司马迁在《史记·大宛列传》中,用四个字做了概括——"天下骚动"。

稍后,刘彻得到情报,称大宛国首都贵山城的城中没有水井,饮用水都要到城外的河流汲取。针对大宛的这一软肋,刘彻又专门调派了一批水利工程人员,命他们随军出征,主要任务就是将河流改道,从而切断贵山城的水源,将大宛的君臣百姓困死城中。

另外,刘彻还另行委派了两名养马专家,称为"执马校尉"和"驱马校尉",专门负责攻克大宛后为朝廷选取优良的汗血马。

六万多人的大军刚刚集结完毕,刘彻仍然觉得兵力不够,于是挖空心思地发布了一道特殊的征兵令。这道命令专门针对"七科"之人。所谓七科,指的是七种身份低贱的人,包括犯过罪的小吏、流民、赘婿、商人,以及曾经当过赘婿或商人的,还有父母、祖父母当过赘婿或商人的。

古人的社会歧视,今天看来十分匪夷所思,可在当时却是天经地义的。这七种人,大致都属于"贱民";朝廷需要人去当炮灰的时候,他们自然冲锋在前。更可怜的是,这些人去当兵打仗还不能吃国家粮,只能自备干粮。

为了防备匈奴趁机南下,刘彻又大举征调了十八万边防军,一部分进驻酒泉、张掖以北,一部分驻扎在居延(今内蒙古自治区额济纳旗)、休屠(今甘肃省民勤县东北)一带。

做完这一切,刘彻才给李广利下达了二征大宛的命令。

太初三年夏,大军浩浩荡荡地从敦煌出发。如果说,第一次西征李广利率领的是一支杂牌军;那么这一次,他麾下的这支大军无疑更加驳杂,属于一锅乱炖的"大杂烩"。

第九章 武帝的另一面 287

尽管其战斗力跟上次一样可疑，可盛大的军容还是颇能唬人的。西域沿途那些小国，上次不约而同给李广利吃了闭门羹，这回的态度却来了个一百八十度大转变，纷纷打开城门，殷勤地给汉军提供饮食。

唯一一个不识时务的小国，就是轮台，仍旧跟上次一样城门紧闭。汉军前锋怒而攻城，打了几天，没打下来；直到李广利的主力抵达，才将其攻克。李广利随即下令屠城，男女老少一个不留。

虽然屠城之举颇为残忍，却有效震慑了接下来的其他国家，所以后面的行军就顺利多了。很快，李广利大军便推进到了大宛边境。汉军仅先遣部队便有三万人，立刻对大宛的边境城池发起进攻。大宛军队出城迎战，却被汉军的漫天箭雨射杀了大半，慌忙逃回城中固守。

李广利也不恋战，旋即绕过这座边城，率大军直扑大宛的边境重镇郁成城，即郁成王的本部。

起初，李广利打算强攻这座坚城，却又担心万一久攻不下，会生变数。旋即改变主意，只留部将王申生率一千余人，在此监视郁成王动向，自己则率大军绕过郁成城，直取大宛首都贵山城。

上次之所以不敢绕道而行，是因为兵力薄弱，容易被敌军前后包抄、围而歼之。而这回，汉军兵卒众多，即便被围，也足以分兵抵御，所以毫无压力。

事实证明，李广利的这次决策是对的。

大军兵临贵山城下后，李广利便按照事先拟订的计划，命随军工程人员将城外的河流改道，切断了城中的水源。之后，大军开始围攻贵山城。

大宛守军也很顽强，一直在奋力抵抗。汉军连攻了四十多日，这座都城依旧岿然不动。不过，缺水的问题最终还是摆在了大宛军民的面前——经过这一个多月的困守，城中的储备水已经消耗殆尽，再硬撑下去，不光士兵们打不了仗，城中居民不分贵贱全都会渴死。

大难临头之际，就是离心离德之时。大宛城中的达官贵人们绝不愿意拿着全家老少的性命陪国王玉碎，于是暗中开了个碰头会，然后一致认为："就因为国王把汗血马藏了起来，并杀害汉使，才落到今天这步田地。而今之计，只有干掉国王、献出宝马，才能让汉军解除围困；即便围仍不解，到时候再力战而死，也为时不晚。"

众人计议一定，随即联手发动政变，攻入王宫，斩杀了大宛国王毋寡。

恰在此时，贵山的外城也被汉军攻陷了，大宛贵族出身的勇将煎靡被俘。达官贵人们一片慌乱，赶紧派代表提着国王毋寡的人头来见李广利，向汉军求和。

之所以是求和，而不是直接投降，原因在于此时的大宛仍有跟汉军谈判的筹码：

首先，李广利两次出征的主要目的，就是为了汗血马；如果把大宛贵人们逼急了，他们是可以把所有汗血马全部杀掉的。到时候，就算李广利占领了贵山城也没用——从战略目的上讲，这样的胜利与失败无异。

其次，大宛与附近的康居国（首都卑阗城，今中亚巴尔喀什湖西南）是同盟关系。贵山城刚一被围，大宛就派了人向康居求救；虽说康居也惧怕汉军兵盛，不敢轻易发兵——但对汉军而言，终究是一种近在咫尺的威胁。

最后，虽然贵山城的水源被汉军切断了，城中缺水严重，但还没到山穷水尽的地步。因为，大宛不久前刚刚抓了一些汉人，其中就有会凿井的工匠。虽说水井一时半会儿也凿不出来，而且凿下去也不见得一定有水——但毕竟给了大宛人绝处逢生的希望，也多少给了他们坚持下去的底气。

对于大宛手中的这些筹码，李广利也很清楚，所以权衡利弊后，便同意了对方的停战要求。大宛随即把所有汗血宝马全部献出，供汉军挑选，并全力为汉军将士提供饮食。汉军的两名养马专家精心挑选了最优良的汗血马数十匹，次优及母马三千多匹。至此，李广利总算是不辱使命，完成了武帝刘彻交给他的任务。

紧接着，按照古往今来大国征服小国的惯常做法，李广利扶植了一个亲汉的大宛贵族昧蔡，立他为新国王。最后，李广利代表汉朝与这个大宛新政府签订了和平条约，旋即班师回朝。

汉军虽然征服了大宛，但后面仍有余波未平——那个镇守大宛东部边境的郁成王，也就是杀害大汉使团的凶手，还没有伏诛。

就在李广利主力拿下贵山城的同时，留在郁成城附近监视的王申生部，却遭到了郁成王的攻击。该部仅一千余人，寡不敌众，遂全军覆没，王申生战死,麾下仅数人脱逃,好不容易才与李广利主力会合。

李广利闻报,立刻命搜粟都尉上官桀率部进攻郁成城。郁成王不敌,亡奔康居。上官桀紧咬不放,一路追到了康居。康居国王眼见大宛已被汉军征服,此时他若收留郁成王,无异于引火烧身、自取灭亡,遂毫不犹豫地将郁成王捆了起来,直接交给了上官桀。

上官桀命麾下骑兵赵弟等四人,以最快速度把郁成王押送到主帅李广利处。赵弟担心路上有什么闪失,索性一刀砍下郁成王的脑袋,然后拎着人头去交差。

这个叫赵弟的人绝对没想到,就因为这图省事的一刀,他不但在青史中留下了大名,而且回朝后竟然被武帝封为了新畤侯,可谓一步登天。

人的命运有时候就是这么难以捉摸。李广十六岁从军,戎马一生,杀敌无数,却到死都难以封侯。可这个叫赵弟的幸运家伙,却因为这不费吹灰之力的一刀,就赢得了无数人梦寐以求、名将李广至死不得的侯爵之位。

要说论功行赏,赵弟这一刀实在算不上什么功劳。郁成王是康居国王抓的,人是交给上官桀的;赵弟不过是奉命把人押到李广利那儿罢了,顶多也就跑一趟差的苦劳,赏一些钱或升几级官就足够了,何来封侯授爵之大功呢?

可见,从赵弟封侯这件事来看,武帝刘彻的赏罚尺度实在是有些随性。他很可能是因为得到了垂涎已久的汗血宝马,又听说郁成王是赵弟杀的,一高兴,便不管具体情况如何,随手就给赵弟封了个侯。

李广利大军回朝时,沿途那些西域小国得知大宛已被征服,对汉朝的态度自然极为恭顺,纷纷派遣王族子弟带上贡品,跟随汉军前往长安;并且从此不再回国,而是留在汉朝作为人质。

太初四年(公元前101年)春,李广利大军回到了长安。

汉军通过两次远征,历尽千辛万苦,终于取得了武帝刘彻想要的胜利——汗血宝马到手了,连带着也获得了西域诸国对汉朝的敬畏和臣服。

然而,这场胜利的代价却是惨重的,可以用"劳师糜饷、损兵折将"来形容。

第一次西征,汉军死了数万人,几近全军覆没;第二次西征,武帝刘彻进行了全国性的战争总动员,其间耗费的人力、财力、物力难以胜数。为了两次远征，武帝刘彻还进行了两轮大规模征兵：首轮征兵就达到了六万多人；第二轮征兵对象是"七科"，具体数量史书无载，但至少也有两万人——总计投入兵力应该在八万到十万之间。

可最后生还的有多少呢？

据司马迁在《史记·大宛列传》中记载，二次西征，"军入玉门者万余人"，死亡率大约达到了百分之八十；另外，出征时三万匹战马，回来也只剩下"千余匹"，战损率高达百分之九十五以上。至于牛、驴、骆驼及各项物资，估计基本上也都损耗一空了。

另据司马迁记载，第二次西征，其实士兵"战死不甚多"，大部分反而是死在了获胜后班师回国的路上。而他们的死因，说起来则匪夷所思："将吏贪，多不爱士卒，侵牟之，以此物故众。"（《史记·大宛列传》）意思就是上至将军，下自各级官吏，大多不体恤士兵，且肆意侵害掠夺（如侵吞军饷、欺凌虐待等），导致死亡人数众多。

打仗总要死人，但是大量士兵没有死在杀敌的战场上，却死在自己长官的手里——无论如何都是不可原谅的。对此，作为主帅的李广利显然负有不可推卸的责任。

然而，武帝刘彻要的只是结果——胜利的结果，至于死了多少人、怎么死的，他一点儿都不在乎。用司马迁的说法，就是"天子为万里而伐宛，不录过"（《史记·大宛列传》）。天子刘彻鉴于李广利远行万里征伐大宛，劳苦功高，所以不追究他的过错。

造成大量士兵冤死、惨死的重大领导责任，就这样被天子刘彻轻巧带过、直接无视了。

于是，李广利如愿以偿地被刘彻封为了海西侯；另一个被封侯的就是上文提到的赵弟。除了他们，一大批生还将吏也踏着士卒们的累累尸骨，春风满面地登上了人生巅峰：搜粟都尉上官桀擢升为少府，将领赵始成擢升光禄大夫，将领李哆升任上党太守；另外，荣升九卿高位的军官有三人，升任诸侯相、郡守等二千石官员的有一百余人，升任一千石官员的有一千余人。

当然，有幸生还的普通士兵也拿命换回了应有的封赏：首先是自愿从军的，其所获得的官位都超过他们自己的期望值；其次是以前犯过罪的，从此一律赦免；最后，所有士卒每人都获得了四万钱的赏赐。

反正最后活着回来的，都或多或少改变了命运，可谓皆大欢喜。而那百分之八十战死或被凌虐而死的人，则永远躺在了大漠黄沙之中，任秃鹫啄食他们的血肉，任风霜侵蚀他们的白骨，最后变成一个个无名路标，告诉后来人，汉朝通往西域的道路，是用什么铺成的……

在付出惨重的代价征服大宛后，"西域震惧"（《汉书·西域传》）。从此，汉朝使团出访西域各国就变得顺利多了。为了进一步便利使团和渐渐兴盛起来的商旅驼队，汉朝在东起敦煌（今甘肃省敦煌市）、西至盐泽（今罗布泊）的一路上，修建了大量驿站；另外，又在轮台、渠犁（今新疆自治区库尔勒市西南）一带，派驻武装屯垦部队，每一处据点都有数百人，然后设置屯垦官和校尉进行管辖。

一年多后，大宛国内又发生了一次变故。大宛的达官贵人们认为国王昧蔡过于谄媚汉朝，就联手干掉了他，拥立前国王毋寡的弟弟蝉封。可昧蔡毕竟是汉朝立的，如今他们这么干，必然会引起汉朝的不满。为此，这帮人又想了一招，把蝉封的儿子送去汉朝作为人质。武帝刘彻见他们也算懂事，便不予追究；遂派出使节前往大宛，对蝉封进行赏赐，并承认了他的合法性。蝉封赶紧承诺，以后每年都会向汉朝进贡两匹最优质的汗血宝马。

在流了足够多的血之后，这场由"宝马"引发的滔天大祸，才算是尘埃落定、彻底平息了。

## 苏武牧羊记：铮铮铁骨，屹立千秋

太初四年冬，刚刚上位才一年多的匈奴单于呴犂湖又病死了。匈奴人拥立了他的弟弟、左大都尉且鞮侯为新单于。

对两年前赵破奴全军投降匈奴之事，武帝刘彻一直耿耿于怀；只因忙于西征，无暇他顾。如今大宛既已平定，匈奴又再度发生权力更迭，内部不稳——这看上去似乎是个不错的机会。

武帝旋即向朝野发布了一道公开诏书，称："高皇帝遗朕平城之忧，高

后时单于书绝悖逆。昔齐襄公复九世之仇，《春秋》大之。"(《史记·匈奴列传》)

这道文字十分简短的诏书，足足用了三个典故，两个本朝的，一个春秋时期的。

第一个典故，说的是汉高祖七年，刘邦在平城附近的白登山被匈奴冒顿单于四十万大军围困了七天七夜，险些丧命，史称"白登之围"。

第二个典故，是刘邦去世后，吕后当政，冒顿单于故意写信羞辱吕后，说他自己刚丧妻，而吕后丧夫，他俩干脆一块儿过算了——此事一直被后来的汉朝人视为奇耻大辱。

第三个典故，说的是西周时期，周天子听信纪国国君谗言，将齐国第五代国君齐哀公烹杀；到了春秋时期，齐国第十四代国君齐襄公出兵攻灭了纪国——二者相隔九代，算是报了九世之仇。对此，《春秋公羊传》评价说："九世犹可以复仇乎？虽百世可也。"意思是对于重大的国仇，不仅相隔九世可以复仇，就算相隔一百世同样可以。

武帝刘彻刻意提出这三个典故，用意不言而喻，就是准备大举出兵，把这些旧账和赵破奴的新账一块儿跟匈奴算！

刚上位的且鞮侯单于正忙于巩固权力，没心思跟汉朝打仗，赶紧写了一封措辞极其谦卑的信，对武帝说："我是儿子辈，怎么敢冒犯大汉天子？大汉天子是我老丈人一辈的啊！"随后又把前几任单于扣押的路充国等多批使节全部送还汉朝，还殷勤地献上了很多礼物。

且鞮侯的话虽然说得低声下气，行动上也极力向汉朝示好，但明眼人都知道，这无非是缓兵之计罢了。等他什么时候整顿完内政，回头肯定又会跟汉朝大打出手。

对此，武帝刘彻当然心知肚明。

不过他并未挑破，而是装起了糊涂，然后就坡下驴，接受了且鞮侯的示好和"诚意"。

武帝刚把话说得那么狠，说要报"九世之仇"，为何这么快态度就软化了呢？

原因很简单，汉朝刚刚在大宛打完两场大仗，其实非常需要时间休整，不

第九章 武帝的另一面 293

太可能马上又大举北征。武帝之所以装出恶狠狠的样子，一来是给刚上位的且鞮侯一个下马威，二来则是试探他的态度。如今，且鞮侯既然这么识相（至少表面上很识相），给足了武帝面子，那他当然要顺着台阶下来了。

简言之，双方表面上又恢复了和气，实则都是在为下一步的生死交锋蓄力。

做戏要做全套。既然人家且鞮侯又是送还被扣使节又是送礼物，汉朝肯定也要有所表示。天汉元年（公元前100年）春，武帝刘彻就派出了一名使节前往匈奴，并把之前对等扣押的匈奴使节一并送还，还带去了丰厚的礼物。

这名使节，就是让后世中国人无比敬仰、千古传颂的苏武。

苏武，杜陵（今陕西省西安市）人。其父就是多次追随卫青北伐匈奴的苏建，官至卫尉、代郡太守。凭借父荫，苏武年轻时，便与兄弟一起入宫担任郎官，后来升任栘中厩监（掌管鞍马鹰犬的射猎之官）。

此次出使匈奴，苏武被武帝擢为中郎将，持节，全权代表汉朝。使团成员有副使张胜、随员常惠等一百余人。

本以为这只是一趟正常的出访，毕竟且鞮侯刚刚向汉朝极力示好，双边关系有所改善，这种时候不太可能出现什么变数。

然而，谁都没料到，匈奴人翻脸比翻书还快。当苏武一行抵达匈奴时，发现且鞮侯的态度居然十分傲慢，完全不是汉朝期望的那样。用班固在《汉书·苏武传》的话说，就是："单于益骄，非汉所望也。"

且鞮侯为何如此反复无常，史书没有解释，可能他在短时间内已经整顿完内政，坐稳了单于的位子，所以不必再跟汉朝装孙子了。

虽然且鞮侯的态度不太友好，但并不等于就会把苏武等人怎么样。因为眼下，汉匈两国至少表面上还是和平状态，没必要为难使节。所以，当苏武等人完成出访任务后，且鞮侯按照外交惯例，本来是打算派人护送他们回国的。

可是，一场意外却在此时从天而降，彻底改变了苏武的命运。

正当苏武即将带领使团回国的节骨眼儿上，匈奴突然爆发了一起叛逃事件，而苏武等人就被阴差阳错地卷入了其中。这起事件的策划者有两人，一个是匈奴小王，称"缑王"，姓名不详；另一个是匈奴将领，名叫虞常。

说起这两个人，不得不感叹他们命运多舛，点儿实在是太背了。最初，他们都是浑邪王的部众（緱王还是浑邪王的亲外甥），两人跟随浑邪王一起归降了汉朝。后来，也就是三年前赵破奴北上接应左大都尉的那一次，緱王和虞常不幸就在赵破奴麾下——结果我们都知道了，赵破奴被生擒，所部两万多人全部投降了匈奴。

于是，这两个原本已经归降汉朝的匈奴人，又作为汉军成员投降了匈奴。人走了背运就是这样，混了好些年，结果发现自己又回到了原点。緱王和虞常早已心属汉朝，且家人也都在汉朝，现在回到自己国家反而如坐针毡；所以一直暗中策划，想再度叛回汉朝。

为了确保逃亡路上不被追兵击杀，他们决定事先绑架一个人质。这个人质就是单于的母亲（匈奴人称单于之正妻为"阏氏"）。有了单于阏氏在手，他们相信且鞮侯一定会投鼠忌器——就算到时候派人追上他们，也绝对不敢动手。

本来这个叛逃计划跟苏武等人也扯不上关系，可问题就出在苏武的副使张胜身上。

虞常在汉朝期间，跟张胜是好友。因为有这层关系，他便暗中找到张胜，提出了一个搂草打兔子的"B计划"。

所谓"B计划"，就是在他们动手绑架单于阏氏的同时，顺便干掉眼下匈奴的一个当红人物——卫律。虞常是这么对张胜说的："听说大汉天子十分痛恨卫律，我有办法暗杀他。我的母亲和弟弟都在汉朝，我若建此功，希望朝廷能给予他们赏赐。"

从史书记载的虞常的这段话来看，他应该没有向张胜透露打算叛逃的"A计划"。而虞常之所以要提这个"B计划"，很可能是想：万一"A计划"失败，只要能干掉卫律，家里人多少能得点儿好处，这样自己就不算白死。

张胜听他说要干掉卫律，欣然赞同，马上送给他一份厚礼，以表支持。

那么，虞常所说的这个卫律，究竟是何许人，为什么说大汉天子十分痛恨他呢？

这个卫律，本身是匈奴人；因其父早年便移居汉地，所以汉化程度较深，若不论血统，几乎可以把他当成汉人。卫律在汉朝期间，与武帝宠妃李夫人之兄、音乐天才李延年交情甚笃。李延年便推荐卫律担任使节，出使匈奴。作为高度汉化的匈奴人，这种差事无疑很适合卫律。而卫律也胜任这个工作，愉快并圆满地完成了出使任务。

然而，当他回到汉朝，却无比震惊地发现——李延年及其一大家子竟然被武帝刘彻给族诛了！

李夫人有三个兄弟，分别是兄长李延年、李广利和弟弟李季。李夫人得宠时，李延年等三兄弟自然也跟着飞黄腾达——李延年官拜协律都尉（佩二千石印），负责管理乐府；李广利官拜贰师将军，且因二征大宛之功受封海西侯；最小的弟弟李季是否封官授爵，史书无载，但也享有出入宫禁之便，颇受荣宠。

约在太初年间，李夫人不幸病故。随着美人的香消玉殒，武帝刘彻对李家兄弟的宠幸也就大不如前了。据《汉书·佞幸传》记载，恰在此时，李季又自己作死，"与中人乱，出入骄恣"，就是与宫女淫乱，且恃宠生骄。假如李夫人还在世，估计武帝顶多也就砍掉李季一个人的脑袋，不会搞株连。可现在不同了，李季案发后，李延年依照律法也被连坐，于是两兄弟的整个宗族就全被诛灭了。

李广利因远征大宛之功，侥幸躲过了这场劫难。

卫律作为李延年的好友，且工作都是他介绍的，不免害怕城门失火殃及池鱼，遂三十六计走为上，转身投奔匈奴去了。

因卫律汉化程度深，对汉朝各方面情况了如指掌，所以他在亡奔匈奴后，渐渐受到重用。且鞮侯继位后，越发赏识卫律，封他为"丁灵王"，让他参与匈奴的军国大政。

一个本是大汉使节的人，却主动投奔匈奴，还成了匈奴的重臣——这样的人自然为汉朝所不容。所以虞常才会说"汉天子甚怨卫律"，也才会有杀他立功的想法。

总之，虞常的"A计划"和"B计划"都有了，接下来就是等一个动手的时机了。

大约在虞常跟张胜密谋的一个月后，也就是苏武一行即将回国前夕，机会终于出现——且鞮侯率部外出狩猎，王庭守卫空虚。缑王和虞常决定率手下七十余人突袭王庭，劫持阏氏。

遗憾的是，缑王和虞常一贯点儿背，这次也不例外。他们那七十多个手下中，不幸出了一个叛徒。此人连夜向王庭的留守官员告了密。对方立刻调集部队，抢先下手，将缑王及其部众全部砍杀；仅虞常侥幸没死，被活捉了。

且鞮侯又惊又怒，命卫律彻查此案。张胜这下可慌了神——如果虞常将密谋刺杀卫律一事供出去，不仅自己要完蛋，连整个使团都得被推入火坑。无奈之下，他只好找到苏武，老老实实交代了事情经过。

苏武万万没料到，自己和使团竟然会在这起未遂政变中莫名"躺枪"。

事已至此，无可挽回，苏武作为正使，只能直面这个严重的后果。他对张胜道："事情发展到这个地步，最后必定牵连到我；若等到被捕而死，岂不是有辱国格！"

说完，苏武拔出佩刀，准备以死殉国——一旁的张胜和常惠见状，连忙把他拦了下来。

此时，虞常果然招供了。且鞮侯勃然大怒，立刻召集高官商议，打算把整个大汉使团人员全都杀了。一名重臣则建议劝降，毕竟虞常和张胜企图暗杀的对象只是卫律，不是单于，还不到将汉使全体诛杀的地步。

且鞮侯冷静下来一想，好像也是这么个道理，随即命卫律去劝降苏武。

此时的苏武早已视死如归。卫律一到，还没来得及开口，苏武便对身旁的常惠等人道："身为大汉使节，有辱使命；就算活下来，还有何面目回汉朝？！"说完再次拔刀刺向自己。

这一回，所有人都阻拦不及，刀锋刺入苏武的身体，登时血流如注。卫律大吃一惊，冲上去抱起苏武，然后骑上快马，前去召请医师。经过一番抢救，总算帮苏武止住了血。半晌，昏迷过去的苏武才渐渐醒转。守在一旁、焦急不安的随员常惠等人见状，不禁喜极而泣，赶紧用轿子把苏武载回到使团驻地。

且鞮侯得知苏武自杀之事，对他宁死不屈的气节大为钦佩，于是派遣专人日夜照顾他——当然也是为了看住他，防止他第三次自杀。

随后，且鞮侯命人逮捕了张胜。

过了一段时间，苏武终于痊愈。且鞮侯屡屡派人前来劝降，却都无法说动苏武。此时，虞常已被斩首，张胜遭到囚禁。卫律看出张胜是个软骨头，料他必降，便带着苏武来见张胜，准备杀鸡给猴看。

来到牢房前，卫律便厉声道："汉使张胜谋杀单于近臣（指卫律自己），本应立刻诛杀；不过单于网开一面，只要投降，便可不死。"说完，突然拔刀出鞘，做出要斩杀张胜的样子。

张胜吓得魂飞魄散，忙不迭地表示自己愿意投降。

卫律这才对苏武道："副使有罪，你当连坐。"

苏武淡淡答道："本非同谋，又非亲属，何谓连坐？"

卫律语塞，便径直把剑比到了苏武面前。可苏武却纹丝不动。

苏武不是张胜。作为一个已经"死"过两回的人，还会怕你用死亡来威胁吗？

卫律见硬的不成，只好来软的，随即收刀入鞘，道："苏君啊，我卫律之前背弃汉朝，投奔匈奴，有幸蒙受单于大恩，封我为王，拥众数万，牛马漫山遍野，得享富贵如此！苏君今日若降，明日便和我一样。否则的话，白白抛尸荒野，又有谁知道你的忠心呢？"

苏武默然不语，压根儿不想搭理他。

卫律又道："苏君若肯听我的，投诚之后，便可与我为兄弟；若不肯听，今后再想见到我，那可就难了。"

这话说得就有些自恋了。看来，不把话挑明，这家伙都不知道自己是什么嘴脸。

苏武忍不住骂道："你身为大汉臣子，却不顾恩义，背叛主上，抛弃父母，投降匈奴，甘为蛮夷，我何必要见你！况且，单于信任你，给你生杀之权，你却不会善用，反而要刺激两国君主互斗，坐观祸败。你应该知道，当初，南越杀汉使，结果变成汉之九郡；大宛杀汉使，郁成王头颅被悬挂在长安北阙；朝鲜杀汉使，其国一朝覆灭。现在，就差匈奴了。你明知我不肯降，却苦苦相逼，结果只能导致两国交战。匈奴的覆灭，就从我身上开始吧！"

卫律被骂了个狗血喷头，这才彻底死心，只好如实回报单于。

且鞮侯内心对苏武越发敬重，于是越不肯放弃。他不相信苏武是铁打的。既然好话说尽还是没用，那就让你吃点儿苦头。随后，且鞮侯就把苏武关进了地窖，并且不给他提供食物和水。

就这样，苏武躺在冰冷的地窖里，平静地等待着死亡的到来。

一般来讲，到了这一步，苏武的故事差不多也该画上句号了。可是，就连苏武可能都没想到，自己的生命力竟然如此顽强——他在地窖里关了好些天，粒米未进，滴水未饮，虽然身体十分虚弱，但始终都有一口气在。

恰在此时，天上下起了大雪，融化的雪水顺着地窖的缝隙渗了进来。据《汉书·苏武传》记载，也许是凭着本能的求生欲，奄奄一息的苏武"啮雪与旃毛并咽之"，即吞吃冰雪和皮衣上的羊毛，然后奇迹般地活了下来。

且鞮侯大为惊讶，认为苏武有神灵相助，于是就把他流放到了极度苦寒的北海（今西伯利亚贝加尔湖），让他放牧一群公羊。最后，且鞮侯对苏武说了这么一句话："等到公羊产奶的那天，你就可以回国了。"

公羊当然不会产奶，就像太阳不会打西边出来一样。且鞮侯用这种近乎残忍的幽默，宣判了苏武的"无期徒刑"。也许在且鞮侯看来，时间可以冲淡一切。不管是对匈奴的仇恨，还是对汉朝的忠诚，都将被时光的流水洗刷殆尽。所以，他相信总有那么一天，苏武会跪在他的面前，向他臣服。

然而，且鞮侯错了。

这世上有一种东西，是可以不被时间改变、不被苦难压垮、不被死亡摧毁的。这种东西，就叫作气节。

当苏武被流放到极北的冰天雪地时，他身无长物，只有那根出国前武帝颁发给他的大汉使节的节杖，一直伴随着他。白天牧羊，节杖就紧紧握在他的手里；夜里睡觉，节杖就静静躺在他的身旁。

"杖汉节牧羊，卧起操持，节旄尽落。"（《汉书·苏武传》）

就这样日复一日，年复一年，节杖上装饰的牦牛尾都掉光了，拿在手上就像一根光秃秃的烧火棍。可苏武持节牧羊的身影，却始终巍然挺立。随着岁月流逝，风霜染白了他的须发，皱纹爬满了他的脸颊，但苏武遥望故国的目光，却一直那么执着而坚定。

从汉武帝天汉元年被流放，到汉昭帝始元六年（公元前81年）幸而归国，苏武在西伯利亚那个炼狱般的苦寒之地，整整待了十九年。

"武留匈奴凡十九岁，始以强壮出；及还，须发尽白。"（《汉书·苏武传》）

相信，那根陪伴苏武历尽苦难的节杖，一定也跟随他回到了长安。

相信在苏武的家中，这根饱经沧桑的节杖一定会像圣物般被供奉起来。

对苏武的后人而言，乃至对后世的无数中国人而言，那已经不是一根节杖，而是一根坚贞不屈的铮铮铁骨，是一种蔑视一切苦难的傲然气节，更是华夏民族屹立千秋、传承万世的精神脊梁！

## 血战千里：李陵的光荣与耻辱

就在苏武被匈奴扣押并流放的同一年，非常巧合的是，之前被俘的赵破奴历尽艰辛，竟然从匈奴逃了回来。

猛将赵破奴的归来，让武帝刘彻颇感欣慰；不幸的是苏武却又身陷匈奴，跟赵破奴掉了个个儿。

武帝派遣苏武出使匈奴，本是为了回报且鞮侯释放出的"善意"，不料整个使团竟然有去无回；且苏武等人从此下落不明、生死未卜。这样的结果不仅让武帝始料未及，更令他无法容忍。

天汉二年（公元前99年）秋，武帝对匈奴采取了军事上的报复行动。

他命李广利率三万精锐骑兵，从酒泉出塞，进攻匈奴右贤王的根据地天山。这一战李广利发挥得不错，大破匈奴，斩首并俘虏一万余人。可是，就在李广利班师回朝的路上，匈奴的援军竟然追了上来，将其团团包围。

汉军被围困了数日，几番恶战后，伤亡惨重；加之后勤补给中断，粮食耗尽，情况十分危急。李广利麾下勇将赵充国组织了一百多人的敢死队，拼死突围，硬是将匈奴的包围圈撕开了一个口子，李广利这才率领余部突出重围，脱险而归。

此役，汉军伤亡了十之六七（相当于两万人），遗憾地抵消了前面那一仗的胜利果实。

赵充国身负重伤，身上的伤口多达二十余处。武帝刘彻非常感动，召见了赵充国，亲自察看了他的伤情，嗟叹不已，随后便擢升他为中郎。

此次出征，李广利仅取得了一胜一负的战果，算是跟匈奴人打了个平手，没有达到武帝预期的战略目的。所以，武帝旋即又命因杅将军公孙敖率部从西河郡出塞，与强弩都尉路博德所部在涿涂山（今蒙古国巴彦温都尔山）会师，试图对这一带的匈奴军队进行扫荡。

然而，两支兵团在塞外转了一大圈，却始终没有发现匈奴人的踪迹，遂无功而返。

这一年，与匈奴血战的，除了李广利兵团外，还有一支汉军部队。差不多在李广利出征的同时，这支孤军深入大漠，与匈奴大军进行了一连串极其惨烈的战斗。

这支部队的指挥官，就是李广的长孙李陵。

作为名将之后，李陵继承了祖父李广英勇尚武的基因，从少年时代起便精于骑射；且与李广体恤部众一样，他也十分善待下属，故而很早就有美名传遍朝野。

凭借祖父之荫，李陵年轻时便入宫任职，先后担任侍中、建章监。

武帝刘彻很赏识李陵，认为他有李广遗风，曾命他率领八百轻骑，深入匈奴境内两千余里，前往居延一带侦察地形。李陵顺利完成任务后，被武帝擢升为骑都尉，麾下有来自丹阳（今江苏省丹阳市）和楚地（今湖北省荆州市）的精锐步卒五千人。

李陵率领这支部队常年驻扎在酒泉、张掖一线，平日积极操练部众，主要任务就是防备匈奴。

这一年秋，李广利奉命出征。武帝刘彻专门把李陵召到长安，交给了他一项任务，即负责保护李广利兵团的后勤补给线。可是，年轻气盛、渴望沙场建功的李陵却不甘只做后勤工作，遂主动请命，对武帝道："臣所率领的边防将士，都是荆楚一带的勇士、奇才、剑客，力能搏虎，射术高超。臣愿独当一面，兵出兰于山，分散匈奴的兵力，以免匈奴大军全部压向贰师将军。"

武帝刘彻看出他立功心切，但整体作战部署已经完成，不太可能临时改变，便道："你是不愿做别人的部下吧？现在骑兵都发出去了，我可没有多余的战马给你。"

武帝本以为这么一说，李陵肯定会知难而退，不料李陵却道："不需要战马。臣愿以少击众，就率领五千步兵，直取单于王庭！"

这句豪气干云的话一出，连武帝都有些意外。

武帝一向喜欢有血性、敢冒险的人，闻听此言，不由对李陵的壮志大为激赏；遂同意让他独当一面，出击匈奴。

为了确保李陵的步兵在长途行军中不出现意外，武帝专门给路博德下了道诏书，命他率领骑兵，等李陵兵团完成任务班师后，在半道上予以接应。

然而，正如李陵不愿给李广利打下手一样，身为老将的路博德更不愿意给这个初出茅庐的年轻人打辅助。想当初，路博德也是堂堂伏波将军，只因犯了过错，被降为强弩都尉；可毕竟资历在那儿摆着，想让他放下身段来配合年轻人，基本上不太可能。

于是，路博德便上书武帝："现在秋高马肥，正是匈奴战力最强之时，不宜出战；还请下令李陵暂留边塞，待明年春天再一同出兵。"

武帝刘彻见到奏疏，疑心病立马就犯了。

在他看来，李陵一定是一时激动夸下海口，过后却胆怯反悔，才怂恿路博德帮他遮掩——倘若如此，便是妥妥的欺君！

刘彻越想越怒，遂分别给路博德和李陵下诏，以西河郡又有匈奴入寇为由，命路博德出兵迎击，同时命令李陵，必须于当年九月从遮虏障（今内蒙古自治区额济纳旗南）出塞，北上行军至东浚稽山，侦察敌情，搜索敌军；若确无敌人踪迹，再撤退至受降城（今内蒙古自治区乌拉特中旗东）。

事后来看，正是武帝刘彻这道出于猜疑和愤怒的诏令，最终导致李陵兵团几乎全军覆没，也令李陵的人生从此坠入了悲剧的深渊⋯⋯

接到天子诏令后，李陵不敢迟疑，立刻率部出塞。

兵团一路北上，于一个月后抵达东浚稽山。李陵命部众就地扎营，然后把沿途所见的山川地形绘制成军用地图，命麾下骑兵陈步乐急送长安，呈给天子。

武帝接见了陈步乐，听他禀报了行军的经过，又听说李陵的部众都愿意为其效死，遂龙颜大悦，立刻擢升陈步乐为郎官。

此时，没有人察觉到，一场灭顶之灾已经降临到了李陵兵团的头上。

李陵兵团孤军北上，而且都是步兵，这样的情报不可能不被匈奴探知，而匈奴也绝对不可能让这块肥肉从嘴边溜掉。

很快，匈奴单于且鞮侯亲率三万精锐骑兵，风驰电掣地赶到了东浚稽山，将李陵所部团团包围。

面对来势汹汹的匈奴大军，李陵没有丝毫慌乱，立刻命部众用辎重车辆构筑了一个坚固的营地，作为最后的防御堡垒。然后，李陵并没有龟缩在营地内，而是率部出营，列阵迎敌。他命部众列成了三排：第一排是盾兵，负责抵挡敌军骑兵强大的冲击力；第二排是戟兵，手持长枪，一旦敌骑撞阵，立刻冲上去突刺；第三排是弓兵和弩兵，弩兵负责近距离狙杀，弓兵负责远程打击。

且鞮侯见汉军兵力薄弱，便丝毫不放在眼里，命三万铁骑即刻对汉军发起强攻。

一场恶战就此打响。虽然匈奴占据了兵力上的绝对优势，但李陵正确的排兵布阵却有效克制了强大的对手——前排的盾兵和戟兵与匈奴骑兵展开了肉搏；后面的弓弩手则"千弩俱发"，大批敌军"应弦而倒"，死伤遍地。且鞮侯不得不下令撤退。

匈奴骑兵往旁边的山上退却。汉军则乘胜追击，又击杀了数千人。

且鞮侯万万没料到，自己以六倍于敌的优势兵力进攻，结果却打成了这副模样。他又惊又怒，急忙向附近的匈奴各部发出十万火急的集结令。很快，便有八万多匈奴援兵从各个方向赶到了战场，与且鞮侯本部兵力加在一起，总兵力已经超过了十万。

饶是李陵麾下都是骁勇善战之兵，也终究无法抵挡二十倍于己的敌人。李陵只好率部向南面且战且退。而步兵的劣势就在此时暴露无遗了——这五千勇士再怎么健步如飞，也快不过敌人的骑兵。

数日后，汉军撤退到某处山谷，又与紧随其后的匈奴大军数度激战，付出了不小的伤亡。有了伤员，行军速度无疑更慢了。李陵随即下令：凡负伤三处以上者，可乘坐辎重车；负伤两处者，负责驾驶车辆；负伤一处者，继续与敌人拼杀。

就在李陵安排伤员乘车时，无意中发现了一件极度匪夷所思的事情——好几辆辎重车的车厢中，竟然都藏着女人！

李陵勃然大怒，立刻将所有车辆彻底搜查了一遍，结果就是揪出了一堆女人。

第九章 武帝的另一面

此事虽令人难以置信，却白纸黑字记载在班固的《汉书·李陵传》中。据班固解释，这些妇女都是因丈夫作奸犯科被流放边关的。到了边塞后，她们便与当地驻军士兵搭伙过起了日子——"关东群盗妻子徙边者，随军为卒妻妇。"

按说彼此都是天涯沦落人，凑成一对对苦命鸳鸯也是无可奈何的事情。可千不该万不该，就是这些士兵不应该把这些相好的带到战场上来。这不仅严重破坏了军纪，更会直接影响部队的士气和战斗力。

在这生死大战的关头，李陵别无选择，只能将这些妇女就地斩首。

次日，为了重振士气，李陵亲自率部，大胆地对匈奴大军发动了一次反击。这场反击打得非常漂亮，匈奴人猝不及防，又被汉军斩首三千余级。

随后，李陵率部折向东南，从龙城（具体位置众说不一，一说是现今内蒙古赤峰市附近）故道急速行军，走了四五日后，来到了一片苇草茂盛的畜牧地带。匈奴大军追至，遂顺风纵火，打算把藏匿在草丛中的汉军烧死或逼出来。

不料，李陵非但没有急着灭火，反倒命部众也烧起了一把大火——事实上，这正是在森林或草原地带最直接有效的灭火方式，即"用放火的方式灭火"。因为大火燃烧需要材料，而反向纵火等于提前把材料烧掉，从而烧出一条隔离带，阻止对面火势的蔓延。

匈奴人没料到李陵有这一招，等他们回过神来，汉军早已再一次金蝉脱壳，扬长而去。

李陵兵团继续向南边的山区撤退，进入了丘陵地带。且鞮侯亲率大军又追了上来。他登上一处山岗眺望，发现汉军躲进了一片树林，遂命太子率骑兵攻击。

两军在树林中又进行了一番激战。在这种地形中，骑兵的优势无法施展，而汉军则可以躲在树木后面，用弓弩击杀敌人。这一仗，汉军又射杀了数千匈奴骑兵。李陵杀得兴起，操起一把连弩，对着山头上的且鞮侯就是一阵连射。且鞮侯吓得赶紧纵马而逃。

当天的战斗中，汉军抓获了一批俘虏。经过审讯，他们供称，匈奴统帅部已经对这场疲于奔命的追击战产生了疑虑和分歧。

首先，且鞮侯单于认为，李陵这支部队乃是汉军的精锐，打了这么多天都没有被击溃,还夜以继日往南边撤,一步步引诱匈奴大军接近汉朝边塞,是不是前面藏着伏兵呢?

显而易见,且鞮侯已经在打退堂鼓了。可匈奴的其他高层将领则认为,单于亲率十万铁骑追击数千汉军,结果却灭不掉他们,日后无法再号令各藩属国,且必定让汉朝更加轻视匈奴。眼下汉军仍处于山谷间,再往南四五十里才是平地,应该在此对汉军发起总攻——若还是不能击破,到时再班师不迟。

得到这份情报后,李陵越发坚定了抵抗到底的决心——只要再坚持几天,匈奴大军很可能就知难而退了。

接下来,双方进行了更加惨烈的战斗,一天之中接战数十回合。英勇的汉军将士又杀死杀伤了匈奴两千余人。

仗打到这份儿上,且鞮侯是彻底打累了,也没信心了,遂决定班师。

可就在李陵兵团即将绝处逢生的节骨眼儿上,老天爷却十分残忍地把他们推向了深渊。

李陵麾下有一个叫管敢的军侯,因遭校尉凌辱,愤而投降了匈奴。然后,他给且鞮侯送上了一份情报——就是这份情报,最终决定了李陵及其麾下将士的悲剧命运。

管敢告诉且鞮侯,汉军根本没有后援,更谈不上有什么埋伏,而且箭矢也即将耗尽。另外,李陵所部现在真正有战斗力的其实只剩一千六百人;由李陵本人和校尉韩延年各率八百,分别以黄色和白色旗帜为号。若匈奴集中精锐骑兵猛攻这两部,汉军必败。

且鞮侯闻言,大喜过望,立刻命大军全力进攻。

最后的决战到来了。

此时,李陵兵团仍行进在狭窄的山谷中。匈奴大军一边赶到前头截住其退路,一边齐声高喊:"李陵、韩延年,快快投降!"

匈奴人布满四周山顶,居高临下地射击汉军,一时箭如雨下。可即便是在如此绝境中,李陵还是带着残部生生杀出了一条血路,向南急奔。

当他们走到鞮汗山(今蒙古国诺颜博格多山)附近时,经过一天的血战,原本储备在辎重车中的最后五十万支箭矢全部用尽。李陵下令抛弃了辎重车。

这意味着：接下来的战斗，只能是更加残酷、更加惨烈的贴身肉搏。

此时，包括轻重伤员和非战斗人员在内，李陵兵团还剩下三千人。除了箭矢已经用尽，很多将士连刀枪都已断折，只好砍下辎重车的车轴当武器。而作为非战斗人员的书吏，则只能紧紧握住平时用来刻字的笔刀。

匈奴大军的包围圈越来越小，李陵兵团被逼进了一条狭窄的山谷。且鞮侯亲自带人堵在了南边的谷口，同时下令从两边的山上往下投石。随着大小石头轰轰隆隆砸向山谷，又有大批汉军士兵倒在了血泊中。

至此，李陵和他的残部已经完全无法动弹。等待他们的唯一结局，也许只有葬身这片山谷了。当天傍晚，李陵换上便装，对左右说："都别跟着我，大丈夫走到这一步，唯有拼死取下单于项上人头！"

然后，李陵独自出营，潜到匈奴军营附近，想找机会下手。可是，观察许久后，他还是黯然返回，对左右长叹道："兵败，死矣！"（《汉书·李陵传》）

很显然，此时的匈奴大营肯定戒备森严，不可能有下手的机会。

李陵彻底绝望了。

一旁的部下见状，便劝道："将军威震匈奴，只是上天不给机会；只要能活着，日后还可以逃回去。就像浞野侯赵破奴，被匈奴俘虏，后来也逃回国了，仍然受到天子的礼遇。何况将军呢？"

这名部下的言下之意，就是哪怕战败被俘、投降，日后都还有机会从头再来。

李陵闻言，慨然道："不必说了！我若不死，非壮士也！"

随后，李陵下令砍断了所有军旗，并命众人将随身携带的值钱东西全部埋入地下。最后，李陵对幸存的将士道："哪怕还剩下几十支箭，我们也能突围。眼下，我们已经没有兵力再战了，等到明日天亮，我们都会成为俘虏。各自散去吧，兴许还有人能活着回去奏报天子。"

当天深夜，李陵命剩下的所有将士，每人带上二升干粮和一块冰（作饮水用），分散突围，各自逃生；并相约在出发的遮虏障重聚——先逃回去的，一定要等后面的兄弟。

做此约定的这一刻，相信从李陵到每一个普通士兵，眼中一定都泛起了泪光。

男儿有泪不轻弹，只是未到伤心处。所有人都知道，这一别，今生恐怕再也见不到这些生死与共的战友了。

夜半时分，突围行动开始。李陵命鼓手擂响最后一通战鼓，以壮士气。然而，悲哀的是，连战鼓都破了，根本敲不响。李陵和韩延年翻身上马，身后有十几名壮士跟随。其余人等，各自分头突围。

李陵一行拼死杀出重围，后面有数千匈奴骑兵紧追不舍。又是一番激烈的搏杀之后，韩延年战死，匈奴骑兵则将李陵死死地围了起来。

此刻，李陵面临的无疑是他一生中最艰难的一次抉择。

是杀身成仁、舍生取义，还是忍辱偷生、以图后举？

如果按照行动前李陵和部下的对话来看，他说"吾不死，非壮士也"，那么眼下的选择非常简单，就是挥刀向自己的脖子抹去。

倘若如此，李陵将不会辱没祖父李广的英名，一家人也会得到武帝刘彻的善待；而他本人，也将在历史上留下慷慨捐躯、壮烈殉国的千古英名！

可令人遗憾的是，李陵没有这么做。

没有人知道这生死一念的一刻，李陵心里在想什么。后人只能从司马迁的记载中，看见李陵说了这么一句话："无面目报陛下！"（《史记·李将军列传》）

然后，李陵就投降了。

此次出征，李陵兵团以五千步兵对抗匈奴的十万铁骑，血战千余里，大小数十战，毙敌一万多人，不可谓不英勇，也不可谓不壮烈！若不以成败论英雄，那么李陵的壮举，比起历史上的任何一位勇将都毫不逊色；而他麾下的五千勇士，更是将热血男儿的勇敢、坚韧和悍不畏死诠释得淋漓尽致！

这，是李陵的光荣。

然而，不论此次出征李陵打得多么顽强、多么悲壮，他这一降，就等于把前面的所有努力、付出、牺牲全都一笔抹杀了。也许他是把投降当成权宜之计，打算日后找机会再逃回汉朝——但这样的动机，只有他一个人知道，武帝刘彻和天下人都很难从这个角度去谅解他。更何况投降这种事情，通常只看结果，不看动机，否则所有投降的人就都可以拿动机来自我辩解了。总之，失败并不可耻，甚至力屈被俘也不可耻——但在最后一刻放弃抵抗，主动投降，却终究是不可原谅的。

这，不能不说是李陵的耻辱。

生死，在一念之间；荣辱，也只在一念之间。

## 致命的谎言：英雄后人为何叛国？

这场突围行动，李陵失败了。但他麾下却有四百余人逃出生天，回到了汉朝边塞遮虏障。

在这四百多个生还者中，很可能有人近距离目睹了李陵被围并最终投降的经过，所以稍后的司马迁才能凭借目击者证言，在《史记》中准确记录李陵投降之前说的那句话："无面目报陛下！"继而给出了明确的结论：李陵"遂降匈奴"。

作为李陵的同僚并且是同情者，假如没有确凿证据，司马迁绝不会做此结论。

既然李陵投降匈奴是确凿无疑的事实，那么武帝刘彻对此的反应，就是可想而知的。

当李陵兵团全军覆没的急报传回长安时，武帝最初是希望李陵战死殉国的；然而当进一步的消息表明李陵是投降而非战死——武帝顿时怒不可遏。

他无处撒气，就迁怒于之前送地图回来的李陵部下陈步乐，将其叫到面前一顿痛斥。陈步乐自知难逃一死，遂在极度恐惧下自杀了。

很快，李陵投降事件就在朝中掀起了轩然大波。满朝文武几乎众口一词痛骂李陵，没人愿意去体谅他是在怎样的绝境中才走这一步的，更没人会去提起他血战千里的英勇顽强和艰苦卓绝。

世人都喜欢发泄道德义愤，因为这是一件零成本却高收益的事情——不过就是张嘴喷一喷，既能满足自己的道德优越感，又能迎合上意，那又何乐而不为呢？

在大汉朝廷的衮衮诸公中，只有一人替李陵说了几句公道话。

他就是时任太史令的司马迁。

太史令除了掌管天文、历法，还有一项主要职责就是记录本朝历史。虽然官秩不高，只有六百石；但手握史笔，可以臧否人物、褒贬春秋。所以，历代统治者通常都很"关心"史官的工作。武帝刘彻作为一代雄主，当然更不会例外。

李陵事件发生后，武帝刘彻特意召见了司马迁，询问他对此事的看法。

司马迁没有去揣摩、迎合上意，而是本着良知说了这么一番话："李陵这个人，一向孝亲，待人诚信，经常能够奋不顾身拯救国家急难。看他平时的操守，可谓有国士之风。如今不幸在一次战役中失败，那些躲在后方享受安乐的臣子就大肆污蔑他，真令人痛心！李陵只有五千步兵，深入险境，对抗匈奴十万大军，令敌人死伤惨重；而后被敌人围困，转战千里，直到箭矢耗尽，道路断绝，仍与敌人展开白刃战，进行殊死搏斗。能得到部下这样尽忠效死，即便古代名将也不过如此。以臣看来，李陵虽然战败，身陷匈奴，但也给了匈奴重创，此举足以激励天下。他之所以没有一死了之，只是想等待机会回到汉朝，再度报效国家。"

这番话说得还是比较公允的，只可惜孤掌难鸣，与当时朝廷的主流舆论完全相左，更违背了武帝刘彻对这件事的定性。

官场上讲究的，从来不是道理上正确，而是政治上正确。司马迁据理力争，就等于公然跟武帝刘彻和满朝文武唱反调，这当然是不被容忍的。

于是，一场无妄之灾就这样降临到了司马迁身上。

武帝很生气，认为司马迁是在替李陵游说，这番话纯属诬罔之词；旋即把他打入大牢，并对他施加了惨无人道的宫刑（就是像宦官一样阉割去势）。

这样的酷刑给司马迁造成了巨大的身心创伤，也让他感到了极度的悲愤。不过，如此不幸的遭遇并没有让司马迁变得消沉，反而激发了他与命运抗争的斗志，并促使他最终完成了《史记》这样一部皇皇五十多万言的史学巨著。

在司马迁后来所写的千古名篇《报任安书》中，有一段非常精辟的话，就是他面对逆境时的内心写照：

文王拘而演《周易》；仲尼厄而作《春秋》；屈原放逐，乃赋《离骚》；左丘失明，厥有《国语》；孙子膑脚，《兵法》修列；不韦迁蜀，世传《吕览》；韩非囚秦，《说难》《孤愤》；《诗》三百篇，大底圣贤发愤之所为作也。

周文王受到拘禁而推演了《周易》；孔子遭遇困厄而写下了《春秋》；屈原被放逐，才有了《离骚》；左丘明失明，却有了《国语》；孙膑被截去膝盖骨，《兵法》才撰写出来；吕不韦被贬谪蜀地，后世才流传《吕氏春秋》；韩非被囚禁在秦国，写出《说难》《孤愤》；《诗》三百篇，大都是圣贤们抒发愤慨而写作的。

逆境是淘汰弱者的试炼场，苦难是锻造强者的熔炉。在这个世界上，没有哪一个伟大的人、没有哪一种伟大的成就，不是被这两者催生和造就的。就像尼采说的那样："杀不死我的，使我更强大！"

武帝刘彻对司马迁所做的，是他从中年以后对很多大臣都做过的。事实一再证明，越到晚年，他就越发喜怒无常、赏罚无度，越来越多疑和暴虐。

李陵事件过去一段时间后，武帝慢慢冷静了下来，才开始有所悔悟。他终于意识到，李陵是在没有救援、深陷绝境的情况下才被迫投降的。于是，武帝便公开表示说："当初李陵出塞后，应该命路博德去接应才对。我却提前下诏给路博德，才让这个老将生出了奸诈之心。"也就是说，刘彻总算搞明白了，是因为路博德不想给李陵打辅助，才有了后来李陵孤军深入的事——而不是他当初猜忌的那样。

皇帝自己能悔悟，当然是好事。只不过，真正的悔悟，是要吸取教训，不再任意猜忌，以免重蹈覆辙。就此而言，武帝其实并没有做到。

接下来我们就将看到，正是由于武帝在李陵的事情上再度误判并滥杀无辜，才最终导致李陵从被迫投降变成了主动叛国。

天汉四年（公元前97年）春，也就是李陵败降的两年后，武帝刘彻决定大举征讨匈奴——一是为了洗刷李陵兵团全军覆没和李陵败降的耻辱，二是设法接应李陵回国。

这又是一次大规模的战争动员。

武帝再度向天下郡国征发"七科"之人，并大力招募自愿从军的勇士。很快，兵力集结完毕，武帝命李广利挂帅，大军兵分三路：第一路，由李广利率骑兵六万、步兵七万，从朔方出塞，同时命路博德率一万余人与李广利会合。第二路，由韩说率步兵三万，从五原出塞。第三路，由公孙敖率骑兵一万、步兵三万，从雁门出塞。

三路大军，总兵力达到了二十余万。

公孙敖这一路，除了协同作战外，主要任务就是找机会接应李陵。

匈奴得到汉军大举北征的情报，立刻将其百姓和辎重转移到了余吾水（今蒙古国土拉河）以北。随后，且鞮侯单于亲率十万大军，在余吾水南岸列阵，迎战李广利主力。

双方在此展开了一场大兵团的对决。这是自元狩四年漠北决战以来，汉、匈之间进行的最大规模的一次主力会战。当初卫青、霍去病率领帝国将士横扫漠北、痛击匈奴的情景犹在目前，可时间一晃已经过去了二十多年。

此时的大汉军队，不论是从士兵的战斗力，还是从主帅的综合素质来看，早就不可与当年同日而语了。而匈奴经过这么多年的休养生息，新生的一代人已完全成长起来，其战斗力比起父辈并不逊色。此消彼长之下，汉军自然不可能再现当年的卫、霍雄风。

两军在余吾水南岸一连鏖战了十余日。汉军虽然占据了兵力上的优势，但整体的兵员素质和李广利的指挥才能都不尽如人意，所以丝毫占不到上风。

作为长途奔袭、客场作战的汉军，最好的结果就是速战速决。而当战况陷入胶着状态，其后勤补给线过长的劣势就一下暴露出来了。

李广利意识到再打下去很可能要吃败仗，遂鸣金收兵，主动撤离了战场。

与此同时，另外两路也均未取得任何战果：韩说兵团出塞后没有遇到敌人，白跑了一趟；公孙敖与匈奴的左贤王部接战，失利，也只好撤退。

三路大军都出师不利，李广利和韩说算是劳而无功，公孙敖却要承担双重责任——不仅仗打输了，接应李陵的任务也完全泡汤了。

公孙敖担心无法交代，回朝后就扯了一个弥天大谎，对武帝说："臣从俘虏口中得知，李陵在帮匈奴单于训练士兵，专门为了对付汉军。所以臣才没能完成任务。"

就是这个谎言，彻底把李陵打入了万劫不复的深渊。

武帝刘彻闻言，勃然大怒。然后，他就在没有丝毫证据且未经任何调查的情况下，仅凭公孙敖空口白牙一句话，就把李陵满门抄斩了。

李陵帮匈奴人练兵的消息不胫而走，很快传遍了帝国的四面八方——当然也传到了李陵的老家陇西。当地李氏宗族的士大夫听说后，无不义愤，都以跟李陵同姓同宗为耻。

就这样，李陵从光环加身的英雄李广的后人，变成了大汉王朝十恶不赦的罪人。如果说之前李陵因身陷绝境而被迫降敌，还会得到不少人的谅解和同情的话——那么现在，他已经成了一个彻头彻尾、卖主求荣的叛国者，普天之下再也没有人会原谅他。

而这一切，其实都是公孙敖的一句谎言造成的。

直到数年后，汉朝和匈奴重新恢复了外交关系，有使者到访匈奴，李陵忍不住悲愤地质问对方："我为了汉朝，率五千步卒横行匈奴，因没有援兵而战败。试问我到底哪里辜负了汉朝，为何要杀光我的家人？"

汉使答道："是因为天子听说，你在帮匈奴人训练士兵。"

李陵愤然道："帮匈奴人训练士兵的是李绪，不是我李陵！"

李绪原是汉朝边境的一名都尉。在一次战役中，要塞被匈奴攻破，李绪降敌，后来受到且鞮侯单于重用，帮匈奴人练兵。公孙敖故意张冠李戴，结果就铸成了李陵的千古奇冤。

尽管这一"误会"后来得到了澄清，武帝刘彻和汉朝臣民也都知道李陵是被冤枉的，可悲剧已然铸成，李陵被冤杀的母亲、弟弟、妻子、儿女及所有家人，都无法再活过来了；而李陵即使原本还有逃回汉朝的打算，如今也已不再可能。

此刻的李陵，已然心如死灰。

无处申冤的李陵只能把仇恨倾泻到"罪魁祸首"李绪身上，随后便寻找机会刺杀了李绪。这个李绪投降匈奴后，颇得单于母亲大阏氏的欢心；所以，李绪一死，大阏氏立马就要找李陵算账。所幸，且鞮侯十分赏识李陵，知道他可以为匈奴所用，便暗中把他送到了北方藏匿。数年后，大阏氏病故，李陵才得以回到匈奴王庭。

且鞮侯为了让李陵死心塌地帮匈奴做事，就把女儿嫁给了他，然后又封李陵为右校王，让他与丁灵王卫律平起平坐，共同参与匈奴的军国大政，成为单于的左膀右臂。卫律主内，常在单于左右，相当于首席谋臣；李陵主外，相当于大将，主要就是对付汉军。每逢且鞮侯有大事要商议，李陵就会赶回王庭，参与决策。

身为抗匈名将李广后人的李陵，原本满腔热血、矢志报国的大汉勇将李陵，就这样一步一步被逼成了单于的女婿、匈奴的重臣，被逼成了汉朝的对手和死敌！

命运的荒诞，历史的吊诡，有时候就是如此令人唏嘘感慨、啼笑皆非。

这一切，表面上看，是源于公孙敖一句致命的谎言；但往深了想，如果不是因为武帝刘彻的多疑、轻信，以及动辄将人灭门的暴戾，李陵又怎么会走到这一步呢？

汉昭帝元平元年（公元前74年），李陵在匈奴病故。

屈指一算，他在匈奴生活了二十五年，整整半辈子。假如人死后有知，当武帝刘彻，还有李广、李陵在九泉之下相见，不知他们彼此会如何面对？也不知他们是否会聊起这桩令人无奈而痛心的前尘往事，彼此又会说些什么？

# 第十章
# 大时代落幕

## 血腥的帝国：叛乱纷起，"巫蛊"发端

随着晚年的武帝刘彻在昏聩暴虐、滥用刑罚的道路上越走越远，整个帝国的统治机器也变得越来越苛酷而残暴。

"上以法制御下，好尊用酷吏，而郡国二千石为治者大抵多酷暴，吏民益轻犯法。"（《资治通鉴·汉纪十三》）

武帝用严刑峻法统治天下，喜欢重用酷吏；于是天下各郡国的主政官员便日益"酷吏化"。而基层官吏和百姓非但没有在严酷的法网中变得温良恭顺，反倒逆向而行，动不动就触碰法网。

上有暴政，下必有暴民。这是千古不易的铁律。

秦朝二世而亡的历史教训就是最好的前车之鉴。青年时期的武帝刘彻对此有着清醒的认知，所以才会将儒学奉为治国思想。然而他所尊奉的毕竟是"儒法合流"的儒学，且在实际操作中主要是法家思想，所以到了中年，尤其是晚年以后，儒家的德治、仁政理念便被他抛之脑后，只剩下法家的酷吏统治和变本加厉的严刑峻法。

于是，跟暴秦当年发生的事情一样，到了天汉年间，即武帝刘彻六十余岁时，函谷关以东的百姓便纷纷揭竿而起了。暴动的烽火一经燃起就迅速蔓延，遍及豫、楚、齐、燕、赵等地，呈现出燎原之势。

大的民变武装有数千人。他们攻打城邑，夺取官府军械库的武器，释放监牢里的死囚，逮捕各郡的太守、都尉，斩杀二千石的高官。

小的民变武装也有数百人。他们劫掠乡里，四处流窜，攻击、抢劫过往商旅，以致很多郡县道路断绝，无法通行。

武帝刘彻接到雪片般飞来的各地急报，不禁有些难以置信。他立刻命御史中丞、丞相长史等有关官员，调集力量镇压各地民变。然而，各级官府平时欺压百姓很有一套，碰上这种有组织暴动就抓瞎了，折腾了好一阵子，就是搞不定。

紧要关头，武帝刘彻只好祭出大招，迅速任命了一批直接听命于他的全权特使。这批人穿"绣衣"，持节杖，佩虎符，故称"绣衣直指"，也叫"绣衣御史"或"绣衣使者"。

"绣衣直指"是一般酷吏的升级加强版，可以说是开了中国历史上"秘密警察"之滥觞。后世三国时期的吴国"典校"，唐朝武则天时期的"内卫"，北宋的"皇城司"，明朝的"锦衣卫"等，都是它的效仿者。

一般酷吏只拥有调查权和执法权，而"绣衣直指"则在此基础上又增加了调动军队的权力，且持有节杖，可临机专断。所以到了地方上，连封疆大吏都得对他们唯命是从。当然，"绣衣直指"并非常任官，只为专案而设，事毕便会被收回权力。

由于可以调动各地军队协同作战，这批"绣衣直指"一出马，立刻对民变武装实施了沉重打击。一些大的郡，官军动辄斩首一万余级，小的郡也能诛杀数千人，其中就包括那些给叛军充当向导、提供饮食而遭连坐的普通百姓。

几年下来，各地叛军首领大多被官府捕杀——可叛乱并未就此平息。被打散的民变武装往往没过多久就又啸聚成群，占据山川险要，让官军疲于奔命，很是头疼。

民变之所以野火烧不尽，春风吹又生，根源还是在于朝廷对民间社会的过度榨取。

这些年来，武帝刘彻一方面连年用兵，征战不休；一方面大兴土木，巡游无度——各种巨额耗费，最终都要转嫁到老百姓头上。同时，各级官府为了完成上面下达的任务，也为了自身种种利益，必定会层层加码，对百姓进行各种盘剥。其结果就是敲骨吸髓，竭泽而渔。

不堪重负的老百姓想活下去，要么是抗税，要么是逃亡，总之就是被迫触碰法网。而武帝刘彻为了维持对民间的强力榨取，又会以酷吏统治和严刑峻法来"保驾护航"。这就形成了一个"压迫—反抗""更大力度压迫—更大力度反抗"的恶性循环，最后导致走投无路、动辄得咎的老百姓，不得不采取揭竿而起的最极端方式来保障自己最基本的生存权。

社会矛盾激化到这个地步，最好的缓和矛盾的方法，就是武帝刘彻必须反思这些年的所作所为，改变统治方式，修改现行政策，还百姓一个起码的生存空间，让他们能够活下去并休养生息。说难听点儿，就算是割韭菜，也得让它长一长，不能连根都刨掉。

然而，此时的武帝还远不到反思的时候。他认为，"盗贼"之所以反复滋生、除之不尽，问题在于各级官员没有尽力，法令还不够严苛。

于是，他随即出台了一项针对官员"怠政"的法令，称为"沉命法"。具体措施是：凡各郡国出现变民，官府没有及时发觉，或发觉后未能全部逮捕的，那么该郡国上自二千石官员，下至最基层的小吏，一律处死。

这就是典型的扬汤止沸——本来就是严刑峻法造成的问题，却指望用更严厉的刑罚来解决，其结果当然是适得其反。

"沉命法"的颁布，让大汉帝国的各级官吏变得人人自危、朝不保夕。如果说之前的严刑峻法导致了民不聊生，那么现在则连官员也无以聊生了。

上有政策，下有对策。各郡国的基层小吏为了保命，就千方百计隐瞒当地的暴乱情况。而上头的官员也不希望他们汇报实情——因为民变武装的人数一旦统计上来，他们就有责任把所有变民全都清剿干净，一个都不能漏掉，否则自己就得掉脑袋。

如此一来，基层小吏和上级官员就形成了心照不宣的默契，反正只要你不说，我不说，那就天下无贼了，管他实际情况坏到什么程度。所以，当时上下级之间的往来公文，全都是虚头巴脑的粉饰之词，所有人都在互相忽悠，也都在彼此包庇。

用司马迁的说法，就是："故盗贼寖多，上下相为匿，以文辞避法焉。"（《史记·酷吏列传》）

当然，武帝刘彻也不是瞎子、聋子，他在位快五十年了，官场上的那些套路和猫腻能不清楚吗？尤其是他派出去的那帮"绣衣直指"，更不是吃干饭的。

其中，一个叫暴胜之的，便是官员们的噩梦。

此人每到一处，必定干掉一大票弄虚作假、尸位素餐的官员。"老虎"也抓，"苍蝇"也拍，死在他手底下的二千石以下官员多到不可胜数，一时间"威震州郡"。

短短几年后，暴胜之便因功擢升御史大夫，位列三公。

太始元年（公元前96年）春，武帝刘彻又以一种极为残忍的刑罚杀了一个大臣。

这种刑罚就是腰斩。

而这个被腰斩的大臣，不是别人，正是用一句谎言让武帝铸成大错、令李陵万劫不复的公孙敖。

腰斩之所以残忍，是因为犯人被砍成两截后，并不会立刻死亡，其神志在一段时间内仍会保持清醒。有的犯人出于本能，上半截身子会在地上爬出一段距离，身后会留下一道长长的血迹。其血腥残忍之情状，令人不忍目睹。

历史上被腰斩的最有名的人物，就是秦朝丞相李斯。而据薛福成《庸庵笔记》记载，历史上最后一个被腰斩的人，是清朝雍正时期的官员俞鸿图。俞鸿图因科场舞弊案被腰斩，行刑后上半截身子在地上打滚，还用手指蘸血，在地上一连写下了七个"惨"字。据说后来雍正听闻这种惨状，才正式废除了腰斩之刑。

史书没有记载公孙敖被腰斩的情形，但想必也是很惨。

他之所以落得这个下场，表面原因是他的妻子施行巫蛊，东窗事发后他就被连坐了。可事实上，明眼人都不难看出，这是武帝刘彻在秋后算账——对公孙敖在李陵事件中极其恶劣的欺君行为进行惩罚。

正因为是近乎报复的惩罚，才会动用"腰斩"这种痛苦指数极高的酷刑。

那武帝为什么不明说，而要另外找借口呢？

原因很简单，如果武帝明说是因为李陵事件，那就等于承认他自己在这件事上犯了极大的错误——既然公孙敖是因诬陷李陵而被腰斩,那武帝身为决策人,又该负什么样的领导责任,并对自己实施怎样的处罚呢?

所以,为了避免打自己的脸,武帝就必须淡化李陵事件,找别的借口来收拾公孙敖。

此时的武帝刘彻,可能连自己都没想到,他随便找了个"巫蛊"的罪名栽到公孙敖头上,却恰似打开了一个潘多拉魔盒——接下来几年,大汉帝国的内宫外朝,将围绕"巫蛊"这一关键词,爆发一起又一起血腥惨案,令一大帮皇亲国戚先后死于非命。

第二起巫蛊案,发生于四年后的征和元年(公元前92年)。

这回倒霉的人,就是前文提到的当朝丞相公孙贺。

当初公孙贺就是明知"丞相"是个高危职位,才一把鼻涕一把泪想推掉;可最后胳膊拧不过大腿,还是硬着头皮上任了。所幸,十余年下来,公孙贺这丞相貌似当得也还稳妥,没出啥事儿。

公孙贺的夫人卫君孺是卫子夫的姐姐,所以他跟天子刘彻算是连襟。也许在公孙贺看来,这层关系多少还是起到了护身符的作用——毕竟之前那些死于非命的丞相,都没有这个身份加持。

因着这层特殊身份,公孙贺一家可谓官运亨通。他升任丞相后,空出来的太仆一职,马上由自己的儿子公孙敬声顶了上去。父子俩一个三公,一个九卿,备极荣宠,风光无两。

然而,谁也没想到,这位富贵绝顶的丞相公子,却是个坑爹的家伙。

按说公孙贺这一家子,在大汉帝国的权势地位已经仅次于天子刘彻了,他们家最不缺的应该就是钱。可这个公孙敬声却不知道是哪根筋搭错了,竟然利用太仆的权力,擅自挪用了北军的公款一千九百万钱。事情败露后,公孙敬声当即被捕下狱。

碰巧这个时候,朝廷正在大举搜捕一个名叫朱安世的游侠。武帝刘彻急于抓获此人,不仅下了死令,还给有关部门定了最后期限。公孙贺救子心切,赶紧向武帝请命,表示他会尽快将此人抓捕归案,并希望以此功劳替儿子赎罪。

武帝同意了。随后,手握丞相大权的公孙贺调动所有力量,很快就把朱安世给拿下了。可公孙贺万万没料到,他儿子挪用公款本来还不算多大的事,顶多丢掉官位再判个几年，远不至于掉脑袋——而他把这个朱安世一抓，却给自己和整个家族带来了一场灭顶之灾。

据《汉书·公孙贺传》记载，朱安世被抓时，竟然笑着对公孙贺说了一句话："丞相祸及宗矣！"

丞相的大祸就要降临到整个宗族了！

公孙贺以为这是朱安世恼羞成怒之下的狂言，压根儿没当一回事儿。不料，朱安世随后便在狱中上书，把他掌握的有关公孙敬声的黑料全给抖出去了。

这些黑料的劲爆程度超乎想象，其中主要是两条：第一，指控公孙敬声跟阳石公主私通；第二，指控公孙敬声私下请巫师作法，施行巫蛊，并在长安通往甘泉宫的路上埋藏"人偶"，用恶毒之言诅咒皇帝。

这道奏书一上，顿时一石激起千层浪。

武帝刘彻震怒，于次年正月把公孙贺逮捕入狱，命有关部门立案审查，"穷治所犯"，也就是穷追猛打，不放过任何一个稍有牵连的人。

朱安世的两项指控都很致命，随便一条都可以让公孙贺被灭族。可问题在于，朱安世所言，到底是不是事实？这些事情他又是怎么知道的？如果说公孙敬声施行巫蛊、诅咒皇帝属实，那他的动机是什么？他们一家子已经富贵绝顶，皇帝刘彻也是他的姨父，公孙敬声究竟有什么理由希望皇帝赶紧死呢？

遗憾的是，对于这些关键问题，《史记》《汉书》都没有给出任何答案。二者几乎都是用一句话就交代了事情结果，说公孙贺父子随后死于狱中，整个家族也被诛灭。

短短几个月后，被控与公孙敬声私通的阳石公主，还有一个诸邑公主，以及卫青的长子、长平侯卫伉，也都被这起巫蛊案株连而丢掉了性命。后世学者如唐朝颜师古等认为，阳石公主和诸邑公主都是皇后卫子夫所生，且从她们所封食邑的富庶程度看，之前应该都颇受武帝宠爱；至于卫青长子卫伉，也有说法认为他是阳石公主的丈夫，但《史记》《汉书》均无记载，只能聊备一说。

这三人中，除了阳石公主是遭到明确指控外，诸邑公主和卫伉为何卷入巫蛊案，其牵连程度有多深，史书全都付诸阙如。

事实上，从武帝晚年的猜忌、暴虐和滥杀来看，不排除这起巫蛊案是冤假错案的可能性。正如之前听信公孙敖的谎言就诛杀李陵全家一样，这起巫蛊案，也完全有可能是出于朱安世的诬陷。而武帝刘彻宁信其有不信其无，有关部门就迎合上意把它办成了铁案。

由朱安世引发的这起巫蛊案，令丞相一族、两位公主和一位名将之后全都丢了性命，后果已经算是相当严重了。但若是跟紧随其后的另一起宫廷惨案比起来，仍然还是"小巫见大巫"。

这起惨案，就是历史上著名的"巫蛊之祸"；其受害者，就是堂堂大汉帝国的当朝太子刘据，以及他的生母、武帝刘彻曾经的最爱——皇后卫子夫。

## 巫蛊之祸：酷吏江充的恐怖阴谋

巫蛊之祸的始作俑者，是一个叫江充的人。

此人原名江齐，赵国邯郸人，曾是赵王刘彭祖的门客，因某事得罪了赵王的太子刘丹，便逃亡长安，改名江充。他向武帝告发了刘丹，揭发了不少他的隐私。刘丹因此被武帝废黜了赵王太子位。

像这种阴险的告密者，通常都招人厌恶，但皇帝往往会喜欢这种人。因为对皇帝来讲，就是要有这种人，天底下那些奸恶和不法之徒才会无所遁形，自己的皇位才能坐得稳。

江充就很讨武帝喜欢。除了善于告密迎合了武帝的口味，此人还有一个长处，就是颜值很高，用班固的话说，就是"为人魁岸，容貌甚壮"。另外他还很会穿衣打扮，显得气质特别脱俗。所以，武帝对他一见倾心。"帝望见而异之，谓左右曰：'燕、赵固多奇士。'"（《汉书·江充传》）

然后，武帝拿一些时政问题对江充进行了面试，结果非常满意，更觉得此人是个不可多得的人才。江充为了博取政绩，就自告奋勇出使匈奴；顺利完成使命后，立刻被武帝任命为"绣衣直指"。

武帝交给江充的主要任务，就是"督察贵戚、近臣"，即专门刺探这些权贵的隐私，看看他们私底下都有什么猫腻。

而江充天生就是干"秘密警察"的料。他一上任，立马弹劾了一大帮贵戚近臣，迫使这些权贵不得不向武帝哀求，说他们愿意用钱赎罪。结果，仅此一项，国库就入账了数千万钱。

武帝认为江充不阿权贵，执法严明，既忠诚又正直，遂越发赏识他。

江充意识到自己的路子走对了——只要敢跟权贵死磕，自己就不愁功名富贵，因为天子好这口儿。

接下来，一般的权贵，江充已经看不上了。要磕，就得死磕天底下最大的权贵，这样才能实现利益最大化。

那么，天底下最大的权贵是谁？

除了皇帝，当然就是太子了。

江充就这样盯上了当朝太子刘据。很快，刘据就被江充抓了小辫子。有一回，刘据派了个手下去皇宫奏事。那手下图省事，就驾驶马车跑上了天子专用的驰道——此举属于僭越。江充将此人逮了个正着，立刻交给有司审判。

太子刘据知道江充正受父皇宠信，不宜跟他发生冲突，只好忍气吞声，派人去求情说："我并非想袒护属下，只是不想让父皇知道我平时没管好下属，还希望江先生能宽大处理。"

江充抓了太子的人，目的就是想引他上钩；现在太子派人求情，正合他的心意，立刻做出一副铁面无私的样子，非但一点儿面子不给，反倒将太子求情之事向武帝做了奏报。

武帝刘彻见江充连太子都敢得罪，觉得这充分说明他视国法高于一切，不禁感慨道："人臣当如是矣！"（《汉书·蒯伍江息夫传》）

随后，江充越发得到武帝的信任和重用，旋即被擢升为水衡都尉（官秩二千石），一时间"威震京师"。

武帝刘彻赏识执法严明之人，这本身并没有错。可问题在于，这个执法者是真的出于公心、不畏权贵，还是把法律当成了博取个人富贵的工具，把打击权贵当成了博取皇帝信任的手段呢？

江充显然属于后者。说白了，他所做的一切，不过是投武帝所好罢了。

武帝晚年的酷吏统治，无疑给了江充这样的政治投机者以野蛮生长的肥沃土壤，也给了他肆意妄为的自由空间。而面对江充这种居心叵测的酷吏，太子刘据既缺乏足够的警惕，更缺乏与之博弈的政治智慧，这就为江充之后的得寸进尺创造了条件。

就以手下违法一事来讲，当刘据得知手下被江充抓走时，应该立刻有一个清醒的判断，即江充是冲着自己来的。既如此，那就绝对不能去跟他求情，因为这恰恰是授人以柄的做法。本来手下误闯驰道，只是管教不严的过失；现在私下请托，就又加上了徇私枉法之嫌。而且，就算要说情，刘据也不能那么老实，把"不想让父皇知道"这样的心里话都给抖出去。因为这话一由江充转奏，不仅会加上一条欺君罔上的罪名，而且一定会让武帝怀疑——这小子平时是不是干了很多坏事都瞒着我？

武帝晚年那么多疑而猜忌，太子刘据不应该不清楚；而江充就是靠着揭发权贵隐私发迹的，刘据更不应该不加以防范。可令人遗憾的是，他的做法，只能说明他丝毫没有考虑到这两点，也表明他严重缺乏一个合格储君应该具备的政治智慧和博弈手段。

为了更深入地了解太子刘据，我们有必要回顾一下他的成长史。

刘据生于元朔元年，是武帝的嫡长子，于元狩元年七岁时被立为太子。当时武帝正深爱着皇后卫子夫，所以对刘据也十分疼爱。然而，随着刘据慢慢长大，武帝刘彻不无遗憾地发现，刘据的性格一点儿都不像自己，完全没有未来天子应有的霸气和才干。用《资治通鉴》的话说，就是"性仁恕温谨，上嫌其材能少，不类己"。

后来，随着武帝刘彻对皇后卫子夫的宠爱渐衰，转而宠幸其他妃嫔，很快又有了好几个儿子，如王夫人生下刘闳，李姬生下刘旦、刘胥，李夫人生下刘髆。

对此，卫子夫、刘据母子不免充满了危机感。

武帝刘彻察觉到了他们的不安，便对卫青说了这样一番话："汉家天下草创以来，四夷（主要指匈奴）频频入侵，朕若不变更制度，后世便没有准则；若不出师征伐，天下便不能安宁。为此，才不得不让百姓承受劳苦。如果将来继任的天子又像朕这样，那就是重蹈亡秦的覆辙了。太子的性情敦厚沉静，必能使天下安宁，不会让朕担忧。总之，要想找一个守成之君，还有谁比太子更合适呢？听说皇后和太子心存不安，其实哪有他们担心的那回事，你可以把朕的意思转达给他们。"

卫青听了天子的这番肺腑之言，赶紧叩首谢恩。卫子夫随后也向武帝谢罪，表示自己不该心存疑惧。

应该说，武帝刘彻给自己和太子刘据的定位都是准确而清晰的。他自己，是为后世奠定法度的一代雄主，肯定要积极进取，大有作为；但这必然带来一个极大的副作用，就是对国力和民力造成严重的消耗。所以，他的继任者，就不能再像他这样拼命"折腾"，而要作为一个守成之君，施行儒家的仁政，与民休息，安养天下，还百姓以安宁平静的生活，让国家的元气慢慢恢复。

否则的话，汉朝必定重蹈暴秦的覆辙。对此，武帝刘彻显然也有清醒的认知。

正是基于上述定位，所以当武帝这些年来不断开疆拓土、征伐四夷，而生性仁恕的刘据一再劝谏时，武帝就会笑着对他说："吾当其劳，以逸遗汝，不亦可乎！"（《资治通鉴·汉纪十四》）

"由我来承担辛劳，让你去享受安逸，难道不好吗？"

武帝的态度充分表明，虽然太子性格"不类己"让他感觉遗憾，但这并不足以成为刘据的缺陷；相反，从守成之君所需的禀赋而言，这倒不失为一种优势。因此，武帝没有怪刘据不谅解他的苦心，而是乐于让刘据保有他自己仁厚的天性。

中年以后的武帝常年出外巡游，朝廷的政务便都交给了太子，后宫事务则交给皇后。武帝回京后，刘据会将重要事务的处理结果禀报给他。武帝从来都没有意见，有时候甚至连看都不看。这说明，武帝对太子监国是完全信任的，对他的理政能力也是认可的。

对于武帝后期施行的酷吏统治，太子刘据显然很不认同。所以，刘据往往会尽己所能，将酷吏制造的许多冤假错案一一平反。此举虽然赢得了百姓的拥护，却得罪了酷吏。皇后卫子夫深感不安，经常劝刘据要顺从父皇的心意，不应该擅自替那些冤案的受害者平反。

出乎卫子夫意料的是，武帝刘彻得知后，表示支持太子的做法，反倒认为皇后不该这么劝太子。

随着太子刘据介入帝国政治的程度日渐加深，朝中的大臣很自然地分成了两派，"宽厚长者皆附太子"，而那些酷吏则与太子完全对立，水火不容。

尽管太子不是一个人在战斗，可正邪两派的力量对比并不均衡。因为那些酷吏在朝中党羽众多，并且个个工于权谋，很会搞事情；而依附太子的朝臣们往往跟他秉性相同，都比较仁厚温良，也就相对缺乏博弈手段。

久而久之，朝中就形成了对太子"誉少而毁多"的局面——正面评价少，负面评价多。尤其是卫青去世后，酷吏集团更是认为太子没有了靠山，于是争相对他进行各种构陷。而酷吏集团不仅把持了外朝，在内宫还有一群帮手。

他们就是宦官。

刘据有一次入宫去看母后，待的时间有点儿长。宦官苏文立刻密报武帝，称太子与宫女们鬼混。不料，武帝竟然不以为意，反倒回头就命人给太子送去了两百个宫女。

此举至少说明了两点：第一，武帝听信了宦官的话；第二，即便如此，武帝还是对太子十分体恤——或许在他看来，男人好色也不算什么大毛病。

面对"从天而降"的两百个宫女，太子刘据当然是一脸蒙。他赶紧派人调查，才知是宦官苏文在背后构陷。而且，苏文还有个小团伙，如武帝身边的小黄门常融、王弼等人，都是他的马仔。这帮家伙，平时没少打太子的小报告；要不是武帝总体上还算信任自己的儿子，刘据恐怕早就倒大霉了。

皇后卫子夫得知这个小团伙的所作所为后，不禁切齿痛恨，叫太子马上去禀报皇帝，把这些人全都杀了。可太子刘据在这件事上，跟武帝却很有默契。他对母后说："只要我不犯错误，何必惧怕苏文这帮人！父皇心明眼亮，断不会听信这些奸邪小人的谗言，此事不足为虑。"

事实证明，刘彻、刘据这对父子，在一般的事情上，彼此间的信任度还是有的。比如后来有一次，武帝生了小病，命小黄门常融传召太子。常融马上抓住机会构陷，对武帝说："太子得知陛下生病，面有喜色。"

武帝闻言，默然不语。稍后，太子入见，武帝留心观察，发现太子眼圈有些泛红，却故作言笑，就问他怎么回事。太子据实以告，原因无非是他担心父皇的病情，故而心中忧虑；但又不想让父皇察觉，才故作轻松之态。

武帝这下明白了，常融所言，纯属诬陷，于是立刻命人把这个阴险小人给拉出去砍了。

尽管武帝父子间的信任度还算牢固，不容易因小事离心，但这样的信任度也并非牢不可摧。这世界上至少还有一样东西，能够击穿父子二人维系多年的信任和情感。

这种东西，就是该死的巫蛊。

巫蛊在汉朝宫廷中的泛滥程度，几乎就跟瘟疫大流行一样，可谓无处不在，无孔不入。尤其是在女人扎堆的后宫，巫蛊更是像空气一样弥漫在每个角落。在源远流长的宫斗历史上，后宫的妃嫔们为了争宠，可谓无所不用其极，而巫蛊向来是其中不可或缺的重要元素。

武帝中年以后迷信神仙、追求长生，客观上又造成了"巫术市场"的畸形繁荣。当时，京师长安遍地都是方士和巫师，装神弄鬼、各显神通。用司马光的话说，就是："率皆左道惑众，变幻无所不为。"（《资治通鉴·汉纪十四》）

在武帝的后宫，最受欢迎的就是女巫。因为她们可以"教美人度厄"，就是用各种巫蛊之术帮美女们争风吃醋。据说，为了斗法，当时未央宫好多房子底下都埋着诅咒用的"人偶"。

起初，嫔妃们还只是用这种隐秘的方式互相伤害，后来就彻底撕破脸了，开始检举揭发，彼此攻讦，都拼命指责别人诅咒皇帝、大逆不道。

这样相互攻击的结果，自然是一地鸡毛。武帝在震怒之下，一口气杀了几百个人——其中既有嫔妃、女巫和宫女，也有牵连进来的外朝大臣。

后宫的巫蛊之乱到此总算是消停了，但武帝刘彻的疑心病却越发严重。有一次，武帝白天小憩，竟然梦见有几千个木头人手持武器攻击他。武帝霍然惊醒，然后就感觉身体很不舒服，而且精神恍惚，很多事过目即忘。

就是在这样的背景之下，江充登场了。

眼看皇帝的身体出了问题，似乎来日无多，江充不免担心，他之前把太子往死里得罪了，一旦太子登基，必然会让他死无葬身之地。所以，他必须先下手为强，趁着武帝还在，赶紧先把太子收拾了。

而收拾太子的办法，根本不用找，眼前就有现成的——巫蛊。

对武帝而言，眼下"巫蛊"这两个字就是最可怕的魔咒——只要一提它，立马会让武帝暴跳如雷、丧失理性。

当然，像江充这种工于权谋的酷吏，做事情绝不会不动脑子。为了让陷害太子的行动显得不那么突兀，江充决定采用迂回之策，首先在京师内外展开一场大规模的清查巫蛊行动；然后在这一烟幕弹的掩护下，再对太子进行准确的狙杀。

计划确定后，江充立刻向武帝禀报，称皇帝龙体不安，皆因巫蛊作祟，必须进行更大范围及更加彻底的清查。武帝深以为然，马上任命江充为治理巫蛊的全权使者。

一场血腥而恐怖的"巫蛊之祸"，就此拉开了大幕。

江充召集了一大帮胡人巫师，在京师长安、三辅地区（京兆尹，左冯翊，右扶风）乃至天下各郡国，到处搜查，掘地三尺，逮捕了所有涉嫌埋藏"人偶"、施行巫蛊的人，甚至连在夜间从事祭祀活动的人也都被抓了；然后严刑拷打，命他们供出同党。

无辜被抓的百姓忍受不了各种酷刑，纷纷屈打成招，互相诬告攀扯。江充旋即上奏，称这些人犯罪事实清楚，证据确凿，皆属大逆不道。

既然如此，那当然全都要判处死刑了。据《资治通鉴》记载，在江充的刑讯逼供、大肆株连之下，"自京师、三辅连及郡、国，坐而死者前后数万人"。其中，真正搞巫蛊的人肯定是极少数，绝大多数都是被冤杀的。

经过这一通猛如虎的操作，恐怖气氛渲染得十分到位；因为准备工作也做得够足，江充终于可以放出他最后的大杀招了。

他授意胡人巫师檀何四处扬言："宫中也有巫蛊之气，不彻底清除，皇上的身体是不会好的。"武帝闻讯，马上授命江充进入未央宫彻查，并派大臣韩说、御史章赣和宦官苏文全力协助。

江充随即率领一支由酷吏和巫师组成的庞大队伍，浩浩荡荡地进入宫中；然后就像开足了马力的挖掘机一样，到处刨坑掘地，把整个皇宫掀了个底朝天。为了表现自己执法严明、无所忌惮，江充甚至连武帝刘彻的御座都给砸掉了，理由当然是搜一搜御座底下有没有埋藏人偶。

紧接着，江充又进入后宫，先从那些很少得到武帝宠幸的嫔妃入手——理由是这些人为了得宠最有可能施行巫蛊。然后，江充又顺理成章地进入了皇后卫子夫的寝宫——因为武帝这些年一直冷落皇后，所以皇后自然也有施行巫蛊的动机和嫌疑。

铺垫完所有这一切后，江充终于率领队伍开进了太子宫；旋即如同犁庭扫穴一般，把太子宫几乎每一寸土地都挖了一遍。

据司马光记载，江充对皇后寝宫和太子宫的肆意破坏，竟然导致皇后和太子的床都无处安放，晚上睡觉都没地方。"（江充）掘地纵横，太子、皇后无复施床处。"（《资治通鉴·汉纪十四》）

一个酷吏可以借着查案之名如此凌辱皇后和太子，并把整个皇宫掘地三尺，几乎把它变成了大型施工现场——这在几千年中国历史上，如果不是绝无仅有，恐怕也是极为罕见的。

不过，人家江充连武帝刘彻的御座都给砸了，你皇后和太子又有什么话可说呢？

江充在太子宫"掘地纵横"之后，一个毫无悬念的结果就出现了——他宣布，在太子宫挖到了很多桐木雕刻的人偶；又搜到帛书若干，上面写满了大逆不道之词。

显而易见，这都是江充的栽赃陷害。可明知如此，太子刘据却一点儿办法都没有。

此时，武帝正在甘泉宫养病，江充宣称要立刻将调查结果上奏天子。刘据大为恐惧，赶紧向太子少傅石德求助。石德身为太子的老师，若太子被问罪，他肯定也是死路一条。所以，同样万般无奈的石德在情急之下，只能劝太子鱼死网破。

他说："之前，丞相父子、两位公主和卫伉都因巫蛊而死；如今江充又从殿下宫中掘得木人——这究竟是事实还是他们栽赃，你根本解释不清楚。而今之计，只有假传圣旨，逮捕江充，逼他说出真相。现在皇上在甘泉宫养病，连皇后和殿下派去的使者都见不到，是生是死都未可知；而奸臣已嚣张到如此地步，殿下难道没想到秦朝太子扶苏的往事？"

秦始皇三十七年，嬴政在巡游途中驾崩，遗诏由长子扶苏继位；宦官赵高却与丞相李斯合谋，矫诏逼扶苏自尽，拥立次子胡亥即位。石德举此事为例，就是劝刘据不要像扶苏那样任人宰割，索性就跟江充拼个你死我活。

如果走这一步，不论起因和动机如何，客观上就形同谋反了——毕竟江充是皇帝亲自授命、专治巫蛊的全权大臣；胆敢矫诏跟他干仗，无异于犯上作乱。

思虑及此，刘据犹豫了，便道："我身为人臣人子，岂能擅自诛杀臣子？不如前往甘泉宫，向父皇谢罪并解释清楚，但愿能洗清罪名。"

可是，江充并不给他这个机会。在刘据准备动身之前，江充上奏武帝的快马早已经派出去了。

至此，太子刘据终于被逼到了悬崖边上。

此时再去甘泉宫，自证清白的机会不能说完全没有，但无疑要冒很大的风险，极有可能是自投罗网。

所以，刘据别无选择，只能背水一战！

## 喋血长安：太子刘据兵变始末

征和二年（公元前91年）七月初七，太子刘据开始行动。他派人伪装成皇帝使节，前去逮捕江充等人。负责协助江充的大臣韩说怀疑有诈，不肯听命。可箭在弦上，不得不发，太子的手下旋即将韩说砍杀，并把江充抓到了太子面前。

刘据亲自持刀上前，指着江充怒骂道："赵虏！前乱乃国王父子不足邪？乃复乱吾父子也！"（《资治通鉴·汉纪十四》）

"你这个赵国浑蛋，之前祸乱赵王父子还不够，现在还要来祸乱我们父子！"

说完，刘据就一刀砍下了江充的脑袋。

这个阴险狠毒的酷吏，在太子发动兵变的第一时间就死了，死得如此干脆，甚至让人都觉得有点儿遗憾。像这种为了陷害太子一人而不惜兴起大狱，令数万无辜百姓惨死的罪大恶极之人，就应该活着被审判，然后被处以极刑——因为不如此，正义就得不到合理的伸张，被他害死的那些人在九泉之下也难以瞑目。

解决完江充，刘据又命人把那些为虎作伥的胡人巫师押到上林苑，随即一把火就让他们灰飞烟灭了。

当天夜里，刘据命太子舍人持节进入长乐宫，来到长秋殿前，向皇后卫子夫禀报了眼下的事态。在征得皇后同意后，刘据征调了宫中马厩的骑兵队，以及长乐宫的侍卫队,并打开军械库,分发武器,然后告谕文武百官,宣称江充谋反,他奉命平乱。

文武百官都不是傻子。他们当然知道,眼前发生的这一切,都是太子背着皇帝干的。所以,大多数朝臣都不愿站在太子这边。

长安城就此陷入混乱,人人都在传言太子造反了!

局势发展到这一步,说"造反"肯定不准确,但兵变却是可以坐实的。不管引发这场兵变的原因是什么,也不管太子之前受了多少委屈、如何迫不得已,到了这一刻,太子刘据都只剩下一条路可走,那就是跟父皇刘彻兵戎相见。

在一片混乱中,宦官苏文侥幸逃脱,旋即直奔甘泉宫,去向武帝告状,声称太子起兵造反。此时的武帝刘彻仍然保有一定程度的清醒,对太子也并未完全丧失信任。他说:"太子被调查,必然会恐惧,且对江充等人感到愤怒,才激发了这场变故。"

随后,武帝做出了一个正确的决定,派出使者去传召太子,命他前来甘泉宫。

如果不出意外,太子顺利前来,父子当面把事情说开,澄清所有误会,也许这场变故会就此平息,而太子刘据也可以逃过这场劫难。

然而,意外终究还是出现了。

武帝派去的这名使者,就在这重大的历史关头,由于心生胆怯,怕去了长安会被太子宰了,所以走到半路便掉头折返,然后向武帝扯了个弥天大谎说:"太子反已成,欲斩臣,臣逃归。"(《资治通鉴·汉纪十四》)

武帝听到使者如此回报,其愤怒的程度可想而知——后面局势如何发展也就不难预料了。

就是这个胆小鬼的无耻谎言,最终造成了刘彻、刘据父子的反目成仇和刀兵相见。

如此重大的历史事件,就被这么一个连名字都没记载的小人物决定了。从宏观角度看历史,似乎一切都是必然,凡事都有前因后果的逻辑脉络可循;可当我们从细节处看历史,却不得不承认,历史总是充满了各种偶然——有时候,某种细微的偶然性往往能够影响乃至决定历史的走向。

就在太子刘据发动兵变之际,时任丞相的刘屈氂竟然吓得不知所措。他既没有与太子交涉、平息事态,也没有组织力量应对,而是拔腿就跑,连丞相印信都丢在家里顾不上拿。

跑到安全地方后,刘屈氂才派手下的长史去甘泉宫向武帝禀报。

武帝问:"丞相做了什么?"

长史答:"丞相封锁消息,未敢轻易发兵。"

武帝一听,顿时气不打一处来,怒吼道:"事情都到这个地步了,还封锁什么消息?丞相现在要做的,就是像周公那样诛杀管、蔡!"

周成王年幼时,其叔父周公旦辅政,下面的管国、蔡国两个诸侯(都是他弟弟)发动叛乱。周公出兵平叛,诛杀了二人。

丞相刘屈氂本身是宗室成员,论辈分跟太子刘据算是兄弟(祖父都是景帝刘启,刘屈氂是武帝异母兄、中山靖王刘胜之子)。所以,武帝这么说,意思很明确,就是别再顾及什么兄弟亲情了,当务之急就是平定叛乱,诛杀太子。

随后,武帝正式下诏给刘屈氂,做了非常具体的作战部署。他在诏书中说:"凡捕杀造反者,皆有重赏。用牛车堵塞道路,不要短兵相接,免得伤亡太大。坚闭城门,不让一个叛乱者漏网!"

与此同时,太子刘据也还在尽力争取百官的支持。他发布告示说:"皇上在甘泉宫卧病不起,恐怕会生变故,所以奸臣趁机作乱。"

可这种时候,已经很少有人听他的了。即使是之前依附他的那些"太子党",出于趋吉避凶的本能,此刻基本上也都是明哲保身,作壁上观。

稍后,武帝刘彻从甘泉宫匆匆赶回,入住长安西面的建章宫;然后下诏征调三辅地区各部队入京,并将京畿范围内所有二千石以下的官员和将领,全部交由刘屈氂节制。

皇帝摆开了四面合围的阵势,而太子这边的兵力则明显薄弱。刘据只能再次矫诏,赦免了长安各级官府在押的所有囚犯,命石德与门客张光分别率领;同时,又派人出城,试图征调驻扎在长水(今陕西省蓝田县西北)和宣曲(今陕西省西安市西南)的两支胡人骑兵。

然而,这么重要的武装力量,武帝是不可能让太子据为己有的。他派出侍郎马通,抢在太子之前赶到了胡骑驻地,通知他们:"太子的调兵符节是假的,不可听命。"然后，马通捕杀了太子派去的人，并率领这两支胡骑开进了长安城。

在皇帝与太子对峙的关头，长安城中还有一支举足轻重的军队，它最终站在谁那边，很可能就决定了谁是这场生死博弈的胜利者。

这支军队就是京师的两大禁卫军之一，因驻扎在长安城北部，故名北军。此时北军的指挥官，名叫任安，就是司马迁的千古名作《报任安书》中的那位友人。

太子刘据捷足先登，亲自乘车来到北军的军营外，出示了调兵符节，命任安听从调遣。任安恭恭敬敬地拜受了符节，接着以勘验符节为由回了军营。刘据在外面左等右等，最后等到的却是军营大门朝着他訇然关闭。

很显然，任安知道符节是假的。他没有对刘据动手，只是让他吃闭门羹，已经算是很仁义了。

当时，皇帝的调兵符节都是红色的，所以太子所持的假符节也是红色。武帝为了让下面各级官府和各路人马区分真伪，便将他所发的符节全部加上了黄缨。而任安接到的符节，当然没有这个防伪用的黄缨。

姜还是老的辣。太子刘据想走的每一步棋，无一例外都被武帝刘彻堵死了。

刘据使尽浑身解数都调不到兵马，最后只能裹挟长安城中的青壮百姓，连同他之前纠集的侍卫队、囚犯各色人等，拼凑成了一支数万人的"部队"。

显而易见，这纯粹就是凑人头的乌合之众，其中真正有战斗力的绝不会超过十分之一。要跟朝廷的正规军打仗，绝大多数都只能白白送人头。

这时候，由丞相刘屈氂率领的朝廷军也已经集结完毕。

七月十三日，双方在长乐宫西门展开了一场血战。

昔日繁华太平的京师长安、威严肃穆的宫禁之地，就这样沦为了血肉横飞的战场。

不得不说，太子麾下真正有战力且忠于他的人虽然不多，但还是很强悍的。他们跟朝廷军整整鏖战了五日，双方总共死了数万人。长乐宫门前的广场上尸体枕藉，鲜血汇成了一条条小溪，流进了旁边的沟壑。

尽管双方都伤亡惨重，可朝廷军的后续部队源源不断；太子这边却根本没有任何支援，死一个就少一个。所以，当战斗进行到七月十七日，太子的部众终于土崩瓦解了。

从太子刘据诛杀江充、发动兵变到战败,历时仅十一日。

兵败后,失去了一切的刘据只能带着两个儿子,从长安城南的覆盎门出逃。此时负责把守城门的是丞相府的司直,名叫田仁。他不忍心对太子下手,便打开城门,给了太子和两个皇孙一条生路。

刘据一行前脚刚走,丞相刘屈氂后脚就追到了。得知田仁私纵太子,刘屈氂马上逮捕了田仁,并要将他斩首。时任御史大夫的暴胜之内心也同情太子,便道:"司直是二千石官员,理应请示皇上,岂能擅自诛杀?"

刘屈氂本就没什么主见,闻言便放过了田仁。可是,武帝很快就听说了此事,顿时勃然大怒,命人去严斥暴胜之,说:"田仁放走造反之人,丞相斩他,是维护国法。你为何擅自阻止?"

暴胜之意识到自己因一念之仁,已经触碰了天子的逆鳞,势必难逃一死。惶恐之下,这个昔日"威震州郡"的酷吏,也只能被迫自杀,一死了之。

紧接着,武帝刘彻派出宗正刘长、执金吾刘敢进入长乐宫,收缴了皇后卫子夫的玺绶。

至此,这对结发了四十八年的夫妻,终于走到了恩断义绝的地步。虽然从中年以后,武帝刘彻就日渐冷落了卫子夫,但对她的礼遇却自始至终没有任何减损;卫子夫也一直是名实相副的后宫之主。夫妻俩尽管不再像年轻时候那么恩爱有加,可至少在几十年的岁月里都做到了相敬如宾。

然而,巫蛊之祸摧毁了这一切。

当太子刘据被迫发动兵变的那一刻,这个结局就已经注定了——不论最后太子是成是败,卫子夫与刘彻都将彻底决裂。

此刻,玉玺和绶带被收缴,意味着卫子夫的皇后之位已被废黜。接下来,即便武帝刘彻不杀她,卫子夫的余生也是生不如死了。于是,结果不难预料,万念俱灰的卫子夫用一条白绫结束了自己的生命。

之后,私自放跑太子的田仁被判处了腰斩。让人有些始料未及的是,同时被腰斩的,还有北军指挥官任安。

武帝认为,任安虽然没有参与谋反,但眼睁睁看着太子起兵,却没有任何动作——这明显就是首鼠两端、坐观成败。所以在武帝看来，这个任安就是一个奸猾的官场老油条，他是想看谁赢了，再投靠谁。如此怀有二心之人，岂能不杀？

接着被诛杀的，就是为数众多的太子门客。武帝宣布，凡是太子宾客中曾跟随太子出入宫门的，即视为有谋反迹象，一律斩首；至于那些明确跟随太子造反的，则全部族诛。此外，被太子裹挟、被迫卷入兵变的所有官吏和将士，则全部流放敦煌。

最后，武帝严令长安各门悉数关闭，并屯驻重兵，以防太子反扑。

到这里，该杀的都杀了，该判的也都判了，只剩下当事人太子刘据仍然在逃。武帝最终是会赦免太子，还是会毫不留情地依照国法处置，成了一个悬而未决的问题，也成了朝野上下关注的焦点。

当时，武帝刘彻处于盛怒之中，满朝文武都怕惹祸上身，遂噤若寒蝉，没有人敢站出来劝解半个字。只有一个叫令狐茂的基层小吏，壮着胆子给武帝上了道奏疏，替太子求情，说太子都是遭小人江充陷害，不得已才起兵自救，希望武帝能解除戒严，赦免太子。

武帝看完，多少也有些醒悟，可终究还是没有颁发赦免令。

此时的刘据，一路向东逃亡，跑到了湖县（今河南省灵宝市西），躲藏在一个老百姓家里。这户人家穷得叮当响，主人只能靠卖草鞋供养太子和两个皇孙。刘据考虑到这么下去也不是办法，恰好想起有个旧部就住在附近，且家境十分富裕，遂派人去联络。

不料，此人立刻就将刘据出卖了。八月八日，当地官府出动人马包围了刘据的住处。主人为了保护太子，与官兵格斗而死。刘据意识到自己在劫难逃，遂悬梁自尽，两个皇孙旋即也被杀害。

随着太子的自杀，这起震惊天下的宫廷惨案终于画上了一个血腥的句号。

时年六十六岁的武帝刘彻，其杀伐决断的魄力依旧不减当年，没花多大工夫就平定了这场祸乱。然而，这场胜利的代价却是极其惨痛和苦涩的。因为天底下没有任何一个丈夫、一个父亲和一个祖父，会以逼杀自己的妻子、儿子和孙子为荣。武帝刘彻也许会以"社稷为重，国法无情"等堂而皇之理由来宽慰自己，但这起夫妻反目、父子相残的人伦惨剧，却终究是他余生中难以愈合的

第十章　大时代落幕　333

伤口。

从这个意义上说，身为大汉天子、手握生杀大权的武帝刘彻，又何尝不是这场巫蛊之祸的受害者呢？

巫蛊之祸的始作俑者，固然是死有余辜的酷吏江充，但假如我们要为本案设立一个审判庭的话，那么被押上被告席的人，绝不只有江充。追根溯源，如果没有武帝晚年施行的酷吏统治，如果不是他重用并纵容江充，如果他不是那么多疑、易怒和暴虐，那区区一个江充又怎么可能掀起这么大的一场祸乱？

归根结底，这场祸乱最大的责任人，最应该被押上历史被告席的，恰恰是武帝刘彻本人。换言之，他既是这起人伦惨剧的受害者，同时也是本案不可饶恕的幕后元凶。

## 李广利之死：又是巫蛊惹的祸

正当汉朝因民变纷起和一连串巫蛊大案导致内部动荡时，匈奴高层也经历了新一轮的权力更迭。太始元年，即武帝刘彻以巫蛊为由将公孙敖腰斩并族诛的同一年，匈奴的且鞮侯单于病故，长子狐鹿姑继位。

双方内部各有变故，自顾不暇，所以边境的战事也就消停了几年。

到了征和三年（公元前90年）春，即"巫蛊之祸"次年，当汉朝内部的动乱渐渐平息时，匈奴的新单于也完成了对权力的巩固。于是，缓过劲来的汉匈双方，便又大打出手了。

匈奴率先出兵，入寇上谷、五原、酒泉等郡，杀掠汉地的官吏、百姓，汉朝有两名都尉阵亡。

同年三月，武帝刘彻派出了三名将领，兵分三路，大举反击。

此次挂帅之人，当然还是这些年风头最劲的贰师将军李广利。另外两位，则是在平定太子兵变中立功的新人：一个是侍郎马通，率部击败太子少傅石德，封重合侯；还有一个叫商丘成，力战并生擒太子门客张光，封秺侯，并被武帝闪电提拔为御史大夫。

李广利率主力七万人马，从五原出塞；商丘成率两万人马，从西河出塞；

马通率四万骑兵，从酒泉出塞。

匈奴单于狐鹿姑得知汉朝大兵压境，还是采用他们的老战术，将所有粮秣、辎重全部北迁，转移到郅居水（今蒙古国色楞格河）北岸；同时，其左贤王部也将其百姓全部转移到余吾水（今蒙古国土拉河）以北六七百里的兜衔山。

安顿完后方，狐鹿姑亲率精锐渡过姑且水（今蒙古国图音河），准备迎击汉军。在他正面，是商丘成兵团。汉军三路中，商丘成兵力最少，很难与匈奴主力正面抗衡。得到情报后，商丘成只能避敌锋芒，率部后撤。狐鹿姑闻讯，立刻命一名大将和李陵一道，率三万多骑兵尾随追击。

商丘成兵团且战且退，转战九日，一直撤到了蒲奴水（今蒙古国翁金河）。李陵见难以得手，才率部北还。

马通兵团挺进到天山，与匈奴大将偃渠所部遭遇。偃渠麾下只有两万余骑，而汉军却有四万；他见势不妙，立刻引兵北撤。所以，马通这一路相当于扑了个空，既无斩获也无损失。

三路中，唯一取得战果的，还是主力李广利兵团。

匈奴方面可能是情报有误，在李广利正面配置的兵力最少，只有卫律和右大都尉率领的五千多骑兵。他们虽然提前占据了夫羊句山（今蒙古国尚德山）的险要之处，但五千对七万，终究是众寡悬殊。所以，双方一交战，匈奴军立马崩溃，遂仓皇北逃。李广利兵团乘胜追击，进抵范夫人城（汉军将领在此筑城，中途病逝；其妻范夫人率众接续，最终完成，故名。今蒙古国达兰扎兰加德城西北）。

就在李广利首战告捷、正准备大展拳脚之时，长安突然传来一个惊天噩耗，一下子让他的心坠到了谷底——他的亲家、丞相刘屈氂被腰斩，其妻被斩首；而李广利的妻子和一家老小，则全都被朝廷抓进了大牢！

这个变故，源于李广利出征前跟刘屈氂说的一句话。

当时，刘屈氂为李广利饯行，送到了长安北面的渭桥。就是在这里，李广利对刘屈氂说："如今储位虚悬，希望君侯早日奏请皇上，立昌邑王为太子；将来他若继位为帝，君侯就富贵无忧了！"

昌邑王刘髆是李夫人所生，即李广利的外甥；而李广利跟刘屈氂是儿女亲家。所以，只要让刘髆当上太子，李广利跟刘屈氂这两个当朝最显赫的人物，就能把他们的权势和地位一直保持下去。

刘屈氂闻言，欣然允诺，表示一定全力促成此事。

而李、刘二人万万没料到，他们的这番密语，竟然被身边的人偷听了去，然后很快就传进了一个叫郭穰的人的耳朵里。此人时任少府的内者令，不知是跟李、刘二人有过节，还是纯粹想告密邀功，总之立刻就将此事上奏给了武帝。

觊觎储位这种事情，虽然比较敏感，但也不至于罪大恶极，按说不会导致那么严重的后果。可要命的是，郭穰为了把事情闹大，以便从中取利，就硬把此事跟巫蛊挂上了钩。

在如今的大汉帝国，凡事只要跟巫蛊沾边，立马就会刺痛武帝心中最敏感的那根神经，然后注定又会酿成一起血案。

郭穰对武帝说的是："丞相夫人用巫蛊诅咒皇上，并与李广利一同祈祷神灵，要让昌邑王当上皇帝。"

武帝刘彻立刻命有司彻查——结果当然又是"事实清楚，证据确凿"，论罪当属大逆不道。

于是，同年六月，刘屈氂被押赴东市腰斩，其妻被押赴华阳街斩首；同时，李广利一家老小被全部下狱。

可想而知，身在前线的李广利惊闻如此噩耗，其心情会坏到什么程度；更严重的是，作为率领七万人马的汉军主帅，这一事件必将迫使他做出一个对汉朝最不利的选择。

李广利麾下有一个叫胡亚夫的掾属（秘书），是为了逃罪而从军的；见他一时间忧惧万分、计无所出，便怂恿道："将军的夫人和家室都被捕入狱，若将军回朝，恐怕只能在狱中与他们相见了。到那时，若再想去往郅居水以北，还有可能吗？"

所谓郅居水以北，指的就是匈奴。胡亚夫的意思明摆着，就是劝李广利投降匈奴——因为回去就是死路一条。

李广利犹豫再三，最后还是决定继续北上，希望通过建立更大的战功，来换取武帝刘彻的宽恕。退一步讲，即使要投降匈奴，也要经过一番力战之后再投——如此才能得到对手的尊重，从而抬高自己的身价。

主意已决，李广利遂命麾下将领率两万骑兵为前锋，渡过郅居水。恰在此时，匈奴的左贤王和左大将也率两万骑赶到。双方在郅居水北岸展开了一场遭遇战。由于两军兵力相等，基本上势均力敌，谁也无法轻易占到上风。

双方整整鏖战了一日，汉军越战越勇，终于在当天夜里将匈奴军击溃，并斩杀了左大将。匈奴军伤亡惨重，残部仓皇北遁。

就像李广利期待的那样，汉军果然再立一功。此次出征已经接连取得了两场胜利，如果不是后方出了那档子事儿，李广利兵团完全有可能乘胜北上，取得更大的收获。

然而，李广利"后院起火"的消息，早已在军中悄悄传开。谁都能判断出，他们这位主帅投降匈奴的可能性非常大。尤其是李广利的左右手，更是对此忧心忡忡。其麾下长史便与另一位将领密谋道："李将军已对朝廷怀有异心，他是想拿将士们的性命换取战功——这么下去恐怕必败无疑。"

随后，两人决定一不做二不休，发动兵变逮捕李广利，夺取指挥权。

可李广利毕竟是主帅，在军中还是有一些耳目的。他提前得到消息，遂抢先下手，杀掉了长史和那名将领。

虽然把兵变扼杀在了萌芽状态，但李广利很清楚，军心已乱，此时若继续北进，绝对难有胜算，只好下令南撤。

匈奴单于狐鹿姑察觉汉军的异动，料定必有隐情，遂抓住战机，亲率五万精锐骑兵火速南下，竟然抢到了汉军的前头。当李广利兵团撤至燕然山（今蒙古国杭爱山）时，立刻遭到匈奴军的截击。双方主力展开血战，战况激烈而胶着，打了一天依旧难分胜负，彼此都付出了极大的伤亡。

到了入夜时分，匈奴军忽然主动撤出了战场。李广利赶紧率部继续向南撤退。不料，这却是匈奴人的计谋——他们早已在汉军的必经之路上挖掘了数尺深的壕沟。当汉军将士猝不及防、纷纷坠入陷阱时，方才佯装撤离的匈奴大军突然从背后杀出，对李广利兵团发动了猛烈的进攻。

汉军进退不得，一番苦战后，终于全线溃败。

李广利彻底绝望，就此投降了匈奴。

这样的结果，令狐鹿姑大喜过望。李广利虽然名分上还不是汉朝的大将军，但实际上早已是大汉军界的一号人物。如此重量级的人投奔匈奴，不仅让汉朝颜面扫地，对其军心更是一个沉重的打击；反之，则极大地提振了匈奴的军威和士气。

狐鹿姑随即把女儿许配给了李广利，对他的尊宠一跃而居卫律之上，当然就更在李陵之上。

武帝刘彻得到消息后，立刻诛杀了李广利的整个宗族。

先是李陵，后是李广利，两人的命运可谓如出一辙。尽管两个人的悲剧都是有小人从中作祟，可在他们的事情上，拥有最终决定权的武帝刘彻若是能多几分理性和冷静，断不至于让他们走到这一步。

从这个意义上说，李陵和李广利，其实都是被武帝逼反的。

到了匈奴后，李广利俨然成了单于狐鹿姑的头号宠臣——至少在所有叛降的汉人中绝对如此。对此卫律自然是妒火中烧。于是，如何除掉李广利，就成了卫律的当务之急。恰巧，没过多久，单于母亲大阏氏患病，卫律立刻抓住机会，请巫师为她驱邪作法。然后，巫师便在卫律的授意下，声称被前任单于且鞮侯附体，对大阏氏大发雷霆道："我们以前每次出兵，都在神灵前许愿，说如果活捉李广利，一定要杀他祭天，何故不守誓言？"

大阏氏一听吓坏了，敢情这是得罪了神灵啊！

为了治病，大阏氏也不管眼下的李广利已经是自己的孙女婿了，马上命人把他抓了，五花大绑地带到了神庙前。李广利知道这回难逃一死，不禁破口大骂道："我死以后，变成鬼也要灭了你们匈奴！"

可他话音未落，刀斧手就已经把他的脑袋砍了下来，给他们的神灵献祭了。

李广利本以为，他的后半生可以在匈奴安享荣华富贵，没想到从投降匈奴到像牛羊一样被宰杀，也不过才短短一年。

## 《轮台罪己诏》：一代雄主的最后忏悔

一场接一场由巫蛊引发的大狱，把整个大汉帝国搅得血雨腥风。

天下的官吏和百姓眼看着只要涉及巫蛊，无不一告一个准，于是有样学样，纷纷以巫蛊为名相互构陷、指控，都想利用这个由头把平日里有仇的或看不顺眼的人搞死。

所幸，朝廷有关部门在经历这么多血的教训后，已变得慎重起来，对于民间提告的巫蛊案都进行了翔实的调查——结果发现，大多数指控都是子虚乌有，纯属栽赃陷害。

武帝刘彻得知这些情况后，不禁回想起了太子。直到此刻，武帝才渐渐开始悔悟，觉得太子的确是在江充的逼迫下，因惶恐无措才起兵，其实并无谋反之心。

恰在此时，一个叫田千秋的管理高祖宗庙的小官，给武帝上了道奏章，替太子鸣冤叫屈，说："儿子擅自调动父亲的军队，顶多就是受一顿鞭打。假如天子的儿子误杀了人，该当何罪？难道还要拿命相抵吗？微臣曾经梦见一个白头老翁，教臣向皇上说这番话。"

平心而论，田千秋这几句话实在没什么理论水平，既没有严谨的逻辑，也没有动人的情感，甚至连古人最擅长的引经据典都没有，无非就是替太子喊个冤罢了。

可是，人的运气就是如此奇妙。田千秋喊的这一声冤，恰好就在武帝心有悔悟的当口，所以武帝就听得特别入耳，乃至特别入心，比那些硕学鸿儒的高头讲章都好使。

武帝看完奏章，顿时"大感寤"，随即召见了田千秋，十分感慨地说："父子之间，外人难以进言，而唯独田卿敢言明其中道理。这一定是高皇帝（刘邦）托梦给你的，让你如此教朕。田卿应该担任朕的辅佐大臣。"

就这样，这个原本寂寂无名的芝麻官田千秋，选择在一个妙到毫巅的时机说了几句恰到好处的大白话，便博得了武帝的赏识和重用，旋即火箭般蹿升，连跳十几级，一跃成为朝廷的大鸿胪，位居九卿！

既然武帝已经认为太子一案是冤假错案，那么制造冤案的江充、苏文等人自然是罪不容诛了。江充已死，所以武帝就诛灭了他的三族；而宦官苏文则被拉到长安横门外的石桥上，当众用大火烧死。

此外，当初在湖县负责抓捕太子的官员，事后因功擢升北地太守，现在也从功臣变成了罪臣，不仅本人被罢官、斩首，全族老少也悉数被杀，共赴黄泉。

为了表达自己对太子的哀思，征和三年秋，武帝刘彻特意命人在长安兴建了一座"思子宫"，又在湖县建了一座"归来望思台"。

据说，"天下闻而悲之"（《汉书·戾太子刘据传》）。

然而，斯人已逝，再深的追悔也无法让死者复活。就算太子刘据的魂魄在武帝的召唤下归来，他就能原谅自己的父亲吗？就算太子能原谅，武帝刘彻在这场巫蛊之祸中所犯的错误和应负的责任，就能因事后的追悔而抵消和免除吗？

答案，恐怕是否定的。

虽然如此，但亡羊补牢，为时未晚。正是对太子事件的追悔，引发了武帝刘彻的内省和反思，从而让他认识到了这些年来犯下的种种错误，以及导致的一系列严重后果。由此，才有了武帝在生命最后几年中对执政路线的拨乱反正和改弦更张。

征和四年春，时年六十八岁的武帝刘彻在最后一次封禅泰山后，召见群臣，公开说了这样一番话："朕即位以来，所为狂悖，使天下愁苦，不可追悔。自今事有伤害百姓，糜费天下者，悉罢之！"（《资治通鉴·汉纪十四》）

"朕自从即位以来，所作所为狂乱悖理，令天下臣民陷于愁苦，朕为此追悔莫及。从今往后，凡是会伤害百姓、浪费国财民力的事情，一律停止。"

听到皇帝如此毫不留情地自我批评，估计在场百官都有些蒙，一时竟不知如何应对。只有一个人站了出来，适时提出了一个具体的谏言。

这个人还是田千秋。

他说："如今的方士，谈论神仙的甚多，真有效验的几乎没有。还请陛下将所有方士全部罢黜。"

武帝深以为然，于是将所有方士和派往各地寻访神仙的使者悉数遣散。过后，武帝不止一次对群臣感慨道："向时愚惑，为方士所欺。天下岂有仙人，尽妖妄耳！节食服药，差可少病而已。"（《资治通鉴·汉纪十四》）

"从前是朕愚昧，让方士给骗了。天底下哪有什么神仙，都是妖言惑众罢了！只有节制饮食、服用药物，才能让病痛少一点。"

田千秋的进谏，再次赢得了武帝的高度好感。于是，这一年六月，武帝一举将田千秋拔擢到了人臣的最高位,即百僚之长、三公之首的丞相,并封富民侯。

田千秋从一个看守宗庙的芝麻官,到一人之下、万人之上的丞相,历时才短短九个月。

这一幕,堪称官场奇迹,在古今中外的历史上恐怕都极为少见。田千秋一无满腹经纶的才学,二无征战沙场的功勋,三无高贵显赫的家世背景,却能在这么短的时间内仅凭两次恰到好处的进谏便封侯拜相,就更是令人瞠目结舌、叹为观止了。

不得不说,人生在世,时运和机缘实在是太重要了,其重要性有时候甚至大过才干和努力。在此,最极端的反例就是我们多次提到的李广——十六岁从军,身经百战,杀敌无数,九死一生,最后不仅没能封侯,连战死沙场、为国捐躯的机会都没有,只能死于自刎的刀下。

把田千秋和李广放在一起,就更能感受到造化弄人的无奈,以及"命运"这个东西的诡谲与荒谬。

对于"三无人员"田千秋的官场奇迹,连司马光都忍不住发了一段议论:"千秋无它材能,又无阀阅功劳,特以一言寤意,数月取宰相,封侯,世未尝有也。"(《资治通鉴·汉纪十四》)

当然,田千秋也不是完全没优点。司马光就说他"为人敦厚,有智",就是做人既厚道又聪明,所以才能"居位自称,踰于前后数公"。他在丞相位子上也能胜任,甚至比前后几任还更称职。

武帝晚年对过往错误的忏悔,不仅表现在上述几则言行中,更集中体现在了一道正式颁布的诏书上。

这就是历史上著名的《轮台罪己诏》。

颁布这道诏书的起因,是稍早之前,由搜粟都尉桑弘羊和丞相田千秋、御史大夫商丘成联名呈上了一道奏章,大意是说:"轮台以东,有可灌溉农田在五千顷以上,应派遣屯田士卒前往,设置校尉,栽种五谷;同时修建要塞亭障,一直向西扩张,既可威慑西域诸国,也可保护盟国乌孙。"

据《汉书》《资治通鉴》等史料记载,武帝刘彻看完奏章后,"深陈既往之悔"，于是便有了这道罪己诏。撮其要旨，深自悔过的内容主要有这么几段话：

> 前有司奏欲益民赋三十，助边用，是重困老弱孤独也。而今又请遣卒田轮台。轮台西于车师千余里，前开陵侯击车师时，虽胜，降其王，以辽远乏食，道死者尚数千人，况益西乎！
> …………
> 乃者贰师败，军士死略离散，悲痛常在朕心。今又请远田轮台，欲起亭隧，是扰劳天下，非所以优民也，朕不忍闻。
> …………
> 当今务在禁苛暴，止擅赋，力本农，修马复令，以补缺、毋乏武备而已。

这几段话的大意是：

之前有关部门上奏，要求给百姓增加赋税，每人多缴纳三十钱，用来加强边防，这是在加重老弱孤独者的负担。而今又要求派遣士卒，去轮台屯田。轮台远在车师国以西一千余里，此前开陵侯成娩进攻车师时，虽然获胜，迫使其国王投降；但因路途遥远，粮草不继，死在道路上的士卒有数千人，何况轮台更在车师国之西！

前不久李广利战败，将士死的死、散的散，朕心中时常悲痛。如今又奏请到遥远的轮台屯田开荒，并修建要塞，这是扰乱天下之举，不是爱护百姓的做法，朕不忍听闻。

当今急务，在于严禁苛酷和暴虐，不准擅自增加赋税，致力于农业这一国本，鼓励民间养马，以填补战马缺额、不让边防缺乏武备而已。

《轮台罪己诏》被称为中国历史上第一道皇帝罪己诏，对当时和后世均有重大影响，因为它标志着武帝末年在政治取向和治国路线上的大幅度转变。尽管学界也有观点指出，《轮台罪己诏》的历史意义被班固和司马光夸大了，武帝的"罪己"很不彻底；但大部分古今学者仍然认为，武帝刘彻在其生命最后两年的悔过和转变，是汉朝得以恢复安定并继续发展的主要原因。

如唐代的褚遂良就称："帝翻然追悔，情发于中，弃轮台之野，下哀痛之诏，人神感悦，海内乃康。向使武帝复用弘羊之言，天下生灵皆尽之矣。"（《旧唐书·褚遂良传》）

当代学者田余庆也撰文表示，正是由于武帝刘彻对自己的扩张政策感到悔恨，将治国路线由"尚功"调整为"守文"，从而"澄清了纷乱局面，稳定了统治秩序，导致了'昭宣中兴'，才使西汉统治得以再延续近百年之久"。

从《轮台罪己诏》的主要内容可以看出，武帝刘彻至少在以下几个方面做出了转变：

其一，在治国路线和施政方针上，提出"禁苛暴"，即从严刑峻法的酷吏统治转向温和宽松的儒家仁政；

其二，在民生和经济方面，提出"止擅赋，力本农"，即从横征暴敛、竭泽而渔转向轻徭薄赋、与民休息；

其三，在军事方面，提出"补缺，毋乏武备"，相当于从强势扩张、战略进攻转向了持重守成、战略防御。

民以食为天。无论在任何时代，作为"吃饭问题"和"粮食安全"的农业，都是国家的根本。尤其在古代社会，农业生产更是国计民生的重中之重。只有在民生富庶、经济繁荣、老百姓安居乐业的基础上，才谈得上国家的强大。武帝把丞相田千秋封为"富民侯"，便是取"与民休息，富养民众"之意。唐代的颜师古称之为："欲百姓之殷实，故取其嘉名耳。"

要发展农业生产，就必须改进生产技术。武帝就找到了一个这方面的人才——农学家赵过，任命他为搜粟都尉，专门负责农业生产技术的改进。

赵过发明了"代田法"，使土地得以轮番耕作、充分利用，并且还能年年休耕，让地力得以恢复。此外，赵过还发明了从耕地、下种到耘锄的一整套新式农具，并教会老百姓使用，让农民"用力少而得谷多"，因而"民皆便之"（《资治通鉴·汉纪十四》）。

就这样，在武帝末年的幡然悔悟和改弦更张之下，已然民变四起、危机重重的大汉帝国，终于渐渐恢复了安定。就像一个大病一场的人，虽然元气还没有完全恢复，但至少脱离了死亡的危险。

## 临终托孤：武帝安排身后事

时间来到后元元年（公元前88年），武帝刘彻已经六十九岁——人生七十古来稀，在古代，这应该算是高寿了。

自从刘据死后，大汉帝国储位虚悬；而年迈多病的武帝也自知时日无多，所以当务之急就是尽早确立继承人。

武帝原本共有六子，除长子刘据外，次子齐王刘闳早逝，五子昌邑王刘髆于这一年正月亡故，眼下还剩三个，分别是三子燕王刘旦、四子广陵王刘胥和少子刘弗陵。

如果以长幼排行作为替补原则的话，最有资格继任太子的无疑是燕王刘旦。另外，据《汉书·武五子传》记载，刘旦"为人辩略，博学经书、杂说，好星历、数术、倡优、射猎之事"，可见与青年时期的武帝颇为相似。假如武帝想要的是年纪最大、性格最成熟、各方面都最像自己的继承人，那么刘旦显然是不二之选。

然而，刘旦具备的这些优势，却都不符合武帝选储君的标准。

前文已述，早在巫蛊之祸前，武帝刘彻就已明确表示，自己的继任者必须是一位能够让天下安宁的守成之君，而不能再像他这样一味进取，否则必定重蹈暴秦覆辙。简言之，他想要的未来天子，恰恰是在性格和政治取向上都跟他不一样的人。

而刘据死后，随着武帝的幡然悔悟和《轮台罪己诏》的颁布，他更是主动改变了自己的治国路线和施政方针，相当于提前进入了"守成"阶段。

在这一背景下，燕王刘旦越像青年时代的武帝，他就越不可能成为未来的大汉天子。

可刘旦自己并不这么想。他从皇位继承的一般原则出发，认为自己是剩下三个儿子中最年长的，自然应该由他继任太子。所以，他便迫不及待地上书武帝，要求入宫"宿卫"。这两个字，其实就是急着想要当太子的委婉说法。

此举是违背礼制的行为。武帝大怒，立刻将刘旦的使者斩于北阙之下；稍后，又以刘旦藏匿亡命之徒为由，削掉了他三个县的封邑。

如此一来，燕王刘旦就与太子位无缘了。

再来看刘旦的同母弟、广陵王刘胥。《汉书·武五子传》称其："壮大，好倡乐逸游，力扛鼎，空手搏熊、彘猛兽，动作无法度。"意思是刘胥身材魁梧，喜欢声色犬马，力能扛鼎，还能徒手跟狗熊、野猪等猛兽搏斗，很多行为都不合法度。

很明显，这又是一个"粗犷版"的青年刘彻，当个武将上阵杀敌还行，但做太子肯定不靠谱，所以直接被淘汰了。

最后，就只剩下钩弋夫人所生、年仅七岁的幼子刘弗陵了。

当然，刘弗陵并非武帝排除掉所有不可能之后的无奈选择。相反，据《汉书·外戚传》记载，刘弗陵从小就与众不同，"生与众异"，显得很早熟，不管是身体还是智力都比同龄人发育得早，"壮大多知"，所以"上常言'类我'"——武帝经常说刘弗陵很像他。因此，武帝"甚奇爱之，心欲立焉"——对他十分偏爱，早有立刘弗陵的打算。

不过，武帝却担心幼主即位，母后必然临朝，而外戚也就随之坐大，到时候就有可能重演汉初的"吕氏之祸"。所以，他迟迟下不了决心。

到了后元元年，武帝意识到立储之事不能再拖下去了，便想了个两全其美的办法——既能让刘弗陵接班，又能避免女主干政和外戚擅权。

这个办法很简单，就是杀了钩弋夫人。

古代人常说母以子贵，通常儿子当上太子，做母亲的后半生也就富贵无忧了。可凡事总有反例，钩弋夫人就不幸成了这个少有的反例。

武帝晚年虽然宠幸钩弋夫人，但为了大汉社稷的稳定和江山永固，他也只能忍痛割爱。主意已定，武帝便找了个罪名，严厉谴责了钩弋夫人。据《汉书》记载，钩弋夫人不久便忧惧而亡；而《资治通鉴》则说，武帝先是把钩弋夫人关进了掖庭狱，没过几天就将她赐死了。

左右近臣对武帝的这一做法都颇为不解。武帝也知道他们心里满是疑问，有一天闲着无事，就故意问左右说："外人对此事怎么看？"

左右答："外人都说，明明要立其子，为何又要杀其母呢？"

武帝索性打开天窗说亮话："这种事，不是你们这些年轻人和外面那些蠢人能理解的。自古以来，国家之所以动乱，大多因为君主幼弱，其母正值盛年。女主一旦掌权，便会骄恣淫乱，无人能够制约。你们没听说过吕后的事吗？所

第十章 大时代落幕

以,迫不得已,只能先把钩弋夫人除掉。"

这就是典型的帝王心术,源于法家的权谋之学。武帝刘彻不仅对此谙熟于心,且在位这么多年一直运用得炉火纯青。在法家的观念里,君主的威权是人世间唯一至高无上的东西,绝不能受到任何威胁和挑战——哪怕这样的威胁并非现实存在,只是一种可能性,也必须将其扼杀于萌芽状态,防患于未然。

至于这么做会牺牲谁的性命、牺牲多少人的性命,对帝王而言,都是在所不惜的。

解除了"女主干政"这一后顾之忧,接下来,就是为刘弗陵物色几位靠得住的顾命大臣了。在内廷外朝的文武百官中,武帝刘彻最信得过的人,莫过于时任奉车都尉、光禄大夫的霍光。

霍光是霍去病的异母弟,十几岁就被霍去病带到了长安,入宫担任郎官,侍从武帝左右。霍光为人沉稳持重,做事极为严谨。据《汉书·霍光传》记载,他每次出入殿门,落脚总在同一个地方;有好事的同僚暗中做了标记,然后专门拿尺子去量,发现竟然"不失尺寸",就是几乎没什么误差。对此,班固不禁在书中赞叹:"其资性端正如此。"

霍去病去世后,霍光便被武帝擢任为奉车都尉、光禄大夫。他"出则奉车,入侍左右,出入禁闼二十余年,小心谨慎,未尝有过",所以武帝刘彻对他"甚见亲信"。

二十多年的朝夕相处,且从未犯任何过错,令霍光在武帝心目中有着任何人都难以比拟的地位——这是由漫长时光沉淀下来的信赖和情感,也是一种由无数日常细节构建起来的君臣相知。

正是在这样的基础上,精明过人的武帝才会认为群臣百僚之中,"唯光任大重,可属社稷"(《汉书·霍光金日磾传》),只有霍光能担重任,可以把社稷托付给他。

为了让霍光明白自己的托孤之意,武帝特地命人画了一幅《周公辅政图》,即周公旦背着年幼的周成王召见诸侯的情景,然后把画赐给了霍光——一切尽在不言中。

武帝看上的第二位顾命大臣,是匈奴籍的金日磾。

金日䃅本是匈奴休屠王的太子。当年休屠王本欲归汉，中途反悔，被浑邪王所杀。随后，年仅十四岁的金日䃅便和家人一道被籍没入宫，成了养马的宫奴。据说成年以后，金日䃅长得十分魁梧，身长八尺二寸，且"容貌甚严"，一表人才。而且，他还很善于养马，被他喂养的马都长得膘肥体壮。武帝因此对他分外赏识，便擢升他为马监，后来又升为侍中、驸马都尉、光禄大夫。

因善于养马而致富贵的金日䃅，遂被后世尊为养马业的祖师爷。

金日䃅跟霍光有一个共同点，就是做人做事极为小心谨慎，且地位越是尊贵，就越是常怀临深履薄之心；所以在武帝身边侍奉多年，同样从未出过差错。对此，武帝当然十分满意，"上甚信爱之"（《汉书·霍光金日䃅传》）。

后元元年六月，宫中发生了一起刺杀案，行刺目标正是武帝。如果没有金日䃅，武帝刘彻恐怕就遭遇不测了。

该案的主谋之一，就是在平定太子兵变中立功、受封重合侯的马通。他有个兄长叫马何罗，在宫中任侍中仆射，素与江充交好。兄弟俩本来都官运亨通，日子过得很滋润，可随着武帝的悔过，政治风向突然逆转，马氏兄弟就开始惴惴不安了。当武帝为太子刘据平反，并诛杀江充的宗族和党羽后，马何罗越发担心遭到清算，便与弟弟马通合谋，决定刺杀武帝。

作为武帝身边的侍从官，马何罗拥有近水楼台的优势，原本是很容易得手的，可他们的计划就因为金日䃅失败了。自从马氏兄弟开始密谋，一贯细心的金日䃅就察觉到他们举止异常，遂多留了个心眼儿，一直暗中跟踪他们。

马氏兄弟也不是笨蛋，很快就发现被金日䃅盯上了，故迟迟不敢发动。

不久，武帝前往甘泉宫。随行的金日䃅恰好生了小病，在值班室休息，没陪在武帝身边。马氏兄弟觉得机会来了，就叫上弟弟马安成，兄弟三人假传圣旨，带上一帮手下，深夜出宫，杀了军械库官员，取出兵器进行了分发。

次日清晨，武帝未起，马何罗袖中藏刀，径直进入了武帝寝殿。金日䃅正准备上厕所，一看就觉得不对劲，赶紧跑到武帝卧室门口守着。马何罗从东厢房进来，看见金日䃅，吃了一惊——但箭在弦上，已不得不发，仍直奔门口而来。可能是过度紧张，马何罗撞到了门旁的一把瑟，乐器落地，发出声音，他吓得僵在了那里。

金日䃅趁此机会，冲上去一把抱住马何罗，同时大叫："马何罗造反了！"

武帝惊醒，此时侍卫们也都冲了进来，纷纷抽刀上前，要去杀马何罗。武帝担心伤及金日䃅，就命侍卫们不得动刀。金日䃅人高马大，一把就将马何罗摔倒在地。侍卫一拥而上，将其擒拿。随后，马氏兄弟三人及其党羽全部伏诛。

作为天子近臣，心细如发和勇于救主，无疑是最突出的两个优点，而金日䃅全都具备。可见武帝对他的信任，绝非没有来由。

第三位入选的顾命大臣，是时任太仆的上官桀。

上官桀，陇西上邽（今甘肃省清水县）人，年轻时入职禁军，任羽林期门郎。相较于霍光和金日䃅，上官桀的入选就颇有几分运气成分了。霍光和金日䃅都是在武帝身边兢兢业业侍奉了二三十年；而上官桀博得武帝赏识，则是由于两件小事。

有一回，上官桀护卫武帝前往甘泉宫，路遇大风，车驾难行。武帝就命上官桀把硕大的车盖解下，举在手中，以减少风阻。上官桀一路举着沉重的车盖，却仍紧跟车驾，没有掉队。如此孔武有力，自然引起了武帝的注意。稍后，突然天降大雨，上官桀反应神速，立马将车盖罩在了武帝头上。武帝"奇其材力"，对他的勇力和敏捷十分欣赏，随即擢升他为未央厩令，负责管理宫中的名贵马匹。

后来，武帝患病了一段时间，病愈后赶紧来看他最珍爱的那些宝马，竟然发现马儿比以前瘦了一圈，顿时大怒，对上官桀吼道："你以为我从此都见不到这些马了吗？"

这一质问非同小可。起因是马，但武帝这话的意思却是：你上官桀以为我活不长了，才敢如此懈怠。说完，武帝就准备把上官桀抓起来关进大牢。就在这决定他一生命运的瞬间，生性机敏的上官桀扑通一下跪倒在地，一边拼命磕头一边泪如雨下，哽咽道："臣闻圣体不安，日夜忧惧，意诚不在马！"（《汉书·外戚传》）

臣听说皇上龙体不安，日夜忧惧，心思全都不在马上啊！

上官桀的反应虽然跟上回拿车盖挡雨一样神速，但这话其实并不高明，颇有狡辩之嫌，且谄媚的味道十分浓厚。假如是年轻时的武帝，一听这话很可能会更加恼怒。可是，武帝毕竟老了，而人一老，耳根子就特别软，特别容易被好听话打动，而不管这好听话有多么廉价。

所以，上官桀非但没有因此遭殃，反倒因祸得福——"上以为忠，由是亲近，为侍中，稍迁至太仆。"（《汉书·外戚传》）

武帝认为他忠心可嘉，越发青睐他，遂擢升他为侍中，稍后又拜为太仆。

第四位入选的顾命大臣，是时任御史大夫的"理财大师"桑弘羊。

前文已述，桑弘羊就是"盐铁专营"这一经济政策的主导者。该政策为汉朝创造了巨量的财政收入，极大缓解了帝国的财政危机，且对后来的中国历史影响深远。桑弘羊因功擢升大农丞，相当于财政部副部长。

不久，桑弘羊又以治粟都尉兼领大农令（代理部长），全面主管国家财政，并开始推行一项新的经济政策——"平准均输法"。所谓平准，即贱买贵卖，平抑物价；所谓均输，即对物资进行统一征购、运输和调配。具体的做法，就是在京师长安和全国各主要城市设立平准官和均输官，由国家在各地统一征购、运输和调配货物；然后根据市场行情，贱时收购，贵时抛售。此举不但可为政府增加极为可观的收入，还能平抑物价，打击富商大贾囤积居奇、垄断市场的行为。

尽管桑弘羊一直在千方百计为朝廷增加收入，可也架不住武帝花钱如流水。除了连年用兵、四处征伐需要大量军费外，武帝中年以后几乎每年都要出外巡游，并且赏赐无度，这些都要花费巨资。"天子巡狩郡县，所过赏赐，用帛百余万匹，钱金以巨万计。"（《资治通鉴·汉纪十二》）

通过正常的经济和财政政策所增加的收入，已无法满足武帝无底洞般的消费需求。为此，桑弘羊不得不挖空心思，想些别的生财之道。他奏请武帝，允许低级官吏捐钱买官，同时允许囚犯花钱赎罪。这两个办法一经实施，仅关东地区的年收入就超出预算六百万石；短短一年间，太仓（中央粮食储备库）和甘泉仓就全满了。另外，向来物资最为紧缺的边防地区，粮秣及各项军备物资也都出现了盈余。

《资治通鉴》称之为"民不益赋而天下用饶"，即老百姓不用加税，而政府的财政却非常宽裕。武帝大喜，赐给桑弘羊"左庶长"之爵，并赐黄金百斤。

显而易见，桑弘羊可谓武帝一朝当之无愧的"财神爷"，只要有他在，武帝刘彻就永远不缺钱花。这样不可多得的人才，自然应该进入顾命大臣的行列，让未来天子刘弗陵也能当个"富家翁"。

后元二年正月初一，武帝刘彻在甘泉宫接受了诸侯王的朝贺。按惯例，文武百官也必须入宫朝贺，但此时的武帝已抱病在身，不想再多折腾，故仅接见了诸侯王，群臣则免了。二月，武帝前往长安东南盩厔县的五柞宫。

刚到这里，武帝就病倒了，且病情日渐沉重。

此时，虽然武帝早已为刘弗陵的接班铺平了道路，但尚未公开册立太子。

眼见皇帝已不久于人世，随侍在侧的霍光涕泣问道："如有不讳，谁当嗣者？"（《资治通鉴·汉纪十四》）

如有不测，谁可以继位？

武帝答："君未谕前画意邪？立少子，君行周公之事。"（《资治通鉴·汉纪十四》）

你还没明白之前赐给你画的意思吗？立少子刘弗陵，你像周公那样辅佐他。

霍光当然早已明白，但谦让一下总是要的，赶紧叩首道："臣不如金日磾。"

金日磾也在一旁，闻言忙道："臣外国人，不如光；且使匈奴轻汉矣！"（《资治通鉴·汉纪十四》）

"臣是外国人，不如霍光，而且这么做，会让匈奴轻视我大汉。"

金日磾是个有自知之明的人。尽管已在汉朝生活了大半辈子，可他毕竟是匈奴人；武帝能一路提拔他为天子近臣，并给予他莫大的信任，已属分外之恩，他当然不敢再奢求更多，更不用说当"首席顾命"了。

二月十二日，武帝终于正式下诏，册立年仅八岁的刘弗陵为太子。

十三日，武帝颁布了一生中的最后一道诏书，向朝野公布了辅政班子的人员名单：以霍光为大司马、大将军，金日磾为车骑将军，上官桀为左将军，桑弘羊为御史大夫。四人共受遗诏，辅佐少主。

十四日，武帝刘彻在五柞宫逝世，享年七十岁；随后，朝廷定其谥号为"孝武皇帝"，庙号"世宗"；同年三月，葬于茂陵。

一个恢宏壮阔、狂飙突进的大时代，一个开基立业、深刻影响后世的大时代，就此落下了帷幕。

## 激发个人成长

多年以来，千千万万有经验的读者，都会定期查看熊猫君家的最新书目，挑选满足自己成长需求的新书。

读客图书以"激发个人成长"为使命，在以下三个方面为您精选优质图书：

### 1. 精神成长

熊猫君家精彩绝伦的小说文库和人文类图书，帮助你成为永远充满梦想、勇气和爱的人！

### 2. 知识结构成长

熊猫君家的历史类、社科类图书，帮助你了解从宇宙诞生、文明演变直至今日世界之形成的方方面面。

### 3. 工作技能成长

熊猫君家的经管类、家教类图书，指引你更好地工作、更有效率地生活，减少人生中的烦恼。

每一本读客图书都轻松好读，精彩绝伦，充满无穷阅读乐趣！

**认准读客熊猫**

读客所有图书，在书脊、腰封、封底和前后勒口都有"**读客熊猫**"标志。

**两步帮你快速找到读客图书**

1. 找读客熊猫

2. 找黑白格子

马上扫二维码，关注"**熊猫君**"

和千万读者一起成长吧！